条件句与情态研究

A STUDY OF CONDITIONALS AND MODALITY

张新华 编著

中西书局

图书在版编目(CIP)数据

条件句与情态研究／张新华编著. —上海：中西
书局，2023
ISBN 978-7-5475-2176-2

Ⅰ. ①条… Ⅱ. ①张… Ⅲ. ①语言学-研究 Ⅳ.
①H0

中国国家版本馆 CIP 数据核字(2023)第 200334 号

条件句与情态研究

张新华 编著

责任编辑 刘 博
装帧设计 梁业礼

出版发行 上海世纪出版集团
中西书局(www.zxpress.com.cn)
地 址 上海市闵行区号景路 159 弄 B 座(邮政编码：201101)
印 刷 浙江天地海印刷有限公司
开 本 700 毫米×1000 毫米 1/16
印 张 20.75
字 数 325 000
版 次 2023 年 11 月第 1 版 2023 年 11 月第 1 次印刷
书 号 ISBN 978-7-5475-2176-2/H·143
定 价 98.00 元

本书如有质量问题,请与承印厂联系。电话：0573-85509555

前　言

张新华

　　科学史上,鲜见条件句这样在语言学、哲学(包括逻辑学)、心理学(及经济学、法学等)等众多学科引起广泛而持续关注的语言现象。Kneale 和 Kneale(1962/1985:166)发现,最早讨论条件句性质的是第奥多鲁斯·克诺鲁斯[Diodorus Cronus,前三世纪(转引自 Preus 2007:89)]及其学生菲罗(Philo 又译斐洛)。菲罗认为"完善的条件句是一种不是开始于真而结束于假的条件句"(Kneale & Kneale:166),这个认识即现代逻辑学关于条件句实质蕴涵的刻画,即仅当 p 真而 q 假时"如果 p,则 q"为假。另一个有名的说法是加里马丘斯[Callimachus,前 310—前 240(引自 Wikipedia①)]的一句诗,"甚至屋顶上的乌鸦也在叫嚷条件句的性质"(转引自 Kneale & Kneale:166)。我们查阅英语资料发现,该句原文其实直接讨论了条件句的语法功能:

　　See there, the ravens on the roofs croak "What things are connected?" and "How will we come to be in future?"(引自 Bett 2018:123)看那儿,屋顶上的乌鸦呱呱叫着:"什么东西是相联的?""我们将来会怎样?"

　　"什么东西是相联系的"指条件句前后件间存在某种具体的语义联系,"我们将来会怎样"则提示条件句具有预测功能。

　　条件句之所以引起众多学科的关注,是因为逻辑及一般人类认识行为的核心是推理,而推理的基本语言手段就是条件句。如 Copi 和 Cohen(1990)提出,"逻辑学研究用于区分正确推理与不正确推理的方法和原理",Anderson 和 Belnap(1990)认为"逻辑的核心存在于'如果……就……'的观

---

① 　Wikipedia 引自 https://encyclopedia.thefreedictionary.com/callimachus.

念",皮尔士(Peirce 1925 CP 2.355)具体描述为:"逻辑的核心就在于推理,推理关涉必然推理的观念,必然推理则关涉通指条件句。"心理学对条件句的关注主要也在于它是人们进行推理判断的重要语言手段,其中一个常见的现象则是违实条件句,人们常会由于后悔、庆幸等情感的激发形成违实条件句的构造。

传统汉语文献一般把条件句和假设句分别处理,近来则多借鉴西方的做法,把二者统称为条件句。其实"假设句"的概括很有道理:这种句子的基本构造方式即[假设],同样,国外也有不少学者采取"假设句"(Hypotheticals)的称谓,如 Pears(1950)等。文献一般把"假设"视为条件句所述事件的某种语义特征,如 Comrie(1985)"假设度"的概念关注条件句所述事件实现可能性的大小。这种研究策略的潜台词是:认为条件句的事件是现成存在的东西,现在则具体验证该事件在现实世界是否会实际发生。这是一种"言后证实"的技术环节,即在人们发出一个条件句之后,去检验其所述事件的实际发生情况。从方法论上看,这种研究策略实际并未关注条件句自身的构造原理,即以何种手段而把一种事件具体地设置为前件、后件(主要是前件)。

本书第一章(作者张新华)提出假设是条件句的一种具体句法操作手段,其功能内涵是设置、设定、假托,也就是明确去除与现实世界的直接联系,而在纯虚拟的范畴层面表述事物的存在方式。这意味着假设是一种初始性、自我独立的语法范畴,无需甚至不能归结为现实世界的实际存在。如:"如果给你 10 亿元,你做什么?"根本不考虑前件"给你 10 亿元"的实际发生,而仅单纯考虑你对"10 亿元"这个概念的理解。由于假设操作的功能在于如何设置一个事件,所以事件的不同情状特征就构成条件句假设义分化的根据,由此本章提出一个新的条件句系统。一,个例条件句(指低阶事实),包括:A. 现实可能(推测、预测);B. 修辞假设(元语性、元认知性);C. 违实(低阶事实的反面、论证性);D. 虚拟(大幅调整、主观性);二,规律条件句(指高阶事实),包括:E. 事理演绎(概念推演、数理运算);F. 概念联系(经验规律、科学规律)。

现实可能条件句是传统所谓直陈条件句的典型成员,不过后者所含成员失之混杂,本章则把它限定为指个例的部分。这种条件句假设操作的选材对象处于本句之外,话主事先了解到一种事件具有存在的可能性,然后把它设置为条件句的前件,但到了条件句内部,采取的却是现实存在的形式。修辞条件句是本章新提出的类别。在这种条件句中,话主本来知道所述事件是现实存在的,但为了修辞动因而故意采取假设的表述形式。

文献一般把上述系统的 D 归入违实条件句,本书则单独处理。虚拟条件句是单纯基于概念的内涵而加以逻辑推演,完全不考虑所述事件在现实世界实际发生,如"如果我是韩涛的父母,早就大嘴巴抽他了"。相反,违实句是明确基于一个现实存在的个例而做相反的设置。两种句子的表达目的、假设操作方式存在显著差异。语法界对"规律条件句"的现象还缺乏关注,本章则提出它构成一种重要类型。在假设操作方式上,其他条件句的选材对象某种程度上都处于句外,所以都表现为不同程度的语境依赖性,只有规律条件句的选材对象完全在句内,显示规律范畴的构件天然是超越性、虚设性的,即在规律条件句,假设性与现实性的分别趋于中和。这也从另一个角度验证了假设操作是一种初始性的语法范畴。

本章还批判了"命题"的概念。命题的核心是小句所述事件在现实世界实际存在,这种情形只存在于个例身上,不适用于虚拟、演绎条件句。如"如果把芝诺放到太阳核心,他会顷刻化为乌有"中,所述事件绝对不可能发生,指的却是客观无疑的科学规律。虚拟、演绎及规律条件句的语义机制都是基于概念的内涵而加以逻辑推演,命题真值则是典型外延式的分析策略,与前者直接对立,所以并非刻画条件句功能内涵的合适工具。根本上看,"命题"的着眼点是外部世界的现实存在,这也并非逻辑学、语言学的职责范围。

第二章(作者陈振宇等)讨论条件句的产生机制、条件句的通指现象、条件标记的语法化、违实条件句与非实条件句的分别等问题。本章认为条件须有"潜在的对比性",即存在一个潜在、可能性的集合,前件是该集合中的一员,并与其他成员形成对比关系。认知上,产生条件句的决定性因素是话主对前件的真实性存在怀疑,不能表述话主完全确信的事实。从量化特征看,条件句是一种表示通指的重要手段,作者把该现象的原理刻画为"演员—角色"关系,"角色"指属性,"演员"指所有符合该属性的个体,后者构成通指量化的定义域。文章还分析了通指的触发机制,包括意向动词,如"他要找(一个)服务员问问";条件触发等,如"(如果是)电视就应该放在客厅里"。从条件句的类别看,通指属本书第一章所述规律条件句的成员。

条件标记是认识条件句语法内涵的重要线索,比之英语,汉语条件句所用条件标记要丰富得多。2.2 对此做了全面整理,并讨论它们的演化路径,包括:肯定标记,如系动词、定指词;真实性标记,如否定词、必要条件词、"假"类疑问标记;排除性标记,如限制词、"只"系词、时间标记;设定性标记,如言说词、假设词、使令词;选择性标记,如选择词、或然词、不定指标记;以及话题标记等。2.3 对必要条件标记"才"做了个案研究。首先对"必要条件"的内涵做了界定,包括:"在 q 实现之前,须有 p 的实现";"p 不实现,q 就不会实现";"p 的实现是 q 实现的唯一条件";"q 一般为假,仅在 p 为真时例外"等。认为"才"成为条件标记的根据是句子脱离了具体的现实而在抽象语境使用,指纯粹的相对时间基点。"才"可用于表条件的非现实句,也可用于现实句。"刚"不能成为条件句的标记,因为它客观报道在"现在"时间前不久发生的事,并强调事件的发生对现在的影响。

2.4 探讨汉语的违实条件句与非实条件句。认为二者是条件句的主要类型,非实和违实间存在程度差异,构成一个连续统。另外也有事实条件句,但用例极少,是一种特殊的语用修辞现象。在非实条件句,话主对所述事件的现实性不做断言,可能是事实的,也可能是违实的,这是世界语言条件句最普遍存在的类型。本节的一个重要工作是对条件标记做实证调查,并关注语体的分别。在小说语体中违实句的功能是表达情感,而正式语体中用来表示因果思维,二者对比,违实句在前者明显占优。"要不是、早知道、纵使、假如、要是、就算"等倾向表示违实,"只有、只要、即使、一旦、万一"等是非实形式,"如果、若是、假使、倘若、哪怕"等是中性形式。

本章认为影响违实倾向大小的原则包括时间制约、情感制约、频率制约、人称制约等。"早"和"当初、平时"的违实条件句比例远大于其他时间词。句子的感叹特征越明显,违实的取效意义就越大;具有感叹功能的成分进入后件更易导致违实性,如"就好了、该多好"等。本章还发现违实句的形式标记有钝化现象,使用频率越高,违实表达功能越小。第一人称违实能力远高于第二人称,第三人称在中间。总体看,汉语违实条件句形式化程度不高,需多种要素协同作用。

第三章(作者霍四通)讨论比喻造成的违实条件句。认为明喻是有标记违实,如"叶子和花仿像笼着轻纱的梦";隐喻是一种故意遮蔽现实的违实现象,如"庄股是股市上的罂粟花";隐喻的本质在于"乖化":"人不是天体,但如果是,你就可以说朱丽叶就是太阳";修饰性隐喻几乎都是违实的:"铜墙铁壁";隐喻可包含一个压缩的违实条件句:"我对李白说"蕴涵"如果我能和李白对话"。本章还分析了比喻造成违实的成因,包括因果环节的省略,如"时间就是胜利";只顾一点不计其余:"做科研与开车一样都要受过相应训练";隐喻往往是浅层、松散的:"高级轿车就是介绍信";角色扮演关系:"有烟办事就是通行证"。前后件对两组现象做平行的比喻,就可构成违实条件句,如"如果说金门大桥是美丽的纯血马,海湾大桥就是任劳任怨的老马";推论关系:"如果把诗中的字比作砖瓦,警句就是梁柱";后件按照前件比喻的逻辑表述:"如果焦大是屈原,他写的文章就是《离骚》。"比拟和比喻存在转换关系,所以也常用于构成违实句,如"若使江流会人意,也应知我远来心。"

　　一般往往认为比喻的目的是生动形象,这其实是误解,比喻的实质是不同概念间的相通性及类推关系。类推并不需要具有生动形象的特征,类推的对象可超出现实存在,所以很容易造成违实表达。

　　第四章(作者张新华)讨论道义情态,并与动力情态加以对比。条件句与情态范畴深层直接相通。一切条件句都包含情态义。条件句的前件是假设性的,假设义内在提示情态义。假设操作的基本方式是超出现实世界,但人们又总会考虑该事件在现实世界的落实,这就为前件带来[实现可能性]的特征。如情态词"可能"即可构成前件,如:"如果可能,他会娶一个藏族姑娘。"作为前件的"可能"并不指纯情态本身,而是指某些具体情形存在或发生的可能性。后件的实现往往需要众多条件项的支持,一个条件项就造成后件实现的一种可能性,而一个前件只能指出其中一个条件项,这就导致后件身上总是携带情态义。无论一个条件句的后件表层是否出现情态词,都内在蕴涵,可显性添加。

　　虽然情态词表面上构成的是主谓单句,从深层看都是复句性的,具体即为条件句。情态词所引动词(即补足语)的实现都需要特定的物质条件,称为情态根据,它们在小句表层未作编码,但语义上一定明确蕴涵。如"他能进入国家队",单从主语"他"看不可能得出"能进入国家队"的判断,是因为明确了解到"他"具备相应资质才会如此断言,这些资质即"能"所需之情态根据。简言之,情态词指的是由情态根据向补足语的投射关系。

　　在情态范畴中"道义情态"的研究相对薄弱,甚至存在原则性偏差:该情态的内涵并非"道义"。deontic 一词来自希腊语 deon,指 duty"责任、义务",道义情态的实质则是一般性的规律(laws),与伦理领域的"道义"关系不大。道义情态指合理性断言,表现为事物的存在方式符合其一般本质,如"尼龙材料应该是结实的","结实"是"尼龙材料"的一般本质,符合该本质即为合理。另一方面,"应该"也指多中选优,所以带有量化特征,并形成焦点敏感性。如果在规律之外尚存干扰信息,"应该"所指情态判断的可靠性就被削弱,这导致它由指合理性断言("应该1")转而指事件存在之不确定性的推断("应该2")。情态与时制、体貌成分关系密切,但仅着眼限定性或TP‑AspP 句法层面的分别尚不能准确指出"应该1/2"功能分化的根据,还需具体考察补足语的动态性。本章发现,"应该1/2"补足语的分界线是动态动词"V 了(O)"。

本章最后对道义情态和动力情态做了比较,认为前者的特征是外部视角、理论性,后者则是内部视角、现实性。"能"的语义特征包括[使成性、难成性、积极性、大量性]等。一般认为动力情态指潜在、非现实的事件,本章则提出在中性语境,一个独立成句的"NP‑能‑VP"句,其"NP‑VP"部分默认指在现实世界实际发生的事件。"能"还指对补足语的全称量化,如"这蘑菇能吃"指在常规条件下任何人实际吃下该蘑菇都没问题。

总之,本书涵盖条件句及情态范畴的诸多方面,并尽可能从理论上做出解释,以图对其本质获得新的认识。当然,书中还会存在不妥之处,在系统性上也有欠缺,望读者批评指正。

目　　录

第一章　再谈条件句的假设度

张新华

1.1　相关研究简述

国内外关于条件句的文献浩如烟海,所以这里的评述只能是管中窥豹。条件句一个首要的特征是:同时包含假设和条件关系两方面的内涵。假设是一种句法操作,是条件句前件的构造方式。总体看,学者对假设在条件句功能原理中的价值尚缺乏深入的理论认识。假设不是凭空进行的,而总是基于特定的事件,这就需要考察条件句所述事件的情状特征,这里的基本二分是个例(episodes)和规律(laws)。因此,只有以个例、规律条件句的分别为基础,才能对假设的功能本质获得清晰的认识。

1.1.1　汉语界对条件句假设性的认识

汉语界对假设句和条件句有三种做法:一是处理为两种各自独立的复句,二是用条件句概括假设句,三是相反,用假设句概括条件句。本文采取第二种做法,并把条件句的从句和主句称为前件和后件。

马建忠(1898/2010)提出"假设之读"的概念,认为"拟议设想者,皆以言事之未定,而或假设其事以觇其效之有无或理之向背也"。并指出"若、苟、使、如、设、令、果、即、诚、假"诸字,"皆事之未然而假设之辞"。"事之未定、未然"的概括很敏锐,但具体语法内涵尚待阐述。黎锦熙(1924/1992:218-219)认为假设句"即假定的原因句:或是本来确定的因果律,或是虚拟的条件,或是推想的预言,乃至浪漫的假想,都可用假设的语气表出来,成一个从句"。这里提出了条件关系与因果关系的相通之处,"虚拟、推想、预言、浪漫假想"等则是从不同角度对[假设]之内涵的描述。

林裕文(1987:36)认为"所谓假设,是指叙述的内容尚未证实。""尚未证实"的表述侧重于认知态度。王维贤等(1994:158)认为"假设是说话人作出的一种假定,说话人在作出假定时并未表示假定的东西是否是事实"。其中"假设"和"假定"属同义替换,所以其关键是后一小句,着眼点同样是认知态度,不过"是否是事实"的描述似乎有点模糊:既可以是事实,也可以不是事实。

邢福义(2001)把假设和条件看作因果类复句里的两个次类,认为"所谓假设,实际上是一种待实现的原因"。"待实现"侧重指非现实性,但"待实现"是否都可实现? 这在条件句本身就是需要明确加以区别的重要现象:国外关于直陈、违实条件句的二分就着眼于此。如蒋严、潘海华(2005:80-81)说:"假设句…S_1 的内容是尚未证实的,可分为事实假设复句和反事实假设复句。前者指说话人认为 S_1…不是绝对不可能发生的事情;而后者则是说话人已知在过去不曾发生,或是在现在和将来都不可能发生的事。"这个描述概括了国外传统逻辑学对条件句的一般认识。

张雪平(2008)认为"假设句是一种典型非现实认识情态句",并根据假设条件实现的可能性把假设句分为如下的两大类、四小类:

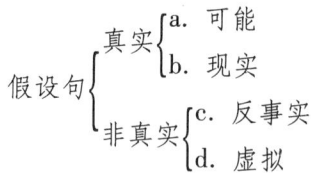

$$
\text{假设句} \begin{cases} \text{真实} \begin{cases} \text{a. 可能} \\ \text{b. 现实} \end{cases} \\ \text{非真实} \begin{cases} \text{c. 反事实} \\ \text{d. 虚拟} \end{cases} \end{cases}
$$

其中 a 大体相当于直陈条件句,b 是该书新提出的类别,语义特征是"已定而已经实现",作者认为这是"可能实现"的一种极端情况,如:

（1）要是老舍都已经被打倒在地踏上了一只脚了,我就没什么可委屈的。

（2）如果说上次的成功还靠点运气的话,那么这次的成功则完全靠的是实力。

假设是条件句的核心特征,这集中体现在前件。所以无论前件所述事件本身的现实性多么显著,通过假设操作,总是要形成某种另外的表达效果。如果前件直接就是已定而已经实现的,那么条件句就等同于因果句了,实际情况并非如此。

很多文献不严格区分虚拟(subjunctive)、违实(counterfactual)条件句,张文则把"反事实"和"虚拟"明确二分,这种处理值得赞同。该文认为二者区分的根据是"有没有现实基础",如"如果我是你的话,那肯定不会去的"前件无现实基础,"如果你早出门十分钟,就不会迟到了"前件有现实基础。"现实基础"的内涵是有待阐释的。[假设]相对于[现实],所以弄清二者的关系就成为了解假设操作功能原理的关键。但总体看,国内外的条件句文献往往把[现实]视为一个日常自明的概念,而缺乏对其语义机制的深入揭示,这是对假设的本质难以取得突破的一个重要障碍。

1.1.2 国外对条件句假设性的认识

古希腊时期即对"条件句"做了大量的研究,但现代也仍有文献把条件句称为"假设句"(如 Pears 1950;Geach 1976 等),显示条件句与假设确实具有密切关联。Jesperson(1924)、Dudman(1984)认为条件句的特征是"想象性"(imaginary),即关注条件句的假设性。Hacking(1998)书名用"编码假设"(coding the hypothetical),认为条件句表示的是假设推理(hypothetical reasoning),"在意识上构建两个假设事件之间的关系"。

条件句的假设义主要表现在前件,这即前件连词的语法功能之所在,后件有时可采取现实态。学者对前件表示"假设"并无争议,但对[假设]内涵的理解相差很大,概括为下面五种观点。

第一,认为英语前件连词 if 是一种初始成分,其语义是不能解释的。Wierzbicka(1997)提出 if 是不能定义的,只能通过典型例句感悟,因为它语义上"'绝对'简单、明确"("absolutely" simple and clear),指一种"初始语义"(primitive semantic),不能也无须再还原为更为初始的意义。Xrakovskij(2005)对此非常赞同。

上述观点表面看很消极,但从另一个角度看也富有理论启发性:它强调了[假设]构成一种具有自身独立地位的语法范畴,不能也无须归结为其他范畴。相比之下,逻辑学上实质蕴涵论及可能事件论对条件句所做真值表式的刻画,实际就是认为假设态不具有独立的范畴地位,不能就其自身进行语义描述,而是需要还原为现实态后再做描述,这是一种还原主义的做法。命题为真即所述事件在外部世界实际存在,所以实质蕴涵所刻画的其实并非条件句自身的内涵,而是为其添加了一个"句外证实"的环节,即到现实世界去观察条件句所述事件是否实际发生。这种做法改变了被研究对象,方法论上是不可取的。

Evans 和 Over(2004:153)指出:"对 if 的理解并非狭窄的学术关注,而是认识何以造成人类智力具有特殊性和独特性的最重要的问题。"这个概括值得赞同。在本书看来,if 之所以具有如此重要的地位,就在于它超出直接现实存在(即低阶事实)和表示推理关系这两点。超越性是人类认识最核心的特征,一切科学的特征都是概括和抽象,即超越性的具体表现。从语法上看,超越性的表达手段即条件句所指的假设操作。超越与假设构成一个独立的范畴层面,这即所谓 if 具有初始性的真正内涵。if 的功能机制本来就是超出低阶事实层面的真值,还原主义的做法则是把它拉回到低阶事实,这自然就无法认识 if 的本质。

第二,认为条件句指一种命题态度,包括非断言性、认知距离等。Lehmann(1974)认为前件的语义特征是"非断言性、开放性"(not asserted but 'left open'),Fillmore(1990)认为假设指话主对所述事件持"否定性的认知立场"(negative epistemic stance),Trask(1996)认为条件小句表示"远离"(remoteness)态度,Palmer(2001)认为 if 指话主对条件存在承诺的程度。Rieger(2006:234)认为条件句的前后件都是不确定性的:话主既不知道前件是真的还是假的,也不知道后件是真的还是假的,但知道前件确实蕴涵后件。Van der Auwera(1983)认为前件兼指不确定性和可能性,如 If kangaroos have no tails, they topple over 有歧义:一是表示我不知道袋鼠是否有尾巴,二是表示袋鼠没有尾巴的特征具有偶然性。

[非断言性]确实指出了假设功能特征的一个重要方面,但也并非其全部,并且也非其基本职责。假设是一种句法操作,基本做法是表述一种非直接现实存在的事件,非断言性则是假设操作在主观认知维度上的体现。[事实]分低阶、高阶两种,低阶事实指在外部世界[直接现实存在]的事件,高阶事实也是客观事实,但不在现实世界直接存在。假设操作首先表现为超出低阶事实,最终表现为直接表述高阶事实。

第三,认为条件句的功能是构造一个离开现实世界的独立认知空间,具体而言则是一个独立的"世界"。这种认识颇为流行,可能世界论也就是如此认识。

Fauconnier(1985)提出条件句"创造一个特殊的、连贯性的意识空间(coherent mental spaces),区别于我们的现实空间"。Chafe(1995)认为:"现实指通过感知观察到的已经成为事实的客观现实,非现实指通过想象构建出来的主观想象。"Dancygier(1998)认为 if 的功能内涵之一是作为"空间构建器"(space builder)。Werth(1997)认为条件句的功能是指出一种"认知距离"(cognitive distance),if 是一种"世界构建成分"(world-building elements),把所述事件标记为是远离现实的(remote from actuality);具体则通过指示系统(deixis)实现,即远离自我的坐标原点(distant from the ego-point)。这个描述与可能世界论颇为相似。

认为条件句指"另一个独立世界"的想法非常符合人们关于假设的日常直觉,实际存在根本性的理论困难:这就把现实世界和另一个世界从逻辑上完全隔开了,导致条件句不具有描述现实世界事物存在方式的功能。这让人难以接受,且不符合条件句的实情,如:

(3) 如果一个平行四边形有一个角是直角,那么它是矩形。

(4) 他发现,如果先练易筋功,头脑会无端地晕眩。

例(3)、例(4)的前件都指客观事实,并不构成另一个世界。例(4)条件句整体做"他发现"的宾语,"发现"是叙实动词(factive,张新华 2020),表明条件句不处于"另一个世界",而是[现实性]的,存在于现实世界。但这个现实是高阶事实,即规律。"另一个世界"概念的深层实质是命题真值观,认为句子所述事件都是低阶事实,处于现实世界;条件句所述不是这样的事实,所以就存在于另一个世界。这是由于对高阶事实范畴缺乏认识造成的。规律条件句直接表述一个规律,规律是在更高范畴层面刻画现实世界,这里并不需要"另一个世界"的概念。

"意识空间、想象"的表述实际是用比喻的方式描述[假设]的内涵,也指出了假设操作是通过具体认知行为实现的,但也并未指出假设自身的功能机制。了解一种语法范畴的认知载体对认识其功能特征是有帮助的,但与该范畴自身的功能原理仍然是两回事。

第四,认为条件句指的是情态。Ziegeler(2000)称条件句表示"假设情态"(hypothetical modality),具体则表现为"预测"(prediction)。同样,Dancygier(1998)提出条件句的核心功能就是预测。Katis(1997)专门分出一种"将来预测"(future predictions)的条件句次类。

直接说假设就是一种情态,这在理论上是站不住的,假设与情态并不是同一层次的语法范畴。假设是把一种非直接存在的事件设置为前件,但就该事件自身而言,则仍直接表述一种具体的情形,这与情态差别很大。至于前件对后件在情态上提供支持,则是前后件间的连接问题,与假设操作是两回事。

"预测"的描述实际很笼统。有些条件句的前件在语境中具有预测性,但前件自身只是直接描述一个事件,并不携带预测义。如"如果明天下雨……"从语境信息看,"明天下雨"是预测性的,但就前件自身而言,它只是客观描述"明天下雨"的具体存在情形,这与普通陈述句的功能是描述一件事是一样的,并不指预测。又如"如果一个球进了,米卢高兴得像个孩子",可以说该句也具有预测功能:可预测当实际进一个球时米卢会高兴。这种预测是把条件句所述事件在特定场景中加以落实,类似一个用户把条件句作为技术手册,用于指导实践。这是对条件句的句外验证,所关注的并非条件句自身的构造情形。

第五,认为前件连词是一种量化算子,前件指量化域。van Benthem(1984)、Ginés 和 Frápolli(2017)提出 if 是全称量化词(universal quantifiers),即∀的一个成员。Krazter(2012)认为传统所谓条件句的前后件关系其实是误解,前件的功能只是为主句的情态算子提供一个限制域。这种刻画主要是针对驴子句的情形。

上述处理方式存在两个问题。首先,驴子句并不构成一个独立的语法现象,它只是条件句的一种,即规律条件句。全称量化的逻辑模型并不适用于个例条件句。其次,即便在驴子句,只从个体变元的量化约束上分析,对条件句语义内涵的刻画也很不完善:不能说明为什么前后件会形成关联,而这才是条件句语义内涵的核心。如"如果一个农夫有驴,他会打驴",只是说该句存在一个潜藏的全称量化算子,该算子对"农夫、驴"所指变元进行约束,但并未指出前后件间存在任何语义关联。按照"个体变元+全称量化"的逻辑模型,下面的句子都没有分别:

(5)如果一个农夫有驴,他会打/卖/画/背/举/吃/啃驴。

很明显,"如果一个农夫有驴,他会打驴"基本语义是指有驴的农夫往往会发生打驴的行为,正如"有车的人往往会收到罚单",这是规律条件句构造的一般情况,却恰恰是全称量化约束的逻辑模型所不能刻画的。并且,很多规律条件句根本不提示变元,如"摩擦起电"。逻辑上说,似乎也可以把所有摩擦的物体(所谓个体变元)都逐一跟踪并检验它们是否起电。这在现实世界显然无法做到,这还并非问题的关键,关键是:这种量化约束并非该句所述规律自身的功能内涵;科学家并不逐一跟踪规律所涵盖的个体,而是直接用共相范畴的关联概括一条规律。不能合适刻画语法现象自身实质内涵的逻辑模型,自然难以让人满意。

从深层看,"个体变元+全称量化"逻辑模型的根本实质是还原主义、外延主义,不承认[规律]自身的独立地位,并且一般性也不承认[内涵]范畴的理论地位,而是把规律、内涵范畴还原为具体个体发出的个别行为,即外延范畴。这与不承认假设操作的独立地位,而把它还原为命题真值,是同一种研究路径,二者皆不可取。

当然,以上概括并不意味着相关文献对条件句只是采取唯一一种分析方式,不少学者也认为条件句同时表示多种内涵。这方面最显著的是 Declerck 和 Reed(2001),该书对前述文献所提各种条件句现象可以全部涵盖,并提出很多其他现象,达 30 种之多。这里不完全罗列,仅举其中有特点的一部分:可实现的条件句(Actualization conditional)、断言小句(Assertorie clause)、断定小句(Assertive clause)、推断条件句(Inferential conditional)、蕴涵条件句(Implicative conditional)、个例殊指 P 条件句(Case-specifying-P conditional)、现实 P 条件句(Factual – P conditional)、理论 P 条件句(Theoretical – P conditional)、假 Q 条件句(Pseudo – Q conditional)、试探性 P 小句(Tentative P-clause)、想象性 P 条件句(Imaginary – P conditional)。这些现象之间显然存在交叉,很难说构成一个系统,其具体次类则提示了条件句功能内涵的丰富性。

另外观察一个简单的条件句系统。Athanasiadou 和 Dirven(1995)分三类:事件进程(course of events)、假设(hypothetical)、语用(pragmatic)。把"事件、假设、语用"三者置于同一逻辑层次,不免让人困惑:"事件、语用"条件句不具有假设性吗? 显然并非如此,因为这样的话,事件进程条件句所述事件就与普通陈述句相同了。也就是说,除了指出该类条件句表示"事件进程"之外,还是要指出其作为条件句的功能内涵是什么。反过来,"假设条件句"就不表示事件进程吗? 也并非如此。如该文所举假设句 If the weather is fine, we'll go for a swim(如果天气好,我们就去游泳),前后件之间明显表现为事件进程。

此外,Sweester(1990)的条件句"内容、认知、言语行为"三分(Content、Epislemic、Speech-act),着眼点也只是条件句所述事件的具体内容,却并未提示该句"作为条件句"的功能特征是什么。反过来看就更明显:从所述事件看,普通陈述句同样可做"内容、认知、言语行为"三分。一个条件句可具体陈述什么样的事件,这与条件句自身的功能本质当然也有关系,但也远非同一问题。条件句的功能本质是存在于其具体陈述内容之上的,其中最核心的一点就是假设。"内容、认知、言语行为"的三分本身,对了解句子所述不同维度的语义内涵确实很有价值,但就条件句而言,却并未指出其结构原理如何。

与上述 Athanasiadou 和 Dirven"事件进程"及 Sweester"内容"的视角类似,Geis(1970)认为英语假设连词 if 的语义相当于"在……情况下"(in the event that),或"在……环境下"(under the ciucumstance of/that)。这种概括刻画的只是 if 所引事件的功能特征,却撇开了 if 的假设义,所以也并未指出条件句自身的功能内涵:按照该文的描述,if 就相当于介词 in、under,这显然并不合适。

要之,只有弄清[假设]这一句法操作的功能本质,才能对条件句做出合适的描述及分类。传统语法关于条件句直陈、虚拟的二分之所以很有见地,原因就在于抓住了[假设]这个关键。对条件句的功能原理而言,在假设和前后件的条件关系之间,前者更具根本性。原因是: a. 只有通过假设操作的构造,才存在条件句的现象;b. 只有在假设的范畴层面上,条件关系才是凸显的,否则就混同于因果关系。假设指超出现实存在,这样才能更加纯粹地关注两个事件间的语义联系。Ryle(1949)认为条件句表示的不是命题,而是"推理入场券"(inference-tickets),"入场券"是一种比喻的说法,实际内涵也就是条件句是通过假设操作而表示推理关系的。

1.1.3 关于条件句的[假设度]

Comrie(1986: 88)提出条件句"假设度"(hypotheticality)的概念:

用"假设度"这个术语,我指的是条件句特别是前件所述情景实现可能性的程度(degree of probability of realization)。较大的假设度意味着较低的可能性,较小的假设度意味着较大的可能性。由此,一个现实句(factual sentence)表示最低假设度,违实条件句则指最高假设度。

类似地,Ferguson 等(1986)认为传统术语如"非现实(irrealis, unreal)、直陈、虚拟、潜能、弱活性的将来(future less vivid)、违实、不可能"等,指的就是不同的假设度。Wierzbicka(1997)则把假设度分为三级,直陈、违实处于两端,中间是指将来事件的"*if... would*"句,它既指"真实的可能性"(real possibility),又带有一种犹豫(a kind of hedge)。

把"假设度"分析为"实现可能性",这实际是一种句外证实的视角,即去现实世界检验前件所述情景是否会实际发生；句法上则是把前件视为一个现成的小句，不关注它是如何构造的。考察前件的实现在实践上是不可行的，因为条件句可陈述极远的将来的事件，对此根本无法等到它的到来，如：

（6）仅大洋多金属结核如果开采，就可供全世界使用上千年。

（7）如果把尸体存放在昆仑神木中，可以万年不朽。

实际上，即便对近将来的条件句，如"如果明天下雨……"，"实现可能性"的描述仍存在不可调和的理论困难。"明天下雨"的实现要等到"明天"到来的时候，观察当时是否下雨。但这时的时间就成为"今天、现在"，而不再是原条件句所述的"明天"，这意味着：该语义分析的对象根本不是原条件句自身。即在条件句自身的范围内，对前件根本无法做"实现可能性"的描述。前件自身根本不带有实现可能性这样的语义内涵。

语法事实上，"实现可能性"实际指根情态的情况，关注一件事从潜在到现实的转换过程。但前件的选材对象也可以是认识情态句，事件当前已现实存在，但话主本人不能完全确定。这种小句根本就没有"实现"可能性的问题，如：

（8）二姐，你如果感到住大姐家里不便，我找了一处房子，不知二姐是否愿意去住？

（9）李纲说："如果陛下不嫌我没有能耐，派臣带兵守城，臣甘愿用生命报答国家！"

"你感到住大姐家里不便""陛下不嫌我没有能耐"指当前现实存在的事件，但话主个人对其是符合事实不能完全确定，所以采取假设的形式。

值得注意的是，Comrie（1986）还强调："条件句绝不涉及现实性（factuality），或更准确说，作为条件结构成分的两个命题都绝不表示现实性。"即在 Comrie 看来，[假设]和[现实]是一组直接对立的范畴。这个认识貌似符合直觉，实际大有可探讨的空间。"如果你帮我除草，我给你 50 元"的前后件确实都是非现实性的。但"如果 a>b，则 a+1>b"，前后件自身在语义上很不完备，根本就无法用[±现实性]的参数刻画：不能独立判断"a>b"的所指，所以它也就无所谓现实还是非现实的问题。什么叫作现实、非现实，并非直观自明的现象，也远非"在世界上实际存在"所可刻画的。Comrie 对"现实性"的内涵未做阐述，但从该文对如下条件句的分析看，其对"现实性"的解读还有待商榷：

（10）A：I'm leaving now. 我现在要走了。

　　　B：If <u>you're leaving now</u>, I won't be able to go with you.

　　　　如果你现在要走，我将不能跟你一起走。

作者认为上述画线部分是［非现实性］的，原因是：B对"A现在要走"不持完全接受的态度，所以"A现在要走"的真值不构成该句自身的语义，尽管它可能确实是来自语境的解释。

　　这种解释让人困惑。首先认为"你现在要走"具有来自语境的真值，然后通过"不完全接受的态度"加以取消，这样看来，作者似乎是把现实理解为认知上的接受，不接受则为非现实。其实"你现在要走"指将来时，内在就是［非现实性］的，所以也就无须通过认知上的不接受去取消其现实性。"现实"和"已知"显然是两种不同的语法范畴。"现实"一般指低阶事实，即动态、当下性的个别事件。前件并不排斥这种现实态事件，而是排斥话主确知的现实态事件（参看1.2.4）。至于条件句的后件，就很容易接受现实态事件，如：

　　（11）一个男人如果心眼小到这种程度，怪不得一家子都看着鬼眯日眼的！

　　（12）如果你当年也是像这样的企图控制我父亲，难怪他会一走了之。

"一家子……的""他一走了之"所述事件都已现实存在，且话主也已明确了解该事实。前件则是非确定性的，表示对后件的原因做出推断。

1.1.4　本文的假设系统

　　条件句的假设操作只作用于前件，这从用于前件连词的丰富即可看出。如"如果、要是、假如、只要、一旦"等的功能都是以某种方式把一个事件设置为前件，并提示该事件是超出现实存在的。反之，并没有专门用于后件的条件连词。"那么"确实常用于后件，但它并非条件句的专职成分。并且，后件用"那么"的比例其实很低。本文从北京语言大学BCC语料库"报刊"库检索到10 640个"如果"，其中"那么"出现607次，占比5.7%；从"多领域"库检索到11 198个"如果"，其中"那么"出现908次，占比8.1%。"如果"的出现频率远大于"那么"。

　　那么后件的假设义从何而来？一般是跟着前件顺势而来。而后件可陈述现实事件，这足以证明后件并不必须是假设性的。并且，后件常常并非单独根据前件引出的，而是综合考虑多方面的现实情况。所以条件句中可出现指现实态事件的小句,如上文例(8),"我找了一处房子"指现实存在的情况。总体上,后件是立足现实世界的,并非单纯表现为假设性。

假设操作的基本功能原理是超越性,具体则是超出存在于现实世界特定时空域中的个例,规律则天然就是超越性的,所以内在带有假设的内涵。"如果"的功能特征很像"比方"的一部分。"比方"可引出现实态事件,另外也可表示假设,这时即可换为"如果"。有时也可用"打个比方",功能相同,如例(13)、例(14)。古汉语"今有人(于此)"常用于打比方,表示假设性的事件,而设为条件句的前件,如例(15)、例(16)。进一步地,单独一个"今"字有时也可表示打比方、假设,如例(17)—例(19)。

(13) 比方(如果)你问他工作以来几次被评为优秀,他准保答不上来。

(14) 打个比方吧,(如果)用刀切肉,刀要比肉薄很多,才能切得精准。

(15) 今有人于此,少见黑曰黑,多见黑曰白,则以此人不知白黑之辩矣。(《墨子·非攻》)

(16) 臣未能远譬,但喻于人。今有人,十年长患疮,理且愈,皮骨仅存,便欲使负米一石,日行百里,必不可得。(《大唐新语》)

(17) 今王与百姓同乐,则王矣。(《孟子·梁惠王下》)

(18) 今人有谓臣曰:"入不测之渊而必出。不出,请以一鼠首为汝殉者。"臣必不为也。(《战国策·魏策》)

(19) 今两虎共斗,其势不俱生。(《史记·廉颇蔺相如列传》)

探讨假设的功能特征,首先要区分个例条件句(以下简称"个例句")、规律条件句(以下简称"规律句")。例(13)是个例句,前件"你问……优秀"指特定的事件,这时"比方、如果"指"想象"的意识行为特征显著。例(14)是规律句,前件"用刀切肉"是泛时性的,这时"比方、如果"不指生动的想象,去掉二者对句义没有影响。当然,个例句的连词也可省略,但这时在现实性和假设性上会有歧义。规律句则不然,不用连词时指一种纯客观规律,无歧义,在这种状态上也与带连词的语义无别。例(16)语篇前文用"喻于人"明确指出后面的"今有人"是打比方。而在"打比方"的行为内部,也就把所比事件表述为现实存在的样子。如例(19)"今"所引"两虎共斗",很明显,直接在意识中想象这种情境即可,即所谓"思维实验",说话双方根本不会去现实世界进行实际观察。当然,"今"在古汉语并未完全虚化为条件连词,但它常用于假设的语境,这一点则是确定无疑的。

个例与规律的分别包括:(1)前者的陈述对象是特定个体,事件占据特定时空域;后者的陈述对象典型是类名,也可以是特定个体,事件是静态性、抽象性的,不存在于时空域。(2)在规律句,必须前后件紧密加和在一起,整体才指一条规律,前后件之间具有内在关联,各自不指独立的事件;个例句的前后件很大程度上可独立出现,前后件间不具有严格推理关系。(3)规律句和主谓单句具有转换关系,个例句无此能力。(4)个例句是强语境依赖性的,规律句是强语境独立性的。本文条件句的假设系统如下:

1)个例条件句(指低阶事实)

A. 现实可能(可能句,推测、预测);

B. 修辞性假设(修辞假设句,元语性、元认知性);

C. 违实(违实句,低阶事实的反面、论证性);

D. 主观虚拟(虚拟句,大幅调整、主观性)。

2)规律条件句(指高阶事实)

E. 事理演绎(演绎句,概念推演、数理运算);

F. 概念联系(规律句,经验规律、科学规律)。

假设操作超出现实存在程度最高的是 D、E,大幅改变了事物的日常存在形式。其次才是 C,基于现实存在的个例而设想一种相反的情形,明确提示所违之"实",所以恰恰是强叙实性的。A 是基于语境中的信息而推测某种事件可能存在,与现实存在的关系最为切近,也是日常使用最多的一种条件句。B 是把话主本来确定的事件表述为非现实性的,具有显著的修辞动因。假设性最弱的是 F,在这里,假设性和现实性发生中和,这里的现实是高阶事实;原理是:假设表示超出现实存在,而规律天然就是超出现实存在的。

[可实现性]的立足点是现实世界的特定时空域,概括力有限;D、E 都不存在可实现性的问题;F 中的数学规律句绝对超出现实时空域,也不存在[可实现性]的问题。

1.1.5 小结

学者对假设作为一种句法操作的功能原理尚缺乏深入探讨。假设是条件句的构造方式,功能是把一种超出低阶事实的事件设置为前件。"非断言性、预测、认知距离"等提法实际都指假设操作在不同层面的功能特征。

文献关于条件句的分类往往关注其所述事件的具体内容,却忽略假设性,这就导致其分类实际并未围绕着条件句的功能特征。假设是条件句一切功能特征的枢纽,这与个例、规律的区分是联系在一起的。个例指现实世界上的实际存在,所以假设在个例句的功能更具实质性,否则前件会默认读为现实态。规律则内在超出现实存在,所以假设在规律句的功能并不显著,假设性和现实性发生中和。"可实现性"则是句外验证视角,并非条件句自身的功能内涵。

1.2 现实可能条件句

文献关注的直陈条件句实际主要是指现实可能条件句,特征是前后件都指具有时间性的个例。该句前件所述事件的可能性是在语境中表述的,在条件句内部则编码为现实存在。

1.2.1 前件所述事件的可能性属于语境信息

1.2.1.1 首先要明确的是,"现实可能"条件句这个类别的着眼点是假设操作之选材对象的情态特征,即把一种具有现实可能性的事件设置为前件。但这并非条件句自身的语义特征,进入条件句的前件后,对选材对象并不采取可能性的表述形式,而是直接编码为现实存在的形式。

条件句假设操作的基本功能就是把某种事件设置为前件,该事件即假设操作的选材对象。多数条件句的选材对象某种程度上都是在条件句之外事先存在,假设操作则对之加以调整,而设为条件句的表述内容。选材对象在句外存在最明确的是现实可能和违实句,所以二者的预设性、语境依赖性也就最显著。另一极是规律条件句,其选材对象完全在句内,直接指规律自身的结构要素,所以规律句没有语境依赖性,而是完全语境独立的。

本文所用"现实可能性"的概念与 Comrie "实现可能性"(probability of realization)在字眼上很接近,实际内涵差别很大。"实现可能性"关注条件句所述事件从潜在性到现实存在的转换过程;"现实可能性"的着眼点则是可能性本身,"现实"指该可能性所需物质因素的实际具备情况。也就是,[可能性]这个范畴也是具有不同的现实性程度的。

原理是:一件事的成立总是需要众多具体物质因素的支持,当前对这些因素实际具备的程度越高,则该事件之可能性的[现实性]就越强。如"明天可能下大雪","明天下大雪"具有[现实可能性]的根据是当前的温度、湿度等因素都"已实际存在"。反之,"明天太阳可能熄灭"的可能性就缺乏现实性,因为该可能性所需要的各种物质因素当前都不具备。认识情态句不存在实现的问题,其现实可能性体现为话主对一件事相关证据信息掌握的充分性,证据越充分,则可确定该事件实际存在的可能性就越强。与[现实可能]相对的是[理论可能],后者完全不考虑事件成立所需的物质条件,而做纯概念式的逻辑推演(参看1.5.2)。

很多文献径直把直陈条件句称为"现实条件句"(real,factual),显示学者对该类条件句主要就是理解为个例句,而非规律句。但条件句自身显然并不直接陈述现实存在,所谓"现实条件句"实际就是指所述事件的可能性是现实的,即本文所说的"现实可能条件句"。

1.2.1.2 作为假设操作选材对象的现实可能性事件的具体来源是语境,并且其可能性的情态义也只存在于语境中;到了条件句内部时,该选材对象就被表述为现实存在的样子。因此,现实可能条件句自身在语义上是不完备的,而一定处于特定的语篇结构,刻画为:

(1)根据当前语境情况,可推测可能存在事件 p/ 希望 p;如果真的 p,则 q。

不少文献指出条件句指可能性的事件,或表示推测,这种描述的对象实际都是前件选材对象的特征,而并非条件句自身的构造情况。话主基于当前语境信息而考虑哪些事件具有存在、发生的可能性,然后把它们设为条件句的前件。这就决定了,可能句不能用为语篇首发句。形式上,前件的选材对象一般会在语篇前文进行明确的表述,如例(2)—例(4)。有时也可不在语词上做明确表述,而通过百科知识推理;语句解读过程总是伴随推理判断,显然无须对每个语义环节都做编码,如例(5)、例(6):

(2)你看赵炜休息没有?如果还没休息,请她来。

(3)老板来电话可能就有测试她的目的,如果真的是测试她,那方法实在太高明了。

(4)立陶宛想让中国去投资,如果中国去投资的话,它就能获得两百亿的信用额度。

(5)……别人不信可翻开其中一张牌,如果这张牌与声明的点数相符,那翻牌的人就要收起这些牌;如果不符,那这些牌要退给出牌的人。

(6)今天子立诸侯而建其少,是教逆也。若鲁从之而诸侯效之,王命将有所壅;若不从而诛之,是自诛王命也。(《国语·周语》)

例(2)中,在条件句之前,话主对"赵炜现在还没休息"的可能性已做出推断,然后把这种可能性的事件设置在条件句的前件中。例(3)与例(2)的情形相似,语篇前文对"老板测试她"存在的可能性做出推测,然后把该可能性的事件设为条件句的前件。例(4)前文提出"想让中国去投资",指一种希望,所希望的事件具有可能性的情态内涵。实际上,与"希望"义近的动词"想"已有类似前件连词的用法,如"想活下去,就不得不干各种各样的事"。例(5)中两个条件句的前件在前文没做明确的表述,这是基于"翻开其中一张牌"这件事而可预测会有"相符、不符"两种结果。例(6)语篇前文表述了"今天子立诸侯而建其少"的情况,针对这种情况,并基于所了解的当时社会上的其他相关信息,可推测会有"鲁从之而诸侯效之""不从而诛之"两种可能性。

下面的两个条件句是从本文直接引出的,但该句在实际语篇中不允许用于首发句,而一定是在充分的语境背景上说出的:

(7) 如果他今天上午没上您家,下午肯定会去的。

(8) 丘吉尔先生,如果俄国人研制成原子弹,你认为他们会对使用它犹豫吗?

例(7),一个人不可能一上来(out of blue)就对另一个说"如果他今天上午没上您家",而只能是二人在前文已讨论过"他今天上午可能上您家",现在则用条件句的形式分析在"他今天上午没上您家"这种情况出现时,会存在其他什么可能性。在例(8)中,一个人不可能凭空对丘吉尔提出"如果俄国人研制成原子弹……"这个条件句,而是他们已讨论到俄国的威胁之类,其中之一则"俄国人可能研制成原子弹",然后把"俄国人研制成原子弹"设为前件。

1.2.1.3 [现实可能]这种情态现象的适用对象主要就是个例,一般不适用于规律。规律只关注自身结构要素间的关联,不考虑其他制约因素,与现实存在也没有直接关联。如"欠债还钱"只关注"欠债"与"还钱"间的必然联系,不关注特定个体及所处具体环境的信息,这样"欠债还钱"就并无[现实可能性]的情态义。可比较,"明天可能下雨"和"3可能是质数"中的"可能"含义并不相同。前者是对"明天下雨"这件事本身发生可能性的推测,依据的是当前的具体气候情况;后者则并不指该规律本身的构造情况,而指话主个人对"3是质数"这条规律不大了解,觉得可能是存在这条规律的。

"可能"有时也可指一条规律本身的构造情况,这时就读为现实可能性,但这是高阶事实层面的现实性,与外部世界的低阶事实差别很大。如"$2^{74\,207\,281}-1$ 可能是质数","可能"指根据 $2^{74\,207\,281}-1$ 这个数字自身所处的数量关系,而可推断它具有"是质数"的现实可能性。这种"现实可能性"并非低阶事实层面的物理因果关系,而是该数字所处的具体数量关系,所以具有现实可能性。这实际是在更高范畴层面直接把抽象实体处理为单独的个体。一般条件句所关注事件的现实可能性都是低阶事实层面的物理因果关系。

学者对传统所谓"直陈条件句"事件的情状特征缺乏关注,这就导致其所涵盖的实例颇为繁杂。Cantwell(2008:157)把下面三句都归入直陈条件句:

(9) If he bought a lottery ticket, he didn't win. 如果他买了彩票,他没有中奖。

(10) If the cat is on the mat, she is asleep. 如果那只猫在垫子上,它睡着了。

(11) If $x>3$, then x is prime. 如果 $x>3$,则 x 为质数。

例(9)、例(10)既可指个例也可指规律,这造成前件的语境依赖性也随之不同。指个例时,前件"他买了彩票""那只猫在垫子上"是根据充分的语境信息得出的推断,而并非凭空提出这种情况。指规律时,前后件所述事件是重复性发生的,但不关注当前语境中的具体情况。例(11)则只有指规律的读法——该句其实是错的,大于 3 的数并非都是质数。

1.2.2 现实可能条件句前件表现为[现实性]

1.2.2.1 [现实可能性]是条件句选材对象的特征,但到了条件句的内部,前件对该可能性事件的编码方式则是现实态,而并非可能态。假设的基本功能就是把一种本来并非现实存在的事件,表述为现实存在的样子,这与普通陈述句的做法是相同的;假设是一种与普通陈述句相平行的表述现实存在的句法手段。Schlenker(2004)提出前件是指称性的,if 和 the 是同类语义算子,指"限定描述"(Definite Descriptions)。该文主要是从逻辑上阐述,缺乏语言事实的支持:前件显然是陈述性的。并且规律句前件的主语常常是无定名词,谓语也无任何时间信息,显然是非限定性的,如"如果一个医生对病人充满爱心,他不会收红包的",前件"一个医生"不指任何特定个体,谓语"对病人充满爱心"不限于任何特定时空域,前件整体不具有限定性的信

息。假设操作不但超出外部世界的实际存在情况,并且也不关注所述事件
与现实世界实际存在情形的对照关系,而就是直接在[假设]本身的范畴领
域表述事物的存在。这正是假设作为一种初始性语法范畴的具体表现。只
有以[现实性](包括低阶、高阶两种)为立足点,才能对前件的句法行为特征
做出合适的刻画和解释。

　　上述原理从前件连词"如果"的内涵即可看出。"如"的语义是"像",描
述事物存在的样子,"果"则指"实际如此"。从认知行为方面看,"如果"相
当于认知动词"设想、想象",即在意识中把事件实际存在的样子描述出来:
[设想]在事件 p 实际存在的情况下,会存在事件 q。"设想"的作用对象只
是前件本身,后件则立足现实世界,所以可带情态内涵。简单说,假设操作
即所谓思维实验(thought-experiment),在思维实验中,一切都是实际存在的
样子,而并非可能性的形式。在科技语篇,特别是数学语篇,动词"设、令"也
形成类似前件连词的用法,表示单纯的虚设,功能内涵相当于"如果"。"设、
令"鲜明提示了条件句假设操作的功能原理:假设并不是"造假",恰恰相
反,是"设真"。另外,"考虑"这个动词也有类似假设连词的用法,提示了假
设表示"设想、虚设"的功能特征,如:

(12) 设／令／如果 3 个和尚 3 天挑 3 桶水,9 个和尚 9 天挑几桶水?

(13) 设／令／如果 $x^2+y^2=1$,则 $x+y$ 有最小值 -1 。

(14) 向 HAc 溶液中加入固体 NaAc,设／令／如果 NaAc 加入后溶液的总
　　 体积不变,那么该溶液的 pH 值范围有多大?

(15) 考虑两个物体 A 和 B 被引力保持在轨道上,只要作用在 A 上的力
　　 直接指向 B,就有可能形成稳定的轨道。

以例(12)为例,前件"3 个和尚 3 天挑 3 桶水"直接以假设的形式本身描述
一种实际存在情形,这里根本不存在与现实世界对应的问题。

　　另外值得注意的是,"可能(性)"这个名词常常不指作为情态范畴的
[可能]本身,而是指"可能 VP"的"VP"。如"人有无限的可能(性)",表面
上描述的似乎是"可能性",实际并非如此,而是指"人有无限的可能性[存在
方式]"。作为情态的纯[可能]本身是绝对抽象的,并不实际存在,只有其所
引出的存在方式 VP 才实际存在。而对一种"可能性存在方式"加以具体描
述时,就只能通过"想象"的认知行为,以[实际存在]的方式进行描述。例
如,若对"人有无限的可能性"的"可能性"加以具体说明,则只能表述为"高

尚、卑鄙、吝啬、勤奋、懒惰"等,这时所描述的就并非[可能性]本身,而是"可能 VP"的"VP"。这即条件句前件对[可能性事件]这个范畴的编码策略。

正是因为"可能"往往实际指"可能 VP"的"VP",所以"可能"本身也可直接充当前件,如"如果可能,他也结婚"。其中"可能"不指作为情态范畴的[可能]本身,而是指某种具体的"可能性的物质因素",如"有女朋友、财产"等。所以该句的"如果可能"实际指"如果有女朋友、财产等",其中"有女朋友、财产等"仍然是现实态。

对一个事件所具有的各种可能性,如不同程度的可能性、绝对不可能等,前件所采取的表述方式都是在意识中设想其"实际存在"的形式,并无对不同可能性的事件做不同编码的情况。如"天地合乃敢与君绝",指"[设想/考虑]在天地实际合起来的情况下……",而非"[设想]在天地不可能合起来的情况……"。英语条件句前件存在现在时、过去时的形态分别,功能是指出话主对所述事件在认知上保持距离,也并非可能性的情态问题。(James 1982)

1.2.2.2　下面考察几种反映前件[现实性]特征的句法现象。首先是从动力情态动词,它们用在前件时,指补足语 VP 所指动作处于实际发生的状态——当然是在意识中,而非现实世界上。相反,动力情态动词构成普通陈述句时,一般并不表示补足语所指动作是实际存在的,而只是一种潜能。比较:

(16) a. 如果你想在这儿住宿,请登记一下。

　　　 b. 我想在这儿住宿,可是没钱。

(17) a. 如果他能参加这次行动,那就当他将功赎罪。

　　　 b. 他能参加这次行动,到时你通知他。

　　　 c. *如果他能参加这次行动,到时你通知他,那就当他将功赎罪。

(18) a. 如果他敢跨过这条线,我关他的禁闭。

　　　 b1. ?? 他敢跨过这条线。

　　　 b2. 他敢跨过这条线!

例(16)a 前件的"想"并不指"你们在这儿住宿"这件事仅是一种意愿,并未实施:这样的话并不需要做出后件所指"登记一下"的动作;而是指:你们有此想法并"实际住宿的情况下",要"登记一下"。例(16)b 是普通陈述句,这时"想"就单纯指我们具有"在这儿住宿"的意愿,但由于没钱而无法实际执行。同样,例(17)a的"能"并不单纯指他们有"参加这次夺船行动"的能力却未实际参加:这种情况是不能"当作将功赎罪"的;而是指他们有能力且也实际参加了,这样才能对应于后件的"当作将功赎罪"。例(17)b是普通陈述句,其中"能"就单纯指他们有"参加这次夺船行动"的能力,但并未实际参加。例(17)c不成立,因为"到时你通知他"已指明"能参加"仅单纯指一般性的潜能,"参加"的动作尚未实际执行,这样是不能"当他将功赎罪"的。

例(18)a"敢"的情况与例(16)、例(17)a的"想、能"相似,指他实际跨过了这条线,而非单纯有此胆量却未实施。例(18)b的情况则有些特别:例(18)b1不容易成句;而容易采用例(18)b2的感叹句形式,且指他实际不敢,这时"敢"重读。这表明在普通陈述句中,"敢"具有负极性的特征;而在条件句的前件,"敢"却可以自由使用,这正是条件句前件所具强现实性的功能特征带来的。

前件的现实性特征还可从它排斥"大概、说不定"上,得到反证。"大概、说不定"是典型指可能性、推测的情态副词,按照学者所述条件句前件指可能性、推测的观点,二者应该很容易出现在前件,实际情况恰恰相反:

(19) a. 如果你(*大概/说不定)在这儿住宿,请登记一下。

  b. 如果明天(*大概/说不定)下雨,比赛取消。

对前件可能性事件的推测是在条件句之外的语境中进行的,所以"大概、说不定"会出现在该语境中,而语境中所推测的可能性事件被设置为条件句的前件时,则采取现实态。因此,前件欢迎的不是"大概、说不定",相反却是"真的",如:

(20) 我看你大概/说不定会在这里住宿,如果真的住宿的话,请登记一下。

  我看明天大概/说不定会下雨,如果真的下雨,比赛取消。

连词"如果"的形成过程也可验证上述观点。早期本来只用一个"如"字,"果"是加于谓语动词的语气副词,重读,语义即"实际如此、真的"。另外,"果"有强预设性、回指性,即语篇前文已陈述前件所述事件,但尚存怀疑,现在则通过条件句做进一步的分析阐述,如:

(21) 赵厉声谓曰:"幸耕织自活,何为寇江?……如果非寇江者,何谓讳东邻所赎八百千?"(《唐阙史》)

(22) 此言是梦中耶?如果有此事情,必不敢负。(明《包公案》)

例(21)前文已对"寇江"的行为做了很多讨论,但无法最终确定,所以就设为前件,通过其与后件的逻辑关系加以进一步的论证。前件中的"果"回指前文所陈述的"寇江"。例(22)前文"梦中"提示对"有此事情"的推测,"果"则强调"真的如此"。上述二句的"如果"都未词汇化。显然,现代汉语"如果"所引前件中用"真的",与古汉语"如"所引前件用"果",功能特征完全相同。

实际上,"果"本身即同时有指实际发生和假设两种用法,即汉语对现实存在和非现实存在不做分别。下面例(23)的"果"指假设,例(24)的"果"指现实存在:

(23)果能此道矣,虽愚必明,虽柔必强。(《中庸》)

有帅而不从,临孰甚焉?此之谓矣。果遇,必败。(《左传·宣公十二年》)

(24)晋侯在外十九年矣,而果得晋国。(《左传·僖公二十八年》)

假设指在意识中设想的现实,具体表述形式与客观世界上的现实并无分别。对一件事,只有以实际发生的样子才能表述出来。古汉语与现代汉语"真的"对应的另一个副词是"诚",功能特征与"果"相似,此略。

情态词"可能"的情况则有些特别。前件对"可能"有时接受,如例(25);有时排斥,如例(26)。这是因为"可能"的实义性很强,是形容词,而并非"大概、说不定"那样的副词。这意味着:"可能"所饰事件作为"可能性"本身,就构成一种具体的存在状态。"大概、说不定"则无此能力,而表示所饰事件本身是纯可能性的。

(25)如果你可能在这儿住宿,请登记一下。

(26)*如果明天可能下雨,比赛取消。

例(25)是宾馆在对"意向客户"进行市场调查,即并不实际住,"住的意向"本身也可构成登记的条件。在例(26),不存在"意向下雨"的事情,所以不能把"可能性"本身作为条件,而只能是"实际下雨"。

绝对说,如果一个官员极其谨小慎微,则如下情况也成立:只要有下雨的可能比赛就取消,即把"下雨的可能"本身而非"实际下雨"作为条件,这时例(26)就成立。这种情况是很极端的,因为无法对"下雨的可能"做出确切的判断。所以实际上,这时前件作为条件并非指"下雨的可能",而是关注做出该判断的主体是否有权威性、可信,即该句的语篇结构实际是:

(27)A:权威部门已经发布,明天可能/*大概下雨。

B:如果明天可能/*大概下雨,比赛取消。

例(27)A"可能、大概"的对比显示："可能"所提示的[实际存在性]特征是很强的，"大概"则更虚泛性地指一种可能性。但(27)B用"可能"仍不自然，把"如果"句改为"只要……就"更好，显示"如果"句更倾向引出具体存在的事件。

假设操作要做的就是对一种设想的"可能性事件"如何真实地描述出来，而并非追问该可能性事件是否会实际发生。对可能性事件进行描述时，则只能采取现实态的形式，所以前件并不带[可能性、推测]的情态义，也不存在"可能性的实现"的问题。假设操作类似回答如下问题："请设想，这孩子20年后可能做什么？"问的是"可能做什么"，但描述时则会采取现实态的形式，如"20年后他已经成为一个宇航员，每天都做很多科学实验……"。用条件句表述则是"如果20年后你已经成为一个宇航员……"。

1.2.2.3　事件现实存在的基本语义参数是时间，所以现实可能条件句的前件带有明确的时间要素，是一个典型的时制短语TP。这种条件句的前件对三种时制都可接受，指在不同时间范围内所具有的现实可能性。过去时：

（28）如果我曾经伤害过你，真是抱歉。

（29）如果当时日本人真的打进了四川，你们打算怎么办？

（30）如果你们昨天晚上到达山谷，就会听见人们在那里呼喊，鸣枪。

这些条件句前件所述事件在过去并未实际发生，但话主认为当时环境存在这种可能性，所以就设想在该可能性事件实际发生的情况下，会相应出现后件的情况。如例(28)表示话主对"我当时是否曾经伤害过你"不能完全确定，但认为存在这种可能性，所以就假设该事件是实际存在的，并由此引出后件。其他两句也是如此。

现在时，包括延续、完成。前者是长时性的，实际时间范围是"扩展的现在"(extended now)，既包含现在的当下时刻，也提示以前的延续，如例(31)、例(32)；后者是瞬时性、达成性的(achievement)，指一种状态在当下实际出现，如例(33)、例(34)：

（31）如果里面是你，请你出来好吗？

（32）来，如果你已经足十八岁，我带你去喝一杯。

（33）如果他们已经布好阵势的话，我们就必须先下手攻击他们。

（34）如果伪军们又复了原儿，他们这一阵儿也是最混乱的时候。

例(31)前件默认从言谈的当下进行定位,话主对"你"现在是否在里面不能完全确定,而推测应该是这样的。该句前件在语篇前文是认识情态的形式,即"里面可能是你",进入前件则把该可能性事件表述为实际如此的形式。例(32)前件的情形类似,但所指时间范围更大。例(33)、例(34)"他们已经布好阵势、伪军们又复了原儿"的事件是在当下出现的。

将来时,与现在时一样,将来事件同样可有延续例(35)、完成例(36)——例(38)两种情况:

(35) 又一年的 12 月 13 日快到了,如果那天你还在,就是我生命中无法取代的日子。

(36) 如果我们打起(了)恢复宋朝的旗帜,拥护的人就会更多。

(37) 明天如果我们赢*(了),我们赢的场次就多了 8 场。

(38) 如果我明天中午没有赶回去,你帮我顶一会儿。

在例(35)中,前件并不指"那天你还在"具有"实现的可能性",而是直接在意识中想象为:"在那天你实际还在的情况下,……",对"那天你还在"所具可能性的认识是在条件句之外进行的,即该句的语篇结构是"我想那天你可能还在,如果那天你还在……"。例(36)前件谓语动词"打起"实际带有"了"的内涵,指动作是现实态的。例(37)前件句末不带"了"就难以成句,这与普通陈述句的情形平行。例(38)前件采取否定形式,也与普通陈述句的情形相同,区别只是"没有"的时间参照点是"明天中午",句子读为:"[设想]在我明天中午实际没有赶回去的情况下,你帮我顶一会儿。"

"我明天中午没有赶回去"不能独立成句。因为普通陈述句默认是基于说话时间定位,"明天中午"尚未到来,自然也就无法确定"我那时没有赶回去"。假设操作的功能则是超出现实存在,而直接在假设的范畴层面表述事物的存在,所以虽然在现实世界并未实际发生,但总是可以考虑存在"我明天中午没有赶回去"的现实可能性,并进而设想该可能事件实际发生的情况下,可如何应对。

从本小节的实例可以看到,在条件句的内部,前件对事件的表述方式与普通陈述句并无实质分别。这些事实充分显示:前件的功能特征绝非指称性,而是典型的陈述性。那么进一步的推论应该就是:前件并非话题。当然,这个概括尚需进一步阐述,此略。

1.2.3 学者对前件情态内涵的认识

Hall(1964)、Ross (1970)认为英语条件句的 if 小句带有"将来性"(futurity),前件是通过"will 删除"(will-deletion)手段生成的,如"If you eat your spinach, I'll treat you"的深层形式是"If you will eat your spinach, ..."。认为前件的深层带有一个 will 的要素,实际是认为前件在模态上是非现实性、情态性的。这个观点尚可探讨。首先从语言事实看,前件指将来时只是条件句的一部分,还可指过去时和现在时。并且即便指将来时,前件也是把将来时事件编码为现实存在的样子,并不使用情态词 will。汉语也是如此,不允许采取"如果明天将下雨……"的形式,而是表述为"如果明天真的下雨……"。

撇开具体语法编码形式的问题,用"will 删除"的做法生成前件,实际内涵就是:前件所述事件在语篇环境中本来是带有情态内涵的,但被设置为条件句的前件时,就对该情态义加以删除,而直接表述为现实存在的形式。这样理解的话,也会发现语境中的可能性事件并不限于将来可能,而还包括认识情态句,如前面例(32)语篇结构是:"我猜你大概已经 18 岁了,如果你真的已经 18 岁了……"。

从深层看,说前件带有"将来性",实际就是认为条件句的典型形式是陈述个例,因为典型规律条件句是绝无时间义的,自然也不可能带有将来义。如"如果人可以活到 80 岁,40 岁意味着下半场了。"If people can live to 80, 40 means the second half."前件带有"可以"can,不允许加上"将"will,所以这种条件句也不会是通过"will 删除"的手段生成。

Nieuwint(1986)提出,"后件依赖于前件事件的当前可预测性,而非前件事件自身的发生"。从汉语的事实看,这个概括恰恰相反:前件指事件自身的发生,而非可预测性。道理很明显,只有事件自身的实际发生,才能对后件的成立形成制约关系,可预测性、情态则是主观性、抽象性的,缺乏具体的物理存在,所以自然也就无法对后件形成实在的影响。Adams(1975)认为条件句不具有真值,而单纯表示概率,但把前件也做概率处理,并不可取。

条件句所包含的一个重要语义因素是可能性,但可能性只存在于后件,前件并不携带该内涵。原理是:后件的发生总是需要众多条件项的支持,前件则指出这些条件项中的一个。因此,前件只有刻画一个具体事件自身,才能构成后件的条件项,[可能性]本身则是不存在的,自然无法构成后件成立的支持条件。

Ferguson 等(1986：3)对条件句的功能特征做了如下描述：

条件(if-then)构式直接反映人们对交替性情景(alternative situations)进行推理的能力，以及基于不完全的信息进行推理，想象情景之间各种可能的相关性，考虑如果某些关联不同，世界将会发生什么改变。

上述描述实际很笼统，不过也指出了条件句所关联的不同维度的行为特征，下面略做评析。

A. "交替性情景"这个概念并不指条件句的前件自身，而是指特定语境所具有的多种可能性。一个条件句的前件自身显然不可能表示复数性的"交替性情景"，而只能表示其中之一。交替情景只能是由条件句所处特定语境造成的，即语境造成的多种可能性。这就需要首先对条件句的情状特征做出明确的分别：只有个例条件句有此特征，典型规律条件句就不存在这个特征。"如果明天下雨……"，前件"明天下雨"是当前语境造成的多种可能性之一，即明天可能下雨，也可能不下，这即交替情景。但前件只能选出其中一个，而不可能把多种可能性都在一个条件句的前件中进行表述。对规律句而言，如"如果 a>b，则 b<a"，前件"a>b"是直接规定的，不存在任何其他交替情景。

用"交替情景"这个概念描述条件句，实际显示了作者所理解的条件句典型就是个例条件句。但即便在个例条件句中，"如果提起宋先生的三个女儿……"(参看 1.3)也是直接表述前件自身，并不提示存在其他交替情景。可见，不对条件句的具体类型加以区分，笼统用"交替情境"刻画条件句的语义内涵，是行不通的。典型提示交替项情境的条件句主要是现实可能条件句和违实条件句，二者也是学者关注最多的类型。

B. "不完全的信息"的含义有些模糊。应该包含两方面的内容，一是前件自身的实际存在性尚不能确定，二是单纯基于前件不能推出后件。这个描述也只适用于个例条件句，对规律条件句就不适用。仍以"如果 a>b，则 b<a"为例，前件"a>b"指绝对完全的信息，并且不需要其他任何作用因素的支持，即可确定无疑地推出后件。显然，召请推理、条件强化、共同支持等概念对这种规律句也不适用。

C. "想象情景之间各种可能的相关性"，"想象"指的是条件句的认知行为载体，这仍然是在个例条件句身上更为显著。"a>b"就不是通过"想象"完成的，而直接表示一种虚设、规定。"情景之间各种可能的相关性"指不同事件之间可能具有不同程度的因果制约关系。这也只存在于个例句,如"如果明天下雨",可导致"比赛取消、推迟、正常进行"。"a>b"与"b<a"之间就只有唯一的关联方式,不存在任何其他可能的相关性。学者普遍认为条件句的功能是表示推理关系,实际上,推理关系的典型形式表现在规律条件句,个例条件句上不存在真正的必然推理、充分条件关系。

D. "如果某些关联不同,世界将会发生什么改变",这针对的应该是违实条件句。但"世界"的称谓就夸大其词了,"世界"不构成任何一种语法范畴,实际是"事件"。对处于特定因果关联的两个现实态事件而言,如果对其中之一进行调整,另一个也会随之发生改变。

1.2.4 前件的非断言性、可撤销性

现实可能条件句的前件可以陈述现实存在的事件,但话主对其实际存在性或者明确持不接受的态度,后者确实不能断定。学者已指出前件具有非断言性,不过只是一般性的基于陈述句的[断言]特征比较而言的。实际上,前件在句法形式上并不携带任何指"非断言"的成分,该[非断言性]主要是表现为认知上的不确定性,而这种信息是通过语境提供的,并不构成条件句自身的结构要素。相反,前件还接受明确表示断言的语法成分,如:

(39)如果你<u>是</u>清白<u>的</u>,就证明给他们看。

虽然前件"你是清白的"本身是断言性的,但"如果"则指对其持暂时搁置的认知态度。

任何事件由特定的认知行为引出,所以在一切小句之上其实都带有一个由认知动词构成主句。如个例句"树上挂满红彤彤的大苹果"由物理感知动词"我看见"引出,而排斥"我认为";规律句"苹果营养丰富"由抽象认知动词句"我认为"引出,而排斥"我看见"。在普通陈述句,其认知行为载体被视为默认信息,一般不做显性编码。条件句则不同,假设操作的认知行为载体是凸显的,因为假设指对现实存在的超越关系,这只有通过在认知上明确与现实存在进行隔离才能完成。这种隔离就表现为非断言性,指明话主对前件所述事件的实际存在性持有所保留的态度。

在现实可能条件句,[现实性]和[已知性]之间具有一定的相关性,但也绝非重合。如前述 Comrie(1986)就把前者归为后者,这种处理并不可取。可能句假设操作的选材对象是预设性的,明确存在于语境之中,所以都是已知的,显然并非已知事件就不能进行假设操作。进一步看,[已知]与[确定]

也构成两个层次：虽然已知某事，但在信念上并不确定其实际存在。所以"知道"本身也并非叙实动词（参看张新华 2020），如"他<u>知道</u>琴樱的离去<u>可能</u>与这白绢有关""我<u>知道</u>她<u>大概</u>也在想家了"。在［知道］之上还有一个［信念］的范畴层面。

现实可能条件句假设操作对选材对象之限制的关键是信念上的确定性，包括两种情况：a. 不能对亲自感知的现实事件进行假设操作，b. 不能对可确定预期的将来事件进行假设操作。

前件并不排斥一切现实事件，而只排斥话主本人已经亲自感知的现实事件。亲自感知即通过物理感知器官眼、耳等发出的认知行为，这是人们获取外部信息的最初过程，由此获知的事件天然具有强现实性（张新华 2020），同时在认知上也具有完全的确定性，是不能置疑的，否则一切认识都无从谈起。当然，也会发生"看错、听错"的现象，但这只是后来检查发现的，在看、听行为进行的当下，并不存在错的现象。除此之外，只要不是话主本人直接感知的现实事件，都可对之采取假设操作，如：

（40）A：我妈妈当时真的是天天打我。

　　　B：<u>如果</u>你妈妈当时真的是天天打你，一定是你多少有点儿皮得没边了。

（41）A(在门口)：下雨了。

　　　B(在屋内)：如果下雨了，就待会儿再走吧。

（42）后主召入，祎细奏魏延反情。后主曰："<u>若</u>如此，且令董允假节释劝，用好言抚慰。"允奉诏而去。（《三国演义·第105回》）

在例(40)，A 已面对面向 B 表述"天天打"的事情，但 B 在回应时仍可采取假设的形式。例(41)"下雨了"具有强动态性、当下性，且 A 在门口亲眼看到"下雨了"的实际发生，但 B 并未直接感知，所以仍接受假设化操作。例(42)后主已完全了解"祎细奏魏延反情"，且后文也表述了"允奉诏而去"，表明后主对"魏延反情"非常确定，但仍允许用"若"引出，目的就是表达一种暂时搁置的认知立场。

只有话主亲自感知的事件才不允许加以假设化操作。其实仔细看，话主对自己直接感知的事件仍可持有一定的怀疑态度，但总体上是要予以肯定性的接受的，如：

（43）A：妈！儿子回来了！

　　B1：真的？我儿回来了？怎么不早点来信告诉妈妈？

　　B2：真的？*如果我儿回来了，怎么不早点来信告诉妈妈？

　　例(43)B1 显示，即便已有亲自感知，妈妈对"儿子回来"这件事仍可持迟疑、不敢相信的认知态度，即半信半疑，所以允许编码为是非疑问句。例(43)B2 则显示，例(43)B1 那样半信半疑的认知状态在条件句就不允许，表明条件句的前件带有更高的怀疑度，即假设强度很高。对事件的怀疑、不接受，也就是从认知态度即信念上与之拉开距离。

　　过去时事件也存在话主亲知限制，对亲自经历的事件不允许设为前件，如：

　　(44) a. A：我昨天去苏州了。B：如果你昨天(真的)去苏州了，应该去
　　　　　　虎丘看看。

　　　　 b. 我昨天去苏州了。*如果我昨天(真的)去苏州了，应该去虎丘
　　　　　　看看。

Akatsuka(1985)把现实(realis)、非现实(irrealis)归入认知范畴的下位概念，如图 1 - 1 所示：

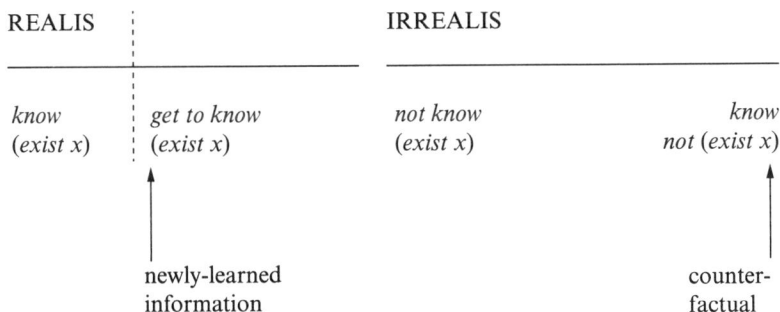

REALIS　　　　　　　　　　　　　　IRREALIS

---

know　　　*get to know*　　　　　*not know*　　　　　　*know*
(exist x)　*(exist x)*　　　　　　*(exist x)*　　　*not (exist x)*

　　　　　　↑　　　　　　　　　　　　　　　　　　　　↑
　　　　newly-learned　　　　　　　　　　　　　　counter-
　　　　information　　　　　　　　　　　　　　　factual

图 1 - 1

Akatsuka 把上述现象概括为"认知延迟"，认知上未完全接受之前，一件事就表现为非现实性。该文举到如下条件句的用例：

　　(45) A：科恩小时候生活在日本。

　　　　 B：如果他小时候生活在日本，为什么他日语这么差？

该句依托的认知方式是转告。本文前面讨论的例(43)B1 则显示，即便面对面直接亲眼看到的事件"我儿回来了"，话主仍可对之持怀疑态度，但这时就只允许编码为是非问句，而不允许构成条件句。"认知延迟"的概括有一定

解释力,但例(44)a 就并非认知延迟的问题,而是对他人告知的信息可采取怀疑的态度。另外,图1-1右端"知道不存在 x"即"违实"的概括也失之简单化,参看1.4及1.5.1、1.5.2。

一个基本问题是:Akatsuka 关于"现实、非现实"所谓认知延迟性的描述,针对的具体现象实际是个例、低阶事实,高阶事实、规律上并不存在这个问题。例如,对"直线向两端无限延伸",不允许像例(45)那样做假设操作:"*如果直线向两端无限延伸,为什么这条直线这么短?"

将来时事件天然是[非现实性]的,但仍存在假设限制,这就并非认知延迟的问题了。将来事件有两种情况,一是个人的行动计划,如"我明天要去苏州";二是对一件事发生可能性的预测,如"周末气温可能达到40℃"。两种情况中,无论是否话主亲自执行,只要根据百科知识及当下语境可确信一定会发生的事件,都不允许设为前件。反之,即便是话主亲自执行的事件,如果该事件的实际发生尚存变数,则也允许设为前件,如:

(46)我明天打算去苏州。如果我明天(真的)去苏州,会去虎丘玩。

(47)A:妈,周末我要和同学去苏州。

B:好,(?? 如果)你们到苏州,可以去虎丘玩玩。

(48)A:妈,我上学去了。

B:好,(*如果)宝宝到学校,要跟小朋友好好玩,不要闹矛盾。

(49)今天是周五。(*如果)明天是周六,咱们去郊野公园玩吧。

在例(46)中,语篇前文指出"我明天去苏州"仅是一种打算,这种事件是以欢迎设为前件的。例(47)中语篇前文所述"周末我要和同学去苏州"的事件很确定,这种事件绝对看也会存在变数,这种变数即该事件勉强可进入前件的根据;但另一方面,人们对"特殊情况"一般是予以忽略的,所以该事件进入前件仍不自然。在例(48)、例(49)中,根据百科知识及当前社会环境,"宝宝到学校""明天是周六"的事件是可以确信一定会发生的,这样的将来事件就要求表述为普通陈述句,而不接受假设操作。

前件指将来事件时,条件句确实存在"可实现性"的问题,但即便在这种语境中,该参数对说明前件的选择限制也并无价值。如例(48)、例(49)中"宝宝到学校""明天是周六"是绝对可实现的,却不允许设为前件。显然不能由此而得出如下结论:前件不接受将来可实现的事件。在将来时事件,前件的选择限制是话主的认知确定性。Katis(1997)特别指出将来预测条件句是"把一个确定的情境(definite situations)定位于将来"。例(48)、例(49)则显示,对完全确定可预期的将来,恰恰排斥做条件句的假设。

马建忠(1898)认为前件的特征是"事之未定、未然",Comrie(1986)认为是"未知",Ferguson 等(1986)认为是"不完全的信息"。对过去时、现在时事件而言,从上文例(40)—例(43)的实例看,马氏"事之未定"的概括更为合适。不过马氏对"未定"的内涵未做具体说明,本文则把其内涵刻画为"非直接感知",简称"非亲知"。例(48)、例(49)则显示,马氏所说"未然"并不准确:话主若对未然事件的实际发生有完全的确信,就不允许设为前件。现实可能条件句假设操作限制的根据是选材对象的认知特征,这来自语境。概之,可能句前件的限制包括过去、现在事件的非亲知,以及将来事件的非确定性,可合称为非确定性。

一般语法书讨论的"限定性"(definiteness)指小句在事件构造上的特定性、有界性,据此还不能合理解释前件的选择限制。过去时和现在时事件都是 TP,具有典型的限定性,但并非都可进入前件。前件选择的制约因素是[非确定性],该语义内涵在条件句的表层却并无编码,而是在语篇环境提示的。这充分表明可能句具有强语境依赖性,语境因素成为该句自身功能内涵的一部分。

前件的认知非确定性也表现为[可质疑性]、[可撤销性]。假设一方面表示超出现实存在,另一方面也表示认知态度上暂做搁置,而纯客观地描述事物自身的存在方式,所谓就事论事。上述功能特征在"如果,我(只)是说如果"这个强调式上有清晰的体现:该说法一方面强调纯粹的假设性,另一方面也就强调纯客观性、理性,如:

(50) 如果,我只是说如果,我们打起恢复宋朝的旗帜,拥护的人会更多。

　　　如果,我只是说如果,老板来电话是测试她,那方法实在太高明了。

　　　如果,我只是说如果,我明天去苏州,会去虎丘玩。

"如果,我只是说如果"强调"我们打起恢复宋朝的旗帜"仅是一种纯粹的假设、打比方,并不表示话主认为它会实际发生。另外也强调:无论我们是否真的实际打起旗帜,或是否有人反对,但"打起恢复宋朝的旗帜"这件事本身,确实具有"拥护的人会更多"的客观作用,这即纯粹的"就事论事",关注事件本身的相关影响,也即假设操作的功能核心。假设比普通陈述句更适合表述事件自身,这在前件很少用语力要素即可看出,前件是较为纯粹的 TP。

规律条件句不允许用"如果,我只是说如果"强调:

(51)　＊如果,我是说如果,一个三角形有一个角是直角,那么它是直角三角形。

　　　　＊如果,我只是说如果,一家公司长期亏损,它就会消失。

可以看到,"如果,我只是说如果"强调对前件所述事件实际存在情形的生动想象。规律句所述事件则不具有实际发生的特征,不占据特定时空域,所以无从设想。另一方面,规律句直接陈述前后件间的内在关联,并不提示与现实世界的关联情况,所以假设强度是很弱的,这样自然也就不支持强调的操作。在个例条件句,前件连词的实义性、断言性显著,这就导致"如果"的假设强度很高,所以可构成一个独立的表述单位。

现实分为个例和规律,只有在个例身上才存在非确定性限制。原因是:个例是世界现实存在的终端形式,也是条件句假设操作所要超越的基本对象,所以除非加以特别的违实表达,一般情况下,对已明确了解的个例无须做假设式的表达。规律具有普遍认同的特征,并且是强抽象性的,天然就无法进行亲知。规律具有普遍认同性的原因是其结构要素是共相,共相是所谓"公共知识"(common ground)的最核心部分,并构成公共信念的根据。

本小节最后简略讨论一下可能句前后件间的推理关系。学者一般认为它指充分条件关系,这种认识还有进一步探讨的空间。可能句前件的情状特征是个别性、特殊性,这就决定了它与后件之间不可能形成严格的推理关系及充分条件关系。因为在可能句,后件的成立所需条件项众多,前件只是其中之一。当然在很多语境,可能句常会通过召请推理、条件强化的方式(Geis & Zwicky 1971;完权 2022),即补充其他条件项,而使得前件似乎构成充分条件。但这只是一种语用维度的倾向性读法,并不构成该句的固有内涵,如:

(52) 如果你吵醒了奶奶,我会掐死你。

(53) 丈夫病在危急,如果他有个三长两短,他们全家活不下去了。

(54) 如果麦凯恩改变不了世界,奥巴马照样改变不了。

例(52)指一种夸张式的警告,即便"你"确实吵醒了奶奶,"我"也绝不至于真的掐死你。同样,例(53)并不提示会通过召请推理必然推出后件。例(54)更显著,麦凯恩与奥巴马的做法并无实质关联,无论补充多少信息,也无法由前件充分推出后件。

就"如果你帮我修剪草坪,我会给你5美元"(引自 Geis & Zwioky)而言,人们确实一般会把它读为充分条件关系。该句指的是合同行为,基于人们一般会遵守承诺的善良信念。Rosen(2012)认为条件句的功能内涵都可概括为合同关系,实际并非如此,如上述例(52)—例(54)就不指合同关系。即便指合同关系,违反合同及合同无法执行的情形并不少见,所以法律上有"不可抗力"的概念。那么,在合同无法执行的情况下,条件句是什么性质?显然并非句法构造上不成立,而只是语用上不适宜。允许违反、无法执行的现象本身就足以说明充分条件、召请推理并不构成条件句的定义特征:若如此,无法执行时该句应表现为语法上不成立。召请推理显然是主观性的,不可能真正从语义上对后件所需条件做充分的补齐。

"召请推理、条件强化"与 Goodman(1947)关于违实句"共同支持"(cotenability)的概念,实际内涵是相同的。同样,Ramsey(1929)、Starr(2014)等也都提出,前件并非独立推出后件,而是在更大的认知背景上进行的。绝对说,任何一个微小偶然因素都可导致一个事件最终无法出现,所以理论上,个例句前后件之间不可能存在真正的推理关系。从句法上看,召请推理、共同支持所涵盖的条件项显然都存在于条件句之外,并非该句自身的语义内涵,并且不同人所做召请推理的具体内涵也不可能相同,所以这样的推理自然无法保证该条件句推理关系的确定性。个例句的推理关系可概括为"如果 p,那么 q 的可能性是 n"。前件只是后件所需众多条件项之一,所以只能对后件提供一部分支持 n。

真正的推理关系则是不可能违反的,如"如果人们手里票子不多,购买力就不强","票子多—购买力强"的联系是分析判断、同义反复,这种条件句不可能违反,否则就完全取消了"购买力"这个概念。这是不允许的,因为概念(即[共相]范畴)是语句"有意义"的边界(参看 1.4.1.2)。[不可抗力]是个例天然伴随的制约因素,规律则内在排除[不可抗力]的干扰,所以个例总是偶然性的,规律则表现为必然性。

Anderson 和 Belnap(1975:3)认为"逻辑的核心存在于'如果—就—'(if-then-)的概念",强调条件句关键就是表示推理关系。一切推理关系的最终根据都是规律,所谓逻辑推理关系,其最核心的表现形式也就是共相范畴间的内在联系。所以讨论充分条件、必然推理的功能机制时,对个例、规律条件句的分别应给予充分的关注。

1.2.5 小结

现实可能条件句是人们讨论最多的一种类型,日常出现频率也最高,传统所谓直陈条件句主要也指这种类型。可能句的着眼点是其选材对象的特征,前件自身则并不带有可能性的情态义,后者属语境信息。可能句内在是强语境依赖性的,刻画为:"某特定环境中可能存在/发生事件 p;如果 p 真的存在/发生,则 q。"可能句不带有[可实现性]的内涵,而是以设想的方式把可能性事件表述为[实际存在]的形式。可能句具有[确定性]限制,排斥话主可确知存在、发生的事件。

1.3 修辞假设条件句

修辞假设是一种不真诚的假设,把话主本来肯定的事情表述为貌似不肯定的形式,所以也可以说是修辞性的断言。

1.3.1 相关研究简述及本文的关注对象

"修辞假设"的特征是:话主对前件所述事件本来持肯定的态度,但出于修辞的动因,而故意采取假设的形式,如:

(1)母亲对女儿:如果你还是我女儿,今天就别走出这个家门。
从客观语义看,说话双方(即话主、受话)对前件"你还是我女儿"显然都是确定无疑的。该句之所以采取假设的形式,完全是出于修辞表达的动因,即强调"你"别无选择,对后件只能予以接受。另一方面,该句强调后件只能接受的功能内涵也并非从前后件的客观语义联系上做出的分析,而是具有强烈的主观性:"你还是我女儿"与"今天就别走出这个家门"之间并无内在的因果联系。

学界对条件句可指修辞假设的用法还缺乏明确的关注,比较接近的研究成果则有以下一些。较典型的一种是"如果说"句。胡裕树(1981:369)指出条件句有"一种新兴的用法","偏句和正句说的都是已经实现了的事实",如:

(2)如果说,历史博物馆里珍藏的青铜器体现了我国古代的文化,但我们今天并不提倡使用那样笨重的器皿;那么,我们研究汉字中的繁体和古体,并不是反对文字的简化。

广义看,"如果说"句也是修辞性的,与指现实可能的条件句如"如果明天下雨,迎新会取消"之类,有较大分别。不过总体看,该句还是偏重指一种理性的认知态度,其语法内涵可概括为"姑且认定"(参看张新华 2023b)。本文关注的修辞假设句则表现为更强的主观性、修辞性。

周明强(1993)提出"超假设"的概念,指"使用假设句形式,但并不是单纯地表达一般的假设关系,而在其中隐含了其他含义或另有作用的手法"。这个概括指出了条件句的功能不限于表示客观假设,是富有启发的。不过从该文所关注的具体条件句现象看,其对"超假设"的定义似乎还有些模糊,如:

(3) 如果是女娲创造了人,那么她最得意之处必定在于人的头脑里注入了想象力。

(4) 人类如果不再企求"彩色的梦",那么人类也将失去了某种希冀与追求。

作者认为上述两句指"超假设"的原因是"女娲创造了人"指想象,"彩色的梦"指比喻。本文则认为,这种条件句确实与指现实可能的"如果明天下雨"之类有较大差异,但在话主对前件所述事件持不断定的认知立场上,二者其实仍属同类现象。"如果"引出的前件指比喻、想象,还是普通物理事件,这只是具体内容的分别,显示"如果"对所引小句事件内容的允准空间很大,但并不显示"如果"自身在假设功能上形成质的分别。

还有文献明确提出"修辞性条件句"的概念。刘海燕(2006)、邓欢(2008)分别把下面的例(5)、例(6)归入"修辞性条件句",前者表示"间接含义",后者表示"委婉地责备对方":

(5) If he gets one, I am the Queen of Sheba.

　　如果他得到一个,我就是示巴女王。

(6) If you had listened to me, you wouldn't have made so many mistakes.

　　如果你听了我的话,你就不会犯这么多错误。

总体来看,上述文献讨论的条件句确实在某个维度上表现为修辞的特征,语义内涵与指客观可能性的条件句形成较大差异,显示条件句身上携带的修辞现象确实非常丰富。但另一方面,学者讨论的修辞条件句在"假设"这一基本功能特征上仍表现为统一性,即都表示真实的假设。

本文所说的"修辞假设"则指该条件句所指[假设]本身的功能内涵发生实质性的改变:话主对前件实际持肯定的态度,但为了修辞动因而故意采取弱化的表述方式。即:这种条件句所指"假设"本身就是一种假象,实际不应该采取假设的形式,而可直接表述为普通陈述句。如上述例(1)的表达目标其实是：既然你是我的女儿，就应该体谅我，所以今天不应该离开家。这种条件句的主要目的在于强调后件，所用推理过程是：虽然前件表面上采取假设的形式，具有可取消性，但人们实际上也只能予以接受、认同，从而也就只能接受后件。这种条件句主要是为了弱化断言的强度，以达到"留有余地、不把话说满"的委婉效果，所以也可称为"修辞性的断言"(Rhetorical assertion)。

一般假设操作的主要功能是超出现实存在，其次指暂做搁置的认知态度。修辞假设则一方面并未超出现实存在，而就是指典型的现实存在，并且也对[暂做搁置]这个参数做了淡化处理：貌似搁置，实际未搁置。所以修辞假设实际是一种一定程度上无效的假设，介于假设和断言之间，所以既可以说是修辞假设，也可以说是修辞断言。

1.3.2 修辞假设是对普通陈述句强断言功能的弱化

普通陈述句实际带有很强的断言语力(Assertion force)，即话主在认知上对小句所述事件的成立持非常确定的态度。如"小李来了""明天有雨"，默认读为话主对该事件的存在非常有把握，可读为"小李来了，这是确定无疑的""我认为明天确实有雨"。但在很多语境并不适合做这样的强断言表达，因为会显得态度生硬。条件句就是一种对普通陈述句的强断言语力，即[确定无疑]义加以弱化的语法手段，而添加[尚可存疑、可取消]的内涵，以造成委婉柔和的表达效果。实际上，除了条件句，还有很多句法手段的功能也是表示对普通陈述句的强断言特征加以弱化，如认识情态词"可能、应该"：

（7）疫情还没结束，各位先生<u>可能</u>还是要坚持戴口罩。

你的电脑<u>应该</u>是需要更新换代了。

话主内心对"各位先生要坚持戴口罩""你的电脑需要更新换代"实际持完全肯定的态度，但为了表达上的委婉，而采取添加情态词"可能、应该"的表述策略，以达到"留有余地"的表达效果。条件句的修辞假设功能也是如此。

"如果"所指修辞假设功能的做法就是把普通陈述句 s 的强断言语力包装为"s 可能并非如此"的样子，但实际仍持肯定态度，可以说是一种"以退为进"的表达策略。这种条件句的假设功能不在于表示所假设事件在现实世界实现的可能性的程度，而是假设行为的真诚程度。即话主本来对所述事件持断定的态度，却故意采取假设的外貌，所以是一种不真诚的假设。这就导致修辞断言条件句的假设强度很低，即假设羡余化。

修辞假设条件句难以用"假设度"的概念进行刻画，也不属"现实可能性"的范畴领域,所以构成一种专门的条件句次类。修辞假设与普通假设的分别在句法形式上有明确的体现。有两种,一是普通假设可采取"如果,我(只)是说如果"这样的强调式,修辞假设则不允许,如:

(8) a. 如果,我只是说如果,你听了我的话,你就不会犯这么多错误。

　　 b. 如果,我是说如果,明天下雨,则比赛取消。

　　 c. *如果,我是说如果,你还是我女儿,今天就别出这个家门。

原因就在于:普通假设指对物理事件的客观设置,表示一种实实在在的假设操作行为,假设强度高。修辞假设所述事件本来是客观存在的,且话主也完全了解这一点,假设的功能只在于对断言语力加以弱化,不影响事件自身的存在性。

　　二是普通假设的前件具有[可取消性],可同时表述为极性特征相反的另一个条件句,并用"反之"引出,如例(9)。[可取消性]也表现为可质疑性,接受别人反对,如例(10)。[可取消性]和[可质疑性]的特征对修辞假设都不存在,如例(11)。

(9) 如果明天<u>下雨</u>,则迎新会在大礼堂举行;反之,如果<u>不下</u>,则在操场进行。

(10) A:如果明天<u>下雨</u>,则迎新会在大礼堂举行。

　　 B:你这种考虑纯属多余,明天怎么会下雨呢?

(11) 如果你还是我女儿,今天就别出这个家门;*反之,如果不是,你就出去吧。

　　 *你这种考虑纯属多余,我怎么会是你女儿呢?

　　违实句的前件不允许同时表述为肯定、否定两个条件句,其原因并非该句在语义上不存在肯定和否定两种形式,而恰恰是因为:违实句天然就是对一个现实事件做否定化的处理而构成的。如"如果你听了我的话"针对的实际情形是"你没有听我的话",所以自然不能再表述为"如果你没有听我的话"。另一方面,违实句的前件仍接受质疑,具有可取消性。该句的假设操作指基于现实情形而提出一种相反的设想,别人自然可以不接受这种设想,所以对其质疑,如:

(12) A:如果你听了我的话,就不会犯这么多错误。

　　 B:别做梦了,我就是再犯错误,也不会听你的话。

"别做梦了"指对违实句前件"你听了我的话"的质疑,修辞假设句的前件排斥这种质疑。

　　根据前件所述事件内容的差异,"如果"的修辞假设功能分为两大类。第一类有三种情形,共同特征是指话主本人的认知、言说行为,对它们的假设操作表现为元认知、元语的特征,目的是减弱后件的断言强度。第二类指极量事件,这里的假设操作指极易满足的条件,目的是强调后件必须被接受。两类的共同特征是:前件所述事件都是现实存在的,假设操作不具有真诚性,而主要表现为修辞性。

1.3.3　前件指认知视角、言说方式

　　认知、言说动词都天然带有[断言]的内涵。断言是一种高阶范畴,指对客观事件成立性的主观认定,这需要通过认知行为才能完成,并通过言说行为加以断定。认识方式与认识内容之间具有透义性:有什么样的认知方式,就形成什么样的认识内容。由于这种条件句的假设操作具有羡余性,所以"如果"可删除而句义大体保持不变,如:

(13) a. (如果)把北宋南宋合起来算,宋朝统治了 320 年。?? 否则就不到 320 年。

　　 b. 如果将光年换算成千米,那么一光年便是 9.46 万亿千米;反之,*如果不将光年换算成千米,……

　　　　*如果,我只是说如果,将光年换算成千米,……

(14) a. (如果)用迷信的话来说,石季龙这是遭报应了。反之,*如果不用迷信的话来说……

　　 b. (如果)用现代逻辑的术语,墨子可以说鬼神的惩罚是一个人有病的充足原因,而不是必要原因。反之,*如果不用现代逻辑的术语,……

(15) (如果)把宋子文与孔祥熙比较,孔的精明和算计要比宋的心计多 10 倍。*否则他俩谈不上谁比谁精明。

(16) a. 中国钞币的发展,(如果)从其性质看,可分兑现的钞币和不兑现的钞币。

　　 b. *如果,我是说如果,从其性质看,可分兑现的钞币和不兑现的钞币。

(17) 从国土面积拥有的铁路的比例看,我国每平方公里只有 56 公里铁路;(如果)按每万人拥有的铁路计算,只有人均 5 厘米。*否则人均就不到 5 厘米。

例(13)a"合起来算"指"合起来看是可行的、可以合起来的方式认识"。例(14)a"用迷信的话来说"指言谈的视角,该视角也同时表现为认识及断言的方式。

认识行为与认识结果在[现实性]的模态特征上也表现为透义性。不同于物理行为,认识及言说行为一旦加以表述,则该行为及其结果就都从内在具有[现实性]的特征。如例(16),不但前件"从其性质看"已实际完成,即"实际也就是以这样的方式看了";并且后件"可分兑现的钞币和不兑现的钞币两类"也是现实性的,即实际已做出这样的划分。这与指物理事件的前后件差别很大,如"如果你去外滩,可以坐地铁","你去外滩"与"坐地铁"都未发生,并且"你"也可能根本不去外滩,这样后件自然也就无从谈起。

以上功能原理意味着:对认识及言说行为的假设只能减弱其强度,但无法完全取消。这就造成对指认知视角、言说方式的前件的假设,总是一定程度上表现为羡余性,前件的假设功能无法完全充分实施。此消彼长,前件不指客观假设时,功能内涵就表现为修辞性、语用性,即话主认为前件所指认识及言说方式不一定合适,但还是先"姑且这么看",这即断言的弱化。

上述各句"如果"所指假设的强度有所差异,这与前件的可取消性程度是相对应的。例(13)a的假设强度较高,所以"把北宋南宋合起来算"的可取消性也较强,即可能有人不同意这种处理方式,而可能质疑。这样,前件就更明确地提示前件的认识方式不一定合适,不过姑且如此处理。但实际上,人们通常也就是采取"把北宋南宋合起来算"的认识方式,所以前件的假设操作仍然表现为羡余性、修辞性。例(13)b虽然谓语动词也用"算",但"如果"的假设强度明显降低,因为"将光年换算成千米"指普遍接受的认识方式,这里并不存在可取消、质疑的假设操作空间。假设的功能内涵有两方面,一是超出现实存在的事件,二是表示认知态度上的存疑。这样,前件所指认识方式越是得到人们的普遍认同,该句的假设操作也就越表现为外交辞令、矫揉造作,即强修辞性。

例(14)b多少提示"用现代逻辑的术语"表述墨子的话不一定合适的内涵,具有可质疑性,但该内涵非常微弱,这样"如果"就表现为显著的羡余性、修辞性。当一个语词的功能内涵不是为了指出客观事物自身的存在方式时,就成为人为的装饰,即修辞性。实用性减弱,则修饰性增强。例(17)"如果"句与前一小句的结构形式是平行的,但前句采取直接陈述的形式,后句则加上"如果",该句去掉"如果"句义几乎完全相同,其中"如果"实际是羡余的。

前件由比喻句构成的条件句值得单独观察。比喻也指一种认识方式、视角,对认识方式的假设就读为"姑且如此认为",但这种[姑且]义本身也很弱,实际接近直接断言。从另一个角度看,比喻与假设的功能原理也直接相通,比喻天然带有假设义,二者的深层语义机制都是在不同范畴之间进行类推。这就导致前件是比喻句时,"如果"的假设功能必然发生羡余化、修辞化,如:

(18)(如果)用太阳来打比方,明朝是西下的夕阳,而大金则是东升的旭日。*否则明朝就不是西下的夕阳。

(19)(如果)把车辆厂比作一个大家庭,那么,这家工厂可以说是儿孙满堂了。

(20)(如果)将亚运会比作一根接力棒的话,今天我们已把这接力棒交到了广岛。

以例(18)为例,"如果"提示"用太阳来打比方"不一定合适,所以接受质疑、取消,不过现在姑且如此比喻。这个[姑且]义很弱,就造成"如果"的假设功能大为磨损,而仅表现为"留有余地"的修辞效果。

另外值得注意的是,"如果"所引前件由言说动词构成时,随着"如果"的假设义虚化,"如果+说"有固化为话题标记的迹象。例(21)三句"如果"的假设义递减:

(21)a. 说起来耀如先生,今天的许多人或许陌生;但如果提起宋先生的三个女儿宋庆龄、宋美龄和宋蔼龄,今天的中国人仍是敬佩的。

b. 如果说到孙权盗墓,知道的人可能没有几个。

c. 如果说害怕,大家当然都害怕。

例(21)a"如果提起"多少提示一些相反的"不提起时"的意味,带有较强的[可取消性];例(21)b的"如果说到"几乎完全不提示"不说到时"的内涵;例(21)c的"如果说"绝不提示"不说时",该"如果说"就非常接近话题标记。上述"如果说"的句法环境与"要+说"虚化为话题标记的情形是相同的。如"要说孙权盗墓,知道的人可能没有几个","要"本来也指假设,与"说孙权盗墓"是句法层面的组合。随着"要"假设义的弱化,"要说"就跨层固化为一个话题标记。条件句的前件带有明确的假设义,话题标记则是[非假设性]的。只有前件连词完全去除假设义,前件才能成为话题,言说动词即条件连词的假设义是容易发生脱落的一个重要环境。

"如果说、要说"虚化为话题标记的过程显示,不但"如果、要"的普通假设义可以发生虚化,其指弱化断言的修辞功能也可发生虚化。即修辞语境也可构成语法化的一个途径。

1.3.4　前件指一种判断方式

这种条件句前件同样带有很强的认知性,不过该认知义处于深层,句子表层并不出现指认知行为的语词。如:

(22) 老匡如果有"错",那就是错在人太耿直。*否则老匡就并不那么耿直。

(23) 公司如果要有一个"主角"的话,那他就应该是刘志。*否则就可能是别人。

(24) 如果(可认为)我看得更远的话,那是因为我站在巨人的肩膀上。*否则我就没站在巨人的肩膀上。

(25) 如果你好歹算是个过得去的演员的话,那也得归功于我。

前件指对事物的一种判断方式,后件指由此判断而可做出相应的判断。判断指对事物的定性认识,语义结构为"A 可视为 B",其中 A 是个体性的,B 是类指性的。如"如果老匡有错"指老匡的具体行为符合"有错"的一般特征,所以前者可归入后者的范畴之内。"如果"则指该判断方式是可商榷的,只是"姑且这么认为",但该[姑且]义很弱。

前件自身包含两层语义内涵:外层是认知、言说行为,内层是由二者引出的物理事件。"如果"的作用对象是外层的认知、言说行为,所以造成元认知、元断言。认知和言说行为是无法取消的,所以假设的功能并不在于表示客观的假设,而是指话主对前件所述物理事件持一种弱断言的立场。如例(23),话主认为"公司有一个'主角'"这样的说法可能不大合适,只是姑且这么表述。但另一方面,话主也并不认为确实需要换为其他更合适的表述方式,而就是采取了前件的说法,这样前件的假设操作实际是无效的。

另一方面,在上述条件句,由于后件表示基于前件的判断内容做进一步评述,这就使得前后件之间的语义关系类似"话题—评述"结构。如例(22)、例(23)的"错、主角"带引号,指明是一种判断方式,且是转引别人的看法,话主则对它们采取姑且认同的态度。既然对"错、主角"的判断已经予以认同，那么就可对其做出进一步的评述，即指出"错、主角"的具体表现是什么。同时，"转引"本身即构成一种句法操作，其语法内涵接近"说到"，并使被转引成分带有指称化的特征，如例（22）、例（23）后件实际都是以前件转引的"错、主角"为话题而做出评述。

例（24）前件表层未出现指认知义的语词，实际是牛顿"转引"别人的判断，带有"可认为"的判断义。把这种带有判断义的事件设为前件，就形成［姑且接受］的认知态度，然后用后件做出进一步的评述、解释。例（25）"好歹算"明确指姑且认定，后件则指出前件的原因。总之，这些条件句的后件都不是直接从物理因果关系的维度与前件进行衔接的，而是在高位的元认知、元语层面上实现衔接。

可比较，一般条件句的前件是直接陈述一种物理事件自身，并不包含指形成该事件的判断的认识行为。如"如果他们心齐，就能划得非常快"，前件是对"他们心齐"的客观陈述，不提示是如何形成"心齐"的判断。前后件之间在范畴层面上具有一致关系：当一个条件句的前件不是直接陈述一个物理事件，而是关注形成对该事件的判断行为时，则后件也会表现为论辩性、评价性，而不是简单对一个物理事件做出客观陈述。例如，如果前件对"他们心齐"的判断本身就存在质疑，就会形成修辞性假设，这样后件也要求是论辩性的，如：

（26）如果他们还算心齐，也不至于划得那么慢／?? 就能划得非常快。
"还"指小量，并带容忍义，"算"指姑且认为，这样前件就明确提示他们的实际情形不一定是"心齐"，不过现在姑且这么认为。既然前件对"他们心齐"的判断本身就存在质疑，那么后件也就不能径直从因果关系上基于该事件而得出"划得非常快"的推理，而是会同样形成某种元认知性、评价性的高位表述，所以更适合带"也不至于划得那么慢"这样的后件，"不至于"指评价性。

条件句前件的假设操作典型只对物理事件充分有效，在指认识及言说视角的前件就难以充分发挥。假设的语义机制是超出现实存在，现实存在的构造方式是具有物质内涵并占据特定时空域，而这些特征在指认知、言说视角的前件都是缺失的。这就使假设操作的功能无法正常进行，前件就转而表示修辞功能，指对强断言表达做弱化处理。

1.3.5 前件相当于一种认知导语

这种用例与上一节指认知行为的前件在功能原理上有相似之处,都指通过前件所指认知行为而引出后件的认识内容,但更为程序化、俗套化,相当于后件的导语、话头。这意味着其语义更加虚化,加于其身上的假设操作无法充分发挥,功能进一步弱化,如:

(27) a. 说起来纬国兄也老大不小了,如果我没记错,大概 77 岁了吧?

　　 b. 说起来纬国兄也老大不小了,大概 77 岁了吧? 如果我没记错。

(28) a. 如果我所料不差,金珠仍藏在附近。

　　 b. 金珠仍藏在附近,如果我所料不差。

(29) 如果上述理解正确的话,那么法律思想发展史中就实际存在着两种法哲学。

(30) 如果我们以上论证能够成立的话,那么现行统编教材关于证明过程颇为统一的说法应该予以修正。

(31) 如果你还记得我们那个公共巴士的比喻,那么乘号左边的矩阵 I 代表了我们的巴士 I 号线的收费表。

后件指具体认识内容,前件指形成该认识内容的特定认知行为。若绝对地说,人们对其所做的一切表述,都可加上"如果我的判断/认识/理解正确的话"的前件,这显然是非常做作的。这种"做作、外交辞令"本身即构成该类条件句"如果"的功能内涵,所以表现为强修辞性。

从实际表达目的看,上述条件句的陈述内容显然只在于后件,前件纯属语用、修辞维度的装饰成分。但如果不用前件的话,后件就呈现为普通陈述句,直接做出断言,这种断言的强度是很高的。现在则进一步向上从形成该断言的认识行为载体上加以修饰,并用"如果"指出该认知行为本身的可靠性还可商榷,那么后件所指认识内容自然也是存疑的。这就使后件的断言显着温和、谦逊,即所谓"不把话说满"。这种前件的功能就在于把一个普通陈述句的强断言性加以削弱,相当于一种弱断言的标记。如例(27)"如果我没记错"的使用频率很高,有虚化的迹象,表现为:语音上减轻,可以后置。相比英语,汉语条件句前件后置的出现频率要低得多,反过来也就意味着,后置具有更强的表达动因。

前件指后件认知方式的特征决定了"如果"的假设功能无法充分发挥,因为如果取消了认知行为,那么一切认识内容也就无从谈起。这样,对前件所指认知行为的可靠性只能予以接受。以例(29)为例,假如前件所述"理解正确"确实可取消,那么后件的全部表述自然也就完全不成立,这样的话,话主压根儿也就不需要做出任何表述了。这就意味着,话主其实对前件所述"没记错""理解正确"等的认知行为是非常肯定的,否则他也就不需要做出后件的表述,"如果"的作用只是对后件的断言强度略做弱化。

例(31)的修辞性特征更为典型,表现为:后件自身直接指一种客观事实,其成立性与前件根本无关,即前件完全不构成后件的制约因素,无论你是否记得,后件所述"……矩阵Ⅰ代表……收费表"的事实都是成立的。这种现象在前件指真实假设的现实可能条件句是不存在的,在现实可能条件句,前件总是后件的重要制约因素之一。

上述例(27)—例(31)不允许"如果"本身重读并停顿,不允许采取"如果,我只是说如果"的强调式,条件句后不允许后接"否则"构成另一个条件句。"如果"本来同时包含超出现实存在和暂做搁置两方面的功能内涵,且以前者为主,重读和停顿所强化的是暂做搁置的怀疑态度。因为重读和停顿本身就是一种主观性的表达手段,也就是把"如果"视为一个实义性的独立表述成分,强调前件是纯粹的假设,这样也就更加提示前件是可取消、质疑的。所谓"纯粹的假设",即表示在仅是假设的范畴层面上认为是如此情形,并强调与现实存在的对照关系,即实际并非如此。所以在"如果"后停顿时,后面容易带"实际上"引出的陈述句。"如果"后停顿与"如果,我只是说如果"这个强调式的功能内涵是相同的。现实可能条件句的"如果"后可停顿,并用"如果,我只是说如果"的强调式。如:

(32) a. <u>如果</u>,美国心口如一,在解决老挝问题上就不会发生困难。<u>实际上</u>,美国不会心口如一,所以别指望老挝问题容易解决。

   如果,我只是说如果,美国心口如一,……

   b. *<u>如果</u>,我没记错,纬国兄大概77岁了吧?*<u>实际上</u>,我记错了……

   c. *如果,我是说如果,我没记错,纬国兄大概77岁了吧?

   d. 如果我没记错,纬国兄大概77岁了吧?*否则就没有77岁。

(33) *如果,上述理解正确,那么实际存在着两种法哲学。

   *如果,我是说如果,上述理解正确,那么实际存在着两种法哲学。

   如果上述理解正确,那么实际存在着两种法哲学。*否则就不存在两种法哲学。

例(32)a 强调"美国心口如一"的描述仅在纯假设的层面上成立,这就提示了对它的高度质疑,即实际上美国并非心口如一。"如果"不重读不停顿时,对"美国心口如一"的质疑度要低得多,仅指一般性的暂做搁置,且接受确实为真。例(32)b 的"我没记错"不允许采取"如果"后停顿的强调式,因为实际就是认为没记错。

　　另外值得指出的是,例(27)—例(31)与一般所说言语行为或语用条件句(Austin 1961 等)并不相同。后者指"If you are thirsty, there's beer in the fridge(如果你渴了,冰箱里有啤酒)",之所以称为"言语行为条件句",着眼点是后件提示"我告诉你"的内涵。但就 If"如果"而言,其功能仍属普通假设,表示对"you are thirsty"的客观假设。即在假设功能上,该句的 If"如果"与"If it rains tomorrow, the match will be put off(如果明天下雨,则比赛推迟)"中的 If(如果),功能特征是相同的,都是实实在在的假设。"你渴了""明天下雨"的存在具有现实可能性,并可取消。反映在句法上,"如果你渴了……"是允许采取强调式的:

　　(34) 如果,我是说如果,你渴了,冰箱里有啤酒。

　　另外,例(27)—例(31)与行知言三域的知域条件句(Sweetser 1990;沈家煊 2003),也有质的分别。后者的着眼点是前后件的推理关系处于认知层面,如"如果比赛取消了,昨天就下雨来着"(引自沈家煊 2003),但就前件的假设特征看,则仍属真实客观的假设,具有可取消性。

　　假设的功能核心是超出现实存在,但当前件指后件的认知方式时,该认知方式天然具有现实存在的特征,无法完全超越。这样,这种条件句假设操作的功能也就无从充分发挥,从而导致其功能内涵发生弱化、羡余化,并转而行使修辞功能。

1.3.6　前件指无可置疑的客观事实

　　这种条件句的假设内涵与前三节有较大分别:不指弱化断言,而指确定的事实,目的是强调后件必须被接受;其在不指客观假设而主要功能在于修辞上则是相同的。假设既是条件句的基本语义特征,也是其构造方式,即通过假设的操作而把一个事件设置为前件,并引出相应的后件。张文熊(1964:124)认为:"假设语气是表达条件判断时所必需的,如果不用假设语气,条件判断便不可能直接表达出来。"条件句虽然都具有"假设语气",但所述事件却可以是无可置疑的事实,即假设的功能没有真实发挥,是一种蜕化

条件句与情态研究 ——————————————————————————————

的假设。

　　这种条件句前件指客观事实的特征还表现在：前件常带有夸张的特征，指一种极其显著而不存在任何争议的客观事实。量级上包括极小量和极大量两种情况，夸张从量级上看也就是表示特定情境中的极量。极小量句谓语动词前往往带语气副词"还"，如例（35）—例（37）；极大量则采取否定形式，如例（38）—例（40）。两种形式的功能都在于强调前件所述事件具有强确定性、无可置疑性。极小量和极大量都是极性词，不用于中性语境，而需要允准成分，条件句前件的假设操作即允准极性词的一个典型语境。

　　（35）如果你是妇女生的，如果你还有<u>一点点</u>人性，那么你也该搭救我的
　　　　　父亲。

　　（36）如果你还具备起码的勇敢精神，那么你应去做自己决定的事！

　　（37）（情侣之间）如果你还爱我，就不要说这种话。

　　（38）你要是不怕雷公打你，就拿去吧。

　　（39）如果你不想赛场崩溃、转播失效，就赶紧给我准备！

　　（40）如果你不想把全旅馆的人都惊动起来，就别蠢蠢欲动。

　　一般而言，话主对条件句前件的假设性在认知上表现为真诚的态度，即确实无法确定前件所述事件是实际存在的。反之，如果话主对前件的真实性本来是确定无疑的，却故意采取假设操作，那么这种假设就是一种假象，即"假假设"，其客观语义内容实际是"既然 p 就 q"这样的因果句。如例（37）的实际内涵其实是"既然你还爱我，所以你必须不说这种话"。

　　假设显然出于特殊的表达及修辞动因，目的并不像普通条件句那样表述前后件的客观推理关系，而是强调后件是必须被接受的。极小量句的推理过程是：后件的成立一般是需要众多条件项的支持，但就目前情形而言，只要满足前件所述最低量级的情形，后件即可满足；而前件的可满足性是无可置疑的，所以后件也只能被接受。"还"，"表示抑的语气，把事情往小里、低里、轻里说"（吕叔湘 1999：253），强调前件所指条件是非常容易达到的。极大量句的推理过程是：前件所述情形显然是人们都不会接受的，你也不会例外。极大量之所以会采取否定形式，是因为极大量的情形一般做不到，如在正常语境，一般人不会去做"赛场崩溃"的事情。

　　从客观语义内涵看，前件所述情形既是无可置疑的，也是极容易达到，所以其实没有信息量，属于"无条件的条件"。既然语义上不能构成有效的

条件,实际也就没有表述的价值,但话主仍用极性词对其大书特书,表达目的自然就并非客观陈述,而出于另外的修辞动因。

条件关系自身虽然指事物之间的制约关系,是客观的,另一方面实际也具有主观性。原理是:一件事的成立总是需要诸多条件项的支持,但人们所关注的条件总是具有一定的难得性,而不把没有任何难度的情形作为条件。如对"着火"而言,在一般情况下,"有氧气"是容易获得的,所以人们一般不会把它作为条件,而会把"燃料充分、达到燃点"等有难度的情形作为条件。相反,如果其他条件都已具备,只是氧气充分难以满足,则它就会被处理为条件,所谓"万事俱备只欠东风"。以上原理意味着:用极量的情形作为后件的根据,其论证方式本身就构成一种反讽,对方就只能无条件地予以接受。

从陈述对象看,这种条件句前件的主语总是指人,特别是以第二人称"你"为主,后件则多表示指令。句义带有所谓"道德绑架"的特征,强调既然"你"对前件所述情形是肯定具备的,那么就应该毫不犹豫地执行后件的行为;否则"你"是否具有前件所述极量特征就让人怀疑。如果一个条件句不表示基于前件而必须接受后件,那么即便前件指极量条件,也不构成修辞假设,而仍指客观假设,比较:

（41）a. 如果他还有一丁点爱她的意思,就不应该这样沉沦堕落。

　　　 b. 如果他还有一丁点爱她的意思,就很无耻。

例(41)a 表示修辞假设,强调前件"一丁点爱她的意思"是无可置疑的客观事实,实际他是很爱她的,而并非只有一丁点,这样也就只能接受后件。例(41)b 则指普通假设,并不强调对后件的接受,而只是客观表示"他只要爱她就无耻",即"他不应该爱她"。并且,例(41)b 也不预设前件指的是客观事实,而是具有可取消性,实际情况可能是他已经不爱她了,这样他也就不是无耻的。

上文 1.2.4 中显示条件句的前件排斥话主能确定的事件,如该小节例(43)B2"如果我儿回来了"不成立,所以例(35)—例(40)那样前件指确定无疑的事实的用法,本身就是高度有标记的。作为有标记的用法,其表达目的自然也就不是客观陈述前后件的普通制约关系,而是另有意图,带有修辞论证动因,强调后件必须被接受。

1.3.7　小结

假设的基本功能是超出现实存在,并指暂做搁置的认知态度。修辞假设则有特殊性,其目的既非超出现实存在,也不指暂做搁置,而指一个话主明确了解且实际存在的事件,前件缺乏[可取消性]、[可质疑性]。这种条件句前件所述事件分为两大类,一是表示认知、言说,二是表示极量事件。在前者,假设的目的是对句子的断言语力做弱化处理,以达到委婉的修辞效果;在后者,假设的目的是强调前件无可置疑且极易满足,所以后件也须接受。共同点是,修辞假设句带有强主观性,与指客观推理关系的条件句形成较大分别。

1.4　违实条件句

在汉语界,除"违实"外,不少文献也用"反事实"的称谓,二者都是对英语 counterfactual 的翻译,本文用"违实"。违实句是针对一个明确的所违之"实"而做的事件重构,所以实际是一种强叙实性(factive)的句式。

1.4.1　文献所举违实句的实例及违实句的边界

1.4.1.1　在各种条件句中,违实句是学界关注最多的一种,主要是因为相比其他条件句,违实句的句法及语义特征最为鲜明。但另一方面,这方面的不同见解繁多,远未形成共识,甚至违实句的基本定义及典型形式到底是什么,都缺乏深入系统的阐释。这从文献所举违实句的实例即可看出:

(1) a. If that piece of butter had been heated to 150℉, it would have melted.

如果那块黄油曾被加热到150℉,它就会溶化。

b. If I were Julius Caesar, I wouldn't be alive in the twentieth century.

如果我是凯撒,我就不会生活在20世纪。

c. If I had more money, ...　如果我有更多的钱,……

d. If triangles were squares, ...　如果三角形是正方形,……(Goodman 1947)

(2) 如果 1+1=3,我就跟去见她。(雍茜 2014,"跟去"的说法有些不合适,原文如此)

(3) If kangaroos had no tails, they would topple over. (Lewis 1973)

如果袋鼠没有尾巴，它们会倒下。

（4）如果昨天不下雨，我们早就去参观工业展览会了。（胡裕树 1981）

（5）我告诉一个人，立刻现死现报。（陈国华 1988）

（6）就算我现在见到马克思，我也毫无愧色。（张莹,陈振宇 2020）

（7）规矩诚设矣，则不可欺以方圆。（张欢,徐正考 2022）

对上述条件句的句法特征可从以下四方面分析：1）参与者的指称特征,主要表现为定指和类指的分别;2）谓语动词的动态性,这里表现为动态性、静态性、泛时性、抽象性的分别;3）谓语部分的时间特征,这里表现为过去时、现在时的分别,汉语基本不存在将来时的违实句;4）谓语动词的极性特征,这里表现为肯定、否定的分别。从这四个参数看,上述违实句的差别是很大的,统一归入违实句难免掩盖不同现象间的分别。与其在一个大类之下区分一些语义差异很大的次类,不如直接把这些次类立为不同的大类。

具体而言,本文认为上述例（1）d、例（2）已处于自然语言之外,已不属"违实"的问题,而是"没有意义"的问题。例（1）b、例（5）、例（6）属虚拟句。例（7）既非违实句也非虚拟句,而属规律句。例（4）是违实句的典型用例。例（1）a 则显示了英汉违实句对规律范畴编码策略的不同选择。

若单纯基于"违实"（counterfactual, Contrary‐To‐Fact）的字面义,可归入违实条件句的用例是非常繁杂的,所以需要加以分别。由此而言,张雪平（2008）的处理值得赞同。该书"依据是否具有［现实基础］",把非真实条件句区分虚拟假设句和反事实假设句两类,如：*

（8）a. 如果我是你的话,那肯定不会去的。

　　 b. 如果你早出门十分钟,就不会迟到了。

上述例（1）b、例（5）、例（6）即属张著的虚拟假设句。

1.4.1.2　违实句的边界是"没有意义"：上述例（1）d 和例（2）并非违实的问题,而是"没有意义"的问题。这构成违实表达的下限：不对日常认同的共相、规律进行调整。共相、规律构成人类思维的基本模式,同时也构成小句"有意义"的边界。反之,若对共相、规律加以改变,那就意味着对人类的一般思维模式及自然语言整个的系统做了根本性的颠覆,超出了整个自然语言之外,即塔尔斯基（1946）所谓"纯粹的胡说"。

当然,不同的规律句在抽象度、日常认同度上也有分别,这就造成它们对违实操作的允准能力形成差异,次序是：数学规律<自然科学规律<日常

规律。前述例(1)d、例(2)即基于数学构造的违实条件句,该句似有一定的可理解性,这是假象。有两点可以探讨。首先,这种句子纯属研究者的个人构造,在自然语言中是不会出现的。其次,"三角形是正方形""1+1=3"之类是非常简单的数学规律,日常熟知,对这种规律略做调整,在人们的认知经验上还有一定的可接受度。追随该例的逻辑而把具体现象略做放大,即可看出其基本理论原则是不成立的。既然允许"三角形是正方形"之类,也就没有道理不允许下面例(9)的后件、例(10)的前件:相关文献并未给出对共相、规律所允许的偏离幅度。同样的原理,例(11)、例(12)也属"没有意义"的问题,超出了自然语言的范围。

(9) 要不是小李昨天买了一件衬衣,一条直线就有238个角。

(10) 如果 65 324 的 91 次方等于 $1.616\ 229 \times 10^{-36}$ m,那么我今天就还钱。

(11) 如果水的分子式不是 H_2O,那么水就不能饮用。

(12) 如果这块石头是美国人,那么宇宙的边界是桌子腿。

现代科学认为普朗克长度是 $1.616\ 229 \times 10^{-35}$ m,它构成物质的最小尺度,再小就毫无意义。如果不理会这个百科知识,单纯基于所谓"假命题"概念虚构例(10)中的"$1.616\ 229 \times 10^{-36}$ m",就超出了自然语言的范围,不属于语法学的讨论对象。违实句的假设操作是自然语言中一种实实在在的句法现象,自然也是有边界及搭配限制的,其边界即"没有意义"。"没有意义"及实质蕴涵怪论,二者与乱码的距离仅一步之遥。

不少文献根据实质蕴涵论提出违实句的成立条件是:前后件皆为假,且两者具有一定的因果关联。实际上,"假"与"具有因果关联"是自相矛盾的,道理很明显:"没有意义"的小句之间不可能具有因果关联,如上述例(9)—例(12)。"前后件为假"难以构成违实句的规则,原理是:一条句法规则的造句能力并非越强越好,相反,而是要精准限制,只造出会在自然语言中正常使用的语句。例(9)—例(12)的实例从反面显示:违实句前后件的"假"并非凭空任意为假,而是相对一种已知特定事实而提出相反的情形。

例(1)d、例(2)及例(9)—例(12)处于自然语言之外,例(3)则处于靠近违实句的边界:大体可以接受,但在自然语言中并不多见。"袋鼠没有尾巴"是基于人们一般了解"袋鼠有尾巴"的规律做了较小调整,所以还有一定的可理解度。比较,同样按照该例的逻辑加以放大,下面的违实句就没人接受:

（13）如果袋鼠没有头部、躯体及四肢，它们就不能行走。

人们在解读"袋鼠没有尾巴"时，会把其中的"袋鼠"理解为一只特定的袋鼠个体，深层则保持"袋鼠有尾巴"这个一般模型。这是该句作为违实句前件尚一定有可理解性的根据。反之，若把"没有尾巴"作为"袋鼠"这类动物的一般特征，那么人们所解读的就并非违实句，而是对"袋鼠"的概念加以重新定义了。例如，下面的句子并非违实句：

（14）如果京剧没有了剧情，没有了念、做、打，那就不是京剧了。

（15）如果她性格中没有了这些特征，那么，林徽因将不是林徽因。

单纯从字面看，上述两句的前件符合"违实"的提法："京剧有剧情、念、做、打"，"林徽因有这些特征"，但二者都并非违实句，而是直接把"非京剧、非林徽因"本身作为表述对象。同样的道理，前面例（11）"如果水的分子式不是H_2O"也并非违实表达，其所关注的事物已经不再是"水"。

违实句远非凭空提出一个假命题，而是针对某特定事实加以调整。这种调整的操作对象一般只能是个例，共相、规律则构成人们的一般认知模式、共同信念，对其做任何调整都是剧烈的，所以针对规律范畴进行的违实操作是高度受限的。对一个特定个例的极性特征加以调整，对该事件本身来说是剧烈的，但就其所处整个情境而言，则很轻微。因为个例内在是强语境依赖性的，并由此形成多方面的因果联系。违实表达的基本功能特征就是着眼于个例及其所处的因果联系，并非单纯关注特定的事件自身，所以极性特征的调整成为违实句的基本构造方式。如"如果昨天老李在场，就不会发生冲突"，句子的着眼点是昨天的聚会，老李只是这个场景及其因果联系的一个局部。

命题真假的逻辑模型具有很大的误导性：既然认为违实句表示的是"假命题"，似乎就可任意提出一个不存在的说法，这就导致很多文献把蕴涵怪论理解为违实句。Goodman（1947）很早就指出，用实质蕴涵的逻辑模型刻画违实句存在很大困难。按照实质蕴涵论，由于违实句的前件是假的，该条件句就恒真。这样的话，由同一个假前件构成的违实句，如果后件用一对矛盾的命题，则这两个违实句就都为真，这明显不符合矛盾命题的特征，如：

（16）If that piece of butter had been heated to 150℉, it would（not）have melted.

如果那块黄油曾被加热到150℉，它就（不）会溶化。

按实质蕴涵论,后件用不用否定词 not"不",整个条件句的真值特征没有影响,这显然就与逻辑规律直接相悖。Goodman 由此提出"共同支持"的原则,违实句的后件并不能简单由前件推出,而是还预设其他一些条件及规律,它们和前件一起推出后件。这种解释强调了对违实句的释读要更多关注经验事实,而不是像实质蕴涵论那样单纯基于真假的逻辑形式,显然更加合理。

1.4.2 违实句一定预设并明确提示一个具体的所违之"实"

1.4.2.1 可能句与违实句都是语篇依赖性的,区别只在于选材对象的不同:前者的选材对象是语境中了解的可能发生、存在的事件,后者是已实际存在的事件。"违实"句的命名清晰指出了该句的构造程序:前后件都明确针对一个事实而各自提出一个相反情形。所以相比其他条件句,违实句的构造方式可以说要更为简单。违实句的认知方式是追溯、反思,具体则是反证,以便了解前后件的所违之实间确实存在制约关系,具体过程是:

Ⅰ. 已知存在一个事实 p,它造成了另一个事实 q,如"早上下了大雨 p,它导致水库决口了 q";

Ⅱ. 现在则反过来设想,假设 p 实际未发生的话(即前件-p),则 q 可能也就不会发生(即前件-q);如"如果早上没下大雨-p,水库可能不会决口-q"。

上述 p、q 即违实句前后件所违之"实",它们是违实句的选材对象,构成该句假设操作的蓝本;然后基于它们而提出相反的情形-p、-q,所以违实操作明显是一种事件重构工作。所违之实一般会在语篇前文加以明确的表述,所以与现实可能条件句一样,违实句也是强预设性、语境依赖性的,具有清晰的选材来源,如:

(17) 钟会才智有限,而太祖夸奖无极……使会……遂构凶逆耳。向令太祖录其小能,节以大礼,抑之以威权,纳之以轨则,则乱心无由生矣。(《资治通鉴·第 81 卷》)

语篇前文明确表述"太祖夸奖无极","使会遂构凶逆",二者构成违实句的选材对象,即所违之"实"、蓝本事件。然后针对"太祖夸奖无极"而提出相反的情形,"录其小能"等,设为前件;针对"构凶逆"提出相反的情形"乱心无由生",设为后件。句子的表达目的在于:话主认为正是由于"夸奖无极",才导致"构凶逆";由此而做回溯推理,认为假如不发生"夸奖无极"的情况,那么"构凶逆"的情况也就不会发生。

最直接的违实操作就是简单把蓝本事件调整为否定的形式,如例(17)的直接违实表达形式实际是:

(18) 向令太祖不夸奖无极,则钟会不至构凶逆。

但语言表达并不总是这么简单,而可以把所违之实的反面表述为众多自我独立的正面事件,如(17)的"录其小能,节以大礼,抑之以威权,纳之以轨则"。但根本上,这些事件都是针对"夸奖无极"而提出的相反情形,即事件重构。又如:

(19) 如果不是采取了逆行等非常规手段,车队恐怕只有 11 月 9 日才能到北京了。

前件所违之实是"当时实际采取了逆行等非常规手段",后件所违之实是"实际在 11 月 9 日之前(比如 11 月 8 日)就到了北京"。即后件违实构造的实际情形是:

(20) 如果不是采取了逆行等非常规手段,车队是无法在 11 月 8 日到北京的,而是恐怕会在 11 月 9 日才能到。

当然,违实句的所违之实不一定总在语篇前文明确表述,也可基于共同知识,如:

(21) 向使胡亥不嗣,……酷法不施……,陈、项何由兴乱?

(22) 要不是中国同志当初的努力,东春纺织厂就不会有这么好的基础。

为什么违实句前件的否定形式用"不是",而不是"没有"?原因就在于,"不是"的作用对象是整个小句,这就更明确预设小句所述事件的存在性。"不是"实际是把整个小句指称化,相当于"这种情况","不是这种情况"即不出现该情况。"没有"则只是对谓语动词的否定,不预设整个小句所述事件的存在性,如:

(23) a. 如果不是老李读了英文简介,他还以为那些艳丽花草都是真正的鲜花。

b. ?? 如果老李没读英文简介,他还以为那些艳丽花草都是真正的鲜花。

(24) 如果俄方没达到明斯克协议做出的承诺,欧盟就不会取消制裁。

例(23)a"不是[老李读了英文简介]"指在"老李读了英文简介"这种情况不存在时。语篇前文先指出该情况是实际存在的,然后用"不是"加以去除操作,并用"如果"引出。例(24)是可能句,无法确定"俄方没……承诺"是否实际存在,现在只是姑且如此认为。

1.4.2.2　违实句的违实操作只存在于前件,还是前后件都需要? 文献对这个问题缺乏系统论述,不过一般关注的是前件,如 Pears(1950)认为违实句蕴涵前件是假命题。总体上,在违实句,相比后件,前件的违实操作确实更为典型,但后件也须采取违实操作,只是其对所违之实的提示可以更加间接。这可从下面的对比得到验证:

(25) a. 如果雨僧当时来中大,或许能够避免在四川吃那许多苦。

　　 b. 如果雨僧当时来中大,我是非常欢迎的。

(26) a. 向使成安君听子之计,则信亦将为子擒矣。

　　 b. 向使高句丽违失臣节,诛之可也。

上述二例 a 句的后件明确针对已知事实而做违实操作:"雨僧实际在四川吃了很多苦""信实际未被擒",所以整个条件句是违实表达。b 句的后件不提示另外存在着一种相反的事实,这样整个条件句就并非违实句,而是可能句。绝对来说,后件"我欢迎""诛之"的行为当然并未实际发生,但这些条件句并不是针对这些事实而进行的违实操作,而只是一般性的设想,如果当时发生前件的情况,则会用"我欢迎""诛之"进行应对。

并非前件针对过去事件提出相反情形就一定构成违实句,而仍可做现实可能性的假设。即便前件所述过去时事件用否定式,也并不意味着整个句子一定是违实句:

(27) a. 如果李峰没有发现那本旧书,他可能还不会做这样的事。

　　 b. 如果李峰没有发现那本旧书,应该是别人拿走了。

(28) a. 如果那时小王不去南京,以后的人生就不会那些遗憾。

　　 b. 如果那时小王不去南京,自然也没人逼他。

上述二例 a 句后件提示相反的事实:"他实际做了这样的事""以后的人生出现那些遗憾",这样前件也读为违实:"李峰实际发现了那本旧书""那时小王去了南京",整个句子是违实句;b 句后件不读为违实,这样前件也不预设相反的事实,而指普通假设,整个句子并非违实句。

从认知过程看,违实句常常是结果驱动性的,表示回溯推理。先了解到当前实际存在某种状况,由于感觉该状况具有特别的意义,所以引起对造成该状况的原因的追溯。例如,先了解到"雨僧在四川吃了许多苦",于是向前追溯,假如当时他不去四川而去中山大学,就不会吃苦,这就导致违实重构,所以后件的违实构造对违实句同样是重要的。

不过总体看,后件的违实操作确实要比前件更为松散。表现在:后件常撇开所违之实而径直表示对将来事件的推测。这个将来事件可以只是一种非常空洞的可能性,实际上很难实现。虽然后件直接描述这个将来事件,但在深层仍一定提示一个明确的所违之实,如:

(29) 要不是连长让我们穿作战靴,保证拿第一。

(30) 如果他肯干包税这一行,那他的家财早就不止三四百万。

(31) 人们遗憾地说:这闺女,如果不是两只大脚,会被皇帝选做贵妃!

例(29)后件"拿第一"是将来时,指当时语境中的现实可能性,且该事件最终不一定实际发生。但从深层看,后件仍是以"我们没有拿第一"这个反事实情形为蓝本而做的调整,只是这个调整与选材对象的距离比较远。例(30)、例(31)道理相同。可比较,例(29)—例(31)的后件与上文例(25)—例(28)b 相差很大:后者完全不提示一个相反的事实。

1.4.2.3　用"假命题"刻画违实句是缺乏分析的眼光的:并不凭空存在-p、-q 这样的假命题,而是获知两个特定的现实态事件 p、q,然后把其相反情形-p、-q 设置为前后件。没有具体存在的"事实",也就不存在"违实"。Starr(2019)把违实句视为一种情态现象,称为"违实情态"(counterfactual modality),认为它描述"本来不存在但可能存在的东西"。其中提到的两个概念都可商榷。

首先,"本来不存在"不能概括违实句的所违之"实"。如"金山"本来不存在,但"如果你给我一个金山……"并不构成违实表达。其次,"可能存在"的着眼点是违实句所述事件的实现可能性,这是句外验证视角,并非违实句的功能内涵。违实句典型用于对过去已发生事实做反面表达,既然所违之实在过去已实际存在,也就绝对无法改变,所以违实句所述相反情形是绝对不可能发生的。如"要是当时没走那条路……",实际"当时走了那条路",这样也就根本不可能改变为"当时没走那条路"。"实现可能性"并非探讨该句功能原理的合适路径。

文献往往把违实句视为一种直观自明的经验事实,一上来就径直讨论具体的违实句现象,却很少对其加以明确的定义,也鲜见对该句所述事件的情状特征做出具体刻画。Crystal(1980/2008:120)则对违实句给出了如下的定义:"指完全假设性情境(totally hypothetical situation)的条件句";相对的是现实条件句。这种认识代表了传统以来关于违实句的认识,但"完全假设性情境"的提法显然失之粗疏。不过值得注意的是,该书指出两种条件句都可基于"现实性"(factivity)的概念进行讨论。这就抓住了问题的关键,但该书也只是简单提出了该概念,并未阐述其具体内涵如何。

虽然客观事实在现实世界上无法撤销、改变,但人的思维是具有超越性的,可以在意识中对其进行撤销、调整,即所谓思维实验,这正是违实句的功能原理之所在。[超越性]是人类认识的基本特征,[假设]构成一个初始范畴。违实句所关注的并非"当时没走那条路"如何在当时情境中实际发生,而就是要从现实世界中超越出来考虑:"在当时没走那条路的情况下,会相应产生什么样的后果。"把一切语句的语义内涵都纳入"在现实世界上实际存在"的逻辑模型,理论上并不可取。"可实现、实际存在、命题真值",这三个概念的语义核心都是现实世界上的实际存在,即[低阶事实],都并不构成探讨条件句功能原理的合适路径。

1.4.3 违实句句法行为的核心是如何对所违之实加以提示

1.4.3.1 语义无形式则空,形式无语义则盲。在语义范畴和句法形式之间,前者是决定性的:若缺乏对[事实]范畴的合适了解,那么寻找违实标记的工作既没有方向,也没有标准,难免陷入茫然。任何一个语句都是围绕某种功能内涵构建的,所以并非一个句子表层出现的所有语词都构成具有语法学价值的形式标记,而只有反映其所指功能实质的形式才有价值。就违实句而言,其句法构造的关键是两方面:一是以某种句法手段提示所违之实,二是表述前后件所违之实间的制约关系。只有表述这两方面功能内涵的句法成分,才构成真正属于违实句的形式特征。

在所违之实的编码上,违实句句法行为的核心是以下两点:1)所违之实即选材对象是什么,包括具体情状特征如何,有何限制。2)在句子表层以何种句法手段对所违之实加以提示,以及如何调整。从深层看,违实句的真正表达目的并非句子表层描述的相反情形-e_1、-e_2,而是通过它们强调所违之实 e_1、e_2 之间具有制约关系。

汉语界对违实句的关注点主要是归纳各种提示违实句特征的句法成分,如时间词、人称代词、真的、了$_2$ 等。这些语词在其所处特定语境确实会对违实解读具有不同程度的贡献,但都不构成违实句的定义特征。显然,

"真的、了₂"在可能句也很常见,人称代词则在各种条件句中都很常见,并非违实句的特点。更重要的是,要解释特定句法成分用在违实句的功能动因是什么,为什么能够决定一个条件句构成违实表达。其实总体看,汉语违实句的专化程度并不高,典型用于违实句的"要不是、早"也并不必然构成违实句。所以学者大体还是认同蒋严(2000)的概括:汉语没有统一或强制性的违实标记,更多是一种语用及语境的解释。

在各种成分中,除连词"要不是"外,最典型用于违实表达的是"早",但它无论用于前件还是后件,也并无完全的决定作用。先看前件的情况,"早"在以下三种语境都不构成违实表达。一是规律句,这时"早"指一般性地提前发出一种动作,不针对特定时间参照点,如例(32);二是后件表示客观疑问,这时前件指中性假设,指更早之前发出动作,如例(33);三是对过去情境的客观追溯,如例(34):

(32) 这种病……由于脑髓受伤……,如果不早治,必致成为傻子。

(33) 如果我早对你说了,你会怎么样?

如果房子早就不在了,那么段瑜进入的那幢宅子是何处呢?

(34) a. 如果我们早知道了,孩子们非请舒伯伯打一两道拳、唱一两句京戏不可。

b. 如果你没有本领到达这里,早在那几个转弯处摔断了脖子的话,当然得不到聚会地点的线索。

例(34)a 可读为违实句,但也可读为普通条件句,前件并不提示"我们不知道"这个相反的事实,而是中性表述在我们早些了解相关情况的条件下,会出现后件的情况;同样,后件也不预设"孩子们实际请舒伯伯打了一两道拳"。其他几句则都无违实义。

"早"在后件也不一定会构成违实表达。一个重要环境同样是规律句,如例(35)、例(36);另一语境是将来时,"早"指在将来范围内的较早时位,如例(37);第三种语境是普通的中性假设,如例(38)。

(35) 任何一方都不会鼓励对方感情走私,如果能做到这样,其婚姻也早就名存实亡。

如果一个12岁的孩子在外面骂人、打人了,父母肯定早就出来管教了。

公园里的花如果你采一朵,我采一朵,那公园早成了光秃秃一片。

（36）面对这种巨大的冲击力，如果是没有上乘武功的普通人，早就伤重而亡。

（37）如果等到我可以结婚的年纪，白水仙早就下嫁他人了。

  你打个电报问问，如果他回去，应该早就到了家。

（38）他的表情早已呆滞，而笑容，如果真有的话，也早因勉强延长而开始僵化。

例（36）前件表面看可读为违实表达，"现在在场的不是没有上乘武功的普通人"，但这并非该句的表达目的，该句就是把"没有上乘武功的普通人"这类事物本身作为陈述对象，句子表示对这种人来说，面对这种巨大冲击力很容易伤重而亡。真正的违实句一定是针对特定的所违之实而提出相反的情形。

1.4.3.2　　下面观察文献关注不多的提示所违之实的两种句法手段。一是事件的名词化形式，这里还可细分为"N 的 V"和抽象名词两种手段。汉语界多区分"名词化"和"指称化"，其实"指称化"属语义维度，"名词化"属句法维度，二者不属于同一范畴层面。西方则一般不做区分，只称"名词化"（nominalization），本文采纳后者的做法。

名词化的直接作用对象本身虽是动词，实际针对整个小句所述事件，特别是，现代汉语名词化的操作对象往往是完成体，指已现实发生事件。如"敌人对城市的破坏"操作对象是"敌人破坏了城市"，所述事件已实际发生。汉语对将来时事件的名词化操作是受限的。如"*德国的崩溃是不可能的"The collapse of the Germans is unlikely，"德国的崩溃"读为现实态，但谓语"是不可能的"指对其在将来发生的预测，所以该句难以成立。另外，"N 的 V"一般也不用于规律句，如"虽鞭之长，不及马腹"，"鞭之长"不允许直译为"鞭子的长"，显示现代汉语"N 的 V"的功能范围比古汉语"N 之 V"小，更典型指动态个别事件。

违实句的前后件都常使用"N 的 V"，但也有所分别。前件一般单独用"N 的 V"，直接指所违之实本身。如例（39）"大家的教育、挽救"指大家已实际发出教育挽救的行为，"不是"则对其加以违实操作。后件则并非如此，"N 的 V"有时可指所违之实本身，如例（41）"齐国和鲁国之间的大战"指所违之实，"可以避免"指对其加以违实操作。但后件也常对所违之实加以较大幅度的重构，这样"N 的 V"就常只指所违之实的一部分。如例（42）"电话的发明"与"那么顺利"一起构成所违之实，"不会"指对其加以违实操作。

（39）如果不是大家的教育、挽救，自焚者的今天就是我的明天。

（40）这次斗歹徒，如果不是在场群众的奋起、参与，我和宋毅夫的血也
　　　许会白流。

（41）如果周王室没有衰微，齐国和鲁国之间的大战是可以避免的。

（42）如果没有华生（的）帮忙，电话的发明也许不会那么顺利。

值得注意的是，例（42）后件"电话的发明那么顺利"并不单纯指发明的过程，
而提示发明的行为已完成、结束，显示违实句在表述动态个别事件时，带有
更强的完整性、有界性。有界完整的事件是最典型的所谓"客观事实"。

　　对所违之实也常采取抽象名词的形式，这是名词化程度更高的形式。
"N的V"可还原为普通主谓小句，与现实存在的距离更近，如"大家的教育、
挽救"可改写为"大家教育、挽救了我"；抽象名词则不能如此改写，与所指现
实存在的语义距离更远。如"这样的发展速度"是对大量具体发展事件的概
括，"发展行为"本身是以具体事件的形式存在的，但它们在抽象名词"这样
的发展速度"中没有任何提示。句法上，提示所违之实的抽象名词多用于后
件，且一般指所违之实的一部分，如：

（43）如果不是媒体的报道，程桂英的故事还会继续隐在深山里。

（44）如果领导人员当时切实调查了灾情，那么这次事件完全可以避免。

（45）如果不是你们的坚持，麻烦也不会找上我。

（46）如果不是"双篙行船"，这样的发展速度对一个国家贫困县来说是
　　　不可能的。

（47）我们如果不学解放军，哪来的这股劲？

（48）及勇败，二人已卒，上叹曰："向使裴政、刘行本在，勇不至此。"
　　　　（《资治通鉴·第179卷》）

例（43）"程桂英的故事隐在深山里"指所违之实，现在由于媒体报道而被外
界所知，即改变了"隐在深山"的状态，这种改变即违实操作中的重构。后件
所指违实操作的直接形式实际是"程桂英的故事就不会为人所知"，现在则
把这种违实操作表述为肯定性的事件形式，即"还会继续隐在深山里"。例
（44）"这次事件"指所违之实，"可以避免"指违实操作。例（45）"麻烦找上
我"指所违之实，"不会"指违实操作。现代汉语不允许单独用"这、那"指称
一件事，古汉语则允许单独用"此"来指称。例（48）"勇不至此"指"勇不至
于达到这种程度、地步"，"此、这种地步"指某种具体的情形，是现实性的。

可比较例(49)与例(50),如果条件句后件不加括号中的限定充分,则"亲身感受""绝食行动"指一种抽象行为,并不提示现实存在。这样该句就指一般规律,不构成违实表达。相反,加上括号中的成分,则"亲身感受""绝食行动"指现实存在的事件,后件指该事实的反面,整个条件句就构成违实表达。

(49)试想,如果不和农民一起劳动,能得到(这些)亲身感受吗?

(50)工人如果不是出于无奈,是不会采取(这次)绝食行动的。

在例(49)中,不加"这些"时,句子表示"不和工人一起劳动就无法得到亲身感受"的一般规律,"农民、亲身感受"都是类指,前后件所述事件是泛时性的。加上"这些","这些亲身感受"是对某些具体事件(如"我受到很大教育"之类)的指称化,"农民"是定指,前后件都省略了作为主语的定指成分,如"我"。前后件都明确提示所违之实:前件提示"我实际是和农民一起参加了劳动",后件提示"我实际得到了这些亲身感受"。例(50)不加"这次"时,该句表示"工人不出于无奈就不会绝食"的一般规律,前后件都是泛时性的,"工人"是类指。加"这次",则该句是违实句,"工人"是零形式定指,指某些特定的个体,前件预设"工人实际就是出于无奈",后件提示"工人实际采取了这次绝食活动"。

指示性的方式状语"这么、那样、如此"等也可提示所违之实,可促成句子指违实表达。这显然主要来自其中的指示代词"这、那、此",其功能与前面讨论的指称形式类似,提示实际存在的事件,如:

(51)如果我不喜欢她的猫,她不会对我(这么)好。

(52)如果没有副书记同意,他们是绝不会(这样)贸然地连夜闯到他家里来的。

(53)如果有人(那样)爱我,我死也情愿。

(54)若非纵令需索,何得(如此)丰饶?(《清仁宗睿皇帝实录》)

(55)我若知(如此之)早,罚咒也不肯起来的。(《歇浦潮》)

例(51)不用"这么"时,该句指现实可能,不构成违实表达,前后件都不预设相反的现实态事件;加上"这么"则为违实句,前件提示"我实际喜欢她的猫",后件提示"她实际对我很好"。例(53)不用"那样"指一般假设;加上"那样"则是违实句,前件提示"实际没有人那样爱我",后件提示"我实际并无死的想法"。例(54)"如此丰饶"指实际存在某种形式的丰饶,例(55)"如此之早"指实际存在某特定很早发生的行为。

总之,不存在凭空的假命题,违实句必有明确的所违之"实"。[违实]是该类条件句的具体构造方式,违实句句法行为的核心就是使用某种句法形式对所违之实做出提示。

1.4.4 违实句的[交替项]及最小差异和悬殊原则

1.4.4.1 违实句总是基于某种事实而做相反的表述,正反两种事件之间就构成交替项的关系。这就引出违实句对所违之实的选择问题:什么样的事实容易构成交替项?包括两种情况,一是最小差异,二是正反落差大。

个例之所以容易构成违实表达,就在于个例的动态性、殊指性强,这就更明确地提示一组存在方式非常相近的交替项。"早"容易构成违实表达的语义机制即在于此:首先获知一个实际存在的事件 e,然后把 e 从时间 t 上向前略做推进,到 t-n,并设想事物就是处于 t-n 时的状态 e' 上。这即造成对 e 所指现实存在的超越,e 即违实句的所违之实、选材对象、蓝本事件,如:

(56) 向使此案<u>早</u>发一日,则稔恶何至此之深?(《悔逸斋笔乘》)

(57) 假使她方才一伸手,就把那口刀往项下一横,<u>早</u>已一旦无常万
    事休了。

在例(56)中,已了解的现实存在情况是"某日 t 发生了一个案件",现在则以其为蓝本而向前推进一日,即得到前件"此案早发一日 t-n"。就条件句自身而言,前件与普通陈述句一样,功能就是直接描述一个事件自身的存在,即前件的实际语义内涵是"[设想]此案在 t-n 上实际发生了";然后由此进一步设想,在此案在 t-1 发生的情况下,稔恶不会至此之深。例(57)所违之实是"她当前 t 实际并未万事休",现在则以该情形为蓝本而向前推进到 t-n,即前件"方才"所指的时间,这时她处于"万事休"的状态上,该状态则是前件所设想的"伸手把刀往项下一横"造成的。

情状特征上,蓝本事件"某日 t 发生了一个案件"和"她当前 t 并未万事休"是动态性、殊指性的,只有这样的事件才占据明确的时位,所以就容易通过把该时位向前推进、调整,而得到另一个相反的存在状态,即蓝本事件的交替项。一个事件的动态性、殊指性越强,则所蕴含的交替项就越明确,也就越容易进行违实表达。但强动态事件也只是为违实构造提供了便利,并不意味着必然如此,因为违实句还总是关注两个事件之间的制约关系。

除时间前移外,交替项的另一个构造方式是对动作的程度加以调整,这

种违实操作的根据也是蓝本事件的殊指性。从认知心理看,现实存在与所预期的可能性结果间的距离越小,越容易引发后悔、庆幸的情感,句式上则造成违实表达,如:

（58）a. 淮河洪水前峰如果<u>稍稍</u>北移几步,黄河就噩运难逃了。

　　b. 如果<u>再</u>有几个人帮忙,一定能制服歹徒。

　　c. 温舒顿足叹曰:"嗟乎,令冬月<u>益展一月</u>,足吾事矣!"（《资治通鉴·第 19 卷》）

（59）a. 要不是队长的手按住他,他<u>差点/险些</u>要一下子跳起来。

　　b. 要不是天冷,买猪娃的<u>还</u>要多。

　　c. 向使不归田,受恩当<u>更</u>无限。（《樵曝杂记》）

例（58）a 现实存在情形是"淮河洪水前锋并未北移",且"黄河并未遭到噩运"。这是前后件的所违之实,被作为违实句的选材对象、蓝本事件。现在则根据洪水的发展趋势,推测其"稍稍北移几步"的可能性很大,由此并根据一般规律而推测黄河可能受到影响,这就构成前后件的表述内容。时间上,这种违实构造既可以是当前的现实情况,也可以是过去的现实情况,但不用于将来。例（59）b 所违之实是"当时帮忙的人很少",所以"未能制服歹徒",由此而做事件重构,"<u>再</u>有几个人帮忙",那么就能制服歹徒。"<u>再有几个人</u>"与实际数量间的差别较小,这种情况容易激活违实重构;反之,如果无论增加多少人都无法制服歹徒,就不容易激活违实表达。同样,例（59）c 是基于现实时间范围而做较小的调整,"<u>益</u>展一月",比较,这里不会采取"<u>益</u>展 20年"的违实构造。

　　违实构造往往是结果驱动的。例（59）a 当时的情况（即所违之实）是"他几乎要跳起来",但由于队长按住,所以实际没跳。反之,如果当时他根本没有跳起来的迹象,则不会发生队长按住的行为。例（59）b 的实际情形是买猪娃的较少,现在则重构为更多,并由此推理这种差别是由"天冷"造成的。

　　"最小差异"只是违实构造的表象,深层语义机制是动态殊指事件更容易激活明确的交替项。心理学文献关注的违实句主要就是动态殊指事件,并带懊悔、后怕、庆幸等情绪色彩,典型如交通事故。学者所举汉语违实句的标志成分如时间词、人称代词、"了"等,显然也是以动态事件为前提的。学者普遍反对 Bloom（1981）关于汉语缺乏违实句的观点,这对 Bloom 其实有些误解。Bloom 并没说汉语没有违实句的表达,而是明确指出在表示"具体情境"(concrete situations)时,汉语的违实句也很常见。从情状特征看,"具体情境"即动态殊指事件,也就是,Bloom 实际认为汉语违实句主要是由动态事件构成,如:

（60）如果约翰早点过来,他们就能准时到达电影院了。

1.4.4.2　最小差异和巨大落差构成两极,前者基于认知上的接近原则,这样容易做顺势推演;后者则是由于悬殊而造成认知上的意外,这样容易激发逆向推理,如:

（61）克利兰市一官员说,如果法轮功能代替医院,他们这些人早该失业了。

（62）如果一名人大代表连讲实话都不敢,还算什么代表?

（63）道衡语人道:"向使高斑不死,裁决已多时了。"

（64）A：我家巨多酸角糕。B：早知道上次去的时候鉴赏一下!

例（61）指"法轮功"与"代替医院"之间落差甚大,所以激发违实操作。例（62）指"生、死"对立,相差悬殊,对该现象的违实操作是非常普遍的。例（64）由于对受话有"巨多酸角糕"感到意外,所以引发违实操作,即"上次去的时候没做鉴赏"。

动态殊指事件即一般所谓"现实存在、客观事实"的典型形式,也即世界现实存在的终端形式、低阶事实,它们确实构成违实句的典型用例。但违实句并不仅限于陈述动态事件,也并非都带有情绪色彩,而是也常陈述静态事件,且无任何懊悔之类的情绪色彩。这种违实句的功能动因同样是最小差异和悬殊原则,如:

（65）如果不是广场中间竖立的旗杆,这里就像一个农家小院。

要不是这篇文章包含一些政治题材,会是一种很好的消遣材料。

如果她的脸长得略长一点,那就完美了。

（66）如果不是她的介绍,我简直不敢相信他是鲁迅先生的公子。

如果不是亲眼目睹,很难相信在这遥远的小乡村会有 33 家工厂企业。

例（65）基于最小差异原则,指事物的物质构造情形,是纯静态性、泛时性的,句子表示由于事物在构成要素上存在微小差异,所以引起对相近事物的联想。例（66）基于悬殊原则,所见"他"的实际形象与想象中"鲁迅先生的公子"相差甚巨,"小乡村"与"有33家工厂企业"的特征相差悬殊。

悬殊仍基于外部世界的现实因果关系,具有强语境依赖性,这与虚拟句形成质的分别。如"如果那天雷锋没有撞死……"与"如果雷锋今天还活着……"差别很大: 前者是违实句,聚焦当时的客观情境,目的是分析当时情境中的特定因果关联,且带遗憾义;后者是虚拟句,完全不考虑客观因果关系,而指单纯的主观演绎,且无情绪义。同样,"如果我是你、天地合"之类都是虚拟句,而非违实句。违实句一定有明确的所违之"实",且该事实是具体的现实情形。所以范畴地位上,违实句与可能句接近;反之,虚拟句与演绎句接近。

1.4.5 规律范畴难以构成违实句

1.4.5.1 不知"事实",焉知"违实"。违实句的关键就在于针对一个特定事实提出相反情形,所以[事实](fact)范畴就构成违实句功能原理的核心。事实分个例(episodes)和规律(laws)两种。二者的区别表现在多方面,最核心的两点是: 个例是动态性、具象性的,占据特定时空域;典型规律则是抽象性的,完全不占据时空域。日常说的"客观事实、现实存在"及命题真值,实际都指占据特定时空域的个例。汉语违实句的所违之实是过去时和现在时的个例,而非规律,所以虽名为"违实",其实在各种条件句中,违实句的[现实性]特征最强,是一种强叙实句。下面各句都指客观事实,但只有 b才指个例,才允许作为违实句的所违之实:

(67) a. 点没有体积。   c. 蝉是昆虫。

      *要不是点没有体积……   *要不是蝉是昆虫……

    b. 小李喝醉了。

      要不是小李喝醉了……

违实句排斥规律的原因是: 对规律而言,其反面情形直接构成另一种独立的规律,并不读为原规律的违实形式。条件句表述规律时,"如果不是、要不是"中"不是"的预设义都可被取消,如:

(68) a. 作为一个领导干部,<u>如果</u><u>不是</u>旗帜鲜明,态度坚决,就会脱离群众。

    b. 在欧洲旅行你没有过国界的感觉,<u>如果</u><u>不是</u>导游提醒,你根本不知出界了。

    c. 平时,如果不是要参加颁奖仪式,朱美美在赛后都会寸步不离自己的战马。

(69) a. <u>要</u><u>不是</u>每一个人都得到解放,社会本身也不能得到解放。

　　b. 漫漫的蔗林一望无际,<u>要不是</u>有个向导,人们很容易迷失方向。

　　c. <u>要不是</u>逢年过节,这菜我真不敢买。

例(68)a 不提示实际存在着"由于旗帜鲜明态度坚决,所以没有脱离群众"的情况,而是直接把"不是旗帜鲜明、态度坚决"与"脱离群众"的联系作为一条规律;例(68)b、例(68)c 也是如此。同样,例(69)a 不提示实际存在"每一个人得到了解放,所以社会也得到解放"的情形,而是直接把"每一个人不都得到解放"和"社会也不能得到解放"间的联系作为客观规律。例(69)c 有歧义,可指当时处于一个特定节日,这样该句就构成违实表达,后件预设"我实际买了这菜";也可读为泛时性,不处于特定节日,这样该句就不构成违实表达,后件不提示"我已经实际买了这菜",而指"非逢年过节"和"我不敢买这菜"间的一般联系。

　　在违实构造上,最小差异和悬殊原则对规律范畴都不适用,因为规程的天性是绝对准确,不容任何调整。一个三角形如果没有三条边,那它就与"三角形"的概念没有任何关系,这里完全不适用最小差异或悬殊原则,所以例(70)a、例 70(b)两个违实句都不成立:

　　(70) a. *要不是这个四边形多出一个边,它就是三角形了。

　　　　 b. *要不是一个三角形有一个角是直角,怎么会有直角三角形呢。

　　　　 c. 如果一个三角形有一个角是直角,它就是直角三角形。

实际存在"一个三角形有一个角是直角"的情形,但不允许对该句做例(70)b"要不是"的违实表达,却允许做例(70)c"如果"的假设操作。

　　违实句不用于规律的特征还可从"没有 NP1 就没有 NP2"这个句式上得到验证。该句式指条件关系,其中 NP1、NP2 定指类指的分别对句式的违实解读形成制约:NP1、NP2 表定指时,预设所指事物实际存在,相应地,"没有NP1"和"没有 NP2"两个短语所述事件也都现实存在,这样该句就表示违实,即"没有 DP1 就没有 DP2"构式是一种违实句。反之,NP1、NP2 表类指时,不预设所指事物实际存在,相应地,"没有 NP1"和"没有 NP2"所述事件也不现实存在,这样该句式就不表示违实,而表示"没有 NP1 就没有 NP2"本身直接构成一条规律。一般情况下,动词"有"的宾语是类指或无指名词,定指名词做其宾语是有标记性的,如"她有(一/*这部)车",这意味着"没有DP1 就没有 DP2"是具有一种特殊功能内涵的句式,即强调两个动词短语所违之实间的内在关联。如:

（71）a. 没有乌江就没有思南。　　没有第一书记就没有这样的水。

　　　b. 没有品牌就没有市场。　　没有水就没有生命。

（72）a. 没有工厂就没有我武永合。　b. 没有工厂就没有工业。

例(71)a 预设实际存在着"乌江、第一书记、思南、这样的水"的特定个体,句子强调正是由于实际存在着"乌江、第一书记",才导致"思南、这样的水"的存在。例(71)b 不预设存在着"品牌、市场、水、生命",相应地,也不提示相反情形"有品牌、有市场、有水、有生命"的实际存在,而是单纯表示"在没有品牌/水的条件下,不会有市场/生命"构成一般规律。例(72)a"工厂"虽是光杆名词,实际表定指,即"我武永合"所在的工厂。该句是违实表达,与例(71)a 同类,指正是由于存在着工厂,所以才有"我武永合"的成绩。例(72)b"工厂"是类指,句子不构成违实表达,与例(71)b 同类。

　　有些规律也可构成违实句,但这里的限制很大。首先,这种规律的主语只能是光杆名词,一量名主语构成的规律严格排斥违实操作;其次,这种规律句带有强主观色彩,普通客观规律不接受违实操作,如:

（73）a. 秋叶要不是躺在树下,落在草坪,哪里有美可言呀!

　　　b. *树叶要不是到了秋天,哪里会落下来呀!

　　　c. #树叶要不是有叶绿素,就不能进行光合作用。

例(73)a 明确提示树叶"躺在树下落在草坪的美"与"落在脏乱地方的丑",之间形成强烈的对比关系。这种对比的情境性很强,实际是把"树叶"视为单一的事物个体,并追溯其行为轨迹,这样就支持违实构造。例(73)b 指客观规律,关注的是内在物理因果作用,不强调不同交替情境间的对立关系,所以排斥违实操作。例(73)c 不读为违实义,但可读为普通条件关系,表示树叶如果没有叶绿素就不能进行光合作用,这与"没有水就没有生命"是同类现象。该句的违实表达会是类似下面的说法:

（74）试想,树叶要不是在演化过程中形成了叶绿素,怎么能进行光合作用呢?

句子明确追溯树叶在有无叶绿素两种状态间的对立,及该对立与光合作用的联系。这是违实表达的典型用法。

　　一量名主语构成的规律不接受违实操作。主语位置一量名短语有特指、无定两种用法。特指是弱限定性的,预设所指个体的实际存在,它充当主语构成的条件句指个例,在违实表达上与定指名词相同,如例(75)。无定主语不预设事物的存在,而指任意个体,这种主语构成的条件句总是表示规律,如例(76)a;该句不允许做违实表达,如例(76)b:

(75) 要不是<u>一个人</u>救了我,我还不知要在里面关多久呢。

(76) a. 要是<u>一个人</u>只顾自己的个人利益,他就不具备起码的道德素养。

   b. *要不是<u>一个人</u>只顾自己的个人利益,他就具备起码的道德素养。

例(75)"一个人"指话主了解的实际存在的某人,但由于当前言谈无须明确指别,所以采取弱限定性的指称形式。例(76)"一个人"指任意个体,整个条件句表示"人"的一般行为规律,对这种规律不允许施加违实操作。

1.4.5.2 英汉违实句对规律的选择形成明显对比:前者常采取虚拟态,后者则采取普通条件句,如:

(77) a. 如果小李会说法语,他就能交更多的朋友。

   b. If Xiao Li <u>could</u> speak French, he could make more friends.

(78) a. 如果全国都这样干,那就会节约出一个很可观的数目。

   b. If the whole country did this, it would save a very significant amount.

如果绝对按照"违实"的标准,那么上述例(77)a"小李实际不会说法语、全国不可能都做到这样干",所以二者都应归入违实句,但汉语并不如此解读,而是会读为普通条件句。英语对同样的情形则编码为违实条件句。

西方哲学界普遍强调违实句与属性(Properties/Dispositions)、规律(laws)间的内在关联,一般认为规律的一个重要功能就是支持违实表达(Chisholm 1946;Goodman 1983;Lange 1999 等),如:

(79) If the vase were dropped to the floor, it would break.

   如果这个花瓶掉到地上,它会摔碎。

(80) If anyone were to trespass, he would be prosecuted.

   如果有人闯入,他会被起诉。

这种违实句的特征是非现实性、抽象性:即便前后件所述事件从不发生,也不影响它表述"花瓶"之"脆"(fragile)的属性,并陈述一条规律。但汉语对上述规律都表述为普通条件句,并非违实句。仔细看,例(79)汉语对"如果这个花瓶掉到地上"更倾向于读为特定一次发生的个例,如言谈当下,而不太会读为泛时事件。汉语对应的规律表达会是"花瓶掉到地上会摔碎"。即便对"花瓶"用定指并指明近过去,如"如果这个花瓶刚才掉到地上,它会摔碎",也仍然不容易构成违实表达。汉语更自然的违实表达是"要不是刚才你手疾眼快把这个花瓶抓住,它就掉到地上摔碎了。"

如前所述,Bloom 认为汉语违实句在个例上同样很普遍,他认为汉语的限制体现在"抽象语境"(abstract contexts)。但他对"抽象语境"的特征未做出明确的阐述,该书所举抽象语境违实句的一个实例是:

(81) If China had gone through that stage, then ...

　　　如果中国经历过那个阶段,那么……

该句确实具有一定的抽象性,这体现在宾语指抽象的"阶段",而非物理实体。实际上,该句谓语动词占据特定的时空域,抽象性是非常低的。"抽象性"的实质是参与者的[非物质性]、动作的[非时间性],抽象事件即[规律]。

Bloom 认为汉语违实表达在抽象情境上存在困难的观点也不成立。英汉在违实表达上的分别,只表现为汉语对[假设、非现实]与[低阶事实]间的分别不像英语那么严格,并不意味着汉语的违实表达不发达。规律是英语违实句的一个重要表述内容,汉语则相反,规律往往会取消条件句的违实解读。英语把规律表述为虚拟形式,关注的是它可从不实际发生的特征,即强调[假设]与[现实]间形成明确的分别。汉语条件句同样关注规律从不实际发生的特征,但并不强调[假设]与[现实]的分别。即汉语在规律范畴上,假设和现实性发生中和。

从认知特征看,这实际意味着汉语更容易处理规律、非直接存在的事件,即径直在超出现实存在的范畴层面表述现实世界,把非现实存在处理为好像就是现实存在的样子。规律内在超出现实世界,是非直接存在的,所以天然带有假设性、非现实性的内涵,但句法上,汉语对规律直接表述为普通陈述句,并不编码为假设的形式。不对规律做假设编码,也就是把高阶事实本身直接处理为普通客观事实。

1.4.6　违实句的论证性、主观性

违实句具有强论证性、主观性,一个明显的形式表现是:后件常采取反问句。构造过程上,违实句是一种反证、逆推,首先认定事件 e_1 的存在造成了事件 e_2,然后反过来设想、逆推,假如 e_1 不出现,那么 e_2 也不会出现,目的是强调 e_1 对 e_2 具有决定性的作用。所以违实句的目的并不是表示句子表层所述-e_1、-e 这两个[反事实]间的语义联系,而是关注作为选材对象的事实 e_1、e_2 间的因果关系。总体看,违实句语义上同时带有条件句"只有 p 才 q"和"只要 p 就 q"的内涵。

违实句的深层包含一个因果句,且原因从句前带有"正是"这样的强调义,如下面例(82)、例(83)b的深层是例(82)c、例(83)c。但对这个因果制约关系的判断是主观性、个人性的,不一定完全符合客观情况。相比之下,现实可能条件句前后件间的语义关系就可以非常松散,如:

(82) a. 如果你帮我除草,我给你 500 元。

b. 要不是你帮我除草,我怎么会给你 500 元。

c. 正是因为你帮我除草,所以我才会给你 500 元。

(83) a. 如果格林拿出 100 块钱买你的旧电脑,那它肯定能卖 500 块。

b. 要不是格林拿出 100 块钱买你的旧电脑,它也不会卖了 500 块。

c. 正是因为格林拿出 100 块钱买你的旧电脑,所以它才会卖了 500 块。

例(82)a 读为充分条件是基于善意的诚信原则,这是语用性的,并不可靠:可以毁约;例(82)b 则强调话主认为前件所违之实"你实际帮我除了草"就是后件所违之实"我实际给了你 500 元"的唯一决定因素,是完全可靠的。例(83)a 是可能句,前后件间的语义关系非常松散:前件并非造成后件的原因,而是指以前件为证据来推测可能存在后件的情况。例(82)b 前后件的关联非常紧密,强调正是因为前件的出现才导致后件,即格林通过用 100 块买你的旧电脑的手段,激活了市场,最终使得该电脑实际卖到 500 块。

违实句常用于论辩:

(84) 卡门的自辩词是:<u>如果</u>不冒充土著人,他的书就不会为出版商所接受了。

(85) 如果他们是为了和平,他们为什么支持恐怖主义分子?

(86) 冷静?<u>如果</u>不够冷静,我早就一刀砍死你们这两个王八蛋了!

(87) 如果华佗生前能从北方越过道道防线到蜀营为关羽治病,史书中应会点明的。

例(84)是对为什么"冒充土著人"的解释,强调只有如此才能"为出版商所接受"。前件用的否定词是"不",而非违实句常用到"不是",表示更强的向前推进:把时间设在过去尚未发出"冒充土著人"之前的位置,表示那时对"冒充土著人"的执行关系。但在当前看来,前后件所述"冒充土著人、为出版商所接受"的事件都已实际发生,所以成为违实表达。例(85)是对他们自称"是为了和平"的反驳,例(86)是对有人质疑"我不够冷静"的反驳。例(87)

后件提示"史书中实际并未点明",所以可推出前件的所违之实是成立的,即"华佗并未为关羽治病"。

从论证的角度看违实句也排斥规律。原因有二,一是规律天然具有普遍认同的特征,个人无须再做论证,如"众所周知/*我认为,摩擦起电";二是很多规律并不指"只有 p 才 q、只要 p 就 q"这样的强决定关系,如:

(88) a. 日晕三更雨。　　b. *要不是日晕,也就不会三更下雨了。

(89) a. 摩擦起电。　　b. *要不是摩擦,怎么会起电呢?

(90) a. 有作用力就有反作用力。

　　b. *要/如果不是有作用力,就不会有反作用力。

　　c. 如果没有作用力,就不会有反作用力。

例(88)b 读为"只有出现日晕,才会三更下雨",且"只要出现日晕,就会三更下雨",这并非"日晕三更雨"所表述的内容:该规律只表示一种大致的可能性。例(89)"摩擦起电"指科学规律,必然性是很强的,但只表示"摩擦"是"起电"的原因之一,还有很多其他方式也可起电。例(89)b 则表示"只有摩擦才会起电、只要摩擦,就会起电",所以不符合例(89)a 的内涵。例(90)b "要不是/如果不是"都提示根据话主个人所了解的实践经验,对"有作用力就有反作用力"的联系加以论证,这种论证对规律是没有价值的。例(90)c 是对规律本身内涵的客观表述,与论证无关。

值得注意的是,例(89)b 也有一种违实读法,即前后件都指个例,时间为过去时。这时"摩擦"指在当时语境中唯一造成起电的原因,即特定个人发出了摩擦行为,所以造成起电的结果。指规律时,"摩擦"只是造成"起电"的原因之一;指个例时,则不考虑造成起电的其他原因,而只特别关注当前情境中特定的"摩擦"行为对特定"起电"行为的决定作用,这即违实句的典型用例。

相比可能句,违实句所指召请推理、共同支持的特征更为显著,更加强烈地预设除前件外,后件所需其他条件项都已具备。违实句所用逻辑方法是"剩余法、共变法"。比较一种包含某要素 α 的复杂情境 β,发现对 β 而言,其他方面都相同,只有 α 出现与否造成 β 出现与否,所以 α 就是决定 β 成立的原因。违实句之所以总是采取否定的手段,就是因为否定能显著揭示一事件对另一事件的决定性影响。由于发现 α 的存在导致 β,那么去除 α 即可避免 β;反之,发现由于 α 的不存在导致了 β 无法存在,那么添加 α 即

可使 β 出现。这种推理并不限于携带情绪义的情境,而是对各种情境都具普适性。

为什么是基于现实情形进行上述违实分析,而不是一般性地对各种情形都如此分析?因为已存在的情形是确定无疑的,认知上容易观察、把握,未出现的情境则是潜在性、无限性的,无法了解。如例(65),发现"这里在其他方面都像一个农家小院",只是由于存在旗杆才导致它不像农家小院。那么去掉"广场中间的旗杆"这个因素,这里就像农家小院了。又如例(58),发现对"足吾事"这个复杂情境而言,其他条件项都没问题,只是由于存在"冬月未展一月"的情形而导致"足吾事"的情境无法出现。由此加以相反的设想,"冬月实际展一月时","足吾事"即可出现。实际上,不一定只是由于"冬月未展一月"造成"未足吾事",只是对话主个人而言,其他方面的条件项可能更难控制,所以才特别提出该条件,这即违实表达的主观性、个人性。

从量化特征看,违实句的后件是全量性,指目标事件;前件是部分量,指手段事件,前件被包含于后件之中。任何一个事件自身都是复杂性、全量性的,但在条件句中,只有作为后件、目标事件才如此处理,前件则被视为手段事件,是简单性、部分量性的。如"冬月展一月"自身也需众多条件项的支持,但被设为前件、手段事件时,就不关注它自身如何成立,而视之为单一的东西,被包含于"足吾事"中。"足吾事"被处理为全量、目标事件,需要众多条件项,除"冬月展一月"这一项外,其他都是具备的。同样,就"广场中间的旗杆"自身而言,它也是复杂性的,需要场地、材料等众多要素的支持才能成立,对所需条件是全量、包含关系。但被表述为前件、手段事件时,就不关注旗杆自身的内部构造情况,而是视为单一的东西,构成"这里像一个农家小院"的负面要素。

违实句的后件总是带有[可能性]的情态内涵。实际上,除了指必然规律的条件句,其他条件句的前件都只是后件成立所需条件之一,不可能构成后件的充分条件。这就决定了:在违实句中,后件不可能像可能世界论所说的那样,在前件的世界里为真,而只能是"可能"为真。另一方面,违实句所指[可能性]就是直接存在于情态的范畴层面本身,并不加以实际验证,因为已存在的事实是绝对无法改变的。如例(48)实际情况是"勇已至此",经违实操作表述为"勇不至此",后者并无现实存在,而只是一种可能性。这种可能性是前件所设想的"裴政、刘行本在"造成的,但它们也并不必然导致"勇不至此"。至于是否会真的导致其发生,那就绝对无法实际验证了: 不可能让历史重新发生。

违实句是纯假设性的,指典型的思维实验,其所述事件绝对无法验证。相比之下,现实可能条件句则指理论上可验证的可能性,如"如果明天下雨……"可实际验证,但"如果土壤被污染要上千年才能恢复"的验证就只是理论上的。条件句的基本特征是理论性,而非直接现实性。

哲学界普遍把违实句作为一个测试因果律的句法手段,原因也在于违实句更强调前后件所违之实间的制约关系。如 Chisholm(1946)认为"如果这个花瓶掉到地上,它会摔碎",蕴涵因果句"正是因为这个花瓶掉到了地上,所以它摔碎了"。Hampshire(1948)则提出,对违实句采取"证实"(verification)的命题真值逻辑模型"原则上是错误的"(wrong in principle),因为该句表示的是规律,规律的基本特征就是无限性,不能追溯到个例。Hampshire 还认为,违实句实际是一种双重语义构造,句子表层表述一个经验事实、个例,深层则断言一个规律,如下面例(91)a 所提示的 b 句:

(91) a. If this family had been on either the third or the first floor, they would not have been killed by the bomb.

   如果这个家庭在三楼或一楼,他们就不会被炸弹炸死。

   b. When bombs of this kind hit houses of this kind, the first and third floors are generally safe.

   当这种炸弹击中这种房屋时,一楼和三楼一般是安全的。

Hampshire 关于违实句表层所述个例背后隐藏一个规律的认识具有合理性,但违实句不存在证实性的原因则并非规律的无限性,而在于它是把一组事实的反面设为前后件。并且,不但对违实句采取证实的做法原则上是错误的,其他条件句也是如此。条件句的假设操作构成一个自我独立、初始性的范畴领域,并不需要还原为现实态。

1.4.7 违实句与可能、规律句的过渡关系

违实句所据语境信息更为确切,即根据语境中的特定事实而提出一种相反情形;可能句则不针对特定事实,而是根据语境及一般规律提出一种可能性。单纯关注可能性事件本身,即表现为非现实性,有时也可聚焦与可能性事件明确相对的特定情形,这就构成违实表达,如例(92)。另外,经验规律与个例的关系更为切近,所以也容易在规律和违实间形成过渡性,如例(93):

(92) 只剩一个车轮擦住了崖边，车子<u>如果</u>再滑半尺，就会翻下深谷。

(93) 她们经常加班到深夜，<u>如果</u>不是楼内规定 12 点要关灯，她们会做得更晚。

例（92）有歧义：读为违实句，关注车子没继续下滑，未翻下深谷；读为可能句，不关注车子是否实际滑动、翻下，单纯指前后件在可能性维度上的联系。例（93）一般会读为违实，强调楼内实际规定 12 点关灯，且她们认真执行，未发生后件的情况。另一方面，该句也可不强调对现实情形的反向表达，而直接表示由于制度规定她们不能做得很晚的逻辑联系。

违实句与可能及规律句的过渡在古汉语也很明显，这可从"向使"由指违实而向一般条件关系的演化进行观察。表示违实时，"向使"指过去时，前后件都引出个例，明确提示实际存在着相反的情形；表示可能条件及规律时，"向使"的过去义脱落，不提示存在相反的事实，而一般表示前后件间具有制约关系，如：

(94) a. <u>向使</u>早听臣出，当不至此尔。（《宋史·第 233 卷》）

　　 b. 昨告人得二犀带，……公遂还其物。……<u>向使</u>贪者得之，必有歉然不满之意，讵肯举而还之耶？（《居家必用事类全集》）

　　 c. 逐虫之药多伤胃气，<u>向使</u>胃气再伤，……病必不起。（《续名医类案》）

　　 d. 及帝入大梁，谓李崧等曰："<u>向使</u>晋使再来，则南北不战矣。"（《契丹国志·第 3 卷》）

上述四句只有例（94）a 是违实用法，例（94）b 有过渡性，例（94）c、例（94）d 全无违实义。例（94）a 前件提示"当时实际未听臣出"，后件提示"实际至此"。例（94）b 也指过去时，但前后件都是泛指性的，不强调存在相反的事实，而表示"贪者得之—不肯还"的一般规律。例（94）c 陈述对象是"胃气"，前后件都无时间义，不提示相反情形。例（94）d 是可能句，陈述对象"晋使"是特定个体，前后件都是将来时。

"向使"在古汉语本来典型构成违实句，但后来其违实功能也逐渐磨损，而指一般条件，显示汉语对违实表达并不做专门的强调，即不强调［假设性］与［现实性］间的分别。

1.4.8　小结

违实句一定预设一个确切的所违之"实"，用"假命题"的概念刻画违实句是不可行的。违实句具有强语境依赖性,选材对象最为明确。[违实]即违实句假设操作的实施方式,具体表现为事件重构,以一组实际存在的事件 e_1、e_2 为蓝本,加以相反的表述,由此重构一组新事件 $-e_1$、$-e_2$。违实句表层的句法行为都是围绕如何对所违之实加以提示而进行的,包括事件的指称化、程度调整等。违实句实际是一个强叙实句式,违实操作对象是个例,规律范畴难以构成违实表达。违实句具有论证性、主观性,强调前后件所违之实间的制约关系。

1.5 虚拟、演绎、规律条件句

文献对违实、虚拟两种条件句往往不做分别,而统称违实句,这就难以深入揭示它们的语法意义,也不利于深入认识条件句的功能本质及相关句法行为。语法界对演绎及规律句则缺乏明确的理论认识。演绎句所述事件绝不可能实际发生,却并非假命题、违实句,而指高阶范畴层面的客观事实。在演绎句身上,"可实现性""命题"概念本身的理论价值值得怀疑。

1.5.1 虚拟句假设操作的语义机制

1.5.1.1 虚拟句和演绎句有相同之处:其所述事件都绝对不可能在现实世界实际发生,而是完全超出现实世界的,单纯基于概念(即共相范畴)的内涵加以形式逻辑地推演。区别是:虚拟句是对日常概念的大幅调整,话主明确了解所述事件不可能实际发生;句子往往带有主观表达或修辞的目的。演绎句则是对科学概念的逻辑演绎,明确不关注其在现实世界的实际存在性,显示概念的内涵可大幅超出现实存在;句子是纯理性、客观性的,无任何主观意图。

上述两种条件句都更加鲜明地提示了[假设]作为一种句法操作的功能原理,即:以一个已知事件为模板,而把其中的结构要素加以不同的[推演](deduction)、[调整](modification)。这种改变单纯从结构要素的概念内涵上进行,是大幅的、剧烈的,不考虑现实世界上的物质条件是否具备,日常事件都不会如此,因而表现为纯假设性、主观性。就一般原理而言,现实可能条件句假设操作的进行方式其实也是调整,只是该调整是基于现实情境中的具体物质条件进行的。

汉语有两个专门表示对论元成分进行假设调整的动词,"换、放",二者在条件句一般采取"换了/到、放在/到"的形式。在虚拟句,"换了、放到"可代替"如果"的功能。如"这事换了你",即指"如果你做这事","这事"指已知事件,以其为模板,把论元调整为"你",即构成假设。同样,"如果孔子现在活着"可说为"如果把孔子放在现代社会"。对事件所包含的各种论元都可进行调整。

　　A. 主体、客体:

　　(1) a. 如果我是韩涛的父母(换了我是韩涛的父母),早就大嘴巴抽
　　　　　他了。

　　　　b. A:给鸽子花生,它们出来吗? B:如果是你/换了你,会出来吗?

　　　　c. (如果)这种事情换到欧阳克身上,那么根本不会有人郁闷。

　　　　d. (如果)美国和中国换一下,我相信中国不会判 iPhone 禁售。

例(1)a 是以"××是韩涛的父母"为事件模板,把"你"调整为"我",这即构成假设。"我"显然绝对不可能是"是韩涛的父母",这一点是虚拟句不关注的,因此表现为纯虚拟性、主观性。例(1)b"换了你"无非指让你设身处地考虑一下"鸽子"这种动物的习性,这是假设操作很普通的做法,对该句用[可实现性]的语义参数去衡量未免过于牵强。

　　反之,如果具备实际物质条件,那么这种假设调整就表现为现实可能。这就造成纯虚拟与现实可能的交叉,如:

　　(2) 备战亚运期间,钟焕娣遇到了一些客观困难,如果换了常人,肯定会
　　　　躺倒不干了。

按照百科知识,人们不会把句中"常人"读为一般社会群体,而指与钟焕娣同类的运动员,他们实际具有参加备战亚运训练的物质条件,这样该句就表示现实可能。反之,如果把"常人"读为一般社会群体,则他们完全不具备所需物质条件,这样该句就读为纯虚拟。

　　B. 时间:

　　(3) a. 如果是平时(换到平时),叶帅提这个要求,总理会答应的。

　　　　b. 如果把燕莎商城开业提前到 10 年前(换到 10 年前),绝不会
　　　　　成功。

　　　　c. 韩信的能力,如果放在三国(换到三国),他属于什么水平?

例(3)a 显示了违实句与虚拟句的过渡性。其中"换到平时"似有一定的现实物质条件基础,所以该句具有违实句的特征,但其目的实际并非表示对已

发生事实的反向操作,而是指叶帅和总理间的一般行为规律,所以基本功能特征是虚拟。在例(3)c,韩信绝不可能生活在三国,该句无非表示对韩信与三国时期的同类人物进行高下比较。现代社会的"我、你、他"等任何人都可放到三国或原始社会进行比较,显然,这种条件句与明确针对所违之实做反向表达的违实句具有质的分别。

C. 空间:

(4) 这不是湘潭球迷的问题,如果将比赛<u>换到别的地方</u>进行,上座率仍会很低。

如果把稻盛和夫<u>换到美国</u>,把郭士纳<u>换到日本</u>,他们是不是还能创造辉煌?

D. 行为:

(5) a. 丽丽如果是男性(把她<u>换成男的</u>),将成为美国的一流指挥。

She would be a first-class conductor in the United States if she were male.

b. 如果给你10亿美元(换了你有10亿),你用它做些什么?

c. 如果愚公现在还活着(把愚公放到现在),他会承认薛培森是他的子孙。

d. 如果可用一个人的生命换另一个人的,我愿与香港任何一位年轻人换。

e. 如果我能长上翅膀(把我换成飞鸟),我一定飞到广州去探望爸爸。

E. 概念调整在后件进行:

这是把目标事件放在前件进行编码,手段事件则设在后件。这种条件句具有修辞特征,目的不是表述前后件在语义内涵上具有客观关联,而是相反,要表达前后件之间的联系不会发生。这种条件句构成前后件间具有必然联系的另一极。一般而言,这种条件句可改写为常规形式,如:

(6) a. 如果有人准确无误地分析股市行情,那么<u>他是上帝</u>。

b. 如果把一个人换成上帝,他就能准确无误地分析股市行情。

(7) a. 如果我现在对你说的话有一个字虚假,我就<u>被天打雷劈</u>!

b. 只有在我<u>被天打雷劈</u>情况下,我现在对你说的话才可能有一个字虚假。

1.5.1.2 单纯从"违实"的字眼看,虚拟句也可称为违实句,仔细观察即可发现,二者实际存在具有显著分别。表现在以下三方面。首先,二者在语境依赖性上具有质的分别。虚拟句是具有语境独立性的,关注一个概念自身的本质特征,不考虑具体情境因素的制约。如"如果给你 10 亿美元"只单纯表示你对"10 亿美元"这个概念内涵的认识,绝不考虑你实际获得"10 亿美元"的物质条件。说话双方对这一点都是完全了解的:受话不会要求对方把"10 亿美元"实际支付给他。违实句则是语境依赖性的,根据当时的具体物质因果条件而对事件的发展可能性做出客观判断。如"向使早听臣出",在当时语境,实际做出"听臣出"的行为是完全可能的。违实句与现实可能条件句更为接近:都关注特定语境中的现实可能性,具有强现实指向性。违实句则与演绎句更为接近,明确大幅超出现实存在,不具有现实指向性,而从纯概念、纯假设的范畴层面本身表述事物的存在方式。假设构成一个初始性的语法范畴,这个特征在虚拟、演绎句最为典型。

文献对句子[±语境依赖性]参数的重要性还缺乏深入认识,其实[+语境依赖性]是个例句的定义特征。汉语界对成句现象做过广泛讨论,实际从深层看,指个例的主谓小句无论怎么成句,语义上都是不完备的,而一定依赖于语境。如"李峰正在跳舞"貌似可独立成句,但"正在"的时间定位在句子内部是无法解读的,而只有相对外部的语境信息才能确定;同样,"李峰"这个专名也只有相对于特定语境才能获得解读。一般而言,个例句的基本语法特征是[限定性],后者则内在是强语境依赖性的,不可能基于一个主谓小句自身加以刻画。另外,个例句在因果关系上也具有较大的语境依赖性,例如,"李峰"不会凭空发出"跳舞"的行为,而总是有一定的前因后果。

反之,规律句并无语境依赖性,语义上是真正自我完备的。如"一方土养一方人",句中每个成分的语义解读都不依赖于语境。个例句与规律句构成两极,二者在各项句法语义特征上都是对立的表现:前者的特征是个体性、限定性、时间性、有界性、外延性、语境依赖性;后者反之,特征是类指性、非限定性、非时间性、无限性、内涵性、语境独立性。不少文献指出,小句都要做限定化的操作才能成句,这其实是针对个例句,规律句并没有要求。构成人类知识及观念系统的是规律,并非个例。

可能句的前后件都指个例,所以内在是强语境依赖性。实际上,也只有[个例]构成的条件句才具有[现实可能性]。一件事的成立总是需要多方面物质要素的支持,这就表现为现实可能性。这些"相关物质要素"并不在陈述该事件的小句身上加以编码,而都来自该事件所处语境。反之,如果不考虑小句所述事件在具体物质要素方面的支持、限制,则该句就表现为语境独立性。违实句预设特定的所违之"实",后者具有现实可能性,原因就在于它具有语境依赖性。虚拟句在此的表现则恰恰相反,明确不考虑具体物质条件的支持。相比虚拟句,演绎句的纯概念性、语境独立性要更为显著。

其次,违实句与虚拟句的表达目的不同。前者的基本功能是论证,强调前后件所违之实间具有决定关系。虚拟句并非如此,其表达目的是直接刻画话主对一个概念本质特征的理解。如"如果这种事情换到欧阳克身上",表示按照人们一般所了解的"欧阳克"的性格特征,可确定地预测他会做出某种特定的动作行为。虚拟句并无论证功能,如例(5)a 无非表示"她的能力+男性=美国一流指挥家"这三个概念间的逻辑关系,完全不关注现实世界的存在情形,并且也并不强调前件一定能推出后件。句法上,违实句一般可把其所违之实表述为由"正是因为"引出的因果句,如例(8),虚拟句则不允许这种表述,如例(9):

(8) a. 如果不是媒体的报道,程桂英的故事还会继续隐在深山里。

　　b. 正是因为媒体的报道,程桂英的故事才没有继续隐在深山里。

(9) a. 如果愚公现在还活着,他会承认薛培森是他的子孙。

　　b. *正是因为愚公现在没活着,他才没承认薛培森是他的子孙。

再次,违实句总是明确提示所违之"实"本身的事件内容,违实句的全部句法构造工作就是围绕如何提示所违之"实"进行的,如"要不是、早"及指称形式等。虚拟句并非如此,不提示与所违之实的联系,恰恰相反,虚拟句的功能取向是完全隔断与现实存在的关联。一个明显的形式特征是:违实句非常欢迎"要不是"这个连词,相反,虚拟句很难用"要不是"引出。一个虚拟句所述事件的虚拟度越高,则越排斥"要不是";虚拟度即条件句所述事件超出现实存在的程度,如:

(10) *要不是一个人的生命不能换另一个人的,我早跟香港的一位年轻人换了。

　　　*要不是愚公死得早,他会承认薛培森是他的子孙。

　　　*要不是怕天地合,我就跟你分手了。

虚拟句超出现实存在而单纯处于假设自身的范畴层面的特征非常显

著。[可实现性]则一方面把条件句所述事件视为现成存在的东西,不关注其构造方式,另一方面又将其所述事件拉回现实世界,与条件句的功能取向恰恰相反。并不是刻画各种句子的语义内涵时,都要落实到现实世界的实际存在。这种做法的实质是命题真值主义,其合理性有待商榷。

1.5.2　事理演绎条件句

1.5.2.1　学界对这种条件句还缺乏明确关注。该句[-现实存在性、-可实现性]的特征更为显著,但也更不适合归为违实句。另一方面,虽然该句所述事件绝对不可实现,却又是无可置疑的客观事实。演绎句的语法事实充分表明,在一般所谓"客观事实"的概念中区分出[高阶事实],是非常必要的。

演绎句构成假设操作的最高形式,也是人类认识超越性的最典型形式。同时,该句也更加鲜明提示[假设]构成一种自我独立的范畴形式,完全无须与现实存在建立联系,其所述事件绝对超出个体的行为能力。个体及其行为是世界存在的终端形式,是一般所谓[现实存在]的范畴领域,即低阶事实,这并非人类认识世界的基本范畴手段。

演绎句的语法内涵可概括为"事理上必然,实际上不会",即直接在[概念、事理联系]的范畴层面表述事物的存在方式,彻底超出外部世界的实际存在,所以[可实现性]的参数对该句完全不适用。演绎句是"思维实验"的最典型形式,科学研究上,思维实验常可取代物理实验。语义上,演绎句带有"理论上、从理论上说/看"的全句修饰语,并可显性添加;虚拟句和违实句则不带有"理论上"的修饰语。违实句的论证主要来自话主个人的主观认识,无科学依据,演绎句则是纯科学客观性的,无任何主观内涵,如:

(11) a. 从理论上说,如果(＊当时)把芝诺放到太阳核心,他(必然/绝对)会顷刻化为乌有。

If Zeno was put into the core of the sun, he would be reduced to nothing in an instant.

b. 从理论上看,如果一个人不吃不喝不休息一直走下去,那么走1 光年需用 2. 16 亿年。

If a person does not eat, drink or rest and keep walking, then it takes 216 million years to walk 1 light year.

c. 即便一(/＊这)个 10 倍光速的飞船全速前进,还是到不了宇宙的边缘。

Even if a spacecraft with 1 billion times the speed of light goes at full speed, it still cannot reach the edge of the universe.

d. 如果我们将氢原子的半径增加到 500 米,那么原子核的半径大约为 0.79 厘米。

If we increase the radius of a hydrogen atom to 500 meters, the radius of the nucleus is about 0.79 cm.

(12) a. 理论上,大同去年生产煤炭 7.46 亿吨,如果用 50 吨火车皮装起来,可绕地球 4 圈半。

If 746 million tons of coal are loaded up with 50 tons of train cars, it can circle the earth 4 and a half times.

b. 从理论上看,如果各方面条件都达到理想状态,则一对犬十年的繁殖量可达一亿。

If all conditions are ideal, a pair of dogs can reproduce up to 100 million in ten years.

c. 理论上说,如果一锅汤煮上百年,那锅早烧干了。

If a pot of soup boiled for a hundred years, the pot would have boiled dry.

d. 如果全世界的人们穿着同一种衣服,那绝对太单调了。

It would be too monotonous if people all over the world wore the same kind of clothes.

(13) (*理论上,)要不是天冷,买猪娃的还要多。

(*理论上,)如果丽丽是男性,将成为美国的一流指挥。

演绎句的特征是单纯基于概念的内涵而做极大幅度的逻辑推演,完全不关注(实际是明确无视)现实世界的实际存在情形。如例(11)a 表达的仅是"太阳核心温度"与"人体承受能力"间的必然联系,实际上则根本不具备把芝诺放到太阳核心的技术条件,但后者并非该句的关注内容。同样,"我们将氢原子的半径增加到 500 米"是绝对不可实现的,但该句并非"假命题"。

例(11)a 之所以用"芝诺"做陈述对象,只是为了对概念进行"举例说明",即[例示](exemplify),这种举例是单纯从假设的范畴层面上进行的,无须还原到现实世界。把"芝诺"换为任何其他个体,对句义都无影响。这个特征是所有其他条件句都不具备的,如虚拟句"如果我是韩涛的父母"的"韩涛"不能换为其他个体。可能句的基本特征就是个别性,其中的陈述对象显然不允许换为其他个体。进一步看,不仅例(11)a 的专名"芝诺"可换为别人,例(11)c 的类名"飞船"还可换为"汽车、摩托、石头、树叶"等任何事物,因为该句所表述的语义内涵实际只是速度与宇宙空间的数量关系,对事物不敏感。类似地,例(12)c 所述事实是"单调"这个概念自身的定义、内涵,与"全世界的人们"这样的特定物理实体并无关系。

纯概念即纯内涵、纯假设、非现实存在,概念式推演构成条件句假设操作的最纯粹形式。[概念]是人类认识的最高形式,其特征是[内涵性],演绎句的基本表述对象即概念本身。演绎句是一种纯内涵句,语法特征是[非限定性、非外延性];参与者不欢迎"这、那"的限定性修饰,时间上不接受"那天、当时、已经"等时制成分的修饰。限定性的实质即现实世界上的实际存在,指低阶事实,是外延性的;反之,内涵性则表现为非限定性、非实际存在。

巴门尼德提出,不要言说不存在的事物。语言显然可以陈述"不存在的事物、情形",并且该情形指的还是确定无疑的[客观事实],当然,这个"事实"是规律层面的[高阶事实],而非处于现实世界特定时空域中的[低阶事实]。人们一般说的"存在、不存在"实际针对低阶事实,对高阶事实是不适用的。句法上,指"不存在的事物、情形"的语词是纯内涵成分,区别于外延成分。

文献常把"内涵、外延"相提并论,说一个概念有内涵和外延两方面,内涵是概念所反映的事物的属性,外延是具有该属性的事物。这种描述给人的印象是:似乎概念都同时具备内涵和外延的特征,这是一个很大的误解。代词是纯外延性的,无内涵。"这、你"可从内涵上解释,但这种解释语所述内涵并非代词在实际语句中的语法意义。如"这是一棵树","这"并不指解释语所述"指示比较近的人或事物"这样的内涵,而是指出[纯个体],不关注所指个体的任何内涵。相反,"一个 10 倍光速的飞船""一块一亿吨的金子"具有确切的内涵,但并无外延。在日常语言中,无外延的纯内涵句是非常普遍的,绝非特例。如"如果一块一亿吨的金子运到了地球上,对世界经济会有什么影响?"该句所关注的并非一块实际存在的金子,而是其内涵所关联的经济规律,这即演绎句的基本功能特征。

[现实存在、可实现性]参数所可刻画的语法现象的范围很有限,其理论

价值并无一般想象的那么大。假设操作的基本功能即在于超出[现实存在],其最高形式则是纯内涵性的语法范畴。在纯内涵语句上,假设与现实发生重合,假设操作超出现实存在(即低阶事实)的终点即内涵句。这种"假"才是真正的"真",即对世界的概念化认识。条件句的假设操作实际显示低阶事实并非刻画世界存在的合适手段,而是有待超越的对象。不难预测,演绎句不接受违实句的典型连词"要不是":

（14）a. *要不是我们人类出现在宇宙诞生后的数秒钟,就看不到宇宙中到处都是高温。

b. *要不是这个人中间吃喝休息,他走 1 光年怎么能用 2.17 亿年?

"要不是"总是强烈提示一个现实存在的个别事件,如例(14)b 明确关注"这个人"的实际行走过程。

相比虚拟句,演绎句的假设度、对现实世界的超越性更高。虚拟句所述事件虽然完全超出现实世界,但其参与者仍是现实世界上的实际事物,所以仍有一定的语境依赖性。演绎句则不然,其参与者虽然也可以是现实事物,但句子的实际语义内涵是概念间的联系方式,对事物是完全超越的,所以演绎句的语境独立性也比虚拟句更显著、典型。如在虚拟句"愚公会承认薛培森是他的子孙",需要语境提供有关"薛培森"的行为特征,否则无法理解为什么愚公会把他视为子孙。而在演绎句"芝诺到太阳核心会化为乌有",只要知道"芝诺"指人以至动物即可,无须了解其任何行为特征,因为该句只是在"人"这个类的范畴层面进行表述,不关注任何特定的个体。演绎句排斥限定成分,虚拟句则接受。

二者假设操作的具体语义机制也有质的分别。演绎句的假设基于可靠的科学规律,人们一方面明知该句所述事件在现实世界绝不会实际发生,另一方面也完全相信该事件真的符合客观事实,所以该句内在携带[必然]的情态义。演绎句所述事件之所以不会实际发生,是因为该句所述事物存在方式远远超过现实世界的存在,这即概念、规律的概括能力之所在:概念的内涵永远大于外延,规律概括的事物存在的可能性总是大于世界上的实际存在。虚拟句的假设则基于主观设想,人们既不相信其所述事件会实际发生,对其符合客观事实的特征也缺乏认同,所以该句不具有[必然]的情态义。

从上面的英语译文可以看到,虽然演绎句所述事件不具有可实现性,但英语在此也常采取直陈式,并不总是编码为虚拟式。其原理与汉语相同,把高阶事实直接视为普通的"客观事实",即在高阶事实层面,不关注假设与低阶事实的对立和联系。如例(11)d 不关注人们[实际发出]将氢原子半径增加到 500 米的行为,而直接描述按照 500 米的比例关系考虑氢原子的半径。在汉语,假设与现实中和的特征在句法上有明确的对应:演绎句的"如果"可以删掉,而在前件句末加"时"。平行于词缀,"时"是一种语缀,加于动词短语或小句后,使之降级为状语,整个句子是单句,如:

(15) 7.46 亿吨煤炭用 50 吨火车皮装起来<u>时</u>,可绕地球 4 圈半。

　　　把芝诺放到太阳核心<u>时</u>,他会顷刻化为乌有。

可能句、违实句、虚拟句都不允许这样改写:

(16) a. 如果明天下雨,比赛取消。

　　 b. *明天下雨<u>时</u>,比赛取消。

(17) a. 如果洪峰稍稍北移,黄河就危险了。

　　 b. *洪峰稍稍北移<u>时</u>,黄河就危险了。

(18) a. 如果给你 10 亿元,你做什么?

　　 b. *给你 10 亿元<u>时</u>,你做什么?

"VP 时"的客观性、现实性很强,指 VP 实际发生时所占据的时间位置。演绎句由于明确撇开与现实世界的联系,所以对事件的发生时间也就根本不从现实世界定位,而单纯在概念层面刻画事件自身的存在情况。如例(15)"……时"实际就是指"7.46 亿吨煤炭用 50 吨火车皮装起来"这个动作本身,并不关注其在现实世界的实际发生。可能句、违实句、虚拟句都具有不同程度的语境依赖性、现实指向性。例(16)b"明天"对"下雨时"是包含关系,即在"明天"全天的一部分时间内下雨,只在该时段内比赛取消。这与例(16)a 的内涵不一致:例(16)a 指明天全天比赛都是取消的。"洪峰北移<u>时</u>""给你 10 亿元<u>时</u>"指"洪峰北移""给你 10 亿元"的动作确实客观发生,且倾向于读为过去时,这与条件句的假设义差别很大。

　　虚拟句与演绎句也存在过渡现象,但只有前者向后者靠近,不存在相反的情况。当虚拟的情况符合人们一般认同的事理逻辑时,人们就会相信它,这时就表现为演绎句的特征,如:

(19) a. 如果诺贝尔文学奖全部由中国人投票,第一位肯定是鲁迅。

　　 b. 如果把祖国的每一块荒漠沙丘,都改造为今日的塞罕坝,该
　　　 多好!

      c. 有人半开玩笑地说：马云，如果全国人民都像你这样，共产主
         义早就实现了。

在现实世界，"诺贝尔奖全由中国人投票"的情形不可能发生，是纯虚拟性的。但如果撇开该事件实际发生的可能性，而纯概念式地讨论"中国人投票"与"第一位是鲁迅"间的联系，则人们一般会相信该联系是成立。这个特征即演绎句的情况。但另一方面，由于"诺贝尔奖、中国人、鲁迅"都具有强现实指向性，所以人们还是很容易把"诺贝尔奖由中国人投票"读为幻想，不具有客观性。并且绝对说，即便确实如此，实际也不能保证第一位就是鲁迅，因为现实世界的情形总是具有复杂性、偶然性的特征。这两点都是虚拟句的特征。

1.5.2.2　虚拟句和演绎句所述事件是否可称为"假命题"？虚拟句如"美国和中国换一下""她是男性"是"假命题"吗？绝对看似乎并无不可，但这种处理对解释条件句的语法内涵、功能原理有何积极价值？似乎看不出来。即便采取"假命题"的称谓，也并非一"假"了之，而仍需对"假"的内涵做出具体刻画。这种刻画的实际内容也只能回到该命题（实际是小句）所述事件的具体情状特征上。既然如此，直接描述具体情状特征即可，也就无须额外添加一个"假命题"的名目。

"假命题"的概念在演绎句身上更加困难。"一个人……走2.16亿年""全世界人们穿同一种衣服"在现实世界绝对不可能发生，那么它们就只能是"假命题"。这种定性对认识一个句子的语法意义及功能原理，似乎只表现为负面作用：人们相信其所构成的条件句指的是[客观事实]，具有绝对的[必然性]。说科学家的表述内容是"假命题"，他们恐怕不会接受。"一个人……走2.16亿年"无非表示人的步行速度与光年距离间的比例关系，内在是超出现实存在的。命题真值的逻辑模型则是：非要把这种比例关系返回到现实世界特定个体的实际行为，这与科学思维是背道而驰的。

命题真值的基本立足点是现实世界的低阶事实，所谓"与世界上的实际存在情形相符"。这种逻辑模型的理论空间有限：语法范畴并不限于刻画"世界上的实际存在"，恰恰相反，人类认识高级形式的基本特征及语义机制就在于以何种手段去超出这种存在方式。个例确实是现实世界的存在形式，但只有超出现实存在，才能真正认识现实存在。没有任何一门科学是描述个例构成的，科学的基本要素是共相和规律。所以用命题真值的概念描

述高阶事实层面的规律时,自然会扞格不通。删除"命题"的概念,代之为"事件",后者并分个例和规律两种,也就不存在"假命题"的困境。实际上,哲学界对[事件](event)范畴的研究已非常丰富,逻辑学的"命题"概念对之却不做借鉴,不免让人费解。

需要探讨的不是何谓"假命题"的定义问题,而是"命题"本身就是个假概念的问题。Read(1994:5)开篇提出:"什么是真值?这个问题可以被看作是最典型的哲学不解之谜之一。"命题真值的概念延续了两千多年,却仍然是一个不解之谜,这个现象本身就值得深思。之所以构成不解之谜,是因为"命题、真值"的概念本身就并非合适的认识路径:无论在哲学范畴、语法范畴还是现实事物的层面,都不存在"命题、真值"这样的实体。"1""点"之类的数学实体也不存在现实对应物,但它们最终还是体现为"一个人""一颗星星"这样的自然物。"命题"则不同,它绝对不存在任何现实对应物。

命题真值的提法是由于不了解语言符号"能指—所指—外部世界"的关系造成的。"命题"着眼于所指,即小句(clause),"真值"关注的是所指,即一个现实态的个别事件。所以需要探讨的不是"命题、真值"的原理及功能特征,而是小句所述现实态事件(即"事实"fact)的具体类型及语义机制。有人把"假设、假命题"理解为"虚假、错误",那就是很大的误读了:每句话、每个语词都表述事物的某种具体存在方式,语法系统中根本不存在"虚假、错误、撒谎"意义上的"假"的概念。例如,无论现实世界是否真的发生狼来了这件事,对"狼来了"这句话指的是现实存在的个例这样的语法意义,没有任何影响。语法上只存在一句话自身的组合是否成立的问题,不存在一个命题是否为真的问题。作为连词,"假设、假如"中的语素"假"指的是"假托、虚设",也与"虚假、错误"根本无关。

命题及其真值的提法只在作为一种工作性的概念(而非理论性概念)上有价值:不关注一个句子 s 所述任何具体的语义内涵,而仅一般性地描述"s 成立"或"s 的情况存在"之类。例如,可把进行体句"他正在散步"描述为"他在特定时刻散步这个命题为真"或"'他散步'的情况存在、成立"。但这对该句只是纯粹外在的描述,实际是同语反复,对说明一个句子的具体构造原理并无价值:任何句子都陈述某种情况,都是自我成立的。

进一步看,对一个命题"p 为真"添加"在某可能世界"的限制语,同样没有解释意义:这与直接说"命题 p 成立、有命题 p"是一样的。其实不但可对

"p 为真"加"在某可能世界"的限制语,还可加"在某不可能世界"的限制语,这对描述命题 p 没有任何分别。例如,可把"一条直线有 238 个角""拜登是蟋蟀的后代"刻画为它们"在某(不)可能世界为真"。即对这种刻画而言,"不可能世界"和"可能世界"语义等值。实际上,这与不加"在某(不)可能世界"的限制语,而径直刻画为"'一条直线有 238 个角''拜登是蟋蟀的后代'存在",也完全是一回事。推理关系上,把"p 推出 q"描述为"p 为真则 q 为真",即对 p、q 分别加上"为真"的帽子,同样只是同语反复,对说明该推理的机制并无帮助。至于真的去现实世界验证一个句子所述情况是否确实存在,则既非逻辑学和语法学的职责,也非其所能为,例如,逻辑学和语法学都无权对"美国大兵是正义之师""黑洞的引力极强"做真假赋值。

1.5.3 规律条件句

1.5.3.1 规律指两个(或多个)共相范畴间的必然联系。规律有典型性程度的分别,根据就在于与现实世界上经验事实距离的远近,这典型表现在时间信息上:一个事件所带时间信息越清晰,越指现实世界的实际存在,作为规律的典型性就越差。最强的规律是定义,如下面的例(20)、例(21);最弱的是惯常行为,如后文的例(31)—例(33)。语法上,规律并不都表述为条件句,而也可编码为普通陈述句,但后者一定可改写为前者。如"圆是从中心点到周边任何点距离都相等的形体",可改写为"如果一个形体从中心点到周边任何点距离都相等,那么它是圆"。

规律句根据典型程度分三级(还可细分,此不详述)。一级是完全普适规律,具有绝对的语境独立性、句内组装性。其有三个特征:a. 适用对象是该类事物的一切个体,主语名词带"任何"义;b. 无时空义,排斥时间副词"经常、常常",而可加"必然、一般"之类情态或量化成分;c. 带有"理论上"的修饰语,"理论"这个概念在语法范畴上的具体表现形式即规律,如:

(20) 如果 b 能整除 a,b(必然/绝对)就是 a 的一个因数。

(21) 如果一个体系各项特性都是确定的,此时的体系(必然)就处于某种确定的状态。

(22) (理论上,)如果一个作家能经常地、勤奋地积累生活,他的创作源泉(一般/*经常)是不会枯竭的。

(23) 离婚时,如果一方生活困难,有负担能力的另一方(一般/*经常)应当给予适当帮助。

规律的天性就是超出直接存在的现实,内在带有假设义,所以典型规律条件句可不用连词"如果",而采取前件后加"时"的形式。即在典型规律句,"如果 s"和"s 时"语义等同。句法上,"如果 s"句是复句,"s 时"句则是单句,这也显示规律范畴在复句和单句之间的贯通性,如前面的例(20)、例(21)可改写为:

(24)（理论上,）b 能整除 a 时,b 就是 a 的一个因数。

(25)（理论上,）一个体系各项特性都确定时,体系就处于某种确定的状态。

另外,例(20)—例(23)的前件可改写为名词短语,前件的主语充当中心语,谓语转换为该中心语的定语。如例(22)、例(23)可改写为:

(26) 一个能经常勤奋积累生活的作家,他的创作源泉是不会枯竭的。

(27) 离婚时,对生活困难的一方,有负担能力的一方应当给予适当帮助。

二级是特定范围的普适规律,一般指特定地域、组织的风俗习惯、规章制度等,并提示时间范围。这种规律句的适用对象要小得多,只限于特定范围内的个体,但在该范围内仍具普适性。除适用范围外,量化特征与上一种基本相同,如:

(28) 对于国际刑警组织而言,如果一个人上了红色通报,那么他（必然）就变成一名国际逃犯。

(29) 如果一个乞丐一天讨到一块钱,那（必然/一般/*经常）最少要交出六角给他们的头目。

(30) 如果一位男青年看中了一位女青年,（一般/*经常）便向她唱"求歌"或"请歌"。

例(28)句首明确用"对于国际刑警组织"指出其后条件句所述规律的适用范围。显然,下面两句其实也带有这样的限制语。就该条件句自身而言,前后件也仍是自我独立的,其中成分都不需要从语境解读。上述条件句也可改写为主谓单句,如例(28)可改写为"一个上了红色通报的人就变成一名国际逃犯"。

三级规律指惯常行为,带有明确的时空义,一般可加时间副词"常常、往往、总是"等;陈述对象是特定个体。这种条件句的前后件也是在本句直接组装的,但句子所述事件是对过去特定时间范围内经验事实的概括,这就表现为语境依赖性。惯常行为都存在于特定的时间范围,该时间范围不需要很长。如例(31)指"她、我"在特定道路的行走过程,时间范围非常短;例(32)指做生意的一段时期,时间范围也不长;例(33)指"她"在特定时期的性格特征,时间较长,但也并不能持续一生。可比较,上面例(22)的时间范围就是"一个作家"的一生。另外一点是:惯常行为句前后件具有较大的独立性,这也是它接近个例句的地方,相应地,该句也排斥"理论上"这个修饰语,如:

(31) (*理论上,)如果路面很拥挤的话,时而她在前面骑,时而我在前面骑。

(32) 如果晚上很清闲,我们(经常/*必然)就早早打烊,把桌子拼在一起打乒乓球。

(33) (*理论上,)如果要她单独唱啥歌,她总是(*必然)羞涩地一扭头逃避开去。

上述条件句所述事件都具有很大的重复性,且具体数量不定,这是它与可能句的显著分别,如"如果明天下雨/你帮我除草"指唯一一次发生的事件。个例和规律是句子语法内涵的两极,一个句子所述事件的时间性越强,则指个例的特征就越强,反之作为规律的特征就越差。典型的个例占据特定唯一的时空域,语义特征是外延性、限定性、直接现实性;典型的规律没有任何时空域的内涵,语义特征是内涵性、无限性、情态性。例(31)—例(33)难以改写为主谓单句,显示它所指规律很不典型。

1.5.3.2　规律句与其他条件句的区别前文已多次论及,下面对其整体性及真值特征略做阐述。其他条件句的前后件自身都具有一定的独立性,可单独表述一个事件,规律句则不然,其前后件在语义上完全不自足,必须紧密加合在一起才整体指一个规律,即规律天然是一种宏事件。如"如果你帮我除草,我付你500元","你帮我除草"自身即可陈述一个事件,后件也是如此。规律句则不然,"b能整除a"完全无法陈述一个独立的事件:其中"a、b"都无所指,也无所谓"整除"。"b能整除a"只有加上"b是a的一个因数",二者作为整体才指一条规律:"整除"即"因数"的定义,"a、b"并因而获得指称,指构成整除关系的一对数字。

逻辑学界对条件句是否具有真值存在很大争论,其实这种分析在个例、规律句都存在理论困难。在个例句,真值验证一定程度上可行,但即便可行也属句外验证,并非条件句自身的功能内涵。之所以说一定程度上是因为只有一部分个例句可验证,如对"如果明天下雨,则比赛取消",确实可[等到明天]加以真值验证。但这种验证显然是把原句的"明天"改变为"今天",并非对原句本身的语义刻画。个例句的后件可直接表示可能性,对这种句子理论上就无法做真值验证,如"如果明天下雨,则比赛<u>可能</u>取消"。

对典型规律句而言,其前后件自身都根本不是命题,所以压根儿不存在真假问题。规律句整体则显然指客观事实,但也难做真值刻画。规律不指现实世界的实际存在,而具有高度超越性、抽象性,不可能直接进行真值验证,只能说规律所体现、涵盖的个例具有真值。如"b 能整除 a"体现为"2 能整除 4""6 325 能整除 12 650"等。规律所涵盖的个例是无限的,不可能做到逐一验证,因为规律内在是开放性的,永远不可能穷尽归结为个例。

进一步看,即便把"b 能整除 a"还原为"2 能整除 4"等,后者的真值也仍无法在现实世界上验证:"2、4、整除"所指事物在现实世界根本不存在,而要落实为"羊、火星、原子"等物理实体,但后者却并非原规律句自身所表述的语义内涵。可见即便可用命题真值的逻辑模型对规律句做些描述,其理论价值也非常有限,根本无法刻画其功能内涵。原因是:规律就是直接用[共相]范畴本身描述世界的存在,是纯内涵性的,命题真值则是外延式的,二者在基本性质上直接对立。

从构造程序看,其他条件句(主要是前件)所述事件都不是原初性的,都是以某种事件为蓝本并基于规律而构成,只有规律句是真正原初性的,直接指规律自身的结构要素。如例(21)前件所指"体系各项特性确定"即后件"处于确定状态"本身的定义,即一束特性决定一个状态,这些信息都不从语境解读。可能句的前件来自语境提供的可能性,修辞假设句则是明知一件事是客观存在的,只是为了修辞的动因而把它编码为假设的形式。违实句的前后件在语境中都已实际存在,现在则以其为模板而重构为一种相反情形。上述三种条件句前件在句子之外存在的特征最显著。

虚拟句所述事件在独立性上介于违实句和演绎句之间。其靠近违实句的地方是:所述事件在现实世界具有某种蓝本,这与违实句的所违之实相似。如"要是把韩信放到三国"提示韩信实际生活在汉代,前件基于此而做违实重构。其靠近演绎句的地方是:完全撇开现实存在的可能性,单纯关注韩信与三国时期同类人物的能力比较,这是纯概念演绎的特征。演绎句无语境依赖性,但其前后件仍非自我直接成立,而是深层以一个规律为根据。

如"如果把大同去年所产 7.46 亿吨煤炭用 50 吨车皮装起来,可绕地球 4 圈半",所据规律是地球周长、7.46 亿吨煤、50 吨车皮三者间的数比关系,后者即规律本身。

综上,其他条件句的构件不同程度上都存在于本句之外,条件句内部做的是二次组装;只有规律句前后件完全在本句内直接组装。

1.5.4 小结

把虚拟句从违实句中区分出来是合理的。违实句是一种强叙实句式,预设特定的所违之实,后者指个例,占据特定时空域,符合一般因果律;违实句具有论辩性的表达特征。虚拟句则不提示个例,而是对日常事件做极其剧烈的调整(如"如果把你换为鸽子……"),不符合一般因果律,表达上不具有论辩性。学界对事理演绎条件句缺乏关注,该句是基于一般接受的概念内涵而加以纯逻辑的极端推演,在现实世界绝不会发生。在虚拟、演绎句中,"可实现性"的参数缺乏理论价值;在演绎句中,"假命题"的概念不成立。总体看,"命题"的概念不成立。

规律天然是一种宏事件,指两个共相范畴间的内在关联,句法上总是可同时采取主谓单句和条件句两种表述形式。典型规律句是纯内涵性的,直接陈述共相范畴本身,不带时空义,不关注任何个体。其前后件各自都不独立,而只有合在一起作为整体才指一条规律。其他条件句的假设操作不同程度上都是二次构造,即对选材对象加以重构,只有规律句的假设操作是原初构造,这也即规律范畴内在是假设性的原因。

1.6 结 论

条件句同时带有假设和条件关系两个维度的内涵。[假设]是条件句的操作手段,功能是把某种事件设置为前件。对假设操作功能特征的认识须置于个例、规律条件句分别的背景上。假设操作需要选材对象。现实可能条件句的选材对象来自语境,根据语境信息而推断某事件可能存在、发生,然后把该可能性事件设为条件句的前件;到了条件句内部,所采取的表述方式则是现实态。在修辞假设条件句,话主对前件的现实存在性本来是确定的,但为了委婉而故意采取弱化的断言方式。从另一个角度看,这也是一种以退为进的表达策略,让人更容易接受后件。

违实句预设明确的所违之实,指个例;规律的相反情形直接构成另一种规律,并不读为违实表达。违实句的一切句法行为都是围绕所违之实进行的,表达目的也是强调前后件所违之实间的制约关系。虚拟句则基于蓝本事件做大幅调整,直接在非现实的层面表述概念间的联系,不关注可实现性的问题。演绎句与虚拟句有相似之处,但基于科学规律,虽然所述事件实际上绝不可能发生,却有确定无疑的逻辑必然性。规律条件句是强内涵性的,直接以共相范畴本身为结构要素。"个体变元+量化约束"的逻辑模型以低阶事实为立足点,不适合刻画规律句的语义内涵。

除"个体变元+量化约束"外,以下三个概念的立足点也都是低阶事实:命题、可实现性、实际存在。它们都不是探讨条件句功能原理的合适途径。低阶事实正是假设操作所要超出的对象,并在认知上持暂做搁置的态度。条件句的假设性并不表现为所述事件的可实现性,相反,表现为超出低阶事实的程度。超越性最强的是虚拟、演绎句,其次是违实句,再次是可能句,再次是修辞假设句。在规律句身上,假设性和现实性发生中和,规律直接以高阶事实的方式表述外部世界的存在。

条件句的假设操作始于个例,终于规律,只有个例句上存在[非确定性]限制。其他条件句假设操作的选材对象某种程度上都在句外,只有规律句完全在句内,规律的构件天然是虚设性的。其他条件句就其自身都无法验证所述事件是否实际存在,而要做句外验证;规律句(包括演绎句)则整体直接表述一个高阶事实本身,无须做句外验证,即规律范畴的基本编码方式就是条件句。反过来看,条件句的核心语法内涵及组织机制就是规律,个例条件句则只有以深层蕴涵的规律为根据,其前后件之间才能形成推理关系;即,推理关系的直接语义根据是规律,纯个例之间不存在推理关系。

第二章　汉语条件句研究

陈振宇　陈振宁　刘　林　张　莹　姜毅宁

2.1　条件句的产生机制及与通指的对比

2.1.1　对比性

从句式上看,条件句与一般的"话题-说明"结构没有本质的差异,其区别十分细微,①所以"话题—说明"结构常用来表达通指功能,如例(1)a;而且主题标记经常与通指标记(主要是条件小句标记)采用同样的形式,如例(1)b 中的"啊、呢"等语气词:

(1) a. 你弟弟,我可以考虑考虑。——你弟弟的话,我可以考虑考虑。

　　 b. 他啊,人很聪明。(话题)——这么办啊,会寒了大家伙的心。——成功啊,得靠努力! ——不努力啊,就不能成功。

　　 天气呢倒是挺好,就是有点晒。(话题)——不去呢,人家会不高兴,去呢,又会给人家添麻烦,不知道怎么办好!

有的时候完全靠语气与语境信息来把握,例如说"你弟弟我会考虑的",如果你弟弟现在正在申请什么,则可能是直接承诺"对你弟弟的申请我会加以考虑",这时是一般话题句;在一定的语境中,如也可能是指"如果你弟弟申请的话我会加以考虑的",这时是条件句。歧义现象的出现迫使我们必须深入到语义结构中去寻找原因,因为句法和词汇在这里出现了障碍。

---

① Haiman(1978)第一次指出条件句有话题性,并且这一现象是跨语言的。但二者毕竟是不同的,赵元任(1968)等提出,话题性不仅仅是条件句的性质,而且是所有前置性"状语小句"的性质,包括因果、时间、处所和条件关系等。

前人已经详细讨论过条件句的语义特征,①以及它与相似句式(如因果句、时间句、让步句、转折句)的不同,可以总结如下:条件句是断言句,而不是叙述句或描写句;条件句的焦点在条件后件,它表示了话主的一个主观判断,是表示结果的小句,条件前件则是产生这一结果的前提或原因,是主题;②真正决定是否是条件句的,既有后件的因素,也有前件的因素,但归根到底,是由前件决定,因为在因果、时间、让步句及转折句中,后件也是同样的结果,但前件的性质却存在根本的差异,如表1。

下面简述条件句自身的本质。

1) 条件是话主主观的假设,称为"非真实性",即条件前件所讲的事物,可以是现实的存在或为真的,也可以是不存在不为真的;可能根本就是假的,虚拟的;但绝对不能是真正现实性的事物。因此如果一个事物对听说双方来说是真实无疑的,就不能作为条件前件使用,如一个爸爸一般不能对儿子说"如果我是你爸爸,你就得听我的"。

当然,非真实性理论不能机械地理解。在特殊情况下,我们似乎可以在"主观上"把一个真实的事物临时当成不一定真实的事物,如我们可以对这位爸爸这样说:"如果你是他爸爸,他就得听你的;现在他根本不听你的,你还是他爸爸吗?!"这里所"假设"的是一个人的身份,而身份和他真实的世界地位相关,但又并不必然总是一致,因此一个爸爸完全可以被儿子忽视,从而失去爸爸的身份以及该身份所具有的社会功能。

另外请注意,对真实性的怀疑并不一定来自话主,可能话主是相信的,是在语境中的其他人有怀疑。

时间句和因果句都是指真实的事件,至少对当下涉及的可能世界而言是真的,这个"真"大多是已然的事件,但有时也指未来的事件,如"明天我看完书会去学校""我明天来不了,因为明天上午我得去趟医院"。不过,一旦使用这两种句式,也就意味着话主是把这些未来的事当成必然为真的事

---

① 龚波(2010)将"假设句"的语义特征概括为四个方面:主观假定性、对比性、指称性、论断性。其中对比性来源于主观假定性,指称性来源于论断性。主观假定性是条件关系区别于其他有"内在联系"的关系的主要特征。论断性则是条件句的"句型分类",即说明"事理",说明"事物的属性和事物间关系"。姚双云(2012)认为条件句从语用上来看的核心功能是阐述个人立场,即具有主观性。

② 前件也称"条件节"(protasis),后件也称"归结节"(apodosis)。

表2-1 几种结果句的差异

时间（先后/同时）句	因果句	条件句		让步句			转折句
刚吃完饭，还不能跑步。今日风起，已不能行船。	因为刚吃完饭，所以不能跑步。风起故不能行船。	如果刚吃完饭，就不能跑步。风起则不能行也。	如果太阳从西边出来，我就嫁给你。	即使/虽然大家都反对我，也要做到底。	即使不是刚吃完饭，也不能跑步。	就算天打五雷轰，也绝不后退一步。	虽然他不肯去，但最后还是去了。
事实	事实	非实	违实	事实	非实	违实	事实
与概率大小无关	与概率大小无关	与概率大小无关	小概率	小概率			与概率大小无关
不一定有对比	不一定有对比	条件对比		梯级对比			前后对比
单一	单一	单一		非单一,必有类同		单一	单一
可能没有预期	正预期	正预期	可能没有预期	反预期	反预期	反预期	反预期
合取	合取+蕴涵	蕴涵		预设			合取+对立

直接报道的。这和"如果明天我看完书就会去学校"是很不一样的,在条件句中话主并不保证这是真的。

2)让步句也被认为是条件句的一种,因为它的前件也是虚拟的,但它与一般的条件句有一个本质的区别,即让步的前件必须是一种较为极端的事物,也就是在这一场合中只有很小的概率会出现的事物,而它的出现意味着其他事件更有可能出现。如"他不理我我也要去",则"不理我"是两人关系中的一种相当不友好的、因此很不容易发生的事。条件句不具有这种极端性。

3)条件必须具有"潜在的对比性",即必须有一个潜在的、可能的复数集合,条件前件仅仅是这个集合的一员,并与其他成员形成对比。因此如果不存在这样的集合,就不能用条件句,这和真实性要求是相通的,因为唯一的只能是真实的。在条件句中有一个"否定优先"现象,例如下面肯定句会比较别扭,而否定句就很好:

(2)如果张三是张三,那该多好啊。

　　如果张三不是张三,那该多好啊。

这也是因为肯定句往往不容易触发对比性联想,即难以从张三想到其他人;但否定句一般都会产生对比,即与相应的肯定句的对比。另外,"张三是张三"是个事实,除非找到一个特殊的场景中将两个"张三"分开,否则就一定好似真实的;而"张三不是张三"则是一个虚拟的事件,也满足了真实性要求。

与对比性相近的有一个"复数性"概念,不过有的研究者把复数性扩展到了"无限性",这是因为他们把条件句与通指句等同起来,而我们可以想象,如果只是对一定范围内的实体(不论它是单数还是复数)进行判断,那就只具有有限的意义;一旦将它推而广之,及于一切可能的同类实体,或一切可能的情况,则在理论上就是无限的判断了,这才具有了"通指"功能。

相反的意见则认为,无限性问题恰好证明,条件句与通指句式是交叉而不是重合或子集的关系,也就是说,有一部分条件句并不是通指句。一般条件句确实大多是通指句,例如"不劳动就不得参与收入分配",可以说是普及到理论上的无限的不劳动的人,他们都不能参与收入分配。然而的确有这样的句子,"你的话就不必来了",其中只有一个你,那如何体现无限性呢?这也就是说,通指往往都有普遍性,也就是理论上的无限性,但有的条件句却似乎缺乏无限性。

在我们看来,这两种观点都有道理但又都不对,因为通指中有一个"个体通指":有关事件是针对集合的单个个体的,不是对该个体的个别的一次或若干次事件有意义,而是对该个体而言具有普遍性的意义,即同样的事件对同样的个体而言,有多次发生的可能,可以对这一个体做出具有一定概率的预测,从而触发推理。因此从个体角度说,当然不是无限性,无限性是指,对"你"而言,在任何相同的情况下,从任何角度讲,你都最好别来了。

让步中也有对比,如果说"他不理我我也要去",则是与"他理我"进行对比。但时间和因果句则不一定有对比(可以有可以没有),因为它们的前后件之间有紧密的联系,与其他事物则不存在密切联系,例如说"他病了所以没来上课",并不需要去想到他没病的情况。

4)让步句的一个重要特点是有类同性,这在汉语中用后件的类同副词"也"来体现,即"他理我我去","他不理我"而"我也要去"。在逻辑上这就是"预设"关系,即不管"他理我"是否为真,反正"我去"都是真的。但其他几种句式都无此意义,如"他理我我就去",那么有可能"他不理我我就不去了","他病了所以没来上课"有可能"他没病会来上课"。

5)事件句式叙述,即报道有关事物的发展变化等,而因果、条件以及让步都是断言,并具有泛时性。

综上所述,我们认为产生条件句的决定性因素是对条件前件真实性的怀疑,以及可能的对比。设该事物为 X,则话主认为可能存在一个相反的情形即~X;由 X 与~X 构成一个对比性的复数集合。条件句的通指性的本质是可以进行推理,可以作为三段论的大前提;而之所以可以推理,就是因为它把 X 与条件后件表示的 Y 连接起来,同时又留下了另一个对比性的结论,即~X 不一定能与 Y 连接。[①]

反之,在下列情况下,就不能构成条件句:

1)话主不怀疑 X 的真实性,或语境中没人怀疑 X 的真实性;

2)不存在可与 X 形成对比的~X;

3)X 不与 Y 连接;

4)即使 X 与 Y 连接,也找不到~X 不与 Y 连接的可能性,也就是说如

---

① 陈振宁(2014)把这称为"可选择性"。

果~X 也会与 Y 连接,则也不是条件句。

整个语义构造中最重要的是 1) 与 4),也是最大的障碍,它们深刻地影响了语言中条件标记的语法化道路。

其中 4)主要区别了"类同"与"非类同"标记的语法化,所以在汉语中,"也"类副词成了让步标记,而"才"类和"就 2"类副词①成了条件句标记。

2.1.2　条件句中的全称量化与存在量化

2.1.2.1　直接量化和间接量化

简单量化,指最为基本的量化语义结构,它反映两个集合之间的投射关系:

$$Oper(X)(Y)$$

"Oper"指量化算子,这个公式指的是,量化算子就像一个处理器,它将集合 X 中的成员 x 处理为谓词 Y 的论元。② 这一理论称为"量化三分结构",其中,X 称为限定部分[也称为"定义域、量化域、变项(集合)"],Y 称为核心部分(也称为"值域")。③

量化算子虽然是用来联通集合 X 与 Y 的,但它的真正功能是把 X 的成员"扔"进 Y 中去,所以算子的直接作用对象不是集合 Y,而是集合 X。因此有一条形式和功能上的基本定律——"算子约束规则":在语言结构中,担任量化算子的成分必须约束定义域 X,但不一定要约束值域 Y(即表示事件的成分)。

Oper 与 X 是紧密的语义和形式关系,而与 Y 在理论上讲是松散的语义关系。Oper 与 X 之间是一一对应的关系,即一个算子约束一个变项集合 X,一个变项集合 X 必须有一个算子约束。

汉语中的"所有、每、任何、只"等算子都符合这一规则,它们需要在句法上约束其变项集合,并且一次只约束一个变项集合(在不同的焦点结构中有可能约束不同的成分)。

---

① "就 1"表示"只、仅"的意义,"就 2"表示时间与条件关系,如"就 1 他一个就 2 完成了三项"。

② 有一些理论,如"广义量词理论",把整个名词性短语称为普遍量词,而一般所说的量化算子称为"限定词"(determiners)。不过,它的限定词不仅仅是表示数量意义(包括定指数量和不定指数量),还包括表示实指、类指等多种性质的成分。

③ 参看潘海华(2006)关于三分结构的介绍。

全称量化只是量化中的一种语义功能,它有四个基本语义要求:

1) 封闭集合:预先存在集合,即使对强无限而言,也得有一个大致的集合。这一集合必须满足:或者边界是明显封闭的(有界的集合),或者是可以被完全填充的。

2) 分配解读:集合成员必须各自单独参与事件,不能联合起来作为一个整体参与事件,也不能以一个类参与事件。

3) 事件复数:对事件数而言,集合成员的数量必须是复数。①

4) 在语义映射关系上,必须形成"多对一"格局。

这不仅是必要条件,也是充分条件。所以当集合满足这四条时,不论是否有全称量化算子,集合都得到全称量化解读。

不过也正因为如此,"所有、每、任何、只"等算子存在时,并不是在任何时候都可以构成全称量化,如下面的情况就不是:

(3) 班上所有的学生共有 18 名。(整体解读)

　　你们每个人都买了些什么啊?(语义上不是多对一,可以是多对多,即每个人各自买了不同的东西)

显然,三分结构作为一个理想的逻辑结构,并不能涵盖自然语言中所有的量化现象,因为语言不但遵循一定的语义规则,而且遵循语用的规则,并不都是简单量化,而是包括各种复杂的情况。语用规则以一定的语义规则为基础,但又有所突破;相比于语义上由算子直接给出相应量化意义,语用上并不是有一个直接的该类算子在起作用,而是其他算子(称为"触发算子")或语义条件在起作用,再通过一定的规则推导出来一个新的量化意义。因此,语用上的量化也可以称为"间接量化"(indirect quantification)。

间接量化在各个方面不同于直接量化:

1) 句法语义具有强制性,因此像直接表达全称量化的"任何、每",在一般条件下都必须得到全称量化意义(极个别情况往往是出于语用修辞的需要,如前面所说的疑问句的例子)。但是语用得到的是涵义(implicature),而含义都可以取消,所以间接量化必须在各方面性质都满足的条件下才可能

————————————————

① "事件数",参见陈振宇(2016)第八章的详细讨论。这是陈振宇、刘承峰(2006,2008,2009,2012,2015),刘承峰(2007,2010),刘承峰、陈振宇(2011)的"语用数"和总括"都"字句研究的继续。

实现,如果不满足当然不会出现。

2）直接量化有一个算子,而算子必须约束它的变项。但是间接量化不一定要有算子,可以是一种语用因素,是一种言语活动的特征,它只有一个大致的作用范围,没有精确的句法结构;即使有算子,这个算子也不是直接造成有关成分的量化意义,而是通过中间环节来达成的,所以这个算子仅仅起到触发语用机制起作用的功能。这个中间环节可能是一个全句乃至全部句段的性质,因此可以超出触发算子的句法作用范围,把影响扩展到全句,甚至整个句段,这样,被量化的成分就未必是在该算子的句法辖域之中,也就不受其约束。

3）直接量化遵守唯一性限制,算子与变项一一对应,因为一个算子只会作用于一个变项,而且只表示一次语义功能,一旦已经实现则不会再使用。但间接量化既然是通过中间环节实现的,而这个中间环节又可能是全句性的,那么就不会遵守唯一性限制,只要句中符合条件的成分,就可能都会获得相应的量化意义,因为这些成分不是逻辑上的变项,而是一种语用性的被作用者。

2.1.2.2　条件句通指句——虚指

"虚指"(nonspecific),也译作"非特指":当话主运用一个语词时,在他的直陈世界中不一定有该语词指向的事物或事件,也即该事物或事件被话主当成非实或违实。[①]但直陈世界没有,在更深的虚拟世界中却会有,如"神都是虚假的",话主是个无神论者,他可以构造一个虚拟世界,其中存在神,然后讨论这个或这些神的属性以及在现实世界中存在与否的问题。

打个比方,直陈相当于话主将言说对象(假如说是一个舞女)直接呈现在听话者的眼前,所以可以直接感受到她的外延与个体性质,她就是她自己,无可替代;而虚指相当于在舞台上挂上一幅由白纱组成的幕帘,而言说对象(舞女)放在这幕帘之后展示,实际上只展示了她在白纱上的投影,看不到她本人。这一投影,就是该事物(舞女)在当下呈现给我们的属性或内涵,而不是她的外延本体。我们不得不去猜想,什么样的个体(外延)才是台上的那个投影的本体,回答是:所有满足这一投影属性的个体,都可以是其本体。这就构造出了一个"多对一"的关系。

[①]　参见陈振宇(2017:38-41)的详尽讨论。

从这一点看,虚指就是只从属性或内涵去认识事物,或者只投射事物的属性与内涵给听话者,但又表明,它是个体性的而不是纯粹的属性或内涵,诱导我们去猜想可能的个体。而实指则是事物必须有直陈世界的特定外延。这也是实指也被译为"特指"(specific),而虚指被译为"非特指"(nonspecific)的原因。

属性与外延的分离会引发意向活动,即会在各个世界(包括直陈世界)中寻找,如果找到一个或一些个体,她们的轮廓(属性)与幕帘上的投影相符合或相符合的概率较大,我们就会想,这就是或就可以担任那个角色。这样的寻找会很多,可构成了如下关系:任意找到一个与其投影(属性)相符者,就可以担任这一角色,满足角色的各种情节;而所有这些找到的相符者,每个都是合格的扮演者。简言之:虚指成分呈现的是属性 Y,而所有符合这一属性的个体,就构成了定义域 X。

我们把这一机制称为"演员-角色关系"(actor - role relation),一出戏会有一个角色,它是唯一的,但是出演它的演员不是唯一的,从理论上讲,任何一个经过培训,达到这一角色的基本要求的演员都可以来演它。这是"多对一"的关系。

从这一点说,凡虚指,一定会构成全称量化。例如:

(4)张三要一杯啤酒。(任意一杯啤酒,就是张三所要的东西)

张三在找麒麟。(任意出现一头麒麟,就是张三要找的东西)

张三希望与一个女护士结婚。(只要有一个女护士与张三结婚,就是张三所希望实现的愿望)

张三想去一个没有工业污染的地方旅游。(任意介绍一个没有工业污染的地方,这就是张三要去旅游的地方)

张三知道病人休克时去找医生求救。(张三知道的是,在此种情况下,任意去找一个医生求救)

张三试图避开冷箭。(任意出现一支射向张三的冷箭,就是张三试图避开的东西)

张三怕开车撞上行人,那可就糟了。(任何一个行人,都是张三怕撞上的对象)

张三怕碰上谁。(任何一个人都是张三怕碰见的)

张三应该去与一个女护士结婚。(任给一个女护士,就是张三应该

与之结婚的对象）

张三肯定/可能见到了一个人。（任给一个人，张三看见的话，就证实这是真的）

难道张三和一个女护士结了婚！（任给一个女护士，只要和张三过夫妻生活，就是令话主意外的使因。）

张三没看见谁。（任给一个人，张三都未看见）

张三看见了谁？（任给一个张三看见的人，就是这一疑问句的答案）

张三，拿本书过来。（任给一本书，只要张三拿过来了，就满足了祈使的要求）

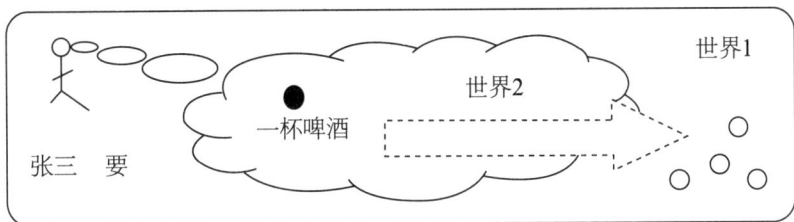

图2-1　"张三要一杯啤酒"的世界模型

所有的条件句，都相当于隐含一个意向谓词及其主语"我假设——"，这里的"我"就是话主，也是终极的认识者，我把以前的所有思考暂时抛开，仅仅在假设如此条件的情况下来讨论，因此具有主体意向的完全虚拟性。这就是条件句全称量化意义的来源，例如著名的"驴子句"：

（5）一个农夫有了一头驴，他就会打它。

按照传统语义学的解释，无定名词短语"一个农夫、一头驴"都应该翻译成存在量化的短语，可是这里应该把它翻译成全称量化才能真正表达句子的语义，即任何一个农夫，只要他拥有了任何一头驴子，他（农夫）都会打它（驴子）。这似乎违反了"弗雷格组合性原则"①，所以令人困惑。其实，这里的"农夫"和"驴子"都是话主臆想的虚拟对象，不代表他直陈的任何一个农夫和驴子，而是具有农夫和驴子的属性的投影，因此任何一个农夫和任何一头驴子，只要符合这一属性要求，就可以进入这一角色，承当该角色的任务，即参与

————————

① 参看 van den Berg(1995)，指一个语句或复合语句的意义是由其中各构成成分的意义加上起连接作用的逻辑常项所决定的。

条件句与情态研究 ————————————————

后面句子所说的"农夫打驴子"的虚拟事件中去。因此,"一个农夫"和"一头驴"仍然与通常一样,从词库得到存在量化,但这不是在直陈世界中的存在,而是在虚拟世界中的存在,实际上是台上的角色,而不是演员;换到其他世界中的人物来看,任何一个满足农夫与驴属性的实体都可以去出演这一角色,因此间接得到全称量化意义。这并不违反"弗雷格组合性原则"。

下面是两个世界的对比:

直陈世界	虚拟世界
所有具有农夫性质的人	一个农夫
演员	角色
集合	个体
理论上无限的数量(多)	事件单数或确定的数量
全称量化	存在量化
非特定的个体,可替代	特定的个体,不可替代
不一定存在	已经存在
不能用"他"回指	可以用"他"回指

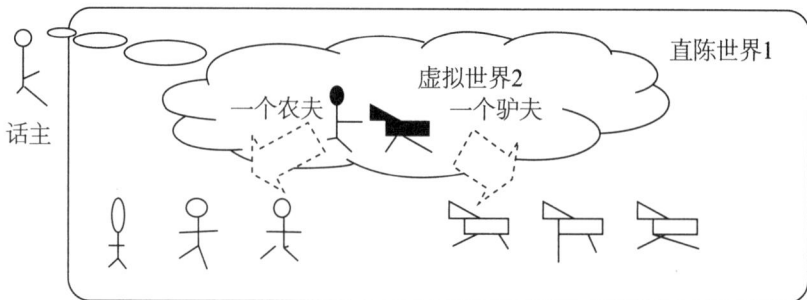

图2-2 "一个农夫有了一头驴,他就会打它"的世界模型

类似的例句还有:

(6) 如果有人来的话,请通知我。

　　一个成绩好的人(的话),我还可以考虑。(假设有一个成绩好的人来的场景,因此可以得到"任何一个成绩好的人来,我都可以考虑"的意义)

让我们再看看所谓典型的"通指句",它们并没有任何条件句的形式,如:①

————————————————

① 参看陈振宇(2017:81-84)对这一句式的详细论述。

（7）一只青蛙四条腿，两只眼睛一张嘴。

　　（一个）学生应该好好学习。

　　熊猫吃竹子。

　　这男人得有男人样。

这种句型也许不是典型的条件句，但在原理上与条件的构造是一样的。它们称为"类指"，是虚拟一个场景，在这个场景中的事物，如非通过其他方式（如索引性）投射到直陈世界中去，则必然是由话主头脑中虚拟的、用一系列属性表现出来的事物，指假定有这一事物的话，则他有什么属性或需要有什么属性。不光是用光杆名词表达，还可用数量名结构，甚至可用定指性的成分，都可以得到全称量化，即任何一个 x，都是如此。

需要特别关注一下定指短语的问题，"这男人"从字面上看，是指一个话主其确定外延因此在现实世界中存在的对象，它应该是个体指称。此处为什么做虚指、类指解读？此处一般不能加上量词①，如不能说"＊这个男人就得有男人样"，而只能用"指名"短语，因为量词的基本功能是使事物个体化，所以加上量词后就变为了个体指称。在世界语言中，有的语言就可以用定冠词来表示通指成分，如法语。

已有的解释是，这里的"这"已经不是指示词，而是其他功能的符号，如可以解释为"主题标记"，用于引出所谈论的论域。（如方梅 2002）不过，此类类指有时也会出现在宾语中，如：

（8）昔一僧要破地狱，人教他念破地狱咒，偏无讨这咒处。一僧与云"遍观法界性"四句便是。（《朱子语类》卷一百一）

　　我就佩服他这吃，他可真能吃。②

"讨"是"找"类意向谓词，因此可以说，任何一个地狱咒，便是此僧所讨要的东西。"这男人"类成分是如何获得全称量化意义的呢？我们认为需要把它放在一个能够得到全称量化意义的位置，如在"这男人得……"句中，是因为处于虚拟成分的位置，在"讨这咒"句中是因为有意向谓词"讨"约束它，并且这些事件都是分配解读的，如"有男人样"是对作为个体的男人说的，不

———————————

①　有极少数语例，如在方言语料中有，"这个男人嘛，就是要大气一点噻"（成都话），可能是因为在方言中习惯将"这个"连用，所以它们一起转化。

②　例子引自方梅（2002）。

是对男人整体而言的。如果不满足这一点,也无法得到全称量化意义,如"这男人是社会的脊梁,顶梁柱",那就是对男人整体说的,并不是男人个体的性质,所以不能获得全称意义。

分配解读也就意味着,我们把一个男人的角色放到幕后,让他的性质投影过来,因此从虚拟世界讲,的确是且只是一个个体的男人角色,他与"有男人样"述谓部分相联系;然而任何一个人,只要满足了男人的属性或内涵,就可以去充当这一角色,从而去与"有男人样"述谓相联系。全称量化意义因此而获得。

另外需要注意的是,即使我们把句子右边换成疑问结构,也不会失去全称量化意义,例如:

(9) 如果有人来,我怎么办?(所有人来都采用同样的办法,不管这办法是什么)

这男人就得怎么样?(所有男人都有同样的要求,不管这要求是什么)

一只青蛙几条腿?(所有青蛙腿的数目是一样的,不管究竟有几条)

熊猫吃什么?(所有熊猫吃同样的东西,不管这东西是什么)

一个学生应不应该好好学习?(所有学生有同样的答案,不管答案是应该还是不应该)

为什么疑问结构不能破坏这些句子中的"多对一"的格局?而"他们都买些什么?"会破坏。我们认为,这是两类句子的"多对一"格局的来源不同。"都"字句的"多对一"是从右边部分在语义上的确定性来的,所以破坏这一确定性就破坏了它。但是条件句、通指句的"多对一"格局是从虚指的"角色——演员"矛盾来的,右边的疑问与这一虚指无关,所以破坏不了。

甚至当通指成分在句中其他位置上时,只要虚指性不变,"多对一"格局也不变,如:

(10) 谁要一杯酒啊?(还是任给一杯酒,都是所要的东西)

你在哪儿去找这咒语啊?(还是只要有一个咒语,就是你要找的)

下面看看条件句和一般通指句的非唯一性问题,"虚指"中"角色—演员"的矛盾关系,这一语义模型涵盖了整个前件小句,因此,这一小句中任何一个成分,只要满足相应的性质,就具有全称量化意义,而不管它的句法地位如何。例如:

（11）学生　　在考试中　　取得　　好成绩,就可以看到学习的效果,从而

　　　　　　　　　　　　虚指性

复数论元　复数论元　　复数论元

增强自信心。

前件的三个论元都有复数性,事件又是分配解读。另外,在这一句式中,前件整体作为主题,后件才是信息性焦点的位置,所以前件小句中的论元都是预存集合,而"多对一"的格局则由前后件之间的关系提供,与前件小句内部的分布无关。因此这里三个论元都获得了全称量化意义:

（12）任何学生,在考试中取得好成绩,他就会看到学习的效果。

　　　　任何考试,只要学生在其中取得好成绩,就会看到学习的效果。

　　　　任何好成绩,只要学生在考试中取得它,就会看到学习的效果。

当然,如果条件小句中的成分已经被赋予了量性意义的话,则根据直接量化优势原则,该成分不一定有全称量化意义,如:

（13）a. 学生在这次期末考试中取得好成绩,就可以保送大学。

　　　　b. 他在考试中取得好成绩,就可以看到学习的效果,从而增强自信心。

　　　　c. 学生在考试中取得100分的成绩,就可以直接保送大学。

在例（13）a 中,"这次期末考试"是某次特定的考试;在例（13）b 中,"他"是特定的人;在例（13）c 中,"100分的成绩"只是一个成绩点,它们不具有空间分割的可能,只能是功能分割,所以不够凸显,不会被量化所注意到。

再看一个通指句的例子:

（14）学生　　在学习的时候　　面对困难　　应该迎难而上。

　　　　　　　　　　虚指性

复数论元　复数论元　复数论元

这里三个论元都获得了全称量化意义:

（15）任何学生,在学习的时候面对困难都应该迎难而上。

　　　　任何一个学习的时候,学生面对困难都应该迎难而上。

　　　　任何困难,只要学生学习的时候面对它,都应该迎难而上。

最后总结一下,通指的产生机制是多样的,就目前来看至少有以下这些:

1）由典型性触发，如"（一个）学生应该好好学习""汽车前后都有灯"。

2）由意向性触发，如"他要找（一个）服务员问问"，表示需要意义的"要"打开了一个可能世界，而"服务员"在这个世界中是不确定的目标。

3）由反复发生触发，如"（我发现）这儿的商店可以充值电话卡"，话主反复发现的事会被他归入普遍性事件之中，除非碰到反例。

4）由量化词触发，如"他喜欢<u>所有</u>喜欢小甜饼的人"，量化词"所有"表明事件普及"喜欢小甜饼的人"的各个成员。另外否定本身也是一种量化现象，否定词也是量化词，如"他不买书"，则被否定的"书"，它的全部或大多数（典型）成员都被否定。

5）由条件性触发。这一种比较特殊，因为它不是一种特殊的指称形式，也没有特殊的量化标记，如果作为条件（也就是条件逻辑结构的前件）的是一个名词性成分，它也可能是各种指称，如：

（16）（如果是）电视就应该放在客厅里。

（如果是）一支钢笔，笔尖不会那么快磨坏。

罗马人的话，肯定不会犯希腊人的这个错误。

希特勒的话，也许倒可能欣赏这个论调。

（如果是）一支足球队也许需要一个队医，不过我们学校没有打足球的啊。

（只有）正式教师才需要备课呢！我还在实习。

（要是）他，早就跑得没影了！

2.2 条件标记的语法化

这里的"条件标记"（conditional marking）指用来标记条件前件的语法化方式。从已有的资料看，它的演进至少有以下路径：①

────────────────────

① 陈丽、马贝加（2011）介绍了对汉语中假设标记的研究情况。韩陈其（1986）对古汉语单音假设连词之间的音韵关系进行了研究，并从古音韵出发，将其分为 10 组："若"组、"苟"组、"藉"组、"倘"组、"其"组、"使"组、"有"组、"诚"组、"第"组、"向"组，但音韵需要在意义基础上演变。

$$
真实性标记\begin{cases} 肯定标记：判断词/系动词　确定标记　定指词 \\ 否定标记：否定词　必要条件词　"假"类 \\ 疑问标记 \end{cases}
$$

排除性标记：限制词　时间标记

设定性标记：言说词　假设词　使令词

选择性标记：选择词　或然词　不定指标记

话题标记

除了话题标记外,其他的都有实在的意义,并且这一意义与它能否充当条件标记有莫大的干系:真实性标记怀疑事物的真实,排除性标记排除其他可能,设定性标记设定一个新的情况以与原来的情况对比,选择性标记则是从各种可能中选一个。其中,真实性标记是最发达的,在世界语言中最为常见。

2.2.1　真实性标记

该标记原意是用来表明事件真实性的,包括肯定标记、否定标记和疑问标记,它们又各自包含若干小类。

2.2.1.1　肯定标记

强调事物为真的标记。在语言中,肯定本来是无标记的,也就是说,直接讲述一件事就是肯定,没必要专门用一个肯定标记;因此肯定标记的使用,都是为了特殊的目的,即辩驳,指话主认为有人怀疑事件的真实性,所以特别加以强调。这样一来,肯定标记天生带有对命题的可能怀疑。

肯定标记又分为三种:

1) 判断词/系词

这是世界语言条件标记中常见的一个来源,如 Swahili 语的 i-ki-wa(这件事是),日语 nara(是),Chikasaw 语的(h)oo(是)。[①] 下面为错那门巴语例子("是"是 jin35,而 jin35ni53 意为"如果"):[②]

（1）nA31neŋ55　　nAm35　　　　tshoʔ53cuʔ53　　jin35ni53,

明天　　　　雨　　　　　下(后加)　　　　如果

ŋA35rA53　　tshoŋ55do53　cɛʔ35cuʔ53　men35

我们　　　　开会　　　　去(后加)　　　助动词

---

① 例引自 Hopper 和 Traugott(1993：179)。

② 例引自陆绍尊(1986：119)。

（如果明天下雨，我们就不去开会。）

有学者怀疑汉语"是"也有向假设标记演变的倾向（Heine & Tania 2012：126），我们可以找到下面的例子，但"是"是否已经语法化则尚存疑：

（2）你是爱他就应该体谅他。

他是爱和平的那连猪都爱和平了！

"是"还可以和各类条件标记组合，形成复合条件标记，如"要是、如果是、若是、倘若是、只要是"等，但与其说这里的"是"是表示条件的，还不如说它是表示认识的，因为在汉语中认识情态标记与主观判断标记，大多可以与"是"组合，如"应该是、可能是、也许是、大概是、会是、明明是、说不定是、难道是、竟然是、居然是、甚至是"等。

2）确定标记

如汉语"果、真、诚、果真、果然、真的"等。① 如：

（3）人一能之，己百之；人十能之，己千之。果能此道矣，虽愚必明，虽柔必强。（《礼记·中庸》）

婵玉曰："父亲果真降周，孩儿愿先去说明，令子牙迎接。"（《封神演义》第五十六回）

你真的没做此事，就让我们搜上一搜，看上一看，又有什么要紧。

3）定指词

从理论上讲，条件关系与"不定指"似乎容易产生联系，因为条件小句指的是"不定的环境"（the indefinite circumstance）。（Welmers 1973：433-434）但语言材料打破了这一理论幻想，因为存在用"定指"的标记来表示条件关系的。除了上述汉语例子外，其他语言还有 Tojolabal 语，其条件小句与关系小句相似，都用定指词 ha 标记。（Furbee 1973：15）

汉语中，"若"是可查的最早的条件关系标记，"如"稍后出现，共同成为汉语最古老而极稳定的条件标记：

（4）庶顽谗说，若不在时，侯以明之。（《尚书·皋陶谟》）

如可赎兮，人百其身。（《诗·秦风·黄鸟》）

"若"的本义"若，顺也"（《尔雅》），在甲骨文和《尚书》里出现了"若兹、

————————————————————

① 谷峰（2011）论证了和"果、真、诚"等词都从确认真实的"真的"义引申到表示怀疑疑问的"到底、究竟"义，即表示不确定性。另参看颜红菊（2006）。

若时"，解作"顺着、按照这样做"：①

(5) 允若时，不啻不敢含怒……则若时，不永念厥辟，不宽绰厥心，乱罚无罪，杀无辜，怨有同，是丛于厥身。（《尚书·无逸》）

壬寅卜，宾贞：若兹不雨，帝唯兹邑龙（凶），不若？（合94）

可见，定指词也是在主观强调事件为真的情况下虚化的，以此与事件可能为假的预期相比较，所以和其他肯定标记一样，语法化为条件标记，后续句很容易表达"照这样做、像这样做"所能达到的结果。

与"若"相似的还有"如、若是、如是"等，"如"本义也是"如，从随也"（《说文》），和"若"在音韵及意义上多有重合，因此遵循同样的语法化路径：

(6) 公子若反晋国，则何以报不谷？（《左传·僖公二十三年》）

如有复我者，则吾必在坟上矣。（《论语·阳货》）

若是财利双关，自不必说。（《初刻拍案惊奇》卷二十）

还有合用形式"如若"：

(7) 可遣人送玉璧至秦，换取连城，以结两国之好。如若不从，两国干戈必起。（高文秀《渑池会》楔子）

包头话"若发"，一般只和"不信"连用，如：②

(8) 若发不信（如果不信），你亲自去看一看。

还有阳江话的"若係"等。

请注意，汉语中，定指来源的条件词与确定来源的条件词，有漫长的合用史，因为二者都有确定的意义。如"如果、若果"等，现代粤方言中还用"若果"：③

(9) 你若果唔来，我就自己去喇。（你如果不来，我就自己去了。）

若果今晚冇事，我就来揾你倾。（如果今晚没事，我就来找你谈。）

另外一种常见的合用是定指来源的条件词与设定性条件词，如下面将谈到的"设若、设如"等。

2.2.1.2　否定标记

在语言中，否定总是有标记的，当使用否定时，它就是对某一肯定命题的否定，因此引出怀疑是很容易的。否定标记分为：

---

① 例句及解释都引自张文熊（1986）。

② 例引自黄伯荣主编（1996：543）。

③ 例引自黄伯荣主编（1996：544）。

1）否定词，与肯定判断词一样，语法化程度并不高，但却容易有条件意味，如：

（10）你不/没做完作业，就不能走。

　　　不扫一屋，何以扫天下！

汉语"不是"也可以和各类条件标记组合，形成复合条件标记，如"要不是、如果不是、若不是"等，而且与其肯定形式比较，虚拟的意味更浓，也就是作为条件的可能性更大。

2）必要条件词，"除非"句，如：

（11）我不会去，除非他来，我才去。——我不会去，除非他来。——除非他来，我才去。——除非他来，否则我才不会去。

汝城话的"除不"：①

（12）除不捡窖，唔系就唔要□ĭ。（除非捡宝，不然就不要想。）

　　　除不打飞，逐得倒。（除非跑，才赶得上。）

英语 unless 也有"除非"义，但这只适用于未来，如：

（13）We'll go to Chicago unless the airport is snowed in.

　　　（我们会去芝加哥，除非机场积雪。）

unless 在过去事件中，只是个时间小句标记；而汉语"除非"一般不用在过去事件，有的时候用，也是推测条件句，如：

（14）他肯定已经来了，除非高速堵车了。

3）"假"类。"假，非真也"（《说文》），后成为条件标记：

（15）假之有人而欲南，无多。（《荀子·正名》）

但这种用法不多。在现代汉语中出现了"假定"，②"假"本身就是历史上已经形成的条件标记，表示可假性；"定"做构词语素有"约定、制定"之义，也就是设定性；因此"假定"也应划入后面说的设定类：

（16）假定冬天来了，春天还能远吗？（俞平伯《春来》）

一些语言中的"虚拟条件"或"非真实条件"也应归入这一类，如英语过去时的特殊用法，因为它们表明该小句的内容仅仅是一个假定。

————————

① 　例引自黄伯荣主编（1996：542）。

② 　张雪平（2011）认为是由动词"假定 V"语法化而来。"假定 V"做动词出现在民国年间。

2.2.1.3　疑问标记

疑问则意味真实性存疑,且有多重可能的选择。如 Hua 语的-ve(疑问词/话题标记);俄语 est'li(是否)变为疑问标记(是吗),再变为条件标记 esli(如果)。Hopper 和 Traugott(1993:179)在日耳曼语中也有以疑问句为条件小句的,如德语与英语,下面仅展示一个英语例子:[①]

(17) Were I the organizer, I would have done things differently.

　　(如果我是组织者,我会用不同的方式做事。)

在汉语中疑问语气词"吗、呢"可以表话题,但一般不延伸到条件标记功能,可见话题与条件功能并不完全一致。但在一些方言中,疑问语气词确有表条件的用法,如上海话:[②]

(18) 侬要去买小菜,对哎?(你要去买菜,是吗?)

　　侬要去买小菜对哎,一定要早一眼。(你如果要去买菜,一定要早一些。)

再如成都话的例子:

(19) 你去不去唉?(你去不去?)

　　你和妈一起去唉,我就放心了。(你和妈一起去的话,我就放心了。)

2.2.2　排除性标记

该标记原意是用来表明某一范围内的一部分,而排除其他部分,包括限制词、时间标记与定指性标记。

1)限制词。主要是"只"系词,如:

(20) 只有努力,才能取得好成绩。——只有努力,否则不能取得好成绩。

　　只要努力,就能取得好成绩。

"有"本身并未语法化为条件标记,所以"只"在这里有十分重要的作用。限制的目的是排除其他可能性,它一定要是可能的事件复数,因此与条件功能相通。

条件连词"只要"可能出现在唐代,而"要"的假设功能也是在唐诗中出现,(马贝加 2002)也可能是在宋代才完成,[③]因此前者不大可能是从后者来

---

① 例引自 Harris 和 Campell(1995:296)。

② 例引自刘丹青(2004:9)。

③ 蒋冀骋、吴福祥(1997),下例也引自该书。

的,这么说来,在"只要"的语法化中,"只"很可能也是起关键的作用:

(21) 只要当来圆佛果,不辞今日受艰辛。

　　只要门徒发信根,万般一切由心识。

"只"义词本身也可表条件,但在普通话中不常见。在方言中有新疆汉话的"但":[1]

(22) 他但不来,我就不去里。(他如果不来,我就不去了。)

　　他但是不骂我,我也不会打他。(他如果是不骂我,我也不能打他。)

再如潍坊话的"但自"和宁波话的"单超"都相当于"只要":[2]

(23) 但自身体好点,这些活我就自己干。(只要身体好点,这些活我就自己干。)

　　但自能支持,我就不打针吃药的。

　　单超公共汽车一通,小王马上就来。(只要公共汽车一通,小王马上就来。)

英语的 only if、only when 有相同的功能。

2) 时间标记。时间很容易形成对比,说此时如此则往往意味着彼时并非或可能并非如此。如 Hittie 语的 mān,Tagalog 语的(ka)pag(ka)及 kung,印度尼西亚语的 djika 和 kalau,(Hopper & Traugott 1993:179)Karok 浇的=aha. k 等都是"当……时"意思,同时也用于表条件,英语的 when 及其同源词也早就有条件义。有些语言条件小句与时间小句几乎没有区别,在 Vai 语中,只在对未来事件的预测时才会中和,如:(其中"à...'éè"是一个框式结构,作为时间或条件标记)[3]

(24) À　a　ná　'éè　í-ì　　à　　fé'ɛ́-'à

　　他　来　　你-未来　他:宾　看见-未来

　　(他来的时候,你会看见他。/如果他来,你会看见他。)

一些学者认为近代汉语中"时"变为条件标记和话题标记(江蓝生 2002):

(25) 吾富有钱时,妇儿看我好。(王梵志诗)——时间

　　若使交他教化时,化尽门徒诸弟子。(《敦煌变文集·破魔变

---

① 例引自黄伯荣主编(1996:543)。

② 例引自黄伯荣主编(1996:542)。

③ 例引自 Welmers(1973),另见 Thompson,Longacre 和 Hwang(2007:258)。

文》）——条件

臣妾饮时，号曰发装酒，圣人若饮，改却酒名，唤甚即得？唤曰万岁杯。（《敦煌变文集·韩擒虎话本》）——话题

但这一说法有些麻烦，即使现代汉语中，部分条件分句也可以和时间从句"在VP的时候、VP的时候、VP时"互换，但我们并不认为它们是语法化的条件标记，而仅仅是由语用因素导致的条件句罢了：

（26）心情不好的时候，她就会出去走走散心。——时间

　　　心情不好的时候就出去走走散心。——时间还是条件？

"一旦"是真正语法化的，它从时间"一时"的意义，演化成表示"未来"的某个时间，从而表示可能性，如：

（27）一旦山陵崩，长安君何以自托于赵？（《战国策·赵策四》）

　　　一旦军需不足，粮饷空匮，人民势必变心。（《七剑十三侠》）

不过，"一旦"只用于将来，不用于过去与现在，如不能说"*一旦你来过，就应该知道"，所以它实际上是时间副词，而并非条件标记。

一些学者认为在古代汉语中，"当"做条件标记来源于"当"的时间标记意义（吴春生 2008）：

（28）先祖当贤，后子孙必显，行虽如桀纣，列从必尊，此以世举贤也。

（《荀子·君子》）

不过这种用法也可能是从"倘"借用来的，目前尚无定论。

2.2.3　设定性标记

该标记原意是用来表明将设定一个新的情况，包括言说词、假设词、使令词与未来情态词，它们的共同性质是具有很强的虚拟性，因为临时设定的情况往往是来不及认真考察的，所以很可能只是一个假想，作为与现实或某些已知事物的对比而存在。

1）言说词，包括言说动词与名词。言说是打开一个新的可能世界，因此它提供的信息不是现实的，而是非现实的。如 Ga 语的例了：[1]

（29）Máha　　　　　　　　o　　níyeíní　ké　oba

给:第一人称/单数/将来　你　食物　说　你:来

（如果你来，我给你食物）

---

[1]　例引自 Lord(1989：317)。

汉语的"的话"同时具有假设标记和话题标记双重身份,①即如果提起这个话题,那么有结果分句这样的结果,实际上这里"说……的话"的话题标记作用非常强烈。② 在历史上,"的话"常出现在"要是……的话"的环境里,"要是"常常省略,则逐渐使"的话"更像一个条件标记,但其主要功能话题标记仍然是很强的。③

单用"说"的条件标记有现代北京话:④

(30) <u>说</u>你当头儿的不带头吃苦,我们小兵卒子卖什么劲啊!

廉江话"讲"也有一个用法:⑤

(31) 阿波仔啊,<u>抑无考上大学讲</u>,就回屋几耕田咯。(如果考不上大学,就回家种地。)

宁波话还有"是话":⑥

(32) <u>是话公共汽车通了</u>,小王老早来了。(如果公共汽车通了,小王老早就来了。)

2)假设词

"设,施陈也"(《说文》),后世用来指拟设、设置,进一步语法化为条件标记:

(33) <u>设以炮至</u>,吾村不齑粉乎?(徐珂《清稗类钞·战事类》)

"设若"早在中古就用为条件标记了:

(34) 审琦曰:"成败命也,<u>设若不济</u>,则与之俱死。"(《旧五代史·晋书·皇甫遇传》)

"设如"则更早:

(35) <u>设如家人有五子十孙</u>,父母不察精惓,则勤力者懈弛,而惰慢者遂非也,耗业破家之道也。(王符《潜夫论·考绩》)

现代阳江话仍用"设若":⑦

─────────────────────

① 据张雪平(2010)考察。
② 此为邝岚(2004)的观点。
③ 据江蓝生(2004)考察。
④ 例子来自方梅先生的一次讲座用例。
⑤ 例引自林华勇(2007:157)。
⑥ 例引自黄伯荣主编(1996:543)。
⑦ 例引自黄伯荣主编(1996:544)。

（36）设若其无理你呢²⁴，你子呢²¹！（如果他不睬你，你怎么样呀？）

设若无係其做个呢²⁴，你搵其做呢²¹？（如果不是他做的，你找他做什么？）

英语if，在历史上曾是动词，"设想"义，也是这一类。

3）使令词

"使"本为"命令、派遣"等义，因为句子主语常省略不出现，所以可以表示"某种隐性力量"致使某一事件发生，再转为"说话人主观上造成在现实世界里不一定存在的事件发生"，用于表示设置一个新的情况，从而变成条件标记：①

（37）向使三国各爱其地，齐人勿附于秦。（刘开《问说》）

使举国之少年而果为少年也，则吾中国为未来之国，其进步未可量也。（梁启超《少年中国说》）

4）未来情态词

"要"究竟怎样从意愿情态虚化为条件标记，还存在争议，有的认为它是由表示主观愿望的功能直接转变来的（马贝加2002）；有的认为它先转变为"将要"义（表示对未来的认识），再到假设（古川裕2006）；有的认为是从"若"而来，是个语音现象，即"若"音变的结果（刘祥柏2014），如此说成立，则应归入"若"中，属于肯定标记中的定指标记。

其实不论是来自意愿情态，还是来自认识情态，都是在一种语境下进一步语法化的：对未来的要求或预测。这是一种设定，一旦这个设定不再限于未来，而是普遍的、泛时的，就成了条件标记：②

（38）要觅长生路，除非认本元。（吕岩《五言》）

然没此理，要有此理，除是死也。（《河南程氏遗书》卷2）

要是我，你两个当面锣对面鼓的对不是！（《金瓶梅》第51回）

要是他发一点好心，拔一根寒毛比咱们的腰还粗呢！（《红楼梦》第6回）

---

① 参看张丽丽（2006）与陈丽、马贝加（2009）的论述，包括主语S的消失、结果事件实现可能性的弱化与时间因素的影响（临界点是连接未来可能发生的事件）。

② 马贝加（2002）说，汉人的思维中，表达对将来的事情的希冀和表达对将来的事情的假定，是相通的。

2.2.4 选择性标记

该标记原意是用来表示或然性或可选择性的,指从诸多情况中选出一样,由此作为条件,包括选择词、或然认识词和不定指标记。

1) 选择词。如汉语"万一",本义"万中选一",到东汉成为一个表示极小数量的名词,引申为表示极小可能性的意外事件,此时还是名词性的:[1]

(39) 愿下相工,简其可否。<u>如有万一</u>,援不朽于黄泉矣。(《后汉书·皇后纪》)

南北朝时"万一"用于条件句中:[2]

(40) <u>万一</u>有不如意,臣当以死奉明诏。(《三国志·魏志·曹真传》)

2) 或然词。如古代汉语的"傥/倘",傥本意是洒脱,倘同"徜",本意是悠闲,都是形容词;但"傥"在上古还有一个副词用法"傥,或然之词也"(《经传释词》),从而语法化为条件标记:

(41) <u>傥</u>所谓天道,是邪? 非邪? (《史记·伯夷传》)

怎样会从"洒脱、悠闲"转为条件意义? 我们猜测,可能是先转为"随意、任意"的意义,表示根据自己的性子毫无拘束地任做一个选择,由此成为条件标记,所以把它放在"选择性标记"中。

"倘"表示假设,同"党、傥"。不过"倘"的标记性更稳定,基本上只有条件标记的用法了:

(42) 汝<u>倘</u>有灵。(袁枚《祭妹文》)

合用"傥若、傥使、倘若、倘使":

(43) <u>傥使</u>长如此,便堪休去程。(孟云卿《途中寄友人》)

君昔汉公卿,未央冠群贤。<u>倘若念平生</u>,览此同怆然。(牛僧孺《玄怪录·顾总》)

表示"有人、有时"的"或、或者",有时也表示提出一种可能性,如(何锋兵 2005):

(44) 即不疑多有所平反,母喜笑,为饮食语言异于他时;<u>或亡所出</u>,母怒,为之不食。(《汉书·薛平彭传》)

你一定要去接她,<u>或者实在有事走不开</u>,也要打个电话,请她原谅。

————————

[1] 据柳士镇(1992:260)考察。

[2] 据罗荣华(2007)考察。

这里"或者"表示除前文外的另外的一种可以选择的情况,但它是否已经语法化,尚需进一步考察。

3）不定指标记。不定指标记表明事件是一组事件集合中的一个,且可能是任意选择的一个,由此发展出条件意义。如 Ngizim 语中,条件小句可以名词化,而这是通过在小句末尾加上不定指示词 nən 或其变体-n 来实现的,如:①

(45) Akər ika　　miya-k　sau　darəpta-n,　　　aa　　tfa
　　　贼　看见:完整　嘴-关联　小屋　开-不定指示词　非完整　进去
　　　(如果贼看见小屋的门开了,他就会进去)

与上述现象相反,在 Kanuri 语中,(未来)条件标记为 ga;在它上面加上一个定指标记后成为 dəga,则是(未来)原因小句标记;这正表明了条件与因果句的区别:②

(46) a. Ishin-ga　　　　　　　　　shi-ga
　　　　来:第 3 人称单数/非完整-条件　他-做
　　　　jengin
　　　　等待:第 1 人称单数/非完整
　　　　(如果他来,我会等他。)

　　　b. Ishin-dəga　　　　　　　　shi-ga
　　　　来:第 3 人称单数/非完整-原因　他-做
　　　　jengin
　　　　等待:第 1 人称单数/非完整
　　　　(因为他会来,我要等他。)

2.2.5　话题标记

主要是提顿标记,即句中语气词,它们也有标记话题的功能,但自身是否已语法化,仍需仔细考察。如现代汉语的句中"呢""吧",也常出现在条件句的句中。上海话有一个"末"[məʔ13]:③

(47) 拨辣管理员查出来末,要罚侬。

　　　勿认得末,朝伊奔过来做啥啦?

---

① 例引自 Schuh(1972)。另见 Thompson,Longacre 和 Hwang(2007:258)。

② 例引自 Hutchison(1976)。

③ 例引自黄伯荣主编(1996:543)。

固原话的"赛"［sɛ44］,可以与"但"合用,也可以不用：①

(48) <u>我但不咧去赛</u>,他们就来了。(我如果不要去,那么他们就来了。)

　　<u>老张不咧上场赛</u>(老张如果不上场),这场球我们就输定了。

2.3 "才"的必要条件标记功能

2.3.1 理论背景与问题

条件句由三个部分组成：(1) 前件(antecedent,protasis),即条件小句；(2) 后件(consequent,apodosis),即结果小句；(3) 条件标记,在汉语中为连词或连接副词。跨语言看,有两个重要的现象：

1) "充分条件"是语法化的重点,很多语言都有专门的语法标记,而"必要条件"就不那么重要了,没有专门的标记,往往用否定条件句或其他方式来表达。

2) 在条件标记中,标记条件小句(前件)是主要的方式,而结果小句(后件)往往是无标记的。

因此有以下标记性等级详见表2-2：

表2-2　条件关系的标记性

		使用标记	不使用标记
		充分条件	必要条件
使用标记	前件	常见 ⟷	
不使用标记	后件		罕见

其中,后件标记比较少见,而必要条件的后件标记则更为罕见,在很多语言中,都是用其他范畴的形式通过推理来表达的。但在汉语中,充分条件有后件标记"就",必要条件有后件标记"才",是一种罕见的现象。"就"我们已另文讨论,这里看"才"的问题。

根据前人的研究成果,如邢福义(1985,2001)、王维贤等(1994)、张谊生(1994,1996,1999)、李宗江(1999)、李小五(2003)、谷峰(2008)等,汉语副

———————————

① 例引自黄伯荣主编(1996：543)。

词"才、方、始"都可以作为必要条件句后件的标记。如：

（1）严格按照教育规律办事，<u>改革才能顺利进行</u>，并取得成功。（北京大学 CCL 现代汉语语料库，以下简称"CCL 语料库"）

输入的凭证必须经过审核并确认无误签章后<u>方可在计算机中生效</u>。（CCL 语料库）

一切人都须经过科举<u>始得入仕</u>。（CCL 语料库）

综合以前的研究可以把副词"才、方、始"的历史演变顺序大致写为：

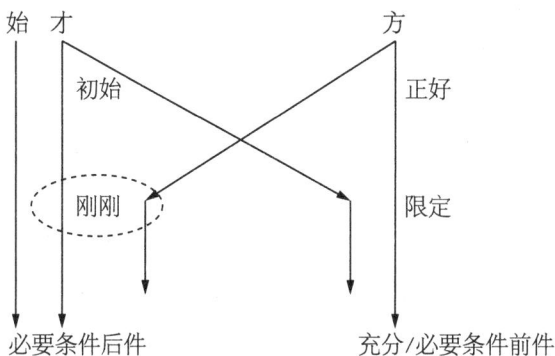

图 2-3　"才、方、始"的历史演变

研究中的关键问题是：

1）必要条件后件标记，是来自时间副词"刚刚"义（李宗江 1999；刘林 2013），还是来自限定副词"只仅"义①？如果必要条件后件标记是从时间副词"刚刚"义发展而来，则关键的一步在哪里？

2）有研究者认为，汉语"只有……才"表示"充分必要条件"，那么，它与传统所说的"必要条件"是什么关系？"才"的语气功能与其逻辑功能有什么关系？"才"怎会用于现实句？

2.3.2　历时来源

具体标记的历史语料考察，前人已经做了很多，这种研究揭示了各种用法的出现年代，从而排列出其先后顺序。但语法化研究中，如果只考察一条线索，会出现以下的歧解问题：

$$A——B——C$$

———————

① 谷峰（2008）根据语义演变的单向规律认为演变的方向必定是"限定>必要条件"，演变动因在于说话人的注意焦点前移。

$$A/B——C$$

设某语言形式有 A、B、C 三种概念及其用法,其中 A、B 的出现与运用时间都在 C 之前,则不论是 A、B 大致同时,还是 A、B 有先后关系(如 A 在 B 之前),都会面临这样的多种可能性:C 有可能是单独从 A 或 B 演化而来的,也有可能是从 A 与 B 的共同作用中而来的。如果只看这样一个语言形式的历史,则无法破解这一历史难题。

"才"与"方"都有时间副词"刚刚"义,如例(2)a;也有限定副词"只仅"义,如例(2)b;也有必要条件后件标记功能,如例(2)c:

(2) a. 今者臣来,过易水,蚌<u>方出曝</u>,而鹬啄其肉,蚌合而拑其喙。(《战国策·燕策二》)

救之,少发则不足;多发,<u>远县才至</u>,则胡又已去。(《汉书·晁错传》)

b. 赏无功之人,罚不辜之民,非所谓明也;赏有功,罚有罪,而不失其人,<u>方任于人者</u>也,非能生功止过者也。(《韩非子·说疑》)

<u>士财有数千</u>,皆饥罢。(《汉书·李广利传》)

c. 民五之<u>方各</u>,十之<u>方静</u>(争),百之而后备(服)。(郭店楚简《尊德义》)

故人至暮不来,起不食待之。明日早,令人求故人,故人来<u>方与之食</u>。(《韩非子·外储说左上》)

李师师撒娇撒痴,奏天子道:"我只要陛下亲书一道赦书,赦免我兄弟,<u>他才放心</u>。"(《水浒传》第 81 回)

但要想知道它们之间的演化关系,需要扩大考察范围。我们考察了相关的一系列语言形式。如表 2-3 所示:

表 2-3 相关语言形式考察

编号	初始	刚刚	正好	限定	充分条件前件	必要条件前件	必要条件后件	案例
1	+	+						新、初
2	+	+					+	始
3	+	+		+	+		+	才
4		+	+	+	+		+	方

（续表）

编号	初始	刚刚	正好	限定	充分条件前件	必要条件前件	必要条件后件	案例
5		+	+	+				适、恰、刚、上犹客家话"正"、平话"啱"
6			+	+				正
7		+				+		Just
8				+		+		只（有）、Only（if）、哈萨克语的-tek
9			+	+		+		哈萨克语助词-qana
10				+	+			仅、光、只（要）
11		+					+	勉语 tɕhiŋ²⁴、邦朵拉祜语 ɕε¹¹

注：表中"+"指有此种功能。

　　根据表2－3,可发现这些功能之间有以下的蕴涵关系,它由关系图和蕴涵概率表组成,如图2－4所示：

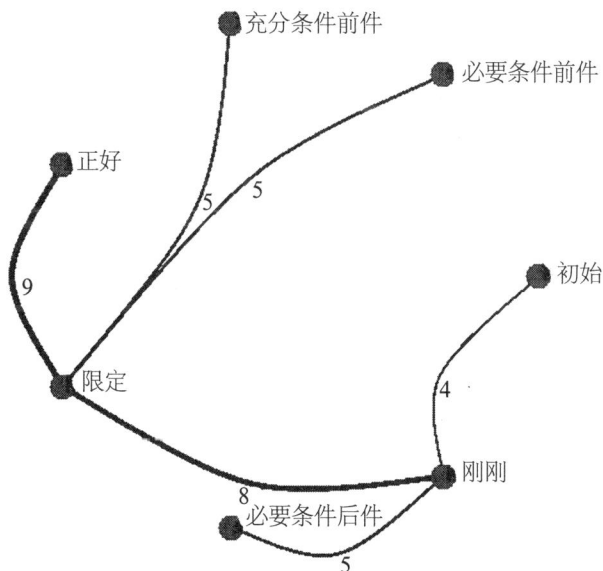

图2－4　相关功能的蕴涵关系①

---

　　①　该图即"加权最少边地图",制图软件见"永新语言学"网站（http：//www.newlinguistcs.org）。

条件句与情态研究 ————————————————

表 2 - 4　相关功能的蕴涵关系

初始	刚刚	1	刚刚	初始	0. 235 294 117 647 059
刚刚	限定	0. 470 588 235 294 118	限定	刚刚	0. 296 296 296 296 296
刚刚	必要条件后件	0. 294 117 647 058 824	必要条件后件	刚刚	1
正好	限定	1	限定	正好	0. 333 333 333 333 333
限定	充分条件前件	0. 185 185 185 185 185	充分条件前件	限定	1
限定	必要条件前件	0. 185 185 185 185 185	必要条件前件	限定	1

表 2 - 4 中有圆圈的部分告诉我们,一个语言形式如用于标记必要条件后件,则它也有时间"刚刚"义;而如果用来标记条件前件,不论是充分条件,还是必要条件,都会有限制"只仅"义。这也就是说,如果逻辑条件功能是语法化后期的现象,则分别有以下两个演化方向:

刚刚——→必要条件后件

限定——→充分/必要条件前件

这也为图 2 - 3 提供了一个旁证。但是,为什么是这样?

2.3.3　所谓"必要条件"

语言中的"必要条件"这一范畴,本身就具有逻辑上的多种意义。设有命题 P、Q,所谓 P 为 Q 的"必要条件",包括以下几种:

1)"必要条件句",其逻辑公式是"$\forall t(Q(t) \rightarrow \exists ti((ti \leq t) \& P(ti)))$"[①],意为"在事件 Q 实现之前,必须要有 P 的实现"。如:

(3) You must make efforts if you want to be successful. 要想成功必须努力。(努力才能成功。)

It may be many years <u>before we meet again</u>. 在我们相见之前大概要过许多年。(大概要过许多年我们才能再见。)

Know the facts <u>before taking a stand</u>. 确定自己的立场之前,先了解事实。(了解事实才能确定自己的立场。)

————————————

①　"ti≤t"意为 ti 的时间在 t 之前或同时。

"必要条件句"是最典型的逻辑必要条件表达方式,它的结构是"必要条件=充分条件+道义/认识情态",如例(3)中的"must(必须)、may(可能)"等都起到表明必要条件的功能。

2)"否定条件句",其逻辑公式是"~P→~Q"或"∀t(~P(t)→∀ti((ti≤t)→~Q(ti)))",意为"事件 P 不实现,事件 Q 就不会实现"。如:

(4) If he hadn't already prepared his lesson, he wouldn't be allowed to go.

　　如果他没有准备好功课,就不能走。(他准备好功课才能走。)

　　不努力不可能成功。

　　你得好好努力,<u>不然(的话)</u>/否则,就不可能成功。

3)"否定界点句",其逻辑公式同上,意为"在事件 P 实现之前的任意时刻,Q 都为假"。如:

(5) <u>Don't leave</u> till I arrive. 我不来你不要离开。(我来你才能走。)

　　Until she spoke <u>I hadn't realized she was foreign.</u> 她说话之前我还不知道她是外国人。(她开口说话我才意识到她是外国人。)

　　<u>The coffee shop does not open</u> before 8:00 am. 咖啡店早上八点之前不开门。(咖啡店早上八点才开门。)

上述 1)、2)、3)三种条件句在逻辑上等价,都是真正意义上的逻辑必要条件。下面的 4)与 5)则有所不同:

4)"唯一条件句",其逻辑公式是"(P→Q)&(~P→~Q)"或"∀t(P(t)→Q(t))& ∀t(Q(t)→P(t))",意为"事件 P 实现,事件 Q 就实现;事件 Q 的实现是事件 P 实现的唯一条件"。如:

(6) This question can be answered <u>only by experiment</u>. (只有实验才能够解决这个问题。)

　　<u>Only members</u> would be given the floor. (只有会员才拥有发言权。)

　　He and <u>only he</u> knows the world. (只有他才真正了解这个世界。)

最常见的是英语 only if 句:

(7) The placebo effect can be understood only if we acknowledge the unity of mind and body. (只有我们承认身心一体,安慰剂效果才能被理解。)

　　Only if presented in this way can your idea get over to the audience. (只有用这样的方式提出来,你的意思才能使听众明白。)

再如英语 alone 类:

（8） The party is trying to give the impression that <u>it alone</u> stands for democracy.（该党正试图让大家觉得只有它才是民主的代表。）

Its good point was the perception that <u>thought alone</u> constitutes the essence of all that is.（但它的好处在于意识到,只有思想才是存在着的事物的本质。）

有时 only 句法上是加在整个 VP 部分的外围的,但实际上它的语义作用范围仅仅是在后面的前件上,所以在逻辑上与第一种是一样的语义结构。如:

（9） It only dares to come out <u>in the daytime</u>.（因为它只有白天才敢出来。）

I only wear a tie <u>on special occasions</u>.（我只在特殊场合才打领带。）

A player can only win points <u>when he is serving</u>.（球员只有发球才能得分。）

5）"例外条件句",意为"Q 一般为假,仅在 P 为真时例外,即仅在 P 为真时 Q 为真"。如:

（10） He never stammers, unless when he is angry.

他从不发火,除非生气了。（他生气才发火。）

你不可能考及格,除非你加倍努力。/除非你加倍努力才能考及格。①

与 1）、2）、3）项不同,4）、5）实际上是逻辑上的充分必要条件。如下例:

（11） <u>Only if presented in this way</u> can your idea get over to the audience.

（只有用这样的方式提出来,你的意思才能使听众明白。）

这里有两重意义:

意义一:叙述事件为真,即:用这样的方式提出来,你的意思能使听众明白。

意义二:表示唯一条件,即:这样的方式是使你的意思让听众明白的唯一办法,也就是说,如果不用这一方式,就找不到其他方式使后件为真。

这两个意义在句子意义结构中的地位是不一样的:意义一是句子的预设或前提,而意义二才是句子的焦点意义。检验方法如下:

————————————

① 王维贤等（1994）认为"除非……才……"可概括为 A＝B,是一种相关反蕴涵。

(12)【否定测试】：

　　甲：Only if presented in this way can your idea get over to the audience.

　　乙：No, we can try something else.

否定时，并没有否定这种方式可让听众明白(意义一)，而仅是说还可能有其他方式也可让观众明白(对唯一性的反对)。

2.3.4　从"刚刚"到"充分必要条件"

根据前人对"才、方、始"的历时演化过程的研究可看出，它们不是从上述1)、2)、3)的途径语法化的，而是从与4)、5)类似的途径演变而来的。

先让我们看看"刚刚"意义的逻辑结构。沈敏、范开泰(2008)将短时义副词"才"的意义分为三个层级：已然义——规约意义，处于底层；短时义——词汇—语法意义，处于中间层(核心层)；认识情态义——语用意义，处于顶层。其中的已然义是隐含的"后景"意义，单纯短时义是显性的"前景"意义；情态短时义属非规约性的"语用意义"，在一定语境中可以消除。前两个意义是必需的，让我们分析一下：

(13) 他才回来。

　　设"回来"为事件 Q，则有：

　　$\exists t((t=t0)\&Q(t)\&\forall ti(((ti>t)\&(|ti-t|>\delta))\rightarrow\sim Q(ti)))$

可以看到其中也有两个意义：

意义一：他现在回来了。"t0"表示绝对时间基点"现在"，"$(t=t0)\&Q(t)$"指现在他回来了。

意义二：在离现在较远的任意时候，他没回来。"δ"表示一个时间小量，"$\forall ti(((ti>t)\&(|ti-t|>\delta))\rightarrow\sim Q(ti))$"指在现在之前一定量的时间他还没回来。

测试表明意义二也是焦点，意义一是预设或背景：

(14)【否定测试】：

　　甲：他才回来。

　　乙：不，他早就回来了。

乙的话指在离现在较早的时候他就回来了。

当在前面出现具体时间时，就构成了两个事件的搭配，如：

(15) 他昨天十二点才回来。

　　设"(到)昨天十二点"为事件 P，"回来"为事件 Q，则有：

$$\exists t(P(t)\&Q(t)\&\forall ti((ti>t)\rightarrow\sim Q(ti)))$$

这与途径1)已经非常相像了,下面意义二才是焦点意义:

意义一:他昨天十二点回来。

意义二:在昨天十二点之前,他没回来。

(16)【否定测试】:

甲:他昨天十二点才回来。

乙:不,他早就回来了。

例(16)表明例(15)关注的是"他"回来的时间距离现在近,而当话主不是关注时间段,而是关注回来的时间点的时候,由于原来话主预期的时间是"昨天十二点"前的某个时间点,所以例(15)就有了认为"他"昨天回来晚了之意。由此例(15)便产生了两种语义解读。而当"昨天十二点"这一时间点被现实事件所代替时,"才"便有了现实时间义。如:

(17)他昨天干完活才回来的。

当该事件(即P)成为现实中重复发生的事件,"才"因之能为人的认识提供经验,从而进入了非现实领域,逐渐可用来表示条件。如:

(18)他(每天)干完活才会回来。

一旦"才"字句脱离了具体的现实而在抽象的语境中使用时,就成为条件标记,如下面的"努力、成功"都是指一类事件,而非现实中与话主直接相关的具体事件。如:

(19)努力才能成功。

意义一:努力能成功。

意义二:在努力之前,不可能成功。

(20)【否定测试】:

甲:努力才能成功。

乙:不,你看人家×××,也不怎么努力,不也当上了教授!

但具有"刚刚"义的形式有好些种,为什么有的形式没有演变为"必要条件"后件标记?如"新、适、恰、刚、上犹客家话'正'、平话'啱'、英语 just"等。

以汉语时间副词"刚"为例,它是现代汉语典型的"刚刚"义形式,但没有必要条件用法。与表"刚刚"的"才"一样,它是隐性否定,否定在更早的时候事件可能为真,所以不与语气词"了₂"直接搭配,如"*他十点刚/才去学校了"。有关副词与"了₂"的搭配限制及其背后的机制,请见刘林、陈振宇

（2015）。

下面看"刚"与"才"的区别：

（21）a. 他才回来。　??我才回来。　我才回来就要我走。

他刚回来。　我刚回来。　我刚回来就要我走。

b. 他昨天十二点才回来。

他昨天十二点刚回来。

张谊生（1999）认为"刚"用法简单，"才"用法复杂；"刚"的客观性强，"才"的主观性重。例（21）a 中"刚"是较为客观地讲述事实，所以主语人称自由；而"才"含有主观量，具有表反预期的作用，预期是"应该更早回来"，故含有话主的"意外"；由于一般一个人不能对自己的行为表示意外，所以"我才回来"不合适，而主语为"你"和"他"就没问题。但当"我才回来"作为次要小句，为主要小句"要我走"的前提时，这种句子层面的意外语气就会消失，因此"我才回来"就可以用了，如"我才回来就要我走！"。

周小兵（1987）认为"刚"的语法意义应为动作或情况主观认定发生在不久之前。例（21）b 中"刚"表明"昨天十二点"是相对于说话时间"现在"来说的，是"主观上很近的过去"。而"才"字句则未必有这一意味，它可表达一个纯粹关于"昨天十二点"的事，即在十二点前没回来，而不考虑"昨天十二点"是否是"近过去"的问题，于是"昨天十二点"成了一个纯粹的相对时间基点。

综上所述，"刚"客观地陈述在"现在"时间前不久发生的事，它真正凸显的并不是事件的发生以及发生得较迟，而是事件的发生对现在的影响，是"近过去时"的一种；而"才"则有主观预期性、互动性，而基点反倒不要求与现在有关，是一个更纯粹的相对基点。

英语的 just 也是"刚"类的标记：

（22）a. I just had the most awful dream.（我刚做了个非常可怕的梦。）

b. My friend Jake just divorced last month.（我朋友杰克上个月刚离婚。）

例（22）a 中自由地用第一人称主语，说明 just 是客观报道；例（22）b 会觉得上个月的离婚是不久前的事。例（22）b 如果改为"才"，说成"我朋友杰克上个月才离婚"，就不太合适，因为有他应该早点离婚的意味，而这不合乎情理。

"刚"字句因此可以有下面的否定测试，用以"切断"事件与现在的关

联性:

(23)【否定测试】:

> 甲:我上个月刚从美国回来,现在还没缓过气来呢,你让我多休息
> 一下。

> 乙:什么啊,都这么久了,还"刚"呢! 别找借口,该干活了!

另外,正由于"刚"与"现在"时间的关系密切,所以一般只用于过去事件,不能用于将来事件,如不能说"明天十点他刚来学校",而"才"与"现在"无此捆绑关系,虽然依附于基点,但可以是相对基点,可更为自由地用于将来,如可以说"明天十点他才来学校"。例外主要是有时可以用情态允准"刚"的将来用法,如可以说"明天十点他肯定是刚到学校,还来不及准备呢"。或者与"才"搭配,如"明天十点他才刚到学校,还来不及准备呢"。这里的"刚 VP"表示一种事件阶段或状态,从而与时间基点解脱关系。

小结:"刚刚"义本身并不能直接导向"必要条件"义,即使在语义结构上十分相似,仍有两个重要的区别:

1)必须脱离与"现在"时间的关系,成为纯粹的相对基点,才能用于各种不同的场景之中。

2)必须凸显反预期意义,才能把句子的焦点进一步转向否定的一面,即进一步强调在时间基点或条件事件以前,结果事件不为真。

2.3.5 从"充分必要条件"到"必要条件"

王维贤等(1994)认为,语言中,"只有 A,才 B"中的 A 不仅为 B 的必要条件,而且是 B 的充分必要的条件,即 A = B。实际上,"才"字句与"唯一条件句"都演化为"充分必要条件",但二者的来源略有不同:"才"类标记是从后件的时间标记来的,指 P 为真则 Q 为真,但在 P 为真之前 Q 不为真;而"唯一条件句"是从前件的限制标记来的,指 P 为真则 Q 为真,但 P 是使 Q 为真的唯一条件。不过不论来源如何,"才"字句与"唯一条件句"中意义一都是预设或背景,真正凸显的焦点意义都是意义二。

汉语中的"只有……才"是这两种演化途径的复合,故有双方的性质。不过其中"才"是主要的,不容易省略;而"只有"一般起强化用,可有也可无。如汉语很少说"只有努力能够成功",而"努力才能成功"却很自由、常见。

进一步的演变意味着,随着意义二的凸显,意义一变得很不重要,从而可以脱落。这是因为意义一并非意义二的前提,即意义二不需要依赖于意

义一。邢福义(1979)认为"只有……才"这一句式有时并不表示唯一条件，另参见吕正春、徐景茂(1983)、马家珍(1985)从逻辑角度进行的讨论，也即，在有的语境中，意义一不一定会为真，此时"只有……才"蜕变为逻辑上的必要条件。如：

（24）只有本市户口才能优惠贷款。

这并不一定意味"本市户口就能优惠贷款"，因为还有其他限制条件，如购买的必须是首套房等，所以完全有可能出现"有本市户口却不能优惠贷款"的情况。之所以这样说，是刻意强调意义二，因此也就不再顾及意义一是否为真了。

仅凸显意义二忽略意义一，就从充分必要条件演变为了必要条件。但对意义一的忽略，并不是一个规约化的结果，而仅仅是语用因素导致的含义。如：

（25）只有确保安全，才有节日的欢乐、祥和，才有千家万户的安康、幸福。(《人民日报》1995－01)[1]

不要把它当作包袱而要当作财富，有劳动力才有生产力、创造力，才能发展各种产业；有劳动力，才有多样化的消费，才有繁荣的市场。(《人民日报》1995－01)

一旦语义上不允许这一忽视，就只能是充分必要条件。如：

（26）健康才是一个人最宝贵的财富。(《人民日报》1995－02)

大众住宅才是房地产业最大、最稳定的市场。(《人民日报》1995－02)

"最"具有唯一性，在此情况下，判断句"是"的左右只能是等同关系，而等同是充分且必要的。

有时例句并不是很明确，存在模糊的地方，如下例可以有两种解读，全看我们的认识态度，从例(27)a到例(27)c，越来越可能是认为一旦有前件，就会有后件，从而更多地倾向充分必要条件。如：

（27）a.　正是因为有了他们的奉献，才有千家万户的幸福和欢乐。(《人民日报》1995－01)

　　　b.　只有甘愿为祖国、为民族、为社会、为人民作出奉献的人，其人

---

① 　本文所引的《人民日报》中的例子均来自 CCL 语料库，故没有具体日期。

　　生价值才会得到社会的公认,才会永不磨灭。(《人民日报》1995 - 02)

c. 有些报刊对"热点"新闻的理解过于偏狭,以为只有追逐某些走红的"明星"才有轰动效应。(《人民日报》1995 - 02)

2.3.6 "才"的强调语气功能

"才"的语气功能是一种极性意义,它继承的是唯一性,即"充分必要条件"。有的语气意义是从唯一性直接而来的,以下的例句实际上是说"这"和"我"是唯一的真面目和在英雄沿儿上之人。如:

(28) 这才是我的本来面目! ——只有这才是我的本来面目! (王朔《空中小姐》)

过去,我才叫在英雄沿儿上呢。——只有我才叫在英雄沿儿上呢! (王朔《空中小姐》)

但语气意义与逻辑意义并不完全一致,仅是利用了唯一性的对比排他功能,但并不是说真的只是唯一。如:

(29) a. 我才不管那一套呢! (王朔《一半是火焰,一半是海水》)

b. 你恨她,我才真应当恨她的呢! (老舍《二马》)

例(29)a 是把我与某些人相对比,有人会吃这一套,但我不会,本句也不意味着我是唯一不管那套的人。例(29)b 是"你""我"对比,并不意味着我是唯一真应当恨她的人。

在表对比意义的同时,"才"进一步成为"强调语气"标记,以表明话主认为事件绝对为真的主观意义。如在例(29)中,如果对比意义并不那么明确或凸显,就变为了强调。又如:

(30) 他会去才怪。

——a. 他不去不奇怪,他会去才怪。

——b. 他会去真的是很奇怪的事! (由此推出"他根本不会去"的涵义)

更进一步,当对比意义完全褪去之后,就成为纯粹的强调标记,这时重音可以发生变化,即落在"才"后的成分上,但这是有条件的,调查发现这种情况一般出现在强调否定或含有否定的情况中,"才"后成分含有否定辩驳功能。如:

(31) 我才不稀罕呢! (阿斯特丽德·林格伦《小飞人三部曲》,任溶溶译)

我才懒得管你们那狗窝呢。（兰晓龙《士兵突击》）

在极少数情况下，可以是纯粹的感叹，既无任何对比意义，也无任何辩驳功能。如：

（32）看见屋里躺着个男人，赤身露体，睡得才香呢。（老舍《骆驼祥子》）

我戴顶小白帽，穿件去掉披肩和肩章的水兵服，系着花围裙，才好看呐。（王朔《空中小姐》）

2.3.7 现实句中的"才"

张谊生（1996）说，"才"既用于条件句，也可以用于表示原因、目的的句中。的确如此，如：

（33）他是为保护他的生命财产才投降的。（老舍《火葬》）

幸而街上解放军士兵很多，我们才找回旅馆。（王朔《橡皮人》）

许多海外人士正是通过来华旅游才得以深入了解中国及其改革开放政策的。（《人民日报》1995-02）

我用棉花堵住耳朵，吃了两片安眠药，才勉强睡着。（王朔《浮出海面》）

这些有的是因果句，有的是目的句，有的就是时间连贯关系，包括前面的例（17），它们都有一个共同的性质，就是它们都是现实句，即上述例句都有表示事件 P 或 Q 为真的成分，如"幸而、得以"以及表判断的"（是）……的"等，或者如最后两句那样用叙事句式。事件为真，就不再存在虚拟的余地，没有 P 与 Q 的可能为假，也就不是真正意义上的逻辑条件关系。

条件句是一种非现实句，在汉语中，"只有、只要、如果"等都严格遵守这一限制，即"只有/只要/如果 P"的命题 P 可以为假，也可以可能真可能假，但一定不可以肯定为真，如一般不能说"只有/只要/如果我是我——"，因为"我"一般当然是"我"；可以较自由地说"只有/只要/如果我是你——"，因为"我"一般当然不是"你"；可以说"只有/只要/如果我还是我——"，因为"还"表明很可能"我"已经不再是"我"。

正因为现实与条件冲突，所以将例（33）加上"只有"后句子反而不通了，即使勉强可以说，意义也发生了改变，现实性消失了：

（33'）他只有为保护他的生命财产才投降。

*幸而只有街上解放军士兵很多，我们才找回旅馆。

*许多海外人士正是只有通过来华旅游才得以深入了解中国的。

　　?? 我只有用棉花堵住耳朵,吃了两片安眠药,才勉强睡着。

　　为什么"才"可以用于这些句子中?"才"是从时间副词演化而来的,而"刚刚"义本来就是现实性的,但这些句子也不能解释为"刚刚"义,它们反映的也是事件之间的制约关系。我们认为,这些句子仅仅是表明话主对事情之间的关系的一种主观看法,"才"大多可以不用,而命题意义不变。我们可以从时间先后关系来解释这些句子,但话主完全可以不用"才",只用一半叙述就可以反映时间关系,因此"才"的运用带来了主观性的功能,即"有条件——困难/反常"的语用迁移:

　　强调事件 Q 是很不容易实现的,而实现它的前提 P 往往也是一种非常的事态。以"幸而街上解放军士兵很多,我们才找回旅馆"为例,"才"所强调的是:在当时的情况下,我们要找回旅馆是很不容易的;街上的解放军士兵为此提供了很大的帮助,而这也是非常的事态。因此"才"在现实句中的运用是表明整个事态的不同寻常。

2.3.8　结语

　　"才"是汉语中的必要条件标记,本文根据对一系列相关语言形式的考察得出:一个语言形式如用于必要条件后件,那它也有时间"刚刚"义;而如果用来标记充分条件或必要条件前件,则会有限制"只仅"义。为探讨其中的缘由,我们把必要条件句分为五类,而汉语的必要条件后件标记是从与后两类类似的途径演变而来的。

　　以"才"为例,当具体时间出现在"刚刚"义副词"才"前的时候,"才"便走向了往条件标记发展的路径,而当"才"脱离了具体的现实,出现在抽象语境中,便成为条件标记。必要条件后件标记"才"具有主观预期性、互动性,是一个纯粹的相对基点,它区别于客观地报道在"现在"时间前不久发生的事的"刚",因此"刚"不能成为条件句的标记。

　　当"只有……才"句凸显意义二(P 为真之前 Q 不为真)而忽略意义一(P 为真则 Q 为真)时,就从充分必要条件演变为了必要条件。"才"的语气功能继承了"才"在充分必要条件的唯一性,但只是利用了唯一性的排他对比功能,并不一定真的是唯一。在表对比意义的同时,"才"进一步成为纯粹的强调标记,进而又发展出了纯粹的感叹义。"才"可用于表条件的非现实句,也可用于现实句,此时 P 和 Q 为真,"才"表明整个事态的不同寻常。

2.4　汉语的违实条件句与非实条件句

2.4.1　引言

2.4.1.1　事实、违实、非实与条件句

本文所说的"事实"是一个语用性的概念,指话主对他所表达的话语中事物存在与否的态度。在可能世界分层理论中,话主直接表述的认知世界是直陈世界(indicative world),典型的表达形式是"直陈句",在直陈世界中存在的事物是"事实"(factual)。它表达话主的主观立场,而不是客观世界本身的性质,(陈振宇,姜毅宁 2018)即当话主在直陈 XP 时,是把它作为当前论域中的事实(真)传达给听话者,与 XP 在现实世界中是否存在无关。如在讲《西游记》时说"猪八戒在高老庄跟高小姐成亲",这跟"我们正在学习名著《西游记》"在事实性上没有两样,都是直陈。因此,关于"事实性"我们必须强调它是一种话主视角的主观性事实。蒋严(2000)、曹黎明(2009,2010)认为事实可以是客观事实,也可以是话主的信念或心理事实。雍茜(2015)指出,语言中的事实是话主或句子主语主观相信的事实,并不一定与客观事实相符。

"违实"是指事物在直陈世界不存在,但在某个非直陈的虚拟世界(fantasy world)中存在,话主用一个虚拟的事情来说或想。(陈振宇,姜毅宁2018)语言中的违实句传达话主认为假的内容,即话主在讲述 XP 时,同时认为 XP 不是事实,这种讲述方式极大地区别于直陈句,最典型的是否定句"猪八戒不是在通天河成亲";反问句"难道我还不如你";违实条件句"要是当时你在场就好了"等,它们都表明话主认为"猪八戒在通天河成亲""我不如你""当时你在场"不是事实。

"非实"这一术语则有些麻烦,按袁毓林(2015)中的定义,指的是违实条件句,但本文中指与违实不同的一种情况:事物在话主虚构的某个可能世界中存在,但在直陈世界中是否存在说话人并不清楚,所以,话主虽然提出它,但并不一定把它当成事实,也不一定当成违实。即话主在讲述 XP 时,并没有确定 XP 是不是事实(可能真可能假),它是非确定的信息。汉语中,非实表述策略与直陈句和违实句有很多不同。例如,加上不确定的情态标记"猪八戒可能是在高老庄成亲""他大概不来了";加上不确定的传信标记"据说

猪八戒在高老庄成亲""人们猜他明天来";中性疑问句"猪八戒是在高老庄成亲吗?""他明天来不来?"一般条件句"只要他去过学校,就应该知道这件事""如果完成这一收购计划,公司会给予奖励"等。这些语句中,话主在事实性方面,暂不或无法给出确定的判断。

从"透明性"①、"信息的确定性"和"表达的直陈性"三个判断标准对事实、非实、反事性概念进行区分如下,详见表2-5所示:

表2-5

	透明性	确定性	直陈性
事实	透明	确定	直陈
非实	晦暗②	不确定	虚拟
违实	不透明	确定	虚拟

2.4.1.2　条件小句的事实性

条件句分为条件小句和结果小句两个部分,这里考察话主对条件小句 XP 所表达事件的事实性的认识,共有三种可能的情况:

1)非实条件句:话主表示 XP 可能是事实的,也可能是违实的。在世界语言中,这是一般条件句的基本性质,如:

(1)如果他喜欢你,他会给你礼物。

　　如果他是厨师,我们就可以请他来做这道大菜了。

话主不确定他是否喜欢你,是否是厨师。

2)违实条件句:话主表示 XP 是违实的,如:

(2)如果我是你,我就不会走了。(我当然不是你。)

　　如果那时他来了,我就不生气了。(那时他并没来。)

3)事实条件句:话主表示 XP 是事实,这种情况在世界语言中几乎是不可能的:

————————————————

① "晦暗"和"透明"由 Quine(1960)提出。

② "晦暗"(opacity),又译为"封闭",指在多重可能世界中,内外可能世界是相互独立的,没有必然的真值联系,也就是说,在可能世界 i 中的事物或事件,在可能世界 i-1 中可能存在,也可能不存在,不是必然存在,也不是必然不存在。

（3）＊如果海水和淡水不一样,那么就无须操心了。（在公共知识中,海
水和淡水本来就是不一样的。）

＊如果我是我,我就不用那么烦恼了！（我本来就是我,无须假设。）

＊如果我不是你,我就不用那么烦恼了！（我本来就不是你,无须假设。）

但实际语料中并非没有事实条件句,只不过十分特殊而已。至少有以
下一些情况:

1）日常对话中会有这样的语境: 对方对未知十分担忧,而说话人由于
参与并认可了对方的行为（你已经努力了、你们已经来了）,所以安慰对方,
表明某种事实的存在自然会产生好的结果,所以无须担心:

（4）只要你已经努力了,就没什么好后悔的！

只要你们来了,其他的都不重要！

2）与之相反的语境中,对方做了错事或发生了不好的事（已经走错了
路、我不能天天时时跟随、你不是人才、大家都拥护它）,为了把对方从不良
的情绪中拉出来,话主也会安慰对方,表明情况会有好转或至少没那么坏,
不用太过担心:

（5）即使走错了路,赶快回过来再往正确的路上跑也不为迟。

即使我不能天天时时跟随左右,我总是为您所用的人。

就算你不是人才,你大小也是条性命啊。

纵然我的母亲、父亲、祖父和别的许许多多的人都拥护它,我也要
起来反抗。

3）在另一种语境,听说双方立场鲜明,是一种对抗关系,条件小句表达
的命题是当下的客观事实。说话人提出事实（我不是你、你血管里流的是
血、我是你老子、我还活着、共产党还在）,明确立场,作为另一个更重要的信
息的出发点和理据,从而增强说服力:

（6）如果你血管里流的是血,而不是水,那就要活着,报仇雪恨,以牙
还牙！

只要我还是你老子,你就得听我的安排！

只要我还活着,休想欺负到我家人头上！

只要共产党还在,人家对这些出生入死打天下的、参加过长征的老
干部总要稍微尊敬一点吧？

从理论上讲,上述情况都是特殊的修辞用法,并不代表普遍的共性。话

主本来可以直接陈述事实,却故意使用条件句,或是为了委婉,或是为了加强结果句的语力(要求对方认同)。

一般来说,条件小句和结果小句的关联有规律:如果条件小句表示非实,则结果小句也会表示非实,如"如果他去过,他就会知道这事",话主不能断定他去过,也就不能断定他是否知道这事;条件小句为违实,结果小句也为违实,有些学者将 counterfactual 只用于这一类主句和从句都为假的条件句。(Goodman 1947;Ippolito 2003)"如果我知道这事,我就会早点来",表明我不知道这事,也就没能早点来;事实条件句也是如此,"只要你来了,其他的就不重要了","你来了"是当下语境中的事实,而"其他的不重要"也是话主主观认定的事实。

但是有一种特殊的"饼干条件句"(biscuits conditions)。如"如果你饿了,罐子里还有饼干",其条件小句是非实的,可结果小句却陈述了一个事实。这种特殊条件句形成的原因是"省略",这实际上是在说"如果你饿了的话,罐子里还有饼干,你去拿来吃吧",所以真正的结果小句是"你去拿来吃",而这一结果的真假并不确定。所谓陈述事实的"罐子里有饼干"仅仅是"拿来吃"的可行性前提。

综上所述,通常情况下,条件小句不能表示事实,而只能是非实或违实意义,本文的考察重点就是这两类条件句。特别强调,事实条件句、饼干条件句等特殊类型因为是临时的修辞用法,缺乏专门的表达形式,本文不予考虑。

汉语里表达条件关系或条件句的多种形式按照排列组合可以分为三种:

1) 中性①形式:该形式的条件句在非实和违实中不会产生倾向性。以"如果"为例,很多"如果"句仅仅从句式上看不出倾向性,它既可以用于非实条件句,也可以用于违实条件句:

(7) 初中生的骨骼容易变曲变形,如果课桌椅高度不合标准,很可能导致驼背。(非实,有可能为真有可能为假。)

———————————————————

① McArthur(1992:225)将条件句分为开放型和假设型。开放型条件是中性的,说话人对条件的完成与否持开放态度;假设型条件意味着说话人对条件的完成持怀疑态度,或者条件句表述的事情并未发生。

> 如果没有遇上他,我可能早就放弃了,至少不会做到像今天这样的高度。(违实,一定为假。)

2)非实形式:该形式使条件句倾向非实条件句,而排斥违实条件句。以"万一"为例,它只用于非实条件句,如例(8)所示。话主表明"觉得不行、出现这种局面"是可能发生的情况,而非不可能之事。

(8)万一觉得不行,就一定再来香港。

> 万一出现这种局面,我怎么办?

3)违实形式:该形式使条件句倾向违实条件句,而排斥非实条件句。以"要不是"为例,话主表达了"不是老师让我们每天读书""不是有你们帮助我"的违实性,也就得到了"老师让我们每天读书""有你们帮助我"的事实性:

(9)要不是当时老师让我们每天读书、报或杂志,练出了阅读速度,我今天的考试准得遭殃。

> 我要不是有你们帮助,也不会有现在这个地位……

我们认为,条件句的非实和违实意义之间存在倾向性上的程度差异,有可能是一个连续统,为了证实这一观点,本文调查了汉语语料,给出统计数据。

下面将先概述学界以往的研究成果,然后结合调查数据,对有关问题进行解释。

2.4.2 以往的研究

汉语中有不少学者关注到了非实形式的条件句,吕叔湘(1942)在《中国文法要略》一书中说,"普通说到'条件',都是指可能实现的事实(未知的,而且多数是未来的),要是明知道与已知事实相反,就只能说是假设。"胡裕树(1995:366)主编《现代汉语》把条件关系分为"假设的条件"(如果、假如等)和"特定的条件"(只有、只要、除非等)。黄伯荣、廖序东(1991:168-171)《现代汉语(下)》把前者称为"假设复句",后者称为"条件复句"。Wang(2012:155-163)将汉语的假设连接词分为三类:违实假设连接词(要不是、若非、如果不是、若不是),可能产生违实意义的假设连接词(如果、要是、假设、设若),不能产生违实意义的假设连接词(万一)。其中,"普通的条件""特定条件""条件复句""不能产生违实意义的假设连词"一类,就是本文排除违实意义的非实形式。这些分类与我们类似,但都缺乏翔实的语料考察,也没有解释这些形式排斥违实的原因。

邢福义(1993:364)解释"假设"实际是一种待实现的原因,对尚未发生的事件进行条件—结果式推理,表示假设和结果的关系是假设句的代表句式;而违实(违实)条件句是一种特殊的假设句,它的基本功能是反证释因,也可以称为"溯因推理"。张雪平(2008)、章敏(2016)根据假设条件句前件现实的可能性,从语义上将假设条件句分为两类四种,两大类是真实和非真实条件句,前者包含可能假设句、现实假设句两种,后者包含违实(违实)假设句、虚拟假设①句两种。袁毓林(2015)认为假设性条件句有真实和非真实两种,前者的条件是真实的或中立的(可能是真的,也可能是假的),简称"真实条件句"或"事实条件句";后者的条件是封闭的或有标记的(只能是假的),简称"非真实条件或非实、违实条件"。

许多研究者还把注意力集中在汉语的违实形式的研究上。赵元任(1968)对汉语条件标记的违实程度进行了考察,指出"条件或假设由下列词表示,要不是、要、假如、若是、倘若、假若、假使或设若",它们表示与事实相反的假设程度大致按照出现频率高低和假设可能性的大小来判断。陈国华(1988)归纳了五种违实假设形式标记:从句动词的体态;"早"之类的直指词;主语句尾的语气助词"了、呢";"要不是""若不是""若非";给条件从属词加重音。根据陈国华的讨论,时间指示词是表达违实意义最基本的词汇手段,比如"昨天、当时、那时、当初""在当下的说话情境中,对昨天的情形进行假设,这种对已然事实的虚拟只能是违实思维"。曹黎明(2009)分析了违实条件句的结构特征,认为条件句的前件引导词绑定了否定算子;而当时间词和否定同时出现在句子中时,违实解读来自对已然事实的否定;时间标记的作用只是帮助概念处理者把话语所描述的事情定位于过去,起到构建一个表示过去的假设空间的作用。王春辉(2011)进一步指出"假设条件连接词+不是"所引导的条件句在于"不是"辖域的整个命题是一个过去已经发生或当下正在发生或者将来一定要发生的事态,对事态确定性的否定导致了违实的解读。

——————————————

① 在西方,有的学者称虚拟条件句(Quirk 1985;Palmer 1986),有的称违实条件句(Stalnaker 1968;Lewis 1973,1979)。但本质上对这两个术语不加区分。另一方面,含有 would 的条件句在哲学文献中通常被称作"虚拟"条件句,有学者认为,它跟违实条件句和直陈条件句是不同概念。

蒋严(2000)认为汉语条件句不具有违实语法标记,它的语义是一个语用解释问题。"条件句前件如用否定假设句引导,往往指向已然事态,否定已然自然推导出违实解"。曹黎明(2010)持相似的观点。曾庆福(2008)认为违实条件句与实质蕴涵和严格蕴涵不同,它和主体有密切的关系,表达对某事件或现象的情感或意向;违实条件句的前件命题中时间性表达不一定局限于过去或已然。雍茜(2015)基于类型学视角考察了违实条件句中虚拟语气、句尾"了"、时制特征在汉语中的表现,同时强调这些语法特征表达违实意义的不充分性。王春辉(2016)提出五个汉语条件句违实意义的可及因素:百科知识、语境、标示过去时间的词语、否定结果小句的句尾"了"。雍茜(2016)还对各种因素的违实比率做了初步的统计,是我们所看到的、基于语料库真实统计的、对各种因素考虑最全面的一个研究,后面我们还会专门对该文进行对比和讨论。

概括这些研究,基本结论如下:

1)汉语没有统一的或强制性的违实标记。

2)除了极少数构式外,主要依靠语用因素,包括上下文、语境以及日常知识来判断其违实性。

3)汉语的确已经语法化出若干构式,基本可以作为违实条件句理解。还有许多形式具有强烈的违实倾向性,但并非总是如此。也有很多形式很难作为违实条件句理解。

4)违实条件句的功能是一种特殊的信息处理模式,是思维的进化要求。

5)以往研究更多地从句子的语义内容入手分析违实意义的产生机制,其中时间性是研究最多的一个因素,而对其他因素都考虑得不多。

所述研究存在以下不足:还没有一个完整的汉语条件句类型序列;违实形式研究的很多,但缺乏可靠的倾向性调查,也没有充分说明它们违实倾向的形成原因;至于某些形式的非实倾向,更是缺少调查与解释。从语言比较看,英语等语言有语法化的违实标记(条件小句动词用过去时形式),汉语没有;但是汉语有相当明确的非实标记(只要、万一、一旦)。这一现象没有得到类型学研究者的足够关注。

2.4.3　我们的调查

2.4.3.1　调查工作和基本情况

本文基于语料库对汉语条件句的违实比例进行了统计。语体上,分为小说语体和正式语体两大类,它们的风格有显著区别:前者虚构故事,接近日常生活,语言通俗,更加口语化,多互动性的对话文本,更容易表达个人化主观化的情感情绪;后者专业性强,主要针对有一定受教育水平的知识群体,讲求逻辑性、客观性,要求语言严谨。结果显示,小说语体中违实条件句占条件句总数的 16.9%,正式语体是 2.5%(由于事实条件句在真实语篇中罕见,所以几乎可以认为余下的基本都是非实条件句),二者差异十分明显。

以往的学者们都提到话主使用违实条件句的两个动因:基于思维发展的因果推理逻辑要求,基于对强烈的情感的表达要求倾向。西方哲学和传统逻辑学更强调实质蕴涵,而袁毓林(2015)认为"汉语违实条件句一般都有强烈的情感倾向(表示庆幸或遗憾),这强化了违实思维的结果对比机制,弱化了其因果推理机制"。本文的调查证实了这一点:在小说语体中违实句的功能是表达情感的,而正式语体中用来表示因果思维,二者对比,违实条件句在前者中明显占优势。

我们的进一步调查分为两步:

第一步,先对假设连接词①的违实比例进行调查,结果分为明显的三类,并且大致呈现连续的分布(具体数据见后文),证实了我们将汉语条件标记三分的设想。

第二步,对各种跟"不是、不、没有、早 X(前件/后件)、时间词、真/真的、不、了 2(前件/后件)"等"特征标记"②共现的违实条件句进行调查,看它们是使得原来的条件连词的违实比例增大了还是缩小了,从而也把它们分为三类。

基本的一条规律,如果连接词是违实形式或非实形式,则这些特征标记很难影响其违实的比例,说明连接词的性质是第一位的。在非实条件句中,特征标记其实很少出现;但当连接词是中性形式时,与之共现的特征标记会极大地影响意义的倾向性,绝大多数特征标记会提高违实的比例,不过,提高的能力有很大差异。非常特殊的是"不、了 2 前件"等,它们是缩小比例。

———————————————

① 本文的"连接词"包括条件连词以及一些规约化的连接成分,如"早知道"。

② 有些语法特征和词汇线索的使用具有增强句子假设度的功能,故能引发高假设度的违实解,被定义为 HE 标记。(雍茜 2015)但是如果全面考察条件句,这是不够的,因为一些标记是减弱了句子的假设度。鉴于这些标记都是表明语句有某一方面的语义特征,我们把它们称为"特征标记"。

另外,在违实条件句中,特征标记违实能力越弱,与其他标记共现的需求越大。情感强度和违实意义是两个不同的层面,理论上来说共现数量越多,情感越强烈。但是违实意义并非如此,它可能是多个标记共同作用,也可能由其中一个决定。例如:

(10) a. 如果合理安排时间,进面试没什么问题。

　　　 b. 如果[当初]合理安排时间,进面试没什么问题。

　　　 c. 如果[当初]合理安排时间,进面试[早]没什么问题[了]。

　　　 d. 如果[当初][真的]合理安排时间[了],进面试[早]没问题[了]。

a 是非实的假设条件句,含有过去时间标记"当初"的例(10)b、例(10)c、例(10)d 都是违实条件句。表达说话人对"面试出现问题"的原因推理,进而为"时间安排不合理"感到惋惜。例(10)b、例(10)c、例(10)d 因为共现标记数量越来越多,情感表达也越为强烈,有一种由惋惜遗憾到批评谴责的变化。

此外,当事件是历史事实时,条件小句通常作为话主表达的背景知识不加强调,即使强调,特征标记也不会影响句子的违实解读,只不过加上这些标记后情感表达更强烈,很明显,例(11)a 比例(11)b 情感更充沛。

(11) a. 如果/当时载沣/真的/杀了袁世凯,汉人推翻满人的统治说不定要推迟到几十年以后。

　　　 b. 如果载沣杀了袁世凯,汉人推翻满人的统治说不定要推迟到几十年以后。

2.4.3.2　小说语体的数据

封闭语料来自 18 部长篇小说①,2 部剧本(《我爱我家》《茶馆》)。共5 923 个条件句,主要涉及连接词 20 个。首先考察各个连接词中的违实比例,其次考察特征标记在各个连接词的条件句中的违实比例。请注意,时间词包含了"当初、当时、那时、昨天、今天、现在、平时、具体的日期"等。

数据如表 2 - 6 所示:

---

① 本文调查的语料来源:陈忠实《白鹿原》,王旭烽《茶人三部曲(上)》《茶人三部曲(中)》《茶人三部曲(下)》,刘白羽《第二个太阳》,魏巍《东方》,李国文《冬天里的春天》,古华《芙蓉镇》,巴金《家》,莫应丰《将军吟》,徐兴业《金瓯缺》,姚雪垠《李自成》,徐贵祥《历史的天空》,贾平凹《秦腔》,刘玉民《骚动之秋》,柳建伟《英雄时代》,萧克《浴血罗霄》,王火《战争和人》。

条件句与情态研究

表 2－6

	就好了①后件	早X前件	不是	早X后件	时间词	没有	我/我们	了2后件②	第三人称③	反问后件	真/真的	总量比例	不	你/你们/您	了2前件
要不是	0	0	0	2/2 100%	0	0	2/2 100%	4/4 100%	16/16 100%	2/2 100%	0	171/171 100%	0	5/5 100%	0
早知道	0	0	0	2/2 100%	0	0	6/6 100%	3/3 100%	0	1/1 100%	0	21/21 100%	0	0	0
纵使	0	0	0	0	0	0	0	1/0 0%	1/0 0%	0	0	12/5 42%	0	1/1 100%	2/1 50%
假如	3/3 100%	0	7/7 100%	3/3 100%	2/2 100%	6/4 67%	3/2 66.7%	5/4 80%	19/8 42%	8/3 37.5%	6/3 50%	78/25 32%	0	15/4 26.7%	87/10 11.5%
要是	43/43 100%	203/198 97.5%	31/19 61%	22/16 72.7%	38/29 76%	31/20 64.5%	124/53 42.7%	82/39 47.6%	154/65 42.2%	61/24 39%	38/12 31.6%	1 086/312 28.7%	133/21 15.8%	187/26 13.9%	87/10 11.5%
就算	0	0	2/0 0%	0	1/0 0%	3/2 66.7%	12/5 41.7%	3/0 0%	14/2 28.6%	11/4 36.4%	1/0 0%	90/23 25.6%	0	8/2 25%	7/0 0%
假若	1/0 0%	1/0 0%	2/2 100%	3/3 100%	0	2/1 50%	9/3 33.3%	3/2 66.7%	7/1 14.3%	1/0 0%	4/0 0%	43/8 23.5%	1/1 100%	5/0 0%	2/0 0%
如果	19/19 100%	87/82 94%	104/86 83%	22/14 63.7%	31/24 77%	66/34 51%	109/27 25%	173/50 28.9%	137/38 27.7%	129/39 30%	67/8 11.9%	1 586/305 19.2%	146/18 12.3%	109/3 2.8%	86/8 9.3%
若是	0	0	0	0	2/1 50%	4/2 50%	11/5 45.5%	6/1 16.7%	12/3 25%	4/2 50%	0	62/11 17.8%	11/0 0%	9/0 0%	4/0 0%

① 以"就好了后件"为代表,还包括"这多好、多好、多好啊"。

② 这一统计不包括后件为"就好了"的例子,因为这与"了"关系不大。另外在统计时,所有小句句尾用"了"的都算在内,并不分辨是否是"了₁+了₂"的问题。

③ 包含代词与名字。

（续表）

总量/比例	69/67 97%	319/308 96.6%	85/136 73.5%	66/47 71.2%	95/61 64.2%	150/74 49.3%	460/117 25.4%	453/110 24.3%	684/153 22.4%	364/81 22.3%	139/26 18.7%	5923/999 16.9%	516/45 8.7%	545/47 8.6%	277/19 6.9%
假使	1/1 100%	0	0	0	0	2/1 50%	2/0 0%	1/0 0%	3/1 33.3%	0	1/0 0%	12/2 16.7%	1/0 0%	1/0 0%	2/0 0%
倘若	2/1 50%	21/21 100%	23/21 91%	6/4 66.7%	11/4 36%	16/8 50%	42/8 19%	42/9 21.4%	92/15 16.3%	48/2 4.2%	9/1 11%	520/60 11.50%	62/4 6.5%	32/2 6.3%	10/0 0%
就是	0	0	1/1 100%	0	3/1 33.3%	0	25/3 12%	4/0 0%	6/0 0%	5/1 20%	1/0 0%	158/16 10%	7/0 0%	23/2 8.7%	14/0 0%
哪怕	0	0	0	1/1 100%	2/0 0%	1/0 0%	12/2 16.7%	3/0 0%	7/1 14.3%	1/1 100%	2/1 50%	94/9 9.5%	4/0 0%	5/0 0%	1/0 0%
纵然	0	0	0	0	1/0 0%	2/0 0%	3/1 33.3%	0	20/0 0%	4/0 0%	0	111/7 6.3%	10/0 0%	4/0 0%	9/0 0%
即使	0	0	4/0 0%	4/2 50%	2/0 0%	6/2 33.3%	4/0 0%	13/0 0%	31/3 9.7%	18/2 11.1%	5/1 20%	292/19 6%	19/1 5.2%	8/2 25%	15/0 0%
只要	0	0	8/0 0%	0	0	6/0 0%	82/0 0%	81/1 1.2%	134/0 0%	36/0 0%	0	1055/3 0.28%	70/0 0%	120/0 0%	14/0 0%
万一	0	0	3/0 0%	1/0 0%	2/0 0%	4/0 0%	7/0 0%	14/0 0%	10/0 0%	23/0 0%	4/0 0%	223/0 0%	49/0 0%	6/0 0%	13/0 0%
一旦	0	0	0	0	0	0	2/0 0%	15/0 0%	17/0 0%	12/0 0%	1/0 0%	203/0 0%	3/0 0%	3/0 0%	11/0 0%
只有	0	0	0	0	0	1/0 0%	5/0 0%	0	4/0 0%	0	0	103/0 0%	0	4/0 0%	0
倘使	0	0	0	0	0	0	0	0	0	0	0	3/0 0%	0	0	0

注："/"左边是条件句例句总数，右边是其中违实条件句的例句数量；下面的百分比数字都反映违实条件句的比例，100%表示例句都是违实条件句，0%表示例句都不是违实条件句。

　　为了便于比较,我们将"总量"一行放在中间,即表 2 - 6 中标阴影的行与列。从条件概率(conditional probability)上讲,"总量"反映的是汉语条件句整体的情况,应该作为比较基准。简言之,一种配置的绝对比例需要与总量的比例进行比较,比总量比例大,该配置有积极影响;反之,则有消极影响,即使绝对比例的数值较大也是消极的;如果和总量比例相差不大或相等,在排除数据统计上的误差之后,可以说该配置是中性的,没有影响。表 2 - 6 从纵向看,在总量以上的违实比率高于基准;从横向看,在总量以左的违实比率高于基准。

　　先看纵轴的对比,表示了各种连接词的影响,总量共有 5 923 个例句,其中违实 999 句,比例为 16.9%:

　　1) 那些违实比例显著地大于基准的连接词(它们位列总量这一行的上面),使汉语条件句更加倾向于表示违实,可以划入违实形式,包括"要不是、早知道、纵使、假如、要是、就算、假若"。

　　2) 那些违实比例显著地小于基准的连接词(它们位列总量这一行的下面),使汉语条件句更加倾向于表示非实,可以划入非实形式,包括"纵然、即使、只要、万一、一旦、只有、倘使"。

　　3) 那些违实比例与基准大致相同或相差不大的连接词(它们处在总量这一行上下紧邻的位置),对汉语条件句的倾向性影响不大,可以划入中性形式,包括"如果、若是、假使、倘若、就是、哪怕"。

　　调查证实了连续统的存在,但意外的是,让步条件句的连接词分布在两端:"纵使、就算"增大违实性,而"就是、哪怕、即使、纵然"却减小违实性。由此可知,"让步"所表达的极端意义并不会对事实性产生影响,而是具体词汇的演化历史与使用习惯会产生差异。

　　再看横轴,表示了各种特征标记与相应的连接词共现时违实能力的情况。以"如果"这一行为例,可以看到,总量是 1 586 个例句,其中违实 305 句,比例为 19.2%。顺着这行向左看,是增大比例的特征标记,如"就好了"使违实比例达到 100%,在前件(条件小句)的"早 X"提高到 94%;顺次而下,"不是"83%,在后件(结果小句)的"早 X"63.7%,时间词 77%,"没有"51%,等等。继续向右看,是减小比例的特征标记,如"不"使违实比例减小到 12.3%,在前件(条件小句)的"了 2"减到了 9.3%。

　　需要说明,表中标黑色的框与大致倾向不符,除"倘若+反问""如果+真的"等少数几个外,其他都是数据稀疏造成的偶然现象,不影响我们的结论。至于"倘若+反问""如果+真的",因为"反问、真的"明显在总量的左右浮动,与总量大致是在同一个档次,所以它们是中性形式。

排除一些特殊的数据,我们可以看到,各种特征标记的影响在不同的连接词中基本是遵循同样的排序,大致分为三种情况:

1) 那些使相应条件句的违实比例远大于基准的特征标记,使同种条件句更加倾向于表示违实,可以划入违实形式。左边的"就好了后件、早 X(前件)、不是、早 X 后件、时间词、没有、我/我们、了 2 后件、第三人称"都是这一类。

2) 那些使相应条件句的违实比例小于基准的特征标记,使同种条件句更加倾向于表示非实,可以划入非实形式,右边的"不、你/你们/您、了 2 前件"是这一类。

3) 那些相应条件句的违实比例,与基准相同或相差不大的特征标记,对同种汉语条件句的倾向性影响不大,可以划入中性形式,"反问后件、真的"大致可以归入这一类。

2.4.3.3　正式语体的数据

正式语体是在政治、法律、科技、高等教育、经济活动等社会行为中使用的全民共通语篇,我们选取了若干语料作为调查的对象。[①]

正式语体条件句的调查中,最大问题是缺少用例。表 2-7 下方的"就算、纵然、纵使、假使、倘使、早知道"因为数据接近 0,失去了统计的意义与价值,所以暂不讨论;只有"如果、只有、只要、即使、一旦"几个的数据比较充分,但其中除了"如果"之外,其他连接词引导的都是非实条件句,只有"如果"的搭配情况复杂。表 2-7 标黑色框不符合基本分布的情况,都是数据稀疏造成的,所以忽略不计。

由表 2-7 得出以下结论:

"纵然、纵使、就算、就是、哪怕、即使"等在小说语体中的使用数量明显高于正式语体。而且在小说语体中有违实用法,在正式语体中并无违实意义。

①　本文调查的语料来源:王登峰、张伯源主编《大学生心理卫生与咨询》,北京大学出版社,1992;方富熹、方格主编《儿童的心理世界——论儿童的心理发展与教育》,北京大学出版社,1990;曾鹏飞编著《技术贸易实务》,冶金工业出版社,1989;马忠普等《企业环境管理》,冶金工业出版社,1990;郑人杰《实用软件工程》,清华大学出版社,1991;《中华人民共和国宪法》(1982 年版);《人民日报》1995 年 1 月/10 月两版。

条件句与情态研究 ————————————————————

表 2-7

	早X	不是	就好了后件	时间词	反问	没有	真/真的	我/我们	了2后件	第三人称	你/你们/您	总量比例	不	了2前件
要不是	0	0	0	0	0	0	0	0	0	0	0	6/6 100%	0	0
假如	0	0	0	0	2/2 100%	2/1 50%	0	6/3 50%	0	2/1 50%	3/1 33%	35/10 28.5%	0	0
假若	0	0	0	0	0	0	0	0	0	0	0	5/1 20%	2/1 50%	0
倘若	0	0	0	1/1 100%	3/3 100%	6/0 0%	1/0 0%	1/0 0%	2/1 50%	0	0	53/7 13%	2/0 0%	0
要是	2/1 50%	0	1/1 100%	1/1 100%	0	0	0	1/0 0%	4/0 0%	3/0 0%	0	27/3 11%	0	1/0 0%
若是	0	0	0	0	1/0 0%	2/0 0%	0	0	0	1/0 0%	0	35/3 8.6%	2/0 0%	0
如果	7/4① 57.1%	18/9 50%	2/1 50%	4/2 50%	21/1 4.8%	74/11 14.9%	15/1 6.7%	38/1 2.6%②	38/2 5.2%	7/0 0%	11/0 0%	1 354/40 2.9%	197/1 0.5%	12/0 0%
总量比例	11/5 45%	21/9 42.8%	4/2 50%	8/4 50%	34/6 17.6%	94/12 12.8%	19/1 5.3%	76/4 5.2%	63/3 4.7%	24/1 4.2%	27/1 3.7%	2 811/70 2.5%	243/2 0.8%	47/0 0%
只有	1/0 0%	0	0	0	0	0	0	0	1/0 0%	0	0	453 0%	0	11/0 0%
只要	1/0 0%	2/0 0%	0	2/0 0%	1/0 0%	2/0 0%	1/0 0%	26/0 0%③	11/0 0%	3/0 0%	8/0 0%④	352/0⑤ 0%	18/0 0%	7/0 0%

① 早前件(5/3，60%)，早后件(2/1，50%)。
② 其中"我"3例。
③ 其中"我"2例。
④ 无"你们"例子。
⑤ 其中有2个例句是事实条件句。

（续表）

	早X	不是	就好了后件	时间词	反问	没有	真/真的	我/我们	了2后件	第三人称	你/你们/您	总量比例	不	了2前件
即使	0	0	1/0 0%	0	5/0 0%	7/0 0%	2/0 0%	3/0 0%	1/0 0%	5/0 0%	5/0 0%	275/0① 0%	10/0 0%	9/0 0%
一旦	0	1/0 0%	0	0	1/0 0%	1/0 0%	0	0	6/0 0%	2/0 0%	0	192/0 0%	5/0 0%	5/0 0%
哪怕	0	0	0	0	0	0	0	0	0	0	0	15/0 0%	2/0 0%	0
万一	0	0	0	0	0	0	0	1/0 0%	0	0	0	13/0 0%	5/0 0%	2/0 0%
就是	0	0	0	0	0	0	0	0	0	0	0	6/0 0%	0	0
就算	0	0	0	0	0	0	0	0	0	1/0 0%	0	2/0 0%	0	0
纵然	0	0	0	0	0	0	0	0	0	0	0	1/0 0%	0	0
纵使	0	0	0	0	0	0	0	0	0	0	0	1/0 0%	0	0
假使	0	0	0	0	0	0	0	0	0	0	0	0	0	0
倘使	0	0	0	0	0	0	0	0	0	0	0	0	0	0
早知道	0	0	0	0	0	0	0	0	0	0	0	0	0	0

① 其中有 1 个例句是事实条件句。

1）在正式语体的连接词中，"要不是、假如、假若、倘若、要是、若是"是违实形式，"如果"大致是中性的，"只有、只要、即使、一旦、哪怕、万一、就是"是非实形式。

2）在特征标记中，如果连接词是非实形式，则无论何种特征标记都不能增强违实意义；如果是中性或违实连接词，那么，"早、不是、就好了后件、时间词、反问、没有、真的、我/我们、了2后件、第三人称"会大大增加违实比例，而"不、了2(前件)"却使违实比例下降。不过，正式语体中，"真的、反问"因为数据稀疏，导致计算结果不可靠(除了与"如果"搭配之外)。

2.4.3.4 小结

综合上述调查结果，我们得出汉语条件句与违实、非实相关的梯度等级，如表2-8所示：

表2-8

		违实	中性	非实
连接词	小说语体	要不是/早知道>纵使>假如>要是>就算>假若①	如果>若是>假使>倘若>就是>哪怕	纵然>即使>只要>万一/一旦/只有/倘使②
	正式语体	要不是>假如>假若>倘若>要是>若是	如果	只有/只要/即使/一旦/哪怕/万一/就是③
特征标记	小说语体	就好了后件>早X(前件)>不是>早X后件>时间词>没有>我/我们>了后件>第三人称	反问后件>真/真的	不>你/你们/您>了2前件
	正式语体	早X>不是>就好了后件>时间词>反问后件>没有>真/真的>我/我们>了2后件>第三人称	你/你们/您	不>了2前件
雍茜(2016)		要不是/假使/假若(100)>过去时间标记(93.5)>不是(92.6)>若非(75)>就好了/(该)多好(70.6)>反问(52.1)>假设(33.3)>没有(32.4)>真的(25.4)>假如(25)>"这"类(21.2)>要是(21.1)>不(18.3)>第一人称(18.2)>如果(5.3)		

————————

① "要不是、早知道"只有违实条件句，没有差异。

② "万一、一旦、只有、倘使"四个都只有非事实条件句，没有差异。

③ 都是非事实条件句，没有差异。

为了对比,表 2-8 中还列入了雍茜(2016)的统计数据,①她与我们的统计有诸多不同,下面加以说明:

1) 雍茜(2016)的统计,基于兰开斯特汉语语料库(LCMC)、UCLA 汉语书面语语料库(UCLA)和最新汉语文本语料库(TORCH)。我们的统计则分为小说和正式语体,并直接使用国内的语料,更反映国内汉语的真实情况。

譬如,我们的语料中没有"假设"用例,这个词多作动词和名词使用,如"假设这是一条直线""这个假设并不成立",而非条件连词用法。在 CCL 语料库中扩大搜索,近 400 个"假设"例句中只找到寥寥几条在条件句句首的用法,而且很难说这不是动词"假设",因为这些例子都是在进行冷静客观的分析研究,话主假定一个可能成立的情况,因此都是非实条件句,如下所示:

(12) 假设其中有 10% 的违约,那么就有 6.2 万亿的违约 CDS。

因此我们认为,雍茜(2016)的语料库可能混入了大陆以外的其他地区的一些语料。

2) 在工作量上,雍茜的数据中违实条件句有 245 个,而我们的小说语体例句有 999 个,正式语体例句有 70 个。数量少的话可能会有更严重的数据稀疏问题,使统计结果的偶然性增加。

3) 在各种因素的排序以及比率呈现中,雍茜(2016)缺少参考基准。我们按照她的数据计算了一下,基准比例约为 8.8%。这一数字介于我们计算的小说语体(16.9%)和正式语体(2.5%)之间。她的语料库没有区分语体,不过参考这一数字,可能是综合性的语料。

4) 雍茜(2016)只考虑了违实而没有考虑非实问题,因此缺乏完善性。而我们试图给出一个完整的汉语条件句图谱。另外,雍茜(2016)的统计没有考虑条件概率的问题。

5) 除此之外,统计中还有以下具体的不同之处:雍茜的数据中,"如果"的数值低于她的基准值。"不、假使、假若"的数值太高,后两者可能是语料中数据稀疏的缘故,而其中"不"的数量较高可能是语料库的选取问题。还

---

① 本文所引用的数据,还参照了她的另一个版本的《汉语违实范畴影响因子的量化分析》,不过该文尚未发表。感谢雍茜惠借论文。

有,我们的数据显示,虽然"真的、反问_{后件}"略微偏向违实,但它们实际上对条件句事实性的影响不大;而在雍茜的数据中,它们的违实性很明显;只是她的反问例句仅有 48 个,我们小说语体中就有例句 364 个。

不过雍茜指出,在汉语中违实句的理解与语用密切相关,有一定程度的不稳定性和不确定性,不能完全取决于假设连词,所以排序并非严格。但是不可否认,这种排序至少可以提供一个大体的等级序列。

下面基于本文的排序进一步分析形成这一格局的原因。

2.4.4 对相关现象的解释

无论是前人研究,还是我们的调查,汉语条件句都表现出一种有等级梯度的倾向性,这也证实了语用因素对其的决定作用。如果语义和句法是决定因素,理论上应该有更加分明的界限,而很难呈现这样的一种连续统分布。根据调查结果,我们归纳了影响违实倾向大小的一些语用原则:时间制约、情感制约、频率制约、数量制约、人称制约,同时还有一些特殊现象。

2.4.4.1 时间制约因素

在诸多语用因素中,时间性是研究者最为关注的。Givón(1990)认为违实义的生成需要借助现实算子(过去时、完成体、完成时等)和非现实算子(未来时、虚拟语气、条件语气或其他情态成分),如情态成分和过去时同时使用则会出现反转推理。Iatridou(2000)认为,在 would 条件句中存在真正的过去时语素。曹黎明(2009)认为借助时间指示词(过去时/现在时/将来时)起到参照时间点/段的作用,所以,概念处理者无须花费太多的认知努力就可以确定条件句的违实性。余小强(2017)认为违实条件句关注的是现实世界的过去,除了情态词使用过去时,一些条件句在小句中也有过去时语素。但是,条件小句并不表述事件发生在过去的某个时间,也就没有真正意义上的过去时态。雍茜(2017)说,汉语违实句常用的现实算子有第一人称代词、近指代词、过去时制、完成体等;非现实算子有"就好了、真的、假设连词"等。不过在汉语中,只有现实算子有较强的违实性,未来时并没有这一作用。至于情态成分,则需要根据句中其他因素来定。

为什么现实算子会产生这一后果?道理很简单,现实性(过去、现在)也就意味着确定性,或者是事实,或者是违实,而较少可能是没有确定真假的非实。已知条件句的基本要求是"非实"或"违实"。于是我们有以下逻辑

"合取"操作:①

现实 & 条件句⇒(事实∨违实)&(非实∨违实)⇒违实

这在我们的研究中也有重要反映。数据表明:小说语体中,"假设连接词+当初/当时/那时/平时"的违实比例几乎就是100%;当出现"今天、现在"时,违实概率也较高,详见表2-9所示。

表2-9

	当初/当时/那时②	平时	现在	今天
假如	0	0	1/1 100%	1/1 100%
要是	9/9 100%	0	29/19 65.5%	2/1 50%
就算	0	0	3/2 66.7%	2/1 50%
如果	21/19 90.5%	2/2 100%	7/5 71.4%	0
若是	0	0	1/1 100%	1/0 0%
倘若	3/2 66.7%	2/2 100%	3/1 33.3%	2/1 50%
就是	1/0(那时) 0%	0	3/2 66.7%	2/1 50%
纵然	1/0(那时) 0%	0	1/0 0%	1/0 0%
即使	1/0(那时) 0%	0	1/0 0%	1/0 0%
万一	1/0(那时) 0%	0	1/0 0%	0
总量	37/30 81%	4/4 100%	50/31 62%	12/5 41.7%

"现在时间"主要表达"当下的遗憾""今日的特殊"等意义。例如:

(13)要是现在能够由我来代孩子坐牢,我就是天底下最幸福的人了。

---

① 从集合论讲,合取就是求交集,取双方相同的元素构成新的集合,而不同的元素将被抛弃。

② "那时"有两种基本用法,一是表过去;一是表将来。例:倘若那时他已经不在镇平境内,就赶往南召境内见他。

要是平时,杨雪一定会悄悄地扑上去,给他开个玩笑。

另外,时间词表达违实语义的能力差别很大。在违实条件句中,除了"当初、当时、那时、早 X 前件",其他时间词需要与别的特征标记共现。这时,违实意义的产生明显不是时间词起主要作用,还有更强的违实形式出现。例如:

(14) 咱俩要是现在有孩子,那不等于未婚先……先那什么了吗?(反问)

要是你现在就做我的新娘就好了!(……就好了)

"早 X"出现在前件时,违实比例是 96.5%。《现代汉语八百词》里解释"早":【形】较早,更早(跟现在或某一时间比较)。直接用在动词前,表示假设,含有"现在太晚了"的意思。即,"早 X+V"中,V 没有实现,结果导致了与说话人意愿不符或说话人不愿出现的情况,突出强调"未 V"对命题 q 的决定性影响,多表达后悔和遗憾。以"如果"句为例:

(15) 如果早听老父一句忠言,岂能有这次风险呢!

如果早十分钟,不,早五分钟,甚至早一分钟出来,就不会出事了!

"早 X"出现在后件时,违实比例也很高,但跟大部分时间词一样,对其他特征标记的依赖性强。有一个普遍现象:"早"与句末"了"共现几乎都表达违实意义。例如:

(16) 如果你们强硬起来,也许日本早知难而退了!

要是我还在部队,恐怕早就当团长了。

或者,条件句有违实语境或前件出现其他特征标记:

(17) 如果早几个月办了,岂不是现在早已离开上海到了香港甚至已经去重庆了吗?

要是在战争时代,像他这样的,早给他一支枪,让他上前线去了!

汉语也有非现实的时间问题,如"一旦"只能表示未来和常理性的事情(用未来时表示常理是常见的,如汉语中用"会"表示未来与常理),而未来的事既然还未出现,就可能为真可能为假,即"不确定性",这样也就只能是非实条件句,如:

(18) 一旦官军到来,这洛阳如何守住?(未来)

一旦跟错了人,就总有一天会树倒猢狲散。(常理)

我们有以下逻辑"合取"操作:

未来 & 条件句⇒(非实)&(非实∨违实)⇒非实

然而,时间词的使用中仍然有一些问题:

1）时间因素并非没有例外,除去"早"后,其他时间词的违实比率在小说语体中仅为 64.2%？有的时间标记,如句尾的"了 2",实际的倾向性却不大,其中前件"了 2"的违实影响明显小于后件"了 2",这如何解释?

即使是"早 X",仍然有表达非实的情况,如在前件表达自然科学规律:

（19）在农业方面,当有自然灾害时,如果早 3~5 天得到预报,一般可减少损失达 30%~40%。

食管癌如果早发现、早诊断、早治疗,90% 到 95% 可以达到五年生存率。

在"只有、只要"条件句中,"早 x"后的动词一定是未然的。说话人表达的命题只有"事实"或"非实"特征,不能是"违实"的:

（20）只要早出发的话,跟上队伍也是很有可能的。

2）时间词中,"早"和"当初、平时"的违实条件句比例远大于其他时间词。"当初、当时"可以看成英语中条件小句动词的过去时那样的强标记。但是为什么"早、平时"会有那么大的比率?

2.4.4.2　情感制约因素

我们可以看到"早"在汉语中有一个极为特殊的性质:感叹性。副词性"早"字句（如"他早来了"）中,感叹句的比例接近百分之百,吕叔湘主编（1999/2003：650）《现代汉语八百词》增订本说"强调事情的发生离现在已有一段时间"。既是强调,就有感叹。而其他过去时间词,如"当初、平时",往往是叙事性的,并不常用于感叹句。

调查发现,感叹将极大提高条件句中违实的比例。已有研究也有所阐释。陈国华（1988）认为,违实条件句的构建不只关注虚时制,辨别其违实与否,还具有表达强烈情感的话语效力。曹黎明（2009）认为不赖语境和认知努力,仅依赖词汇手段实现违实义的真正违实句主要用来表达强烈的情感。曾庆福（2008）认为违实条件句一是表达作者对某种事件或现象的情感或意向,一是对已经发生的事情进行以果归因。情绪因素不仅是引发人们运用违实条件句进行思维的原因,而且也是运用违实条件句进行思维的结果。李晋霞（2010）认为非逻辑表达的违实"如果"句有凸显话主主观态度、描绘违实虚拟世界的语义和语用功能。于蓉（2014）说道,违实条件句不是为了平铺直叙字面意义,有时是为了表达对某种事物或现象的情感或意向,比如遗憾、后悔、期望或是遗憾等。袁毓林（2015）则直接指出强烈的情感倾向是汉语违实条件句的普遍特征。邓景(2015)通过 Praat 语言软件分析发现英语违实虚拟语气的出现伴随着声调的提高、音量的显著增强,视频中说话人情绪较为激动,语气较为激烈。

感叹句是用来直接呈现话主观点的一种句子类型,它的内容来源是话主即时直接获取的知识,所以感叹句和显性的视角标记不相容,当动词是"I heard、I concluded、he convinced"等时不容易形成感叹。Zanuttini 和 Portner (2003)认为感叹句的语义特征之一是事实性,句法上只能做事实性谓词的补语。Badan 和 Cheng(2015)强调感叹句有一个公认的事实性预设,只能嵌入事实性谓词的小句中。另外,由于命题是说话人所相信的事实,就不能用来发问,也就不需要回答。

这些研究认为,感叹的命题必须是事实性的,即感叹命题是真命题。譬如:她长得真高啊! 前提预设"她长得高"是事实。

然而,生活中还有这样几种感叹情形,譬如:你去朋友家做客,他家的猫跑到你面前,你的内心活动是"这只猫长得好难看",但是出于礼貌原则,你会讲:"啊,你家猫咪真好看!"所以,这是违实的感叹(反语)。说话中经常用到的反语,即句子命题和说话人内在的主观事实相违背。所以,当有人说"你真聪明",根据不同的语境,或是表达你聪明(正向感叹),或者表达你不聪明(反向感叹,即反语或讽刺),但绝不可能是话主还不知道你聪明不聪明就发出感叹。

此外,陈振宇、杜克华(2015)说,当疑问句中出现"意外"标记时,表示的是语用否定,并有感叹功能,这种语用否定包括对事实性的否定(如:"什么! 二嫂竟然会骂我!"表示话主不相信二嫂会骂他),以及对合理性的否定(如:"小李的爸爸为什么这么年轻就死了!"话主承认死的事实,但认为不应该)。这也分别是违实和事实两种态度。

总结起来,感叹命题具有"事实"和"违实"两种情况,但不允许"非实"存在。

(21) 事实:他真是太调皮了!

我又不是你!

我是我,你是你!

违实:连小学生的题你都会做,真行啊!

难道你就那么爱她!

于是我们有以下逻辑"合取"操作：

感叹句 & 条件句 $\Rightarrow$（事实 $\lor$ 违实）&（非实 $\lor$ 违实）$\Rightarrow$ 违实

那么，如何判断条件句中有"强烈的情感情绪"？

首先，根据交际目的不同，违实表达有所倾向。一般来说，客观的陈述或探究规律更多是理性的事实性直陈，多为普通的条件句，如例（22）a 所示。而讽刺、侥幸、后悔、责备、夸赞等情感的抒发则会成为违实条件句，如例（22）b 所示。

（22）a. 如果他昨天来过，就应该知道这件事；如果他没来过，那他就不一定知道。

　　　　如果当时晚十分钟把闸门关上，水位将涨到多少？

　　　b. 如果你昨天来过，早就应该知道这件事！（你昨天没来！）

　　　　如果我昨天没来，就不会知道这件事了！（还好我昨天来了！）

其次，交际语境中，可以通过"语气、语调、重音、谈话内容"等要素来辨别。话主情感强烈，听话人很容易感知，这是感叹行为的通用规则。除此之外，我们还可以通过分析句子的语义获得感叹的特征。

感叹的基本功能不是逻辑思维或信息传递，它是一种取效行为（言后行为）。即：强调话语在说出之后所产生的自我效果，以及对他人（听者等）产生的影响。一个显著特点是改变句子的焦点结构。邢福义（1993：364）指出"这种假设句（虚拟假设句），表示违实上的假设与结果，具有反证性，能够突出地强调甲事对乙事的决定性影响"。具体说来，非取效目的的"如果 p，则 q"假设句中，重点或者说所强调的焦点部分都在结论 q 上，前件 p 只是一种提供的可能，q 才是新信息。例如：

（23）如果在今后一两天内，井下密闭不严的问题仍然得不到解决，坑道内瓦斯浓度、一氧化碳浓度和温度等降不到规定数值，领导小组将对该井彻底封闭。

这句话就很明显是在分析"井下密闭不严的问题仍然得不到解决"这种条件下的解决对策。重点是对策的部分，而不是前面的条件，所以它是非实条件句。

而感叹用法的违实条件句则恰恰相反，感叹所针对的事件（对哪件事情产生效果，或者态度）都是前件 p，所以 p 才是所强调的部分。

（24）a. 当时在场的公安人员不是一个人，而是十来个。如果不是他们阻止了球迷冲进场地,事态真的要变得严重了。

b. 海地电台援引菲利普的话说,如果维和部队没有要求他的组织解除武装,7日的枪击事件就不会发生。

此两句中虽然列举了结论 q"事态要变得严重""7日的枪击事件不会发生",但是句子特别关注的是这种后果的前提 p"不是他们阻止球迷冲进场地""维和部队没有要求他的组织解除武装",第一句意在通过恶劣的后果 q,来让听话人意识到这种 p 的极端重要性,从而表示侥幸与感激;而第二句意在通过好的后果 q,来让听话人意识到这种 p 的极端重要性,从而表示谴责与遗憾。在取效行为的句子中,后果 q 成为对前提 p 进行特别凸显的衬托背景。

据此,情感的规律是:句子的感叹特征越明显,违实的取效意义就越大。

汉语里出现"要不是/早知道"两个词汇成分的条件句都是取效句,在传达命题的同时,重点是表现说话人强烈的情感,表达庆幸感谢[例(25)a];遗憾惋惜[例(25)b];威胁[例(25)c];辩驳[例(25)d]。

(25) a. 不瞒你说,我都三个月没钱付房租了,要不是遇到你这样的观音菩萨,说不定我现在已经饿得没力气说话了呢!

b. 要不是因为他身上的气味令周围的人无法忍受,他应该可以成为一位出色的谈判家。

c. 要不是努尔哈赤来攻城,老子早治你了。

d. 要不是有真才实学,怎么可能这样出名呢?

"要不是"的实际用例并不多,小说语体中才171句,但都是感叹句。"要不是"可以看成"要是""不是"的并列共现使用的杂糅形式。杂糅表达了词汇化的冗余现象,语用上的强化,不是中性的条件句形式。

词汇化的"早知道"与"晚些才知道"对立;"早"与"知道"不能拆开,中间不能插入其他成分,只能表达违实意义(即"早先不知道"),带有遗憾、后悔的意味,如例(26)。与"要不是"不同,它还可以和"如果""假如""要是"等连词共现。这时,"早知道"更接近短语结构,强调时间上的"早",中间可以插入其他成分"点儿""些"等,如例(27)。这种结构实质是考察特征标记"早",条件句的违实意义并不能直接从"早知道"推导,而是结合语境或其他特征标记来看。由于前件的"早"违实能力强,有时容易与词汇化的"早知道"混淆。

(26) 早知道再也见不上了,我就是一个人买张火车票也要进京见见邓大姐……

(27) 如果早知道你是这种人,我绝不会同情心泛滥,把你放出去。

　　要是早知道他们是男人,咱们还跑什么呀!

调查发现,在表达违实能力上,以小说语体为例,不是(73.5%)>没有(49.3%)>总量(16.9%)>不(8.7%);正式语体也有相同的顺序,不是(42.8%)>没有(12.8%)>总量(2.5%)>不(0.8%)。

对于"不是"和"不"违实能力的强弱,前人已有解释。"不"用于一般性的否定,可以指过去、现在和将来,(吕叔湘 1980)否定动作行为和事件时,表示说话人的主观意志、态度和认识;"不是"中,判断词"是"在现代汉语中发展成为焦点标记、强调标记和对比标记,(石毓智 2005)"是"有很强的确定性,所以"不是"的情感性十分强烈,具有强烈的违实性。

(28) 如果不是因为几个娘儿们翻了船,怎么会有今天!

　　如果他张迪不是这样一个先知先觉者,怎配在官家面前长久地当这份体面差使而不出差错?

数据比例表明:"不"的违实比例低于基准值,也可以说与违实标记起相反作用。从违实比例接近0%的"只要"句来看,它与"不是""没有"共现的数量分别是8和6,但是同"不"共现的数量达到70,侧面说明"不"排斥违实意义,或者说,对违实意义有消解作用。例如,前件"早 X"的违实比例相当高,但受到"不"修饰时,表达非实意义,如:

(29) 要是不早一天找到那个人,他根本放不了心。

　　俺出门时皮蒂小姐正在生气,要是我不早些回到家里,她会晕过去的。

我们认为,这正是因为"不 X"一般不具有话主的情感性的缘故。

"没有"是存在否定词,Croft(1991)提出"否定-存在循环"(negative-existential cycle)理论:语言中可能会有一个单独的存在否定词,表示对事物存在(可能也包括领有意义)的否定;后来这个存在否定词功能扩展,渐渐侵入原来的基础否定词①的使用领域,把后者逐步驱除出去;最终,它可能完全取代原有基础否定词,成为新的基础否定词。历史与方言的调查都证实汉

---

① 　基础否定词(main negative),在有的理论中又称为一般否定词。这是指一个语言中最主要的一个句子否定形式,如果该语言只有唯一一个句子否定形式,则它就是基础否定词,如英语的 not;该语言有多个句子否定形式,则其中一个是基础的,它不但最常用,而且也是组成复合否定词的主要来源,如现代汉语"不"是基础否定词,"没(有)、别"不是。

语的"没有"正在经历这一发展过程,如郭光(2022)认为其中有两个阶段:个体性否定,"没有"类从存在否定词先演化为对事件的存在的否定;主观性否定,"没有、冇"等代表比"不"更为强化(strengthen)的否定形式,对高程度的副词、判断词(在、是)等进行否定。因此,"没有"比"不"的感叹性更强,它的违实倾向也比"不"强。如:

(30) 如果他那只左手没有扔在战场上,也可能好一点,能够抬起来挡一挡。

　　如果没有上面的意思,借八副胆子给李文彬,他也绝不敢主动去摸梁大牙这只老虎的屁股。

　　还有一种情况是研究者所注意到的,如雍茜(2016)指出:"单个的违实特征不能可靠地将违实句区分于一般假设句,语用因素包括语境推理和百科知识,在一定程度上能决定句子的违实解。但是可以通过增加违实特征的数量减少语用的干扰,违实特征出现数目越多,语用干扰越小,句子的违实性也就越稳定,Ziegeler(2000)称之为违实蕴含原则——CFI原则(Counterfactual Implicature)。"

　　不过,这种强化方法在汉语中,主要是在后件中再增加一个"了2",可前人并没有很好地解释为什么如此[①]:

(31) a. [如果]他[昨天]来[了1]香港,就会去看望你。(非实/违实)

　　 b. [如果]他[昨天]来[了1]香港,就会去看望你[了2]。(违实)

　　"了2"在条件小句(前件)中对违实性有消极的影响,但在结果小句(后件)中,却大大增大了违实的比率,我们认为,这是因为"了2"只有在后件才可以用来表示感叹,而在前件不行。例(31)两个例句在时间性、条件标记等方面都一样,唯一不同的是例(31)b比例(31)a具有更强的感叹性,甚至可以用叹号;因为"了2"表明这件事与当前的人际关系相关,所以需要特别地关注。再如:

(32) 假如带她去了,江部长会怎么样?(在前件仅表示时间)

　　假如他是一个普通的工人或农民,那么谁也不需要来巴结他,湘湘也就不会碰到骗子了。(在后件表示感叹)

　　这可以归纳为一个重要的规则"条件句感叹规则":

————————————

[①] 例引自雍茜 2016。

1）条件句中,后件更容易用来表示感叹。

2）具有感叹功能的成分进入后件,更容易导致违实性。

由此我们就可以理解,为什么汉语中在条件句的后件发展出了一系列感叹形式,而它们都能使条件句的违实比例极大提升,如"就好了后件、该多好、多好、多好啊"等。

2.4.4.3 极端性与真实性脱节——频率制约因素

在调查中,让步条件句超出了预期的情况。

在小说语体中,如表2-10所示:

表2-10

	违实	非实	总量	违实比例
即使	19	273	292	6%
纵然	7	104	111	6.3%
就是	14	144	158	8.9%
哪怕	9	85	94	9.50%
就算	23	67	90	25.6%
纵使	5	7	12	42%

在正式语体中,如表2-11所示:

表2-11

	违实	非实	总量	违实比例
即使	0	276	276	0%
哪怕	0	15	15	0%
就是	0	6	6	0%
就算	0	2	2	0%
纵然	0	1	1	0%
纵使	0	1	1	0%

两种语体比较：

1）在小说语体中，违实意义多来自公共知识、上下文语境或对客观事实的违反：例如：

（33）即使岳武穆生在今日，恐也会雄图难展，徒自凭栏长啸，壮怀激烈。

别说假结婚，就是真结婚我哪点儿配不上你啊？

就算我现在见到马克思，我也毫无愧色。

哪怕你是我的亲妈，我都不能把批文给你。

2）甚至还有极少表示事实的句子，前面已经提到过，不过这些是修辞用法，暂且不予讨论。

3）在小说语体中，不管违实、非实还是事实语义，"纵然、纵使、就算、就是、哪怕、即使"引导的条件句都有一个普遍共性：表达极为强烈的情感。例（34）前件命题都有可操作性或可能性，是非实意义的强情感表达：

（34）时间是最最无情的，即使最坚硬的黄金，慢慢地，全部光泽也会被时间磨蚀掉。

实在扛不住啦，就是克林顿来，我也不等啦。

你就是打死我，我也将永远活在刘建军同志的心中！

就算送了命，也是心甘情愿。

纵然凌迟处死，何足挂齿！

马扩纵使再有一百个"有利"，二百个"不利"，也无处去说了。

哪怕只活一天，这一天，是我的。

与"你就是毒龙，我也得扳掉你的角"这类纯粹虚构表达违实意义的让步句相比，该类条件句前件语义在特别条件下是有可能实现的，只是当下无法判断是真是假，所以本质上是非实的。与普通非实意义相比，前件命题的意义在可能实现的最大范围内倾向极端。理论上来说，越是倾向极端，发生或出现概率越小，这时，语义内容会自然获得突显，进而起到了表明态度、警示听话人的功能。前人研究往往将这类"实现可能性不大，但仍有可能性"的条件句归入违实条件句，我们认为不合适，因为它们表达情感的语用机制截然不同，"纵然、纵使、就算、就是、哪怕、即使"是通过极端语境来表达情感情绪的。在这里，事实性与极端性有一定关系但又没有必然的关系，极端的事件完全可以是可能发生的事件。

如"即使"的语料是最多的，例句中也多是客观的中性表达。譬如：

（35）如果在生产设备上做试验,即使是不大的修改也要花费较大的人力、物力,我们要谨慎从事。

未经注册的商标,即使首先使用,也不产生任何权利。

要注意的是,从原理上讲,一旦事件极端到了虚安（完全虚构的极端事件）,就从非实变为违实了,如:

（36）纵然是天塌下来,也得让闯王略睡片刻!

你纵使有三头六臂,七十二变,也无能为力。

今天就算玉皇大帝求我也不行! 除非老傅答应我一个条件。

不过,像"岳鹏程纵然有天大错,毕竟是与自己共同生活了二十几年的夫妻啊"中"天大"可以算作已经词汇化,表示程度极高,不算作虚构;但我们暂时也算作虚构。与之类似的还有"肝脑涂地、粉身碎骨"等,也做同样处理。

那么,这些让步连词之间的差异是怎么回事? 我们发现一个规律:在近义连词中,越是使用频率高的连词,表示违实的比率反而越低。

在小说语体中,"纵然"的例句数是 111 个,"纵使"12 个,后者的违实比率远大于前者;"就是"的例句数是 158 个,"就算"90 个,同样,后者的违实比率比前者大。而且从这几个连词的统一排序看,违实比率与使用频率也是成反比的。

这可能与语用上的"钝化"过程有关,原来特殊的强化形式,由于使用频率增加,就像刀用久了会变钝一样,逐步丧失其强化功能,变成正常的、普通的形式。前面说的"平时",它的违实比例在我们的语料中达到 100%,而其使用频率极低,仅仅有 4 个例句。

但使用频率的影响不能机械地理解,我们看另外一组连接词,如表 2－12 所示:

表 2－12

	违实	非实	总量	违实的比例
假如	25	53	78	32%
假若	8	35	43	23.5%
若是	11	51	62	17.8%

（续表）

	违实	非实	总量	违实的比例
假使	2	10	12	16.7%
倘若	60	460	520	11.50%
倘使	0	3	3	0%

在表 2-12 中，"倘若"的例句是 520 个，"若是"是 62 个，"假若"是 43 个，而违实比率正是"假若"最大，"若是"次之，"倘若"最小，这是符合频率规律的。但是"倘使"用例极少，却没有违实用法；"假使"用例少，而违实用法也少；"假如"用例多，但违实用法也多，这又不符合频率规律。

2.4.4.4　数量（限定）制约因素

在汉语中，造成某种形式排斥违实意义的原因各不相同。其中，"只要、只有、万一"三个与数量有关。它们都是指向小量，前两个有限定副词"只"，表示最小的充分条件和必须具有的条件，后一个表示"万分之一"，是讨论在极小概率的偶然条件下的情况。

量性（quantitative），是与数量有关的性质，既包括量也包括量化。量性焦点（quantitative focus），指句子的前景信息中最凸显的焦点部分是关于事物的量性特征的，如"他买了三本"中的"三本"。量性规则：当事物存在时，它才可能有各种量的差异，如果不存在，则只是一个质上的否定。

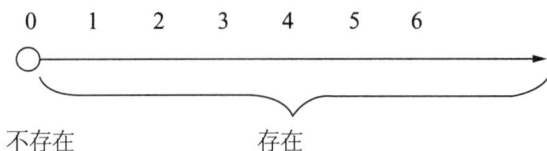

图 2-5　量与存在的关系

因此，如果有量性，则该事物必须有一定的存在性，或者存在，或者有可能存在。例如"他没买三本书"，其含义是他确实买了书，进而讨论究竟买了几本的问题。如果话主对他认为不存在的事物赋予量值，就会使语力失效。下面是一些失效的例子，它们只在特殊情况下才可以使用，如这里都不是真正表示事物客观的量，而是表示话主的主观感情强烈，即感叹句。例（37）a 是直接使用最大量的表达式，而例（37）b 则涉及"否定最小量得到全量否定"的策略。它们都是特殊的修辞用法,不属于本文的讨论范围。

（37）a. 他完全不懂得做人的道理!

全然不顾他人的感受!

他最为无知! 你最不知道疼人!

我不见任何人! ——He didn't finish any work!

　　b. 他一点也不懂得做人的道理! ——他不买一点东西!

于是我们会有以下逻辑"合取"操作:

量性焦点 & 条件句⇒（事实∨非实）&（非实∨违实）⇒非实

这就是为什么"只要、只有、万一"都表达非实意义的原因,也是汉语中语法化出"非实条件形式"的基础。由于排除事实和违实,所以下面的"只要"句一般不能说,这与"如果"句形成鲜明的对比:

（38）*只要/万一我是你,我就会去。——如果我是你,我就会去。

　　*只要/万一我不是你,我就会去。——*如果我不是你,我就会去。

试比较:

（39）只要我 1 还是我 2,就不会向你屈服!

　　如果我 1 还是我 2,就会去找他拼命了!

这里的"我 1"是现在的我,"我 2"是过去的我,或代表我的典型属性的那个理想的"我",它们是不同的实体,因此可以不相等,句子表达非实意义,这才能用"只要"。再比较:

（40）<u>只要在他的心目中我是你的话</u>,他就会把钥匙给我。

加上"在他的心目中",则是表达一个他的认知世界,在其中"我"是有可能是"你"的,因此句子才能成立,表达非实意义。"只要"非实的例句太多,仅举一二:

（41）只要我能办,那还有啥说的。

　　难民只要上了火车,不问火车开不开,也仿佛有了安全感,都坐着不再挪步了。

但是在实际语料中,"只要"仍然有极少数违实的例子,如:

（42）只要咱把脑袋拧下来揣在兜里,不就不会把脑袋淋湿了吗?!（调侃）

　　只要我换了一个环境,譬如就处在你的地位吧,我也不会痛苦到这个地步了。（妄想）

怕什么！你只要好好看了书，自然可以轻松考过！（反讽）

只要你长得还过得去，就找得到老婆！不过你好像特寒碜了点儿……（反讽）

当时的情况下，只要三三八团从黄冈突围，鬼子就很难再追上。可惜这个机会因为犹豫而失去了。（对过去的公共知识的反推）

例(42)这些例句都有很强的语义特点，即已知没有实现或根本不会实现；大多有很强的语用色彩，表示调侃、妄想、反讽、懊悔等，都属于修辞用法。至于最后一句，是对已知的历史知识的虚拟，这在"只要"句中其实极为罕见。

"万一"则没有找到这样的修辞用法（也许在更多的语料中会找到个别例句），一般都是非实条件句，不过与"一旦"不同，"万一"句可以指未来，也可以指现在或过去，只不过后者数量极少而已：

（43）万一敌人切断粮道，岂不自己崩溃？（未来）

万一他确实是曹操派来的人，打错了不是不好么？（现在）

万一李自成死于乱军之中，血肉模糊，他的尸体也有办法认出。（过去）

2.4.4.5　反问与"真的"

调查发现，副词"真/真的"，在条件句中只是单纯地表达话主认为命题的实现概率小，表示较为极端的情况，并没有那么强的情感性，所以，违实比例并不高，接近基准值。如例(44)，实际上话主主观认为"不一定有那么一回事""战争是可能避免的""您会来的"，用"真的"，是表明当事情向着概率较小的相反方向（但并非绝对不会出现）发展时，会出现什么结果，所以是非实条件句。这和让步条件句是一个道理。

（44）如果真有那么一回事，那肯定是一群大傻瓜。

如果真的战争难以避免，我们能够支持否？

您要是真不来了，我不吓唬您，您以后就别想再见着我了。

如果"真的"出现在违实条件句中，违实意义一定来自文本语境或其他特征标记，或者"真的"与偏向违实的标记共现以相互强化。例如：

（45）如果欧阳素心真在重庆该多好呀！（与"该多好"共现）

要是真亏了你，你能这么乖？（与"要是"和反问共现）

如果真的疼爱自己的女儿，为什么要让她作出牺牲呢？（与反问共现）

或者是明显有与历史、人情和正常的世界相悖的内容：

（46）要是把圆圆真枪毙了，她也上不了中学了，问题倒简单了。

　　　　如果北宋政府真有决心做好准备工作，来应付这一场意料之中的
　　　　侵略战争，它仍有充分的时间，可是它什么都没有做。

　　　　假若人真是土作的，多老大希望，和泥的不是水，而是二锅头！

调查显示，当单独在后件使用反问时，略微偏向违实，但偏向不高，仍有
很多是非实句：

（47）如果你有痛苦，我为什么不能分担你的一半？

　　　　要是鬼子攻进了南京，没有人保护她们能行吗？

　　　　假如共产党要抗日，有什么不好呢？

　　　　一旦满鞑子退出长城，朝廷能让你安生练兵么？

　　　　万一我在酒店出点事，你能负责？

　　　　官儿们即使把戒条背得烂熟，熟到可以倒背出来，又顶得什么用？

不过在小说语体中，反问对违实的偏向比"真的"大，正式语体中更是大
了许多。这是因为反问的情感性较强的缘故。

2.4.4.6　人称制约因素

我们的调查也证实了第一人称具有增强条件句违实意义的功能。当事
件的话主是"我、我们"时，条件句的违实比例有明显的提高。而且，比较意
外的是，第三人称也高，只是第二人称与它们很不相同。

在小说语体中，我/我们（25.4%）>第三人称（22.4%）>总量（16.9%）>
你/你们/您（8.6%），第二人称比总量低。在正式语体中，我/我们（5.2%）>
第三人称（4.2%）>你/你们/您（3.7%）>总量（2.5%），第一和第三人称也使
违实比例增加，只是第二人称比总量稍高一些。由此看来，第二人称很可能
是比较中性的，在总量附近浮动。

我们认为，有多个因素起作用：

1）从生命度等级看，当我们谈及人称时，实际在讨论有关人的行为思想
或某些社会活动。这些事物对话主而言，更具有影响性，所以会导致更大的
感叹比例，这样其违实性也相应提高，但这种感叹性不是那么强，所以提高
不多。

2）话主对自己身上发生的事情更为确定，所以第一人称使命题的确定
性提高，或者是事实或者是违实，再与条件句的性质（或者是非实或者是违

实)逻辑合取,得到的就是更大比例的违实条件句。

3）第二人称代词几乎都是用于面称,而第一、第三人称还可以用于背称。在面称时,话主对对方的情况最不了解,也就是说,第二人称使命题的不确定性大大提高,于是就极大地倾向于非实性。

2）、3)两条决定了基本的顺序,即就违实倾向而言,第一人称最大,第三人称次之,第二人称最小。

（48）我若是这样一个小人,天地共诛之! 天地共诛之! （违实）

　　如果我像大哥那样服从,恐怕会永远关在家里。（违实）

（49）如果你不反对,我请你给我做秘书来! （非实）

　　如果你们不打消那件亲事,我临死也不回来。（非实）

（50）如果他下书劝我不是为着明朝着想,周王也不会借给他一匹好马。（违实）

　　如果他真的投敌叛变了,我们做检讨。（非实）

2.4.5 结语

违实条件句和非实条件句是条件句的主要类型,而事实条件句用例极少,是一种特殊的语用修辞现象。非实到违实这一连续统在句法上可以通过连接词和特征标记来研究。但是,起决定作用的还是一系列语用机制的影响:

时间制约因素在中西方研究中都是最早且最多的。我们认为,不管过去还是现在时间,都意味着确定性,或者为事实,或者为违实,因此排除非实意义。

情感因素强调违实条件句表达话主情感情绪的功能,感叹的命题必须是确定性的,这个不难理解,如果话主对命题还不知真假,那感叹就无从谈起。因此会倾向于排除非实意义。

频率制约因素主要体现为一个倾向:使用频率越高,违实条件概率越小。我们认为这与语用中的"钝化"现象有关。

数量制约因素主要体现在"只要、只有、万一"三个连接词上,它们引导的条件句违实比例为0。量性的基本前提是事物存在且有量上的差异。如果不存在,则只是一个质上的否定。因此排除违实意义。

人称代词在条件句事实性上的表现,第一、第三人称和第二人称形成鲜明的对立。前者很明显增加了违实概率,而后者却几乎是中性的。这一现象与多种因素有关,但毫无疑问的是,话主对自己身上发生的事情更为确定,而第二人称代词用于面称的时候,话主对对方的情况最不了解。因此在事实性上,第一人称违实能力远高于第二人称,而第三人称在中间。

除了这些,我们还可以看到一些极为罕见的条件句,也可以用相同的方法分析。例如"疑问条件句",在一些语言中,会用极性问形式来表示条件小句,如英语[1]:

(51) Were I the organizer, I would have done things differently.

　　　(如果我是组织者,我会用不同的方式做事。)

在汉语中,疑问语气词"吗、呢"可以表话题,但一般不延伸到条件标记功能,可见话题与条件功能并不完全一致。但在一些方言中,疑问语气词确有表条件的用法,如上海话:[2]

(52) 侬要去买小菜,对□?(你要去买菜,是吗?)——疑问

　　　侬要去买小菜对□,一定要早一眼。(你如果要去买菜,一定要早一些。)——条件

不过汉语和英语也有不同:英语的疑问条件句是一种构式,一般表示违实,但汉语则还是真正的疑问用法,所以必须遵循疑问的性质,我们发现,汉语的语句都是非实条件句,而不能表示违实。这是因为一般极性问的中性询问句,表示话主对事实性并不清楚事实,这一"不确定性"决定有关事件不能是事实也不能是违实,而只能是非实。如例(53)当事件理解为事实(我当然是我,当然不是你)或违实时,句子都不能说(在反问或某些特殊语境中句子可以说,但与中性询问无关):

(53) 事实:　＊我是我吗?

　　　　　　＊我不是你吗?

　　　非实:　你喜欢他吗?

　　　违实:　＊我不是我吗?

　　　　　　＊我是你吗?

于是我们会有以下逻辑"合取"操作:

询问 & 条件句⇒(非实)&(非实 ∨ 违实)⇒非实

---

[1]　例引自 Harris 和 Campell(1995:296)。

[2]　例引自刘丹青(2004:9)。

第三章　比喻和违实条件句

霍四通

3.1　引　　言

比喻是传统修辞学中最受重视的一个辞格,当代认知语言学正是在传统比喻研究的基础上,对隐喻现象提出了很多新的解释,使其成为一个富有活力的研究领域。本章基于国内学术传统用"比喻"作为统称,不过在引用文献时不回避"隐喻"的称谓。

Wu(1993:141)观察到比前人更为丰富多样的修辞性违实表达,并提出"修辞条件句"的概念。其中有些就是由隐喻构成的违实条件句,如:

(1) If the book is good, I'll eat it.

(2) If he is German, I'm the Pope.

(3) If dreams are horses, beggars can ride. (Wu Hsin-feng 1993:128)

例(1)是后件是隐喻的一般条件句,例(2)、例(3)是前后件都是隐喻的违实条件句。

沈家煊(2003)把 Sweetser(1990)行、知、言三域的概念应用于复句的分析,其中言域复句关联词后往往可加"说"字,有时还必须加"说"字。该文以"如果 p 就 q"为例:

(4) 如果[说]你是牛郎,我就是织女。　如果[说]你是老虎,我就是武松。

文章指出,"如果"后可加"说",表示说法上的假设与结论之间的关系。即使没有"说"字,实际也不是表示 p 是 q 的充分条件,而是表示"说 p"是"说 q"的充分条件。为什么一种说法能成为另一种说法的充分条件?原因正在于这类句子大多是隐喻。隐喻是两个概念域间的投射,投射过程中两个概念域内部成分之间的关系保持对应。例(4)就是从现世域投射到神话域,现实世界中你和我之间的关系对应于神话世界中牛郎和织女之间的关系。正因为有这种"关系的对应",所以"你是牛郎"这种隐喻说法就成为"我是织女"这种隐喻说法的充分条件。

在上述文献的基础上,我们进一步通过对比喻本身的观察,揭示比喻常见于违实条件句的原因,并具体描述比喻在违实条件句的前后件中的分布、语义关系。

3.2　明喻是有标记违实

明喻是传统修辞学比喻研究中最重视的一类。明喻的比喻关系词实际上就是一种违实的标记。传统上命题可分为三种:事实性、非事实性和违实性(Goatly 1997: 194),如:

(1) It's amazing that the sailor survived≫the sailors survived. (事实命题)

　　If the sailors had survived≫the sailors did not survive. (反事实命题)

　　I hope the sailors survived≫the sailors may or may not have survived.

　　[非事命题("≫"指"预设")]

嵌入命题为真时,整个句子表述事实性命题;嵌入命题为假时,句子为反事实性命题;当命题无所谓真假时,句子为非事实性命题。这样看来,隐喻标记语也是一种反事实性标记语。又如:

(2) Reason is like a whore.　　比较: Reason is a whore.

由于 like 的使用,使得该句降低了隐喻程度,降低了该命题的事实性。比喻关系词作为一种标记,降低了隐喻强度,减轻了听话人理解隐喻话语需要的加工努力。它们有时扼杀隐喻,将句子变成字面上的比较。(何自然 2006: 208)

很多明喻的喻体完全是违实的:

(3) 若得孔明下山,拜为军师,凭着关张雄虎之将,如猛虎插翅。(无名氏《诸葛亮博望烧屯》全元戏曲第六卷)

(4) 现在回想我们的心急和天真实在让人脸红,这就像一个刚会走路说话的毛孩子嚷嚷着说:"我要成家娶媳妇。"马克思老人慈祥地摸着他的头说:"孩子,你先得吃饭,先得长大。"(梁衡《特利尔的幽灵》)

例(3)"如虎添翼"是比喻,给猛虎插上翅膀,只是一种想象。例(4)的喻体是一段示现。我们过去一度无视我们还处在社会主义初级阶段的历史事实,试图一蹴而就,"跑步进入共产主义",所以作者在访问马克思故居时想象了一幕受马克思教诲的场景,这个场景当然是非亲身经历、不可能存在的,用了示现手法。示现是一种违实性辞格。这里的比喻基于示现式的想象,比喻关系词"像"可以看作一种违实标记。

因为喻体常基于想象、假设,有时有超前性,所以有的明喻需以违实条件句引导:

（5）如果那时有机器人,王选几乎就像不吃不喝的机器人。（宁肯《中关村笔记》）

1961年王选病倒,那时还没有机器人,"像机器人"比喻并不合适,所以用违实条件句引导,以提示后续比喻的合理性。

比喻的基础是相似性,但相似性的产生依赖于主观感觉,有的带有很强的违实性,尤其是有些复杂的感觉,如基于跨模态（cross-modal）的通感体会到的相似。如:

（6）（汉中的油菜花）三面环山,当其缺口为漫坡,黄得便有了立体感,像交响乐的旋律。（朱鸿《油菜花》）

（7）叶子和花仿佛在牛乳中洗过一样,又像笼着轻纱的梦。（朱自清《荷塘月色》）

例（6）"立体感"将视觉和听觉联系起来。有的通感现象很难用语言来解释清楚,会给听读者带来不合理、不真实的感觉,如例（7）"笼着轻纱的梦"有谁见过,又有谁能描述出来？有学者认为这种比喻现象不是传统的比喻所能解释的,将其称为"喻体虚化"。（赵国良,张锦高 1994：353）

为了说明相似感觉的合理性,有时话主会预先设定前提条件甚至是违实条件,来帮助建立比喻关系:

（8）她站在山岗上,就像一竿新竹;她站在小溪旁,就像一棵水柳;如果她偶尔戴起红色的盘头帕,站在公社大门口,远远望去,就是一株开花的美人蕉了。（叶蔚林《蓝蓝的木兰溪》）

（9）没留胡子,腮上刮得晶亮,要是脸上没有褶儿,简直的象两块茶青色的磁砖。（老舍《二马》）

人是不像竹子、柳树和美人蕉的,所以需设定站在山岗上、小溪旁等前提条件。例（9）中,因为脸上是有褶儿的,假设"没有褶儿"当然是违实的。人脸不会像瓷砖,所以借此违实假设来强化两者的相似联系。

　　相似性除了来自感觉事实外,还有可能来自语言事实、文化事实。这两个来源更强化了比喻的违实性。如很多人爱用"就像(买彩票)中了大奖"来形容自己幸运,甚至有科学家形容自己的科学发现时也说:"感觉跟中了五百万似的。"(胡珉琦 2019),实际上他们从来都没有买彩票、中大奖的经历,这只不过是语言中既有的专门用来打比方的形容"幸运"的夸张说法。很多比喻就是这样通过语言的中介,在语言文化的基础上建立起来的,如:

　　(10) 这张表通常有一两米长,像藏族的哈达一样,我们戏称为"哈达表"。(徐滇庆《薛暮桥指点我学经济》)

　　(11) 真正的爱情像藏族的哈达冰山上的雪莲一样圣洁。(微膤《我的"地坛"》)

例(10)是基于感觉上的相似,例(11)基于语言中介的推理。爱情和哈达、雪莲有什么相似的地方呢?"爱情"只是语言中的一个词,是对一种感情的范畴化。因为作者已有"爱情是圣洁的"的判断,所以以"圣洁"为中介,在现实事物中寻找到跟藏民宗教情结相关的"哈达""雪莲"等具体事物作比,使"爱情"这个抽象概念变得具体。

　　实际上,如果缺少特定的作为中介概念的词语,很多比喻是不可理解的,如:

　　(12) 五官平淡得像一把热手巾擦脸就可以抹而去之的,说起话来,扭头撅嘴。

　　(13) 张小姐是十八岁的高大女孩子,着色鲜明,穿衣紧俏,身材将来准会跟她的老太爷那洋行的资本一样雄厚。(钱锺书《围城》)

例(12)"平淡"完全是一种文字游戏,五官"平淡"讲的是长相"普通",而"一把热手巾擦脸就可以抹而去之"则极言"平"和"淡"。例(13)的"雄厚"亦然。这里的喻体和本体所用的"平淡"和"雄厚"几乎只是个同音词而已,没有相似之处。这里也可以证明比喻的语言实验性质,有时是基于语言的接近性联想而违反现实的相似性的。

　　这类比喻的生成过程可以从钱锺书《围城》中习用的比喻类型中明显看出:

　　(14) 他冷淡的笑容,像阴寒欲雪天的淡日。

　　(15) 他身大而心不大,像个空心大萝卜。

(16) 那女人讲了一大串话,又快又脆,像钢刀削萝卜片。

(17) 原来那局长到局很迟,好容易来了,还不就见,接见时口气比装食品的洋铁罐还紧,不但不肯作保,并且怀疑他们是骗子。

(18) 陆子潇的外国文虽然跟重伤风人的鼻子一样不通,封面上的Communism 这几个字是认识的,触目惊心。

例(14)喻体的"寒"和"淡"就是根据前文中的"冷淡"而言的;例(15)的"空心"和"大";例(16)中钢刀的"快"和萝卜的"脆",以及后两例中的"紧""不通"等,也同样都是针对前文的相应词语。

以语言为中介,有的是从话语世界或文化世界中取得喻体的,如从话语中撷取喻体:

(19) 吕凤仙的双眼就像李白的那一汪桃花潭水般深。(虎头《吕凤仙》)

(20) 有人叫她"熟肉铺子",因为只有熟食店会把那许多颜色暖热的肉公开陈列;又有人叫她"真理",因为据说"真理是赤裸裸的"。鲍小姐并未一丝不挂,所以他们修正为"局部真理"。

例(19)喻体出自李白的"桃花潭水深千尺,不及汪伦送我情"。例(20)喻体出自所引话语。

很多喻体出自文化常识,甚至包括个体的生活经验:

(21) 四个人脱下鞋子来,上面的泥就抵得贪官刮的地皮。

(22) 鸿渐知道孙小姐收到聘书,……只有自己像伊索寓言里那只没尾巴的狐狸。

(23) 高松年的工夫还没到家,他的笑容和客气仿佛劣手仿造的古董,破绽百出。

(24) 许多女人的大眼睛只像政治家讲的大话,大而无当。

例(21)基于汉语中"刮地皮"的熟语,贪官总是"刮地三尺"。例(22)喻体取于《伊索寓言·失掉尾巴的狐狸》,喻鸿渐被解聘。后面两例则跟个人的生活阅历和经验有关。

因为是以语言为中介,所以喻体都跟语言中的文化典型有关,有的在现实生活中并不存在。这也就是过去有些学者提出的喻体的"假设性"的现象。如明喻"我口干舌燥,胃肠像火烧烤着",火烧烤胃肠是一件不太可能的事。"他急得像热锅上的蚂蚁","热锅上的蚂蚁"是罕见的。之所以这样说,是因为"热锅上的蚂蚁"是汉语中的一个熟语。借用这些熟语作为喻体,表达夸张的含义。(李胜梅 1997;王文斌 2007:75)暗喻也不例外。如温庭筠的《莲花》:"绿塘摇滟接星津,轧轧兰桡入白蘋。应为洛神波上袜,至今莲蕊有香尘。"把莲花比作洛神仙女的袜子,莲蕊上神女留下的香尘至今犹存,化用曹植《洛神赋》中"凌波微步,罗袜生尘"的典故,这是来自文化世界的喻体。这种不存在现实性喻体的比喻,可称违实性比喻,与之相对的可作做现实性比喻。

3.3　隐喻是无标记违实

传统修辞学一般把比喻分为明喻、暗喻和借喻三种。暗喻的比喻关系词是"是",借喻则没有比喻关系词,本体通常不出现。我们把暗喻和借喻合称为隐喻,以对接于西方的隐喻概念。

3.3.1　隐喻的真假

从逻辑上看,隐喻和普通的违实句十分相似。违实句前件的真值是假,而后件的真假并不影响整个违实句的真值,如 Lewis(1973:1)所举的例子:

(1) a. If kangaroo had no tails they would topple over.

b. If kangaroo had no tails they would not topple over.

袋鼠要是没有尾巴会不会因为失去平衡而摔倒? 我们知道普通袋鼠本身有尾巴,所以两句的前件为假。但我们能据此判断两句的真假吗? 似乎可以认为 a 句是对的,b 句是错的。但是按照条件蕴含式的真值表,整个句子仍都是真的,虽然两句的后件互相矛盾。如果应用可能世界的语义学,考虑地球引力、袋鼠的进化等更多因素,我们将更难对其真假做出明确的判断。

隐喻有没有真假对错? 传统隐喻理论认为隐喻就是文本和解释之间的不一致,是用字面上的假命题去表达另外的意思。(Jackendoff & Aaron 1991)有人认为隐喻语言不同于日常语言,不存在绝对的真假,必须要联系具体的框架。(Lakoff & Turner 1989:117-118)实际上,真假的判断同样适用于隐喻语言。很多话语一旦被说成是隐喻,那么几乎就等于在玩"修辞",不能当真(当然也不能当假)。金正恩宣布"全世界不日目睹朝鲜即将拥有的新的战略武器",引发了世界的关注。这一"武器"是什么? 有专家认为不能简单将这一表述理解为实际的核武器、导弹或者解读为朝鲜可能要重启核试验,"在朝鲜的宣传语境里,战略武器不一定指代武器本身,号召全国团

条件句与情态研究 ————————————————————————

结一心,加强国防建设也可以是一种'武器'"(于潇清 2020)。从这个意义上说,隐喻就是一种故意遮蔽现实的违实现象。

其次,同违实条件句一样,隐喻的肯定或否定都不影响其真值。关联论认为隐喻是一种随意的语言使用(loose talk),是为了达到最佳关联而取的一种轻松的表达,并不严格,不追求字面上的真实性。(Sperber & Wilson 1995:232-234)但实际上,隐喻当然有真假。比喻一直有"像"与"不像"、"是"与"不是"的争论,即恰当不恰当的争议。不管是明喻还是暗喻,对比喻关系的否定,仍然构成比喻,甚至蕴含着有一个更恰当的比喻存在。如:

(2)她不像丁香花,更像喇叭花。

　　锦州不是肥肉,而是硬骨头。

这里的否定并不是完全否定,肯定也不是完全肯定,两句更是一种互相补充的关系(既像丁香花,又像喇叭花;既是肥肉,又是硬骨头)。这不同于正常的言语表达,进一步说明了隐喻的违实性质。使用这种并列句的形式,不过是为了营造逐渐逼近真实的表达效果,如:

(3)爱情——这不是一颗心去敲打另一颗心,而是两颗心共同撞击的火花。

(4)一个人的智慧不是一个器具,等待老师去填满;而是一块可以燃烧的煤,有待于老师去点燃。

(5)《你办的不是案子,而是别人的人生》(书名,作者刘哲)

司法实践中,案件处理结果关系到当事人的生杀予夺,关系当事人亲属的生离死别。每个案件都涉及一个人的前途命运、一个家庭的悲欢离合,所以说"案子关系他人的人生"。

有的采用选择句的形式,但选择往往不是单一的"或选"(OR),而是可此可彼、兼而有之(AND)。如:

(6)《龙或熊猫,最终都将令非洲受益》(《环球时报》2019-10-19)

(7)《外资险企进中国,是"狼"还是"鲶鱼"?》(《环球时报》2019-11-02)

例(6)龙和熊猫,哪个更能代表中国? 龙在西方是凶残的化身。中国是凶残的龙,还是友善的熊猫? 这是当今世界面对日益崛起的中国普遍关注的问题。显然,在复杂的国际形势下不能做简单的单项选择。例(7)指保险业面临冲击,有利于国内保险公司和保险业发展。

有的干脆辅以隐喻标记语,以说明本身措辞是不严密的,不必当真:

（8）打个比方说,庄股就是股市上的罂粟花。（转引自何自然 2006:
　　208）

以上实例充分说明暗喻句本身是不严密的、偏离甚至违反现实的无标记的
违实句。

3.3.2　隐喻是压缩的违实条件句

很多违实表达同样没有违实标记,但它们往往都隐含着违实的条
件,如:

（9）我对李白说:老李,白哥儿,听我的,咱不是当官那块料,埋头写字
　　吧!（张港《李太白,太不明白》)

（10）古人里面,想要交的朋友,我只有一个苏东坡。(《张大春:我无法
　　想象,孔子不如一个蛋糕》,《南方周末》2019 - 12 - 26)

例(9)前后文都是在谈李白的性格特征,这里作者为了生动,转换视角以当
代人的身份规劝"想当官"的李白,以"如果我能和李白直接对话,我一定会
劝他"为前提。例(10)隐含着"如果能同古人交朋友"的违实条件。

很多学者认为隐喻句就隐含着这种违实的假设。Tormey(1983) 认为隐
喻就是一个压缩的反事实条件句。反事实条件句的完整形式是 X were Y,
then Z("如果 X 是 Y,那么 Z"),如 If I were rich, then I'd buy a farm in
Vermont("如果我有钱,我将在佛蒙特买一个农场")。而隐喻句往往省略了
条件句的前件,如 Juliet is the sun 就等于说"如果朱丽叶是天空中的一个物
体,那么她就是太阳"[1]。

隐喻的本质在于"乖讹"(incongruity)。因为语言乖讹不符常规,所以必
须启动违实假设,对隐喻加以解读,如:

（11）毫无疑问,世界并不是一个真正的舞台,但假如是,你就可以说襁
　　褓阶段是第一幕。

（12）毫无疑问,人也并不是真正的天体,但如果是,你就可以说朱丽叶
　　就是太阳。

---

①　这种看法也受到很多学者的批评。主要理由有三点:隐喻主要指称而非真值的
工具;违实性的指称不是不可分析的概念,可以通过各种意思线 meaning line 进行描述;
隐喻命题主要用于传达真实世界的信息。(E·C·斯坦哈特 2009:53)

（13）毫无疑问,生活并不是一条真正的道路,但假如是,你就可以说最好选择一条人迹罕至的路线。

只有文学隐喻才需要启动违实假设。按照字面解读的日常语言以及概念隐喻都无法通过这个鉴别式(Pinker 2007):

（14）*毫无疑问,生命并不是液体,但假如是,你就可以说它就在血液里。(概念隐喻:LIFE IS FLUID IN THE BODY。古希伯来人信奉这点,《利未记》因此禁止信众食用动物血液)

（15）*毫无疑问,时间不是真正的位置,但假如是,你就可以说,我们正走近圣诞节。(概念隐喻:TIMES ARE LOCATIONS)

（16）*毫无疑问,目标并不是目的地,但假如是,你就可以说,我还没有到达完成这本书的目标。(概念隐喻:PURPOSES ARE DESTINATIONS)

（17）*毫无疑问,爱不是一次真正的旅行,但假如是,你就可以说,我不喜欢我们双方感情所走的路程。(概念隐喻:LOVE IS A JOURNEY)

3.3.3　修饰性隐喻和借喻的违实性

隐喻的其他形式的违实性更加显著,如修饰性隐喻几乎都是违实性的。如"铜墙铁壁""钢铁长城""菩萨心肠""蛇蝎心肠"等词语中的修饰成分,都是明喻,并不表示真的是铜铸成的墙壁,钢铁的长城。再如:

（18）吃过晚饭到校园里走走,黑咕隆咚一转弯,突然好几个黑影不声不响举着双手迎面而来,亚赛僵尸,钢铁心脏都得剧烈运动好几分钟。(冯八飞《周游列国终去邦》)

（19）《钢铁之躯≠铁石心肠》(《北京晨报》2018－05－18)

（20）别看这家伙样子可爱,却有着"天使的面庞恶魔的心"!(樊可《和"阿华田"同桌》)

借喻也是违实性的:

（21）我觉得国内人士只注重媒婆,而不注重处子;只注重翻译,而不注重产生。(郭沫若《致李石岑信》)

（22）有传记作家表扬他曰:"康德的一生就像一个最规则的动词。"是的,而且是一个从不与其他词搭配的动词。康德这个规则动词,首先规则在他的起居时间表。(冯小虎《学习康德好榜样》)

（23）中关村不少知识分子都在暗中关注陈春先,如果服务部这棵树不倒,他们会走出科研院所办公司。(宁肯《中关村笔记》)

翻译不是媒婆、创作当然不是处子,哲学家当然不是规则动词,"中关村第一人"陈春先创办的服务部(中关村最早的公司)也不是一棵树,这都是显见的事实。例(21)中的借喻结合后文的解释,可以还原出"翻译是媒婆,创作是处子"的暗喻来。例(22)借喻"规则动词"则来自前文的明喻。可见比喻的小类间都存在着转换关系,主要的还是明喻和暗喻两个大类。

由于没有标记,有的作为戏称的借喻只能通过语境知识才能识别其违实性。如某市不少人找检察长办事要通过陈老板,后者被称"常务副检察长",该称号只有结合语境才能了解其为谑称。隐喻(借喻、暗喻)喻体前的修饰语,如"地下组织部长""中国的福尔摩斯"等,因为和中心语在语义上存在不相谐的地方,识解时需要特别构建违实的空间。这种修饰成分常常起到提醒比喻性质的作用,在一定程度上也增强了比喻的违实性等级。如"没有硝烟的战场"就分别激活了脱贫、抗疫和攀比三个认知框架:

(24) 在脱贫攻坚这个没有硝烟的战场上,共产党人用鲜血和生命坚守初心、践行使命。(宣言《决胜脱贫在今朝》,《人民日报》2020-01-02)

(25)《把初心使命写在没有硝烟的战场》(《湖北日报》2020-02-02)

(26) 上比老、下比小之外,对物质条件的比拼,也是没有硝烟的战场。(刘巍巍《一到中年苦难深,最怕最坑是比拼》)

3.3.4 明喻和隐喻在违实性上的一致

明喻和隐喻(包括暗喻、借喻等)也没有明显的界线,如下面的明喻和隐喻几乎不加区别地连用、混用:

(27) 论文越来越像稻草堆砌的"豪宅",而不是坚固的"砖房"(《中国教育科研不能落入西方期刊论文指数之"坑"》,《中国科学报》2019-11-20)

(28) 就像名医号脉、扎针,政治家、思想家之评事论政也是号脉扎针,不过取的是思想之穴,号的是时代之脉。(梁衡《谁敢极言》)

(29) 污染企业好比一块超"油腻"的肥肉,虽然自身仍旧有贡献、被需要,但是影响健康的"肥油"已经被公众拒绝,宁可不吃,也不想沾染"肥油"得病。(《"油腻"企业出路何在》,《中国科学报》2019-12-05)

(30) 他的近乎讲演一样的发言能令沉闷的会场一扫慵懒之态,本来如

萎蔫的禾苗一样的与会者很快会被他的幽默语言浇灌得苗壮起来。（李铁《我们的负荷》）

隐喻的意思较隐晦,有时甚至需要对暗喻加以解释。有的解释本身就是明喻,通过明喻,来解释隐喻的含义,如以下就是明喻中嵌套隐喻的例子:

(31) 卓玛不但是他的太阳,还是他的月亮。她那粉红的笑脸好像红太阳,她那美丽动人的眼睛好像晚上明媚的月亮。（梁衡《追寻那遥远的美丽》）

(32) 爱就是充实了的生命,正如盛满了酒的酒杯。（泰戈尔《飞鸟集》）

(33) 初恋是两颗心第一次碰撞。就象两块带电的云在天边静静而盲目地浮动着;忽然,它们碰到一起了,即刻发出夺目的闪电。（冯骥才《爱之上》）

总之,如果我们把明喻句看作违实句,那么,隐喻句当然也是违实句,前者是有标记的,后者常以判断句、修饰语的形式,可以看成是无标记的。在理解时,当然不能解读成"论文是砖房""生活是河流""我们是扁舟"等。这些比喻句本质上不过是一种假设和想象。

3.4 比喻违实性的成因

正因为隐喻是不严格的说法,才导致了其违实性。为什么隐喻不严格?因为往往只抓住其中一点建立隐喻联系。过去学者认为生成和理解隐喻句需要认知上的"飞跃",刘大为(2001:62,66)称这种认知为"原发性认知",是一种"沉溺式理解"。实际上,隐喻是非常浅层的、松散和随意的,如:

(1) 高级轿车就是介绍信和通行证。（古元《人生与乘车》）

(2) 周滟滟挺着肚子来青山绿水公司玩,……这有什么不好意思的呢,里面装着的是她的幸福江山的保证书。（路也《亲爱的茑萝》）

(3) 您别生气,这小子是牲口,牲口,不会说话。（何申《村民组长》,《长城》1993 年第 6 期）

违反现实的等同关系主要由三种途径。首先是因果关系的环节省略形成的,如:

(4) 战场上时间就是胜利!（毕淑敏《昆仑殇》）

(5) 基地咬咬牙,花一万元,给大楼粉了层新壳,白雪雪的,勾着金黄金黄的墙缝,等于给没牙老娘(方言姥姥)套了条新裙子。也等于按积木的画法搭法弄细致大楼,让楼往乡野里一站特别异国。(白玲玲《浪漫年华》)

(6) 那些美味佳肴就是我创作的原动力。我刚刚写了个开头,便在心里头对自己说,瞧,我已经"写"了一盘苜蓿肉了……等后来又写了一大段时,我对自己说,这算是一盘鱼香肉丝吧。(路也《饮食疗法》)

(7) (癌症病人)大部分是广泛转移,被"判了死刑"的,少部分是"死缓"。(柯岩《面对死神》)

以上各例中的"是""等于"都是从效果上说的。如例(5)中的"等于"并不表示平行的等同,而是说效果上的等值。例(6)的"是"表示价值上的等值关系,例(7)的"是"表示结果上的等值关系。

其次是基于功能关系和角色扮演关系形成的:

(8) 他奉行这一真理:有烟办事就是通行证、介绍信、万事通。(王世春《今夜好难熬》)

(9) 没有男人的女人必须是一个业余的电工兼管道工。(路也《幸福是有的》)

(10) "少说废话。记着,人家来了,咱们都是孙子,是孙子你懂吗?"(何申《村民组长》,《长城》1993年第6期)(角色扮演关系)

例(10),"是孙子"等于"装孙子"(类似的有"装蒜")。和"充好汉""逞英雄"中的动词一样,"装""充""逞"都表示了其中的角色扮演的关系。类似的例子还有:

(11) 魏向东……说:"从现在开始,你们就不要拿我当男人了,你们甚至都不要拿我当人——我现在是妇女用品。……"(毕飞宇《玉秧》,《十月》2002年4期)

(12) 叔叔这个科长成了具体办事人员,成了书写文件的笔,成了按公章的机器。(张宇《晒太阳》,《小说界·长篇小说》第13期)

(13) 欧洲更应该选择中国,而不是变成中美两强"乒乓竞赛桌"上那个"挨打的乒乓球"。(潘亮《拉法兰新书触动西方"中国观"》,《环球时报》2019-11-29)

例(11)魏向东负责工会的"生活工作",其实就是妇女工作,给女教师发卫生巾等,因而将自己和妇女用品等同。例(13)基于美国发动贸易战后中美关系的隐喻,把欧洲类比成乒乓球的角色。

最后也是最常见的,就是对喻体在语言中已经产生了一种稳定的"比喻义",因此可以用暗喻的形式来对本体进行"界定":

(14)让他到这边来干管理,那是天上掉下来的馅饼,肯定把他高兴得浑身掉渣。(高和《中国式饭局》)

"天上掉下来的馅饼"已经具有"意外之惊喜"的比喻义,用法如同一个形容词,这里只是表示恩赐给一个打工仔工作的性质。如果用明喻的形式,则强迫人们抛弃陈旧的比喻义,重新开始一个本体喻体比较的过程。如果没有创新点,这种做法显然是不经济的,也是不必要的。类似的例子有"女人是花""共产党是太阳"等。语言中同时有"女人像花""共产党像太阳",但在特定语境中"花"和"太阳"比喻义的存在使得本体可以用它们来进行界定。

隐喻符合违实句的一般性特征,特别是违实条件句,往往只顾一点,不计其余。正因为这样,所以对任意两个领域进行强制性的类比,我们总能勉强找到其间的相似点。如:

(15)1. 开车得先有驾照。做科研也要受过相应的训练。……2. 开车不要随便换道,不能超速,也不要一条道走到黑。科研过程中最好不要经常变换研究方向和内容……(王崇臣《做科研如同开车》《中国科学报》2019-06-03)

联系总是可以找到的。

认识了比喻违实的本质,可以解释很多比喻现象。如南宋陈骙《文则》提出"博喻":"取以为喻,不一而足。《书》曰:'若金,用汝作砺。若济巨川,用汝作舟楫。若岁大旱,用汝作霖雨。'《荀子》曰:'犹以指测河也,以戈舂黍也,以锥飡壶也。'此类是也。"这里都是明喻的博喻。隐喻的博喻同样常见。典型的博喻格式如"既像……又像""既是……又是",很多是性质不同的事物,按照矛盾律,不可以同时用于界定同一对象,但对于比喻句是不存在的,如常见的"既是天使,又是魔鬼""集天使与魔鬼于一身"等。再如:

(16)(谈美国的养老问题)既是天堂,又是坟场。(竞鸿,吴华《一言难尽美国人》)

(17)癌症患者曾称肿瘤病房是"死亡集中营"。如今改叫"生命新驿站"。(沈裕慎《感悟拔"刺"》,《新民晚报》2020-01-17)

当然更多的还是非矛盾性的、铺排型的博喻。有的采用直接铺排喻体的方式：

（18）CUSPEA 是一面旗帜、一个大家庭、一支队伍。（《十年树木今成
林》,《中国科学报》2019 - 11 - 20）

（19）稀土是绕不开的一座高地,一把标尺。（汪竟,栗山《多面稀土》）

（20）稀土是宝贵的战略资源,有"工业味精"、"新材料之母"之称。（任
会斌,闫金光《我国成为最大稀土产品出口国》）

有的通过关联词语连接比喻句的方式：

（21）人到了青春期,既像一轮冉冉升起的朝阳,又像一艘航行在变幻莫
测大海里的航船。（许建阳,刘静《青春期心理》）

（22）社会中,我们每个人既是观众又是演员,始终在相互影响。（王永
福《人海泛舟》）

（23）新闻媒体不仅是党和政府与人民的喉舌与工具,而且也是党和政
府与人民的耳目。（张述传《新闻感悟》）

有的博喻则综合运用两种方式：

（24）它们（有着相对完整形态的火山）既是一本本厚实的"火山史书",
又是一座座"天空之城"。……是难得的天然"博物馆",是研究近
代地壳深部结构及其活动性的天然"窗口"。（《寻找完整火山》,
《中国国家地理》2019 年第 12 期）

文艺理论中的"喻之二柄""喻之多边"也跟违实有关。"比喻有两柄而
复具多边。盖事物一而已,然非止一性一能,遂不限于一功一效。取譬者用
心或别,着眼因殊,指（denotatum）同而旨（significatum）则异。……每举一而
不及余。"（钱锺书 1986：37-39）同一个喻体,可以和不同对象进行类比,建
立比喻关系。如以下拿股票交易和人生、考试和婚姻比方：

（25）订婚叫建仓,结婚叫成交,生子叫配股,感情不合叫套牢。一见钟
情叫飙升,白头偕老叫长线,山盟海誓叫股市泡沫。婚姻登记是
新股申购,举办婚礼是新股入市,旅行结婚是境外上市,父母给钱
是资产注入。离婚叫解套,吵架叫震荡,分手叫割肉,失恋叫跌
停,分居叫停牌。——人生就是股票交易（《讽刺与幽默》2016 -
04 - 22）

（26）父:"这次考试,行情如何?"子:"发生崩盘,指数暴跌。"父:"报一
下收盘价位。"子:"数学 56,语文 43,物理 52,政治 49,化学 58。"

父:"怎么搞的? 满盘皆墨。以前走势尚好,这次这么多翻空。"
子:"基本面分析,平时上课因研究股市行情而没能好好听课;技术面分析,这次监考太严,各种救市措施无法出台。"(《考情如何》,《讽刺与幽默》2016-03-04)

(27) 原以为你是绩优股,你现在越来越不尽如人意,简直就是只垃圾股。我们的感情没啥投资价值了,我们的婚姻跌停板了,何必俩人长期套牢,割肉吧! 各自资产重组、建仓,明天去民政局办交割。(陈景凯《股嫂训夫》,《讽刺与幽默》2016-06-24)

3.5 比喻和违实条件句

很多违实条件句的前件本身就是比喻:

(1) 如果李清照像祥林嫂一样,是一个已经麻木的人,也就算了;如果李清照是以死抗争的杜十娘,也就算了。她偏是……(梁衡《乱世中的美神》)

(2) 如果每个人的内心,都像是锁了很多秘密的仓库,那么如果你够幸运的话,在你一生当中,你会碰到几个握有可以打开你内心仓库的钥匙的人。(痞子蔡《第一次亲密接触》)

例(1)和例(2)条件句的后件是普通的陈述。有时,违实条件关系的前后件都是比喻句,后件句比喻的成立以前件比喻的成立为假设条件。这种情况常以"如果说"作为标志:

(3) 如果说瞿塘峡像一道闸门,那么巫峡简直像江上一条迂回曲折的画廊。(刘白羽《长江三峡》)

(4) 如果说石油是工业的血液,那稀土就是工业的维生素。(汪竟,栗山《多面稀土》)

(5) 如果说,正定大残碑是一个未登皇位的人梦中的龙座,阳山大碑材就是一个已登皇位者。(梁衡《人与石头的厮磨》)

(6) 如果说彭(德怀)的信是摸了几颗瓜给人看,张(闻天)的发言就是把瓜藤提起来,细讲这瓜是怎么长出来的。(梁衡《张闻天》)

例(3)前后件都是明喻,例(4)、例(5)前后件都是暗喻,例(6)前件是隐喻,后件是暗喻。因为用于确认语篇中话语的合适性,所以西方学者认为它们是一种"元语篇条件句"(metatextual conditionals),如:"我丈夫,如果我还可以这么叫的话,很喜欢抽烟。(已经离婚)""他很高兴,如果不是欣喜若狂的话。"①

这种元语篇条件句前后件都是比喻,一定意义上可以颠倒过来说,如切换话题的焦点,"如果说巫峡一条迂回曲折的画廊,那么瞿塘峡简直像江上一道闸门""如果说稀土是工业的维生素,那石油就是工业的血液"都成立。Dancygier(1998:108)称其为"对称性元语篇条件句"(symmetric metatextual conditionals)。

如果将条件句中的两个比喻句合起来看,两个比喻句又基本上是平行的,两句中的本体和喻体都分别共同属于两个领域,所以两句共同将两个领域对应起来,建立了一个元隐喻关系(Meta-metaphor)。如 Dancygier 和 Sweetser(2005:132-135)所举的例子:

(7) If the beautiful Golden Gate is the thoroughbred of bridges, the Bay Bridge is the workhorse. 如果说金门大桥是美丽的纯血马,那么海湾大桥就是任劳任怨的老马。(《旧金山纪事报》1996-11-11)

两个比喻句都基于"桥梁"和"马"间的元隐喻,作者称这种条件句为元隐喻条件句(Meta-metaphorical conditionals)。

在元隐喻条件句中,只要前件的比喻成立,那么后件的比喻也自然成立。两个比喻不一定是完全的平行关系,有时也存在推论关系:

(8) 如果说生活是无始无终、滔滔不绝、时聚时分的一条河流,我们每个人就像河上的一叶扁舟。肉体是我们的船身,意志是我们的马达,而判断,那就是舵了。(王蒙《如歌的行板》)

(9) 如果把诗中的每一个字比作砖瓦,那么,警句就是梁柱。(臧克家《诗刊》1980(8))

(10) 假如把生活比作土壤,文学不过是它躯体上的花草和庄稼。(从维熙《从维熙集》)

这种元隐喻条件关系有时是隐含的,不一定使用关联词语,而且比喻的形式

---

① 类似的还有一种"言语行为条件句",如:"如果我能问个问题,那么你昨晚你在哪里?""如果你饿了,抽屉里有饼干。"条件句用于表达"质疑""提供帮助"等言语行为。它和"元语篇条件句"一起统称为"会话条件句"。(Dancygier 1998:89-108)

也是多样的：

> （11）现实世界是非常复杂的、多面的，就像一个同时开演各种各样的戏剧杂耍的"游艺场"一样，作家生活在这世界里，并不应该做一个旁观的游客，而必须自己参加在某种戏剧或杂耍里面，做这种生活集团中的一员。（以群《"现实"与"题材"》）

> （12）四小龙相当于亚洲的四个盆景，而中国是一块广袤的森林。（胡锡进《如果我们做一个大胆的假设……》）

> （13）语言的海洋也是辽阔无边的。我们从事文学的，都得像一尾游在大洋中的鱼才好。（秦牧《在词汇的海洋中》）

> （14）每个人在人类智慧的长河旁边，都不过象一只饮河的鼹鼠。（秦牧《社稷坛抒情》）

这些例子都可以理解为条件句。例（11）、例（12）都是明喻+隐喻的组合，例（13）、例（14）都是隐喻（借喻）+明喻的组合。像后两例，如果还原成元隐喻条件句，分别为："如果语言是海洋，那文学工作者就是鱼。""如果人类的智慧是长河，那么人就像鼹鼠。"

有时一个比喻句之后，会继续按照比喻的逻辑说话。有的本身就是违实条件句，从而构成多重的违实条件句；有的则进一步增强隐喻的违实意味，如：

> （15）这焦大，实在是贾府的屈原，假使他能做文章，我想，恐怕也会有一篇《离骚》之类。（鲁迅《言论自由的界限》）

> （16）监狱是所大学校，何华辉在里面用七年多的时间学习如何与这个世界和解，看清自己的弱点并准备融入这个社会。"4年加3年，我本科读完又读了个研究生。"他自嘲。（长安剑《一名刑释人员的凌晨四点半》，"上观新闻"）

例（15）中元隐喻条件句内嵌一个违实条件句，即"如果焦大是屈原，那么他写的文章就是《离骚》，如果他会写文章的话"；例（16）"何华辉"没读本科和研究生，基于"监狱是学校"的暗喻，将坐牢的七年分为四年加三年两个阶段，对应于四年的大学本科和三年的研究生，引起幽默的表达效果。

有时条件句的前后件的区别也很模糊，两个比喻糅合在一起，需要加以解析，将元隐喻条件提取出来：

> （17）语言象一大堆砖瓦，必须由我们细心的排列组合起来，才能成为一

堵墙,或一间屋子。(老舍《我怎样学习语言》)

（18）生活知识对于文艺作者,就象水对于游泳家一样。没有水,他不单
　　　不能表现他的游泳技术,而且根本不会养成他的游泳技术。(以群
　　　《"现实"与"题材"》)

（19）生活是艺术所由生长的最肥沃的土壤,思想与情感必须在它的底
　　　层蔓延自己的根须。(艾青《诗论》)

例(17)可提取"语言是砖瓦""作品是建筑"两个比喻;例(18)可提取"生活
知识是水""作者是游泳家"两个比喻;例(19)可提取"生活是土壤""思想情
感是根须"两个比喻。

3.6　比拟和违实条件句

　　传统修辞学研究的一个难题就是比拟和比喻的区分问题。比拟是否都
以比喻为基础? 不少人认为比拟本质上就是比喻,区别仅是形式上的。谭
永祥(1982:31,1986,1988)认为所有的"比拟"在意义上都包含有"比喻"的
意味,它们的区别就是结构上的不相同:比喻有本体、喻体和比喻词,出现了
喻体,就是比喻;比拟有本体、拟体和比拟词(即适用于拟体的词语),只出现
了本体和比拟词的就是比拟。喻体的隐现是区分比喻与比拟的根本标志。
如以下二组例子:

（1）a. 春天像刚落地的娃娃,从头到脚都是新的,它生长着。(朱自清
　　　《春》)

　　　b. 春天,从头到脚都是新的,它生长着。

（2）a. 曙色像一片翠蓝的水,流动在原野的尽头。(杨朔《昨日的临汾》)

　　　b. 曙色流动在原野的尽头。

例(1)a 出现了喻体"娃娃"和比喻词"象";例(1)b 只出现了本体"春天"和比
拟词语"从头到脚……",而拟体没有出现,所以例(1)a 是比喻,例(1)b 是比
拟。例(2)a 出现了喻体"水",例(2)b 直接使用"流动",是比拟。"比拟中的
拟体,它只能是潜在的,绝对不容许露面,一露面就不再是比拟,而是比喻了。"

　　江天(1989)则明确指出"比拟是比喻的进一步发展",如"他跑得像飞一
样"是比喻,而"他飞过来了"则是比拟;"天上的星星闪动着像人眨眼一样"
是比喻,而"天上的星星在眨着眼"便是比拟了。

西方认知语言学也主张"比拟以比喻为基础"。Lakoff 和 Johnson(1980:
33-35)专章(第7章)讨论拟人,主要观点是:首先,拟人是一种把非人看作
人的本体隐喻;其次,拟人的"人"并非泛泛之人,而是特指某类人。如关于
"通货膨胀"的一组句子:

(3)a. Inflation *has attacked* the foundation of our economy.

　　b. Inflation *has pinned us to the wall*.

　　c. Our biggest *enemy* right now *is* inflation.

　　d. The dollar *has been destroyed* by inflation.

　　e. Inflation *has robbed* me of my savings.

　　f. Inflation *has outwitted* the best economic minds in the country.

　　g. Inflation *has given birth* to a money-minded generation.

这里的底层隐喻并非 INFLATION IS A PERSON,而是更特别的 INFLATION
IS AN ADVERSARY。

综上,比拟和比喻存在着明显的转换关系。同样地,比拟具有直观的违
实性,是表达违实条件的重要修辞方式。从形式上看,拟人常作为违实条件
句的前件句出现,因为这种前件句常以"若"作为形式标记,以表示不可能发
生的事情。如唐诗中的拟人诗句:

(4)若使江流会人意,也应知我远来心。(元稹《嘉陵水》)

(5)若使此花兼解语,推囚御史定违程。(白居易《山枇杷花二首》)

(6)若使解言天下事,燕台今筑几千金。(司空图《喜山鹊初归三首》)

例(5)指如果这种花(山枇杷花)能与人说话,那么推囚御史一定要耽误行程
了。例(6)称山鹊如果能像人一样谈天下事,就将受到黄金台的礼遇。

有的比拟出现于违实条件句的后件句,如例(7)。另外,其表达的违实
义也和夸张相通:

(7)如果不是人们把刀柄紧紧握住,它们(指"刀")似乎会自行其是,
　　嗖嗖嗖呼啸着夺门而去扑向各自的目标,干出人们要大吃一惊的
　　事情。(韩少功《马桥词典》)

3.7　结　　论

传统修辞学中比喻分为明喻、暗喻和借喻三种。本章对这三种比喻的

考察显示,它们都有很强的违实性,较多应用于违实条件句的生成中。另外,以比喻为基础的比拟,在违实条件句中也表现出相似的特征。

在传统修辞学中,比喻是一种语言技巧,而在当代语言学的视域下,比喻更是一种认知的框架。这是我们考察其与违实条件句的关系的理论起点。语言具有有限性,而表达是无限的。从这个意义上,两者之间存在着天然的矛盾。比喻正是救济语言之穷的语言实验。佐藤信夫(2013)说,"不想方设法就办不成事情,这正是语言的一个宿命。这种办法就是辞格。"而在辞格中最基本的形式就是"直喻"。我们经常怀有想将自己独特的体验表达在语言中的令人焦虑的愿望。佐藤信夫举了一个在深夜寂寞的马路上行走的案例,细腻地描写了当时心惊胆战、疑神疑鬼的心理体验,并指出这种恐怖的体验,却又很难准确地形诸语言、告诉给别人,引起别人的共鸣。这是因为这种体验在讲话人和听者之间不是共有的,在语言中也没有现成的表达。我们只好用"像……那样""如……一般"等这种形式,努力接近我们内心形成的那种感觉。如"男孩子急忙跑过来"。如果你觉得这样说言不尽意,那你就可以开启比喻的措辞试验,将一系列喻体代入"男孩子像……一样地跑过来",使用诸如"像小狗一样/像小鹿一样/像皮球一样/像箭一样/像风一样/像滚下坡去的碎石子一样……"这样的比喻。通过不断地替换来寻找最切合自己的感觉的表达。可代入的用语几乎是无限的。伴随着这种替换过程的是隐喻思维与生俱来的违实性想象、违实性思维,及"如果这样说是否合适"的条件假设。

违实义作为一种语用义又具有可取消性。蒋严(2000)指出,"违实语义并不是句子的逻辑语义或组合语义,而是在语用过程中得到的特定解释,是寓义(implicature,又称'含义')。寓义的特点之一是可被取消而不致引起矛盾"。由比喻构成的违实条件句,其违实义在一定的语境里同样表现出可取消性。如《第一次亲密接触》有这么一句:"我实在无法将这样的女子与恐龙联想在一起。但如果她真是恐龙,我倒宁愿让这只恐龙饱餐一顿。"句中由隐喻构成的违实性条件一开始就被否定。因为比喻本身是违实的,所以这种撤销是通过割裂本体和喻体之间的联系而实现的。

第四章　道义情态真的指"道义"吗?

张新华

4.1　"道义情态"研究简述

相对动力、认识情态,道义情态的研究较为薄弱,甚至存在较大的理论偏差:该情态的真正内涵并非"道义"。

4.1.1　国外关于道义情态的研究

4.1.1.1　Lyons(1977: 823)认为"道义情态关注由道德上负责的施事(<u>morally</u> responsible agents)所发动作的必要性或可能性",分四类:义务(obligation)、允许(permission)、禁止(prohibition)、赦免(exemption)。Palmer(2001)认为道义情态和动力情态都指"未实现而仅是潜在性的事件",道义情态来自"外部的权威"(external authority,典型是话主),分三类:允许(permissive)、义务(obligative)、承诺(commissive)。Chellas(1980)认为道义情态的语义核心就是[义务],道义情态句的典型形式是"应该存在 A"(it *ought* to be the case that A),其语义即"有义务、必须出现 A"(it is *obligatory* that A)。

上述学者对道义情态的认识都来自 von Wright(1951),该文直接使用"义务的模式"(modes of obligation)的称谓,分三类:义务(obligatory),如"应该"ought to;允许(permitted),如"可以"may;禁止(forbidden),如"切勿"must not。von Wright(1951: 41)还提出,道义情态和命题的真假没有联系。

以上文献对道义情态的认识和界定,都强调它专指人类行为领域的道德责任。Hacquard(2006)对道义情态的定义最为狭义,认为"真正的道义情态"(true deontics)限用于言语行为,具体表现为向受话施加一种义务,使他必须执行某种动作。Bhat(1999)的认识则有较大不同,该书认为道义情态指某种"强制"(compulsion)力量,它使一件事的发生成为可能或必然。

英语"道义情态"的 deontic 一词来自希腊语 deon，指 duty（责任、义务），可见 deontic 的命名集中体现了学界对"道义情态"内涵的认识。实际上，道义情态并不仅限于指责任、义务范围的情态现象，并且也不蕴涵对补足语动作的执行性。"道义情态"的语义核心狭义看是 [规律]，广义看则是"规范"（norm）、"标准"（standard）、"常规"（convention）之类。所以该类情态现象的合适称谓应该是"规范情态"。不过就汉语而言，如果对"道义"不从"道德、义务"的领域解读，而把"道"理解为"大道、道理"，"义"理解为"天经地义"视角的一般性规范，则二者也就属于 [规律] 的范畴。这样改造的话，"道义情态"的称谓也就合理了。

各种情态范畴的深层语义根据都是规律，道义情态则直接把规律、规范作为前台的基本表述对象。同时，该情态所指 [规范] 带有较强的主观性，表示人们对一类事物、现象之一般标准的认识，即在人们心目中，一种事物、现象的常规形式应该是什么。语义上，[规范]、[标准] 只存在于共相、规律的范畴层面，特定个体自身是无所谓标准的，这就决定了道义情态一定是共相凸显的情态现象，强调人们对于规范和标准的共识和遵守。

道义情态的主观性体现在人们关于一种事物之本质特征的认定上。根本上说，规律范畴都是主观性的认识，属于所谓的"理论假说"，所以原则上规律都允许修改，甚至被推翻。但在一定的时间周期内，规律只能被接受，否则就无所谓任何规律；规律被接受就构成公共信念。道义情态表示的就是人们对一条具体规律的主观认同行为。所以对已得到普遍认同的规律、道理，除非要再次强调个人的认同或实现某种修辞效果，一般就不再用道义情态表述。

语法界对 [规律]（laws）作为一个语法范畴还缺乏明确的理论认识。一般处理为"通指句"（generic sentences），着眼点是外延、全称量化，采用的逻辑工具则是三分结构（tripartite structures）；重要的文献如 Carlson 和 Pelletier（1995）。哲学界及心理学界的认识则与语法界相反。他们直接称"规律句"或"规律命题"，认为该类语句表示两种 [共相]（universal）范畴间的必然关联，记为 $N(\phi, \psi)$，即规律句的语义核心是情态。句法上，规律句是一个简单的主谓句，并非三分结构；陈述对象则就是 [共相] 本身，而非全称量化算子所约束的个体变元。（Armstrong 1983；Leslie 2008；Liebesman 2011 等）与一般讨论的限定小句正好相反，规律句的语义特征是 [非定位性、抽象性、内涵性]。控制道义情态句法行为的语义核心就在于[规律]。与规律相对的是[个别事件](episodes),本书一般称"个例",其各方面的语义特征都与规律相反:定位性、具象性、外延性。

一个共相范畴的内涵即一束规律。共相的本质和规律二者谁先谁后?应该是规律,原理是:先有对一类事物行为特征的认识,然后形成对该类事物本质特征的规约化接受;类名的语义内涵即指事物的本质特征。例如在封建社会,先有"女人应该裹脚"的社会规范,后有类名"女人"的本质特征,[①]后者是对前者的范畴化。同样,先有一类职业行为,后有执行该职业的类名,如先有新闻报道的职业行为,后有"记者"这个类名。

4.1.1.2 "道义情态"的概念缺乏语言事实的支持。一方面,没有一个情态词的功能是专指人类行为的"义务、允许",而不能同时指存在于自然事物身上的规律现象;另一方面,一般认为典型指道义情态的"应该"及英语ought to、should,其典型用法都不指道义。语义上,人的行为要符合某种标准,这与自然事物的行为具有特定的标准,其原理并无不同。与客观事物的行为规律相比,人类行为的规律并无太大的特殊性,不足以构成一种独立的情态范畴。"道义、义务"无非规范、规律现象之一,即后者在人类伦理行为上的一种特殊表现。"人<u>应该</u>诚实/尊老爱幼"与"水<u>应该</u>往低处流"的表述理据并无二致。

文献对道义情态多提出[允许]这个次类。其实[允许]有一部分属于动力情态,如"合理的程序<u>可以</u>提高效率",指事物自身潜能对其行为的允许。另一部分则确属道义情态,如"申请者获得执照后就<u>可以</u>营业",指外部制度的许可。但"制度对个体行为的许可"也只是[规律]涵盖[个例]的一个具体情形,并无特殊性。[规律]涵盖[个例]即道义情态的语义核心。动力区别于道义情态的关键就在于情态根据不同:前者的情态根据首先是事物自身所具有的物质内涵,然后结合环境因素,由此引发相应的动作;后者则或者直接表述一个主观认同的理想性的规律,或者根据一个事先确立的规律来解释、规定个体事物的行为。

Palmer(2001:70)所述道义情态的"承诺"类也有待商榷。作者把它描述为"话主保证该动作会发生"(speaker guarantees that the action will take

——————————————————

① 这个实例由河北大学蒋静忠教授提供。

place)，通常指答应或威胁(promises or threats)，英语用 shall。但该书对"承诺"类的语法现象讨论很少，举到的英语用例是 John shall have the book tomorrow(约翰明天会有这本书)、You shall do as you are told(你应该按照被告诉的那样做)。作者也承认"大多数语言并无专门表示承诺的语法形式"，不过 Ngiyambaa 语的"非现实"标记(irrealis)认知上指"可能"，道义上指"权威"(authoritative)义；所举实例是 warja：y-ndu-gal dhagurma-gu yana-y-aga[You shall none of you go to the cemetery(你们谁也不能去墓地)]。

"义务、承诺"等道义情态次类的概括都只是基于语义，缺乏句法行为上的系统验证。并且这种语义也只是 shall 在特定语句上的临时用法，并未构成 shall 的一个稳定义项，说到底是一种随文释义、语境义。在特定语境往往会有不同的解读，这是情态词的常态，如果由此就对每个情态词的每个语境读法都设一个情态次类，那么情态范畴的次类将是不可控的。例如，下面语境的"可以"也指承诺，但一般语法书都不会为"可以"设置一个[承诺]的义项：

（1）男主角在山下声嘶力竭："我<u>可以</u>为你去死！"

至于"话主权威"，则并无构成道义情态根据的能力。"权威"只是表象，其实质是[强力]，后者则是动力情态的基本要素。"权威"确实造成"允许"的内涵，但其最终根据则仍是具体的物质要素：权威只是物质要素的控制者，来自权威的允许最终完全是来自具体物质条件的允许。

设想如下语境：一个人观察了当地环境，发现地面很好且无门卡，则可说："你<u>可以</u>进去。"这时"可以"的情态根据明显是当时的物质因素，"可以"指动力情态。"你<u>可以</u>进去"若由景区门卫说出，则"可以"表面看明显读为允许，很像一般说的道义情态。其实这时"可以"的情态根据与前述普通人言说时的唯一不同仅是对物质因素增加了一层控制环节，基本语义机制并无二致。普通人说"你<u>可以</u>进去"就是动力情态，换上门卫就是道义情态，这种处理显然是随文释义，不能概括情态的本质。反之，若无具体物质因素的支持，则任何权威的允许都无法支持补足语的实施。例如，即便所有国家的总统都允许"你<u>可以</u>上织女星"，补足语也无任何可执行性。

从语言事实看，"道义情态"的提出应该是学者所观察的情态词的实例有限，特别是过于看重人类行为领域的用例，而缺乏对不同行为领域情态词用例的广泛考察。英语典型指道义情态的词语是 ought to、should，二者都不

限于指人类行为,而也可指自然事物;汉语"应该"类情态词也是如此:

（2）The healthy stomach <u>ought to</u> be with respect to all food just as the mill with respect to all things which it is formed to grind.

健全的胃应当像磨子对待所有它天生要磨的东西一样对待所有食物。

By way of showing us what a canvas <u>ought to</u> be like he hauls out a huge one which he had recently completed.

为了给我们讲解油画该是怎样的,他拖出一幅他最近完成的巨大作品。

（3）The trichloroacetone formed <u>should</u> exhibit lines in emission.

所形成的三氯丙酮应该在发射中显示线条。

The electric field far away from the particle <u>should</u> match the excitation field.

远离粒子的电场应与激发场相匹配。

（4）按照概率论,同时事件的概率应该是各独立事件概率的乘积。

（5）在理想情形下,电流计的刻度应该是等间距的。

上述句子都是 ought to、should 及"应当、该、应该、应"等的普通用例,但用"义务、许可、承诺"之类描述都不合适。显然,如果对一种语法范畴语义内涵的描述不能涵盖其所有日常用例,这种描述一定是可疑的。实际上,不但道义情态常表述无生名词的行为特征,指人类意志行为的情态词"要"也虚化为可指物理事物,如"橘子树一年要施好多次肥"。笔者方言(邢台)与河南商丘话(据蒋静忠)里甚至认知动词"想"也是如此,如"现在天这么阴,想下雨了"。"义务、承诺"的语义核心是人的意志行为,这远非道义情态范畴的典型特征。

英语另一个常用于指道义情态的情态词是 must,它也并非只限用于人类行为,汉语"必须"也是如此。如:

（6）Nor does a cloud alone give a rainbow, there <u>must</u> be the crystal drops to reflect the light of the sun.

单独一片云不会产生虹,必须要有结晶水珠才能反映太阳的光线。

一些情态词在一些语境确实可以表示道义要求是一回事,但"道义"自身构成了一个独立的语法范畴,则完全是另一回事。相比之下,汉语"不得"

倒是比较专门指对人类行为的禁止。但一方面，"不得"自身即采取否定形式，显然是有标记的，另一方面，其使用频率不高，且强烈倾向用在祈使句，后者并非道义情态的典型语境。这些特征恰恰从反面显示：普通道义情态是不限用于人类行为的，且不指向执行。道义情态句的基本特征是陈述性，而非祈使性，前者绝非都可转换为后者。

构造原理上，"义务"指道德法律对人所应执行的特定动作的要求、规定，这是[规律]对[个例]涵盖关系的一个特例，并不构成一种语法范畴。义务只是"应该"句的一种语境读法，即主语是指人名词，补足语指伦理、法规方面的动作。如"人应该尊老爱幼"确实具有义务性，可表述为"人有义务尊老爱幼"。其实即便在人类行为领域，具有义务属性的动作也远没有人们想象的那么多，如"人应该多运动"就无所谓义务，无法表述为"人有义务多运动"。"执行性"只在主语是定指名词时才较明显，如"你/我们/小李应该多回家看看"，但主语的人称差别并不构成"应该"的功能内涵，该句的内涵完全可中性刻画为"你/我们/小李多回家看看才合适"。

4.1.1.3　撇开道德、义务层面的内涵，Searle（1964）关于从"'是/存在'推出'应该'"（derivation of "ought" from "is"）的讨论，倒真正指出了道义情态的核心特征。即，道义情态的语义机制及其具体表述内容，直接来自客观事物自身的本质及其行为规律。逻辑上，并不存在从[存在]推出"应该"的问题，而是"应该"就是对[存在]本身从规律层面上做出的规定式的表述。

相比之下，Foot（2001）"自然的善"（natural goodness）的阐述更为可取。事物都有基于其自身的善、好，如"橡树的根应该深而健壮"，因为这样才符合橡树自身的善。并且对道义情态而言，对"善、好"须从"本性、合理、规律"的广义上理解，并不限于"对其生存有利"的狭义层面。如"野草应该是绿色的"，"绿色"是"野草"的本性、一般规律，这里并不存在"有利"的语义要素。

与道义情态语义最为切近并常同现的三个类语缀是"才好/对/是"，三者指对道义情态所指[合理性]的明示，都与义务无关（参看4.2.3.2）。类似的现象还有："应该"义近"最好"，后者也不限用于义务领域，如"电流计的刻度应该/最好是等间距的"。形容词"好"本身也有道义情态用法，同样与"道义"无关，如"电流计的刻度不好是等间距的"。"好"不指道义维度的积极性，而指一般性的合适。同样，有利性也不构成"应该"的内涵，其补足语接受消极义动词，并无价值的内涵，如：

（7）帕金森病人<u>应该</u>有这四个特征：慢、抖、僵、倒。

道义情态所指[合理性]与黑格尔"凡是存在的都是合理的"的表述，基本原理完全一致。日常往往会把这句话从道德、政治的层面上理解，这与把道义情态理解为"义务"一样，都属误解。"杀人放火"之类行为在道义层面显然不存在合理性，但该行为本身仍具有客观必然的规律性，这就存在合理性，所以同样可用"应该"做出情态判断：

（8）按照刘勇以前的性格，他早就<u>应该</u>去杀人放火了。

"性格"指人的本质属性，这就造成确定的行为规律，"杀人放火"的行为符合该本质属性，即可用"应该"对其做出合理性的断言。例（8）显然无法按照"it *ought* to be the case that A"及"it is *obligatory* that A"的模型刻画。

4.1.2 国内文献关于情态词"应该"的讨论

4.1.2.1 汉语典型道义情态词有"应该、应当、该、应、当、得、必须"等，本文主要以"应该"为例进行考察。吕叔湘等（1999）把"应该"的用法分为两种：1）"表示情理上必须如此"；2）"估计情况必然如此"。鲁晓琨（2004）认为"应该1"指"对某种情况是否合乎情理进行评价"，"行动可以和情理相同，也可以和情理相背"，"不存在程度问题"；"应该2"指"根据情理推断某种情况出现或存在"。张寒冰（2017）提出道义情态和第二人称主语是无标记组配，这个认识可以说与前述Hacquard（2006）不谋而合。彭利贞（2019：16）认为道义情态有"情理要求"与"事理要求"上的区别，"前者来源于话主的权威，后者则来源于物质、社会世界的要求"。

值得注意的是，吕叔湘等（1999）对"应该1"的解释是"情理上必须如此"，而并未提到"道义、义务"相关的内涵，即作者并不认为"应该"与道义有什么关系。这个描述无疑是客观合理的。后来文献则普遍把"应该1"归入所谓道义情态，显然是先入为主地认为确实存在"道义"的情态范畴。"情理"在语法范畴上即[规律]。不过仔细分析的话，"情理"这个称谓的语义也失之模糊，字面上它包括"情"和"理"两方面的内涵，其实关键只是"理"，即客观规律，并无"情"的内涵。问题的关键就在于："理、客观规律"在道义情态中是如何具体发挥作用的？另外，"必须如此"所指情态强度有些过高，如"橡树的根<u>应该</u>深而健壮"并不指"必须如此"。鲁文的描述则有些含糊："应该"本身显然只能确定地表示一种情况"具有合理性"，而不会是极性疑问句形式的"是否合乎情理"。并且"应该1"显然也"存在程度问题"，而非作者认为的"不存在程度问题",如:"有关部门<u>很应该</u>多办些有益于生产的好事、我们<u>太应该</u>好好学学法律了。"

学者之所以会认为道义情态和第二人称主语是无标记组配,其出发点就是道义情态的语法意义是[义务]、[许可]。这个认识得不到语言事实的支持。本文在 CCL 语料库检索发现:"应该"共出现 92 099 次,其中"你应该"2 243 次,"你们应该"288 次,合计 2 531 次,占比 2.76%。"他应该"1 272 次,"他们应该"539 次,"她应该"488 次,"她们应该"24 次,"它应该"479 次,"它们应该"73 次,合计 2 875 次,3.12%。"我应该"1 693 次,"我们应该"3 810 次,合计 5 503 次,5.98%。三个人称合计 10 920 次,11.86%;三个人称的占比顺序是第一人称>第三人称>第二人称。其余则为 81 179 次,占比 88.14%。

以上数据显示:"应该"句的第二人称主语比例恰恰最低。根本上,观察主语的人称现象对了解道义情态的功能本质是否有价值,颇为可疑。比如在科技语篇中,道义情态句的主语很少会是指人名词及代词,如前面的例(2)—例(5)。另一方面,主语的指称特征(主要是类指和定指的区分)确实与道义情态的功能特征具有内在关联,单纯观察人称现象却并不能提示这个联系。语法现象上,对道义情态的来源须区分类名和定指名词。前者的情态根据主要是主语事物自身的本质特征,如例(9)a,后者则来自主语所指个体之外一般规律,如例(9)b:

(9) a. 怀孕的女人<u>应该</u>少饮酒。　　b. 小李<u>应该</u>少饮酒。

例(9)b 的情态根据表面上可以说是话主的权威,实际"权威"只是表象:话主并非凭空做出该句的情态断言,而是对相关规律了解之后做出的判断。"权威"只是[规律]范畴的执行者,而并不构成一种在句法层面起作用的特定语法范畴。类名和定指名词主语的分别是造成道义情态功能分化的重要参数,需系统阐述(参看 4.4、4.5),此略。

4.1.2.2　汉语典型道义情态动词是"应该",它形成道义、认识情态两种用法,这个语言事实也明确提示规律才是道义情态功能的关键。规律是认识道义情态相关句法现象的基本线索。"应该 1"指对主语采取补足语动作具有合理性的认定,这时"应该"或者直接表述一条规律本身,或者根据规律明确规定个体的行为方式,后者包含一个三段论的演绎推理。"应该"常可说为"理应",即反映了上述语义构造,"理应"指"按照道理(即规律)应该

条件句与情态研究 ——————————————————————

如何行为"，规律所指存在方式即动作行为的根据。"应该2"则指对事件存在性的推断，其语义机制是：无法用事先了解的规律完全控制当前关注的具体情形，也就是存在诸多语境因素的干扰，这就导致"应该"所指的确定性判断被削弱。

[干扰因素]是构成"应该2"功能原理的积极因素，即只要当前语境不存在干扰因素，或者可以忽视干扰因素，则总是读为"应该1"。这个现象出自认知心理上的"规律情结"：人们总是期望规律可以稳定地涵盖、控制、解释具体个例，这源于规律对个例的"涵盖律"。干扰因素的存在情形是：规律句是语境独立性的，不存在干扰因素；个例句反之，是语境依赖性的，总是存在干扰因素。反映在具体用例上，"应该1"表现为优势解读，"应该2"则需要语境参数的支持。吕叔湘(1999)在"应该2"举了如下二例：

（10）a. 这是尼龙的，应该比较结实。b. 他昨天动身的，今天应该到了。
以上二句可指推断，但仍可指一种确定的期望，即话主认为只有这样才合理。

"应该2"的语义机制仍在于用先验规律解释当前的具体情形，但由于存在规律不能涵盖的特殊要素，所以推断的可靠性受损，从而表现为不确定性。如上述例(10)a的推理关系是：

大前提：尼龙材料都是结实的；小前提：这个东西是尼龙做的；

结论：所以它应该比较结实。
以上推理关系是确定的，这时就读为"应该1"；但当前情形也可能存在上述推理不能涵盖的因素，如该尼龙材料磨损严重，这时就读为"应该2"。相反，典型的规律句天然是不存在干扰因素的，这时就不存在读为"应该2"的根据。如"领导就应该承担责任"，"应该"直接关注"领导"这个类名的本质特征，这里不存在干扰因素的作用空间，所以只能读为"应该1"，即"领导"采取"承担责任"的行为方式才是合理的。

要之，规律是控制"应该"各种情态解读的根据，只有对共相范畴之间的内在关联做出稳定的情态认定，才能对具体事物的特定行为进行的情态认定或推断。反之，单纯基于一个特定个体及其行为本身，是无法做出任何情态判断的。

另外值得注意的一个现象是：方法上，文献对情态词往往采取概括一些语义类别，然后举例说明的模式。这种做法可称"词典释义"式，其合理性尚可斟酌。一种语义概括无论多么精准，说到底都属经验式的语感，对深入揭示一个情态词的本质及语义机制是不够的。这里涉及一个方法论的原则：语法学在解释具体句法行为时所用到的一切概念，都应该是得到确切定义的语法范畴，而不可诉诸语法之外的一般语感及日常经验。即语法学对任何语法范畴、语义参数的处理，都不能视为不证自明的东西。

文献对道义情态所提出的"义务、承诺、允许"等概括，实际就是视之为不证自明的经验概念。给出一个带 shall 的语句，说其中的 shall 指的就是义务，这并非证明道义情态的语法内涵是义务的合适做法。同样，径直把"义务"规定为一个情态算符 O，把道义情态句的语义记为 OP，然后就进入"$(OP_1 \wedge \ldots OP_n) \to OP$"之类的推演，这种语义刻画无非对"义务"一词的同语反复，也难以令人满意。需要追问的问题正是：到底什么叫作"义务"？其语义机制如何？"义务、承诺"等概念的内涵都非常复杂，远非直观自明，让用户根据其知识背景来决定，显然是不可靠的。

4.1.3　小结

道义情态的语法意义并非"义务、承诺"之类，而是[合理性断言]。一般认为典型的道义情态动词如汉语"应该"及英语 ought、should 等，其基本语法功能都并非表示"义务、承诺"。[合理性断言]的根据是[规律]，对规律范畴的结构要素从更高的认识立场加以合理性的评价，即构成道义情态。对个体事物而言，其存在方式符合事先确立的一般规律即为合理。一切存在都是合理的，即一切具体存在都可归入一种规律。人类行为领域的义务、承诺是个体按照规律发起动作的一个实例。

道义情态的功能首先是直接表述规律范畴本身的构造方式，其次是用一般规律规定具体事物的存在方式，后者通过三段论的推理来实现。当规律不能完全涵盖当前关注的具体情形时，道义情态就表示推断，即改变为认识情态。

4.2　道义情态指合理性断言

道义情态表示对主语事物 NP 采取补足语 VP 之动作才合理的一种判断。这是一种外位评价关系，同时具有语义、语用两个维度的特征。语义上关注事物自身属性对补足语动作的决定关系，语用上体现为话主对事物动

条件句与情态研究 ————————————————————————————

作方式的主观选择。

4.2.1 "应该"所指合理性断言的语义结构

4.2.1.1 "应该"的语义构造方式是：根据某种事先确立的标准 p，认为当前关注的事物 NP 采取 VP 的存在方式才合理。该语义构造具有下面三方面的推论：

a. 合理性判断预设一种理想性的标准。对事物采取何种存在方式才合理，这并非个人或权威的凭空认定，而具有客观的标准；该标准的具体载体是类范畴及人们一般认同的规律。

b. 道义情态具有[多中选优]的特征，蕴含[可能性]和[交替项]这两个语义参数。原因是：进行合理性判断的前提是事物 NP 具有采取多种不同存在方式 VP_1……VPn 的可能性，如果只有唯一一种存在可能性，则不存在合理性的问题；所选择的那个交替项总是话主认为最佳的。这个"最佳"数量上不一定唯一，另外，"最佳"并无严格比较的关系，而是话主在特定情境中主观认同的一项。

c. 作为选择的标准不完全来自主语自身的属性，而具有外部关联。这里表现为程度问题，分别的根据是主语的指称特征：类名的评定标准主要来自主语自身，定指名词的评定标准则一方面来自个体所属的类，另一方面来自当前的语境信息。这种语义联系的实现机制即三段论推理。

不同"应该"句的功能分化原理就在于：作为情态判断的标准多大程度存在于本小句（即 clause，也可称"子句"）之内，特别是在主语名词本身的语义内涵中是否有明确的提示。该标准在本句表述得越明确，则"应该"所指情态判断的确定性、客观性越强，类似分析判断；反之，如果情态判断的标准不能在主语名词本身得到明确提示，则"应该"的确定性弱、主观性强，属综合判断；极度缺乏明确的判断根据时，"应该"就指推断。

如"你应该到一线"，"到一线"是"你"当前可能采取的诸多存在方式之一，现在话主认为"你"采取该方式才合理。这表面看直接表示一种断言、规定，实际该断言并非凭空做出的，也与权威关系不大，而有充分的事理根据。该根据并未在小句表层直接编码，但一定是在语境中明确蕴涵的，所以该句自身在语义上实际是很不完备的，表现为：如果不对提出"到一线"动作的理由做出明确描述，主语"你"对该动作是不会接受的。反过来看，不可能随便对一个个体提出"应该到一线"的提议。

单纯基于一个特定的个体自身无法做出任何道义情态的判断。个体行为具有合理性的直接根据就是类范畴,道义情态的一个重要功能就是表示类与个体之间的语义联系。类有两种情形,一是规约化的自然类,如例(1);二是特定情景提示的同类事物,如例(2):

（1）小赵是个成年人了,<u>应该</u>有自己的家。

（2）李同志接受批评,表示他<u>应该</u>为此担负责任。

例(1)"应该"的情态根据是"成年人"这个类的一般行为规律,单纯就"小赵"自身而言,是不存在"有自己的家"才合理的判断的。这个程序通过三段论推理完成:同类个体在当前情景中都采取 VP 的方式,当前主语即属该类事物,所以这样做才合理。例(2)的根据是在该类情形中,人们都是担负责任的,现在"李同志"就处于这种情形,所以也须担负责任。一切"责任"行为的根据都是明确的先验规范,不可能单独就任何特定个体自身而做出责任的认定。

4.2.1.2　"应该"具有[难得性]。这是[合理性]的派生特征,原理是:合理性的存在方式是人们所希望达到的,蕴含"一般不容易达到"的潜台词。哲学上一般认为道义情态表示"应然",这个概括要比"义务"的描述合适得多。"应然"提示难得性、理想性。对此可从反面进行验证。有两种规律句排斥"应该",一是日常公认的经验规律,二是已得到普遍认同的科学规律。前者排斥"应该"的原因是它指日常很容易实现的状态,不符合难得性的特征,比较:

（3）a. 人都([*]应该)吃饭。　　b. 人都<u>应该</u>努力。

　　a'. 人都<u>应该</u>吃饭,但世界上还有多少穷人没饭吃。

（4）a. 人([*]<u>应该</u>)是高等动物。

　　b. 人<u>应该</u>是高等动物,但匪首刘某还不如畜生。

"吃饭"是"人"的日常基本行为,在已普遍实现的状态下,该行为就不具有难得性,这时排斥"应该",所以例(3)a 不成立;但如果在一些地方该行为并未实现,就表现为难得性的特征,这时就接受"应该",所以例(3)a' 成立。与"吃饭"相比,"努力"显然并非日常容易实现的行为,而是所希望的理想状态,所以例(3)b 接受"应该"。例(4)也是如此,"人是高等动物"是天然的事实,这时排斥"应该",例(4)a 不成立;但对特定的个例而言,该事实也并不容易实现,这时就接受"应该",例(4)b 成立。

条件句与情态研究 ———————————————————————————

已得到普遍认同的规律排斥"应该"。因为这种规律相当于公理,不具有个人断言的信息传达价值。这种难得性并非该句所述状态难以实现,而是形成该规律的认识没有难度。但另一方面,如果要强调对该规律本身的论证关系,则具有断言价值,这时就接受"应该"。比较:

(5) a. 地球(*<u>应该</u>)绕着太阳转。　　b. 地球<u>应该</u>是绿色的。

　　a'. 地球<u>应该</u>绕着太阳转,这从万有引力定律上是可以解释的。

(6) 当一个均匀的硬币被掷时,头像向上和向下的情形<u>应该</u>分别赋予什么概率?

(7) 3 乘 6(#<u>应该</u>)等于 18。

例(5)"地球绕着太阳转"指已得到普遍认同的规律,并无断言价值,所以排斥"应该",例(5)a 不成立;但如果把该规律的[合理性]本身作为论证的目标,这时自然就具有断言价值,所以接受"应该",例(5)a' 成立。例(5)b"地球是绿色的"是对绿化程度低而言的所希望的状态,这即[应然]的典型形式,所以欢迎"应该"。例(6)表示由"均匀的硬币被掷"推出"头像向上、向下"的概率,是典型的论证关系,这种语境是欢迎"应该"的。在例(7)中,如果单纯从数学体系内部看,"3 乘 6 等于 18"是完全排斥"应该"的;该句接受"应该"的语境是某人计算有误,别人进行纠正。

"应该VP"往往是对"应该怎么VP"问题的回答(参看4.3),但一些指琐碎动作、琐碎事物(trivials)的句子排斥构成"应该怎么VP"的特指问句。原因是:它们在日常认知上不重要,所以人们一般不去深究它们所可能包含的诸多不同选项,并从中选出一个最佳项、标准形式。如:

(8) *我们<u>应该</u>怎么哭/笑/跺脚/脱袜子/坐马扎?

(9) *树叶<u>应该</u>怎么摇动?

人们很少关注"哭、树叶飞舞"等的标准形式,所以上述句子都排斥"应该"。

与前述例(3)—例(7)的情形相似,如果在某特殊环境需要对琐碎动作提出理想性的形式,则形成[应然、难得]义,这时就接受"应该"。比如,"我"是一个电影演员,下面的句子成立:

(10) 在表演愤怒情绪时,我<u>应该</u>怎么哭/笑/跺脚/脱袜子/坐马扎?

"应该怎么哭"明确提示"哭"可有诸多不同的进行方式,"应该"则指从中选出最佳项的断言关系。

当然,对"理想存在形式"不能按照"理想"的字面义做绝对的解读,"应该"所指理想形式的强度显然没有那么高。例如对"我们应该怎么孝敬父母"而言,对理想行为方式的追问,即对所有可能行为方式进行排序,然后从中选出符合当前社会规范的最低标准,刻画为:[V1<V2<V3<…<Vm<…<Vx],其中 V 都是"孝敬父母"的方式,它们存在[合乎社会规范]的等级,Vm 之前的不合社会规范,Vm 及其后选项都合规范,Vm 即为可接受的理想形式。这并不意味着 Vm"最符合社会规范",也不意味着具有排他性①。另一方面,"理想形式"常常是比较而言的,具有很强的语境依赖性。例如,如果连父母的最低生活保障都做不到,那么"孝敬父母应该保证父母能吃饱"即为理想形式。但如果物质条件都完全具备,那么满足精神需求就成为理想形式。

从量级看,"应该"与"至少"相契合,而与"最多"相斥。"至少"是积极性的,指当前关注的选项只是最小值,实际情形可能要大于该量级,如"这棵树至少 20 米高",20 米是最低量级,实际可能大于 20 米。"最多"则是消极性的,指当前关注的选项已是最大值,实际情形可能小于该量级,如"这棵树最多 20 米高",20 米是最大量级,实际可能小于 20 米。(参看张新华 2018)与"至少"相似,"应该"也指在一种行为方式所可能包含的一系列选项中,至少要达到那个一般认同的最小值。所以"应该"句往往可加"至少",二者并互为先后;但排斥"最多",如例(11)a。另一方面,"应该"也具有向上开放性,不排斥大于最低标准的更高的选项,如例(11)b:

(11) a. 孝敬父母(至少/*最多)应该(至少/*最多)让父母能吃饱穿暖。

b. 孝敬父母当然应该尽可能(*最多)让父母过上最好的日子。

例(11)a 显示"应该"对最低标准的要求具有一致性,例(11)b 显示"应该"对大于最低标准的选项就可具有很大的浮动性。

从深层看,理想性的实质即抽象化,这既是一切概念(即共相范畴)的基本特征,也是形成概念的基本语义机制。例如,物理学上有"理想气体、理想刚体",它们是对实际事物的抽象。数学更为典型,"圆、正方形"的概念都是理想性的,实际事物不存在真正的纯圆、正方形。概念所指内涵对具体事物

---

① 本段的分析借鉴了蒋静忠先生的建议,其中关于可能行为方式排序的刻画[V1<V2<V3<…<Vm<…<Vx],也由蒋先生提出,谨此致谢!

都表现为一定程度的理想性、难得性,如"做个真正的、大写的人真不容易",定语"真正的、大写的"即指"人"的理想形式,一般个体与之都存在距离。

另需指出,[难得性]和4.6所述"能"的[难成性]并不相同。[难得]是静态性的,直接关注一种动作自身的价值属性,即"难能可贵、好",但并不关注对该动作的实际执行过程。如"人应该厚道","应该"指"厚道"的属性对"人"具有难得性,但并不关注人怎么具体发出厚道的行为。[难成]是动态性,关注补足语动作从无到有的实际执行过程,需要"费力、使用技巧"等才能把一个动作做出来。如"人能笑,而动物不会",相比动物即可发现,做出"笑"的动作是有难度的,但"能"并不指"笑"对人具有难得、合理的价值内涵。

"难得"不一定"难成"。如"你应该帮帮他,举手之劳嘛","帮帮他"就你的物理能力而言并无难度,但在价值维度却具有难得性。"拔一毛而利天下"并不具有难成性,却具有难得性。又如:

(12)作为一名党员,应该/* 能从一点一滴做起。

"从一点一滴做起"没有难成性,所以排斥"能";但有难得性,强调只要做任何一点工作都是有价值的,所以欢迎"应该"。

4.2.1.3 "应该"句常构成"NP 就应该像 NP(的样子)"拷贝式话题结构[这个称谓借自徐烈炯、刘丹青(1998)],控制该句组合关系的语义核心同样是[应然性、难得性]。其中两个 NP 同形,但语义内涵具有重要的分别:话题位置 NP 指人们一般理解的该类事物的日常情形;宾语 NP 则指所希望主语事物具备的理想特征,具有[难得性],日常不易实现,如:

(13)孩子就应该像孩子。(否则就不是正常的孩子。)

(14)工人就应该像工人的样子。(否则就不是合格的工人。)

徐烈炯、刘丹青讨论的拷贝式话题结构包括"孩子到底是孩子、去就去"等现象,认为它们都有某种肯定和强调的作用。就"孩子到底是孩子"式而言,作者认为其语义关系是:"主目提出一种对象,着重表示外延,谓项提示听话人注意该对象的某种属性或联想意义,着重揭示内涵。"

本文则认为,"孩子到底是孩子"及上述例(13)、例(14)的话题同时指内涵和外延,且以内涵为主。原理是:话题位置光杆名词实际是类的专名,其语法意义包括两方面,一是直接把类本身视为一种单一的事物对象,而并不关注类对个体的涵盖关系;二是其所指的类反映人们日常对该类事物属性及行为特征的规约化认识。前者体现了光杆名词指外延的特征,这个外延指的是类本身作为一种事物对象,而并非类所涵盖的个体变元;后者则体现其内涵性:只有具有特定的规约化属性,才构成类。类一定要由一束本质特征来定义,单纯的外延不可能构成类。

如"苹果好吃""马善于奔跑",话题直接把"苹果、马"这种水果、动物整体作为一个单一的关注对象,而并不关注它们所涵盖的无数个体;谓语"好吃、善于奔跑"则指人们日常对"苹果、马"作为类的整体所具有规约性特征的认识。可比较,如果提示类对个体的涵盖关系,那么句义会不通:未成熟、质量差的苹果也很多,它们并不好吃;同样,刚出生的马、老马并不善于奔跑。一量名不具有作为类的专名的功能,而总是提示类对个体的涵盖关系,所以排斥指类特征的谓语:" * 一个苹果好吃"" * 一匹马善于奔跑"。

类的关键是本质属性,只有通过本质属性才能确定一个类,反之,个体变元层面的外延不可能确定一个类。类与一般讨论的量化算子所约束的个体集合,完全是两回事。个体是纯外延性的,只能把事物指出来,但不指任何具体属性。所以"一种对象"与"着重表示外延"这两种说法之间实际是自相矛盾的:单纯根据外延无法确定"一种对象"。光杆名词指类的属性的典型形式标志是:主语位置光杆名词总是可采取"作为 N"的形式,"作为"是系词性的,聚焦 N 的内涵,如"作为孩子,就应该像孩子"。

回过来看例(13),话题"孩子"是类的专名,指人们日常对孩子这类事物作为整体的规约化认识。这与类名话题在非拷贝话题句的功能特征是一致的,如"孩子就应该活泼",指"孩子"这类事物作为整体的本质特征,不提示作为外延的个体。补足语"像孩子"中的"孩子"则指确实如徐烈炯、刘丹青所言,着重揭示内涵。其实不但是"着重",而就是"单纯指内涵",即孩子这类事物所具有的一切本质特征,而完全不提示个体、外延。

虽然话题、宾语位置的光杆名词都关注类的内涵,却仍然形成分化,原因就在于"应该"的多中选优功能。话题位置类名指人们日常所了解一般的孩子,"应该"的补足语则指对该类事物的理想特征,所以宾语名词带有"地道、理想、大写的"之类的内涵。该句提示如下潜台词:人们日常了解的"孩子"缺乏"理想孩子"所应有的美好特征。句法上,该句"应该"前往往加"就",功能就在于强调话题、宾语名词在内涵上的落差。另外,该句可加括号的后续句,明确提示日常孩子对理想特征的缺乏。

同样,"孩子到底是孩子"的话题也是类的专名,不关注实际存在的孩子个体、外延,而是关注"孩子"这个类的整体。这一点与本文讨论的例(13)完全相同。不同的是,"孩子到底是孩子"实际是同语反复,话题、宾语的内涵等同,都指孩子这个类的规约化特征。"孩子到底是孩子"的特别之处来自副词"到底"。"到底"指刨根问底地追究,追究的目的则是为了解释。所以"孩子到底是孩子"这个小句表达上实际是不完备的:并不是作为独立小句客观评述"孩子"这个类的特征,而是用于对语境中所发生的特定事件进行解释。例如,发现某孩子 n 做出一些调皮幼稚的行为,现在则用该句解释,n的行为可以理解,因为一般孩子都如此。所以该句的实际语义结构是:"由于 n 还是孩子,所以到底还是会像一般孩子那样作为。"例(13)则不然,就是作为普通独立小句,指出"孩子"这个类所应具备的理想特征。

进一步看,拷贝式话题结构的话题也可由定指名词充当。这时话题位置专名指特定个体,是专名的一般用法,宾语则并非如此,而是指一般理解的该专名所指个体的典型特征,即把专名内涵化、概念化。这里的区别与上述"孩子到底是孩子"和"孩子就应该像孩子"是平行的:用"到底"时,句子是为了解释,话题位置专名不单纯指个体,而提示该个体当前发出某特定行为,现在则用其一般特征进行解释。用"应该"时,则句子不表示解释,也不提示特定行为,而只是一般性地表述该个体应该具备其典型特征。如:

(15) a. 梅西到底是梅西,一上场就扳回了比分。

　　　b. 梅西就应该是梅西,*一上场就扳回了比分。

例(15)a 用"到底",明确指向"梅西一上场就扳回了比分"这个现实行为,现在则认为该行为符合人们一般了解的梅西的特征,所以并不奇怪。例(15)b用"应该",不提示梅西当前做出特定行为,而只是一般性表示梅西应该做到他被人们所熟知的理想行为,所以不接受添加该后续小句。[①]

4.2.2　道义情态具有语义—语用接口的特征

4.2.2.1　[合理性]本身指一种实义内涵,但同时也表现为情态范畴层面上的断言态度。原理是:物理事件自身是直接存在的,并无合理性的内涵,[合理性]是从一个更高的认知立场对具体事物的存在加以评价、定性。

────────────

① 本小节与厦门大学李湘先生讨论,受益良多,"梅西到底是梅西"这个实例也由他指出,谨此致谢!

句法关系上,[合理性]相当于居于物理事件之上的一个轻名词,句法上则相当于同位语性质的高阶述谓。普通名词短语直接指物理事物,轻名词则是加于普通名词短语之上的壳名词,功能是从高位对该名词短语所指事物加以定性。轻名词与普通名词的关系,平行于轻动词与普通动词。如"手机这东西","手机"直接表示物理事物,"东西"是轻名词,从高位指明"手机"的类特征。同样,普通动词"踢球"所指实施关系可概括为轻动词"进行、实施、搞"。

"合理性"对物理事件的关系与轻名词"东西"对普通名词"手机"的关系是平行的,原理是:道义情态所指合理性就是对共相范畴自身的反思式概括。如"橄榄树下应该有和平","橄榄树下有和平"直接表述一类物理事件本身,"应该"则指从价值合理性维度对该类事件的定性。通俗说,事物符合自身的本性即为合理,也就是前述 Foot(2001)所谓"自然的善"。语义上,"橄榄树下应该有和平"相当于"我认同/接受橄榄树下有和平的合理性",添加的"认同、接受"正体现"应该"所具有的断言性质指话主对事件所具合理性的接受态度。

句法上,"应该"具有很强的形容词性,这就造成道义情态动词兼具内部视角和外部视角。前者表现为:关注主语事物自身属性对补足语动作的决定作用;后者表现为:指话主根据一种先验规律、规范而对主语采取补足语动作的合理性做出认定,所以"应该"义近"对、好、合适"。比之英语,"应该"很像"it is appropriate to VP/ that S"句式中的情态形容词 appropriate。下面三个句法环境都显示"应该"的形容词特征:1)直接充当谓语及独立成句,如例(16)、例(17);2)以"是应该的"格式做谓语,如例(18)、例(19);3)做补语,如例(20)、例(21)。三者都表示对一种物理行为从本质特征上做出判断,所谓定性认识,句法上则表现为高阶述谓。这些形式都属于道义情态的分析式用法,与"NP 应该 VP"具有转换关系。

(16)A:你给客人泡茶应不应该? B:应该,应该! (你应该给客人泡茶)

(17)A:我们要打两张合同。B:是的,这应该。 (我们应该打两张合同)

(18)公务员做好工作是应该的。 (公务员应该做好工作)

(19)付出是应该的,得到是暂时的。 (应该付出)

(20)广大驾驶员也认为罚得应该。 (应该罚)

(21)这钱花得太应该了! (这钱太应该花了)

"这"是体词,直接用"应该"做其谓语,显示"应该"作为普通形容词的特征是非常完备的。一般可能补语、状态补语都不属于高阶述谓。如"卖得完","完"指"卖"的结果的可能性,结果属于动作自身的内部构造,所以并非高阶述谓。指情态可能性的"得"则是高阶述谓,如"打得"指"打"是允许的。又如"长得白白胖胖的","白白胖胖的"指"长"自身的存在样式,所以并非高阶述谓。评价性补语则一定是高阶述谓,如"罚得好/对/不合理","好、对、不合理"指"罚"的行为的合理性,都是典型的高阶述谓。

语义构造上,高阶述谓也就是在普通物理事件之上另外添加了一层述谓信息。"动作+论元"构成物理事件,这是世界客观存在的基本语义单位。高阶述谓则超出直接存在的物理事件之外,而指话主对其所采取的某种主观态度。体貌、时制都属于物理事件自身的结构要素,道义情态则并非如此,它居于物理事件之外、之上,所以"应该"句包含双层语义关系:物理事件层、主观态度层。一般评价关系指事物对象符合人的利益,"应该"则指事物的存在符合该类事物的一般标准。

"应该"指合理性断言的功能内涵还可从所有"应该"句的句末都可加"才好/对/是"得到验证,"才好/对/是"构成道义情态句的一般形态标记。"好、对、是"是汉语最典型指评价行为的形容词,"好"指"合宜、妥当","对"指"相合、正确、正常","是"指"对、正确"(以上释义引自《现代汉语词典》第7版)。三者的共同概念结构是:被评价对象与先验规范相符。任何一件特定的事是否"正确"都不能从其自身决定,而只能根据自身之外某种事先确立的普遍标准,前者与后者相符即为"正确、合宜"。在共相范畴身上,则存在日常状态与理想状态的差距,前者符合后者即为合宜,如古汉语"君君"指"作为君,要符合人们认同的理想性的君的行为特征",所以可以说"君就应该有君的样子"。"好、对、是"与"应该"在语义内涵内在契合,并以前加量化成分"才"的形式加于"应该"句的句末。"才"指选择关系,即主语 NP 可采取不同的存在方式,而当前提出的 VP 才是最合适的。有时也可单独用"好",实际也带有"才"的语义,如例(22)c。

(22) a. 你和老七的性情,<u>应该</u>调换调换<u>才好</u>。

    b. 花儿<u>应该</u>少浇些水<u>才好</u>。

    c. 家庭暴力到底<u>应该</u>怎样界定<u>好</u>呢?

(23) a. 清明这一天似乎<u>应该</u>总是下雨<u>才好/才对</u>。

    b. 其实,广州更<u>应该</u>叫绿城<u>才对</u>。

（24）a. 做寡妇一举一动都<u>应该</u>比做人家太太加倍谨慎<u>才是</u>。

　　　b. 对漫画而言,理论也<u>应该</u>讲得轻松些<u>才是</u>。

三者中,"才好"的虚化程度略低,提示物理现象对人的价值内涵,"才对、才是"则单纯表示小句所述物理事件是合适的。来源上,上述句中的"才好/对/是"本来都充当主要述谓,以其前整个"应该"句为表述对象,后来则发生虚化,但其虚化程度相距句末语气词仍然还远。平行于"词缀",不妨称之为"句缀"。"应该"句的句末都天然带有"才好/对/是"的内涵,这也构成反对"义务"论道义情态观的明显证据。"义务"无非特定行为符合一般规律这一道义情态现象在人类伦理领域上的一个特例,如例(23)"清明应该下雨"显然不存在[义务]的内涵,而描述为[合理性判断]就很自然。

句缀"才好/对/是"与句中的情态词"应该"构成一种框式结构;二者在句法形态上虽然并不一致,但语义上颇为相近,类似镜像关系:"NP 应该VP"可改写为"NPVP 才好/对/是",如"花儿<u>应该</u>少浇些水"可说为"花儿少浇些水<u>才好/对/是</u>"。刘丹青(2002)认为框式结构是由前置词和后置词构成的使支配成分夹在中间的一种结构类型,如框式介词结构"当……时"、框式连词结构"既……又……"等。在小句层面上,"应该……才好/对/是"也可视为一种框式结构,补足语 VP 是二者的共同支配成分。这与它们的语义特征是契合的:一方面都具有较强的实义性,另一方面也都带有很强的主观断言语力。

另一方面,"才好/对/是"与普通语气词"嘛、的"也有接近之处。如例(23)b 可说为"广州更<u>应该</u>叫绿城<u>嘛/的</u>"。上述语法事实都明确提示:断言性质上,"应该"与"才好/对/是"以至普通句末语气词"嘛、的"是对当的,即"应该"发生了从核心实义动词 V 到情态断言范畴 C 的提升。"应该"最初是普通实义动词,后来演化为情态动词,如"姑嫂和睦理应该","应该"做"理"的谓语。分开用,"应"和"该"各自也都是情态动词,且都由实义动词演化而来。

为什么"应该"能跨过时制短语 TP 直接提升到更高的语力 C 层面(V-to-C Movement)? 语法事实上,"应该 VP"前确实接受时制成分,如:

（25）现在已经<u>应该</u>是日出的时候了。

"已经……了"表示"应该"所指情态合理性的时间信息。原因仍在于"应该"指高阶述谓,内在具有很强的主观性、断言性。

　　句内较低位置主观表述性成分的语力内涵可向上投射到全句的范围，这是一个普遍规律。如句内焦点成分可向全句投射（F-project to IP，Breul 2004 等），焦点也是一种强表述性的成分。实际上，例（26）的"应该"确实可提升至句首，句末并加"才对"：

　　（26）<u>应该</u>现在已经是日出的时候了<u>才对</u>。

　　"应该"的作用对象并非直接是 VP 本身的实际存在情况，而是从一个更高的外位立场对 NP 采取 VP 存在方式的合理性做出主观认定，所以其句末天然倾向配套使用表示断言的语气词"嘛、的"，以及功能内涵接近断言的句缀"才好/对/是"。可比较，动力情态动词"能"就主要指对补足语 VP 本身的存在量化，并表现为时制性。因为"能"与物理事件的语义关系更为切近，"应该"则明确居于物理事件之外。对应在句法上，"能"句的句末一般也不加"的、嘛"等语气词。另一方面，"应该2"句末总体看是排斥"才好/对/是"的，如：

　　（27）这时小李<u>应该</u>是已经到了南京了（*才好/对/是）。
该句"应该"指对"这时小李已经到了南京了"这件事整体存在性的推断，句末明显排斥"才好"，对"才对/是"似乎略可接受，但总体看还是不自然。其他情态词都未构成框式结构，只有道义情态有此形式特征，这个现象对认识道义情态的功能本质富有启发。

　　"应该"指［合理性断言］的概括还可从形容词"好"本身即有道义情态的用法上得到验证。这时"好"的语义就相当于"应该"。"好"的道义情态用法表现为负极性的特征，多用为否定或疑问、反问形式。句法上，"好"句的句末往往带语气词"的、啊"，这也显示道义情态确实携带明确的断言语力。与"应该"一样，"不好"也可转换为"NP‒VP 是不好的"的分析式形式，明确表示评价关系，如例（28）。"好"同时有动力情态的用法，这时就并无负极性，也不允许上述转换，如例（29）：

　　（28）a. 这里<u>不好</u>拍照<u>的</u>。　　c. 这里怎么<u>好</u>拍照<u>啊</u>。

　　　　　b. 这里<u>好</u>拍照<u>吗</u>？　　d. 这里拍照是<u>不好</u>的。（道义情态）

　　（29）a. 这块骨头（不）好啃。　　c. #这块骨头怎么好啃啊。

　　　　　b. *这块骨头啃是<u>不好</u>的。d. #啃这块骨头是<u>不好</u>的。（动力情态）
例（29）c—例（29）d 的"#"表示该句自身成立，但并非例（29）a 的转换形式：二者的"好"都会读为道义情态。例（28）a—例（28）b 在普通话中不大通行，主要出现在一些方言中,方言的情态词现象往往比普通话更为丰富。

"好"的道义情态用法为什么表现为负极性,而动力情态没有？原因仍在于道义情态具有难得性、理想性,即内在是"不好实现"的。动力情态则指主语采取补足语动作的潜能,自然是可以强调有些动作就是非常容易实现,如"难、易"本身即有动力情态动词的用法。

"应该"总是指根据先验标准对"NP－VP"加以合理性的评价,这个概括还可从以下事实得到验证:该句总是携带"理论上"的语义内涵,所有"应该"句表层都可添加该修饰语。"理论上"的变体还包括"从理论上说/看"等。与"理论上"内涵相似的还有"按理说、按说、理所当然"及"根据/按照规律/规定/制度/合同/协议"等,功能是更具体地指出"应该"的判断根据。其中"按说"既可用在指判断根据的原因小句之前,功能是介词,也可直接用在"应该"之前,功能是副词,这显示"NP－VP"的外部理论根据直接构成"应该"自身的语义内涵,如例(32)。"按说"的语义内涵就是:"按照某种人们普遍认同的理论,而对本句 NP－VP 做出判断"。例(34)"按说"表面上直接与"周民比哪天回来得都早"组合,实际并不单纯据此做出"她应该高兴"的判断,而是根据更一般性的行为规律:即"她"对"周民"感情很好,总是期待看到他。

（30）理论上,PCR 技术应该能对 DNA 样本进行定量分析。

（31）从理论上看,银行的产品都应该有风险加价。

（32）按理说,谷氨酸含量如此高的紫菜,理所当然应该成为生产谷氨酸的好材料。

（33）按规定,1.1 米以下的儿童本来应该免票乘车。

（34）（按说）周民比哪天回来得都早,她（按说）应该高兴。

"应该"句前也可添加"事实上",但"事实上"的范畴地位要高于"理论上"。虽然都是全句修饰语,但二者的语法内涵有较大差别。"事实上"的抽象度比"理论上"更高,因为"理论"也属于"事实"。"事实上"指单纯的断言:所谓对一件事进行断言,也就是话主在主观信念上认同它指的是客观事实。"理论上"则具体指其后小句中"应该"所指合理性判断的根据。这就决定了"理论上"与"应该"的关系更为密切,可整体置于"事实上"之下,如例(35)a;但反过来不允许,如例(35)b:

（35）a. 事实上,PCR 技术理论上应该能对 DNA 样本进行定量分析。

　　b. *理论上,PCR 技术事实上应该能对 DNA 样本进行定量分析。

　　4.2.2.2　否定词"不"可在"应该"前后浮动,其语义动因也在于"应该"具有认知性、断言性。原理是:一个否定式动作自身的否定义,向上提升为对其所持认知立场的否定义,即对一个否定式动作的肯定态度,等同于对相应肯定式动作的否定态度;正负 VP 在合理性上形成二极对立。这个现象鲜明提示了道义情态在语义—语用两个层面内在贯通的特征:补足语动作的否定属于语义维度,道义情态的断言则属语用维度,前者的极性信息被提取到后者身上,刻画为:

　　"不 VP"合理 ="VP"不合理,如"应该不抽烟"="不应该抽烟"。

　　从日常经验上看也就是:既然认为一种行为不合理,也就不去做该行为。在否定提升的句法行为上,"应该"与认知动词"认为"相似。如"我<u>认为</u>她<u>不</u>是明星"="我<u>不认为</u>她是明星",这也从一个层面显示"应该"的功能内涵确实是指主观态度,具有断言性。"认为"指通过一般认知而形成关于事物存在方式的断定,"应该"则专指在[合理性]这样的价值维度对事物的存在方式形成判断,其所指一般性的认知行为则与"认为"相同,即"应该"="认为 NP‐VP 合理"。

　　为什么只有补足语 VP 身上的极性特征会直接提升到"应该"身上? 因为极性是对动作存在情形的最高概括,即极性构成动作的语义核心。所以"应该"与带有负极性特征的动作进行搭配时,就先形成[应该+负极性]的组合,然后再引出物理动作 VP 本身。后来[应该+负极性]这个组合中的负极性要素,也就提升到"应该"之前。这里是句法驱动的,因为汉语不像英语那样允许否定词出现在情态动词之后。另一方面,在动作层面只有编码负极性的句法手段,却没有相对的正极性成分,正极性的语义内涵是默认信息。到了事件层面就有指正极性的句法手段,即"是",这时"是"同时就会带有断言语力,因为事件的句法层面更高。"应该"的认识情态功能作用于全句,所以在那里就与"是"形成契合关系(参看 4.5)。

　　郭昭军(2019)指出在"应该"句中,否定词一般用于"应该"前,而不是补足语 VP 之前,这个概括符合语言事实。不过"应该"句也不完全排斥否定词用在 VP 前,这种位置差异是具有明确的功能动因的,如:

　　(36)晚上睡觉,冬天(不)应该(不)超过 23 点。

　　(37)经济型轿车的销售价格(不)应该(不)超过 10 万元。

否定词用在 VP 之前,句子表示该否定式的动作自身是合理的,如"不超过 23 点睡觉的做法是合适";用在"应该"前,则是从更高的态度层面对 VP 的合理性进行根本性地否定,即高阶范畴层面的否定强度更高。因为这时指一般性的价值观、行为取向,如"超过 23 点睡觉的做法是不合适的"。总体看,除非要对 VP 的否定形式本身加以特别地强调,否定词还是多用在"应该"前,原因就在于:句法上,"应该"构成高阶述谓,VP 是次级述谓,所以可通过高阶述谓的否定而间接性地控制次级述谓。从更高层面控制客观事实,而不直接描述现实存在的物理事实自身,这是人类认识及全部语法体系的基本特征,表现在各种语法范畴上,如抽象名词、轻动词、轻名词等都属于这方面的语法现象。情态范畴则以对物理事件加以高位断言及量化操作的方式超出客观事实之外。其他情态词都不允许否定词提升:

（38）必须不抽烟 ≠ 不必抽烟

（39）在博物馆拍照,需要不开闪光 ≠ 不需要开闪光

（40）可以不使用武力 ≠ 不可以使用武力

（41）敢不执行连长的命令 ≠ 不敢执行连长的命令

（42）用 IE9 会不兼容 ≠ 用 IE9 不会兼容

原因是:其他情态词都关注补足语 VP 动作自身的物质属性。如"需要不开闪光"指"不开闪光"这种否定性的状态自身在物质维度具有重要作用,即不伤害文物。"不需要开闪光"指"开闪光"的状态在物理上不起作用,所以是不需要的。相比之下,只有"应该"表示单纯从主观态度上对补足语 VP 所指动作加以评价,不涉及后者自身的物质构造,所以表现为强认知性、断言性。

4.2.2.3　"应该"仍带有时间义,这是其在语义层面上的行为特征。该时间在性质上也属时制范畴,不过是框架(frame)层面的高阶时间。它与补足语动作发生的时间不同,后者是一般时制范畴,相对前者属于低阶时间。框架时间只能由时间名词负责,如"现在、以前、将来、很早"等,它们出现在"应该"之前,作用是为"应该"所指价值内涵划定一个时间范围。补足语 VP 还可携带自己的时制成分,它们都被包含于"应该"所占据的框架时间之内。

"应该"携带的框架时间(frame time)与补足语的发生时间可有两种关系。1）如果框架时间名词指的是时点,则其所指时间范围就与补足语 VP 的存在时间发生重合。这时该时间名词用在"应该"前后,句子的语义差别

不大,如例(43)—例(46)。2) 如果框架时间指的是时段,则它对补足语 VP 的存在时间是包含关系,这时该时间名词就不允许用在"应该"之后,如例(47)。时间副词"已经"的情形相似:如果"应该"的框架时间范围与补足语 VP 重合,则"已经"用在"应该"前后语义相差不多,如例(45);如果"应该"的框架时间对补足语是包含关系,则"已经"只能用于"应该"之前,如例(47)。

(43) a. 我们<u>应该</u><u>现在</u>就进行调查。

≈b. 我们<u>现在</u>就<u>应该</u>进行调查。

(44) a. 这事<u>一早</u>你就<u>应该</u><u>已经</u>知道才对。

≈b. 这事你<u>应该</u><u>一早</u>就<u>已经</u>知道才对。

(45) a. <u>现在</u><u>已经</u><u>应该</u>是日出的时候了。

≈b. <u>现在</u><u>应该</u><u>已经</u>是日出的时候了。

(46) a. 你<u>现在</u><u>应该</u>下地干<u>活去</u>了。

≈b. 你<u>应该</u><u>现在</u>下地干<u>活去</u>了。

(47) a. 都 18 岁了,你<u>现在</u><u>已经</u><u>应该</u>下地干活了。

(都 18 岁了,<u>现在</u><u>已经</u><u>应该</u>是你下地干活的时候了)

≠b. 都 18 岁了,你<u>应该</u><u>现在</u><u>已经</u>下地干活了。

例(46)"下地干活去了"指当下行为,占据一个时间点,这时补足语的发生时间与"应该"所指合理性的存在时间就完全重合,双方直接渗透,所以"现在"用在"应该"前后语义无别。例(47)"下地干活"是泛时性的,处于框架时间"现在"的包含范围之内,这时"现在"不允许用在补足语身上。

只有根据一个事先确立的规律,才能对 NP 采取 VP 的合理性做出断言。理论标准的句法形式以"理论上"为代表,"应该"所带的时间信息以"现在"为代表,补足语 VP 的时制信息以"已经"为代表,则"应该"句的语义构造刻画如下:

如"理论上/按说,现在小刘应该已经在公司了才对","理论上、按说"实际提示"NP–VP"所述事件在语义上是不自足的,而具有外部联系。"应该"指从价值及量化维度判断 NP 采取补足语 VP 动作的合理性。开始,"应该"是实义性、系动词性的,直接刻画由于主语事物的本质特征而形成补足语的动作方式。后来,"应该"的语义内涵发生虚化,并明显具备量化操作的功能,指主语事物一般性会采取补足语的动作。"应该"所指道义情态的句法

```
                        CP
                       /  \
                     TP    C（才对/的/嘛）
                    /  \
        Ad（理论上）    T'
                      /   \
              T（现在）    M-Q'
                         /    \
               M-Q（应该）    T'
                            /   \
                    T（已经）    V'
                               /   \
                             DP     M'
                                   /   \
                          M（应该）    VP
```

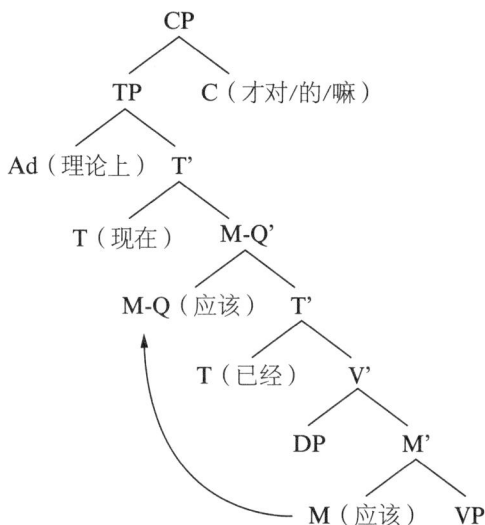

构造刻画为：由指主语事物之物理性的行为特征,到表示对主语采取补足语动作的量化操作。这样,情态也就超出直接性的物理存在,从而成为一种居于高位且对事物的物理存在加以量化操作的语法范畴。

蔡维天(2010)认为道义情态词(蔡文称为"义务模态词")低于时制短语。本文则认为,道义情态词可以高于时制短语,道义情态的补足语允准时体成分及限定小句(参看4.5)。这里的一个基本理论认识是：并不能把情态词的句法层面和 CP - TP - AspP - VP 的句法序列进行直接的对应。CP - TP - AspP - VP 的基本功能是陈述物理事件,情态范畴则表示对物理事件的量化操作关系。所以情态范畴不大会作用于 CP,因为后者是语力性的,除此之外,TP、AspP、VP 都可成为情态词的作用对象。

4.2.3　小结

道义情态的语法意义是指[合理性断言],带有语力内涵,表示对主语 NP 采取补足语 VP 动作的合理性做出判断。"应然性"的功能实质即理想性,应然、合理都有超出事物的一般存在情形的特征,即难得性。"应该"总是可与句末的"才好/对/是"构成框式结构,指明补足语 VP 是合理的。"应该"具有形容词的特征,"NP 应该 VP"句通常可采取"NP - VP 是应该/合适的"的分析式形式,直接指出动作的合理性。

道义情态兼具客观性和主观性,表现为语义—语用接口的特征。其语义属性的根据是：所指情态根据是事物自身的本质属性及相关外部要素,所以"应该"自身仍带一定的时间义。语用属性的动因是:"应该"指一种外位评价的立场,而在事物的众多存在方式中,把何者视为最佳项,也具有主观性。"不应该 VP"与"应该不 VP"之间存在转换关系,原因也在于"应该"指认知判断,与普通认知动词"认为"具有平行性。相比之下,动力情态则是强客观性、纯语义性的。

4.3 "应该"句的信息结构

情态词具有焦点敏感性是一种普遍现象。Halliday(1970)发现 Dogs must be carried 有歧义:可读为 Dogs must be CARRIED 或 DOGS must be carried,前者指"如果有狗的话,要带好",后者指"必须带着狗"。"应该"句的焦点现象也很丰富,其深层动因在于"应该"指多中选优的概念结构。

4.3.1 "应该"句焦点效应的功能原理

4.3.1.1 "应该"可把句中不同成分设置为焦点,并随之为句子带来不同的量化结构。单独一种动作自身无所谓合理,合理项总是在众多项目的比较中确定的。"应该"的补足语内在蕴涵一组交替项(alternatives),话主认为现在提出的这个是最合适的。同时,最佳项具有排除性、穷尽性,这一点与焦点算子"只"很相似。Rooth(1992)指出英语 only 是一种通指量词(universal quantifier),其限制域是其所饰 VP 激活的焦点选项集(focus-alternatives)。"应该"也是如此,其句子表层不一定用"只",但句末常出现"才好/对/是",与"应该"构成框式结构关系,明确提示多种选优的操作关系。"才"与"只"常配对出现,构成"只……才"的框式结构,这显示"应该"身上实际是带有"只"的内涵的。从信息结构的角度分析,"应该"句的构造方式是:

话题-应该-评述$\{c_1, c_2, (c_x)_F \cdots c_n\}$

其中"话题、评述"都是从信息性质上分析的,不一定与句子表层的句法成分相对应,并且事实上常常不对应。这是焦点范畴的基本功能,即对小句表层结构所陈述的语义关系加以重构。"评述"部分总是内在蕴涵多个选项,但它们并不在句子表层显性编码,而只有其中之一被提取出来,后者就被设置为句子的焦点,韵律上总是重读,即上述结构式中的"$(c_x)_F$"。焦点构成句子信息传达结构中的评述部分,其余部分则都是预设性、话题性的。

焦点成分的重读,除了表示强调外,实际同时也就是指明在自身之外尚有其他诸多选项的一种形态手段。量化结构上,话题成分取宽域,焦点成分取窄域,前者对后者是包含关系。

　　"应该"身上带有一种[选择]功能 S,"应该"句的不同焦点现象都是通过该选择功能实现的。操作方式是: 主语事物可有诸多可能性的存在方式,它们构成主语所可采取的存在方式的变元集合,并构成"应该"的选择范围,信息性质上是预设性、话题性的;然后,"应该"从这些变元中提取一个最佳项,作为主语最终采取的存在方式,信息性质上是焦点、评述。如"索引应该简洁明了"预设"索引的可能性存在方式包括简洁明了、繁琐难懂等",它们构成"应该"的选择范围,信息结构上即体现为话题;现在则提出其中的"简洁明了"是最佳选项,是主语"索引"应该采取的,信息性质上构成焦点。"应该"句的以上功能构造刻画为:

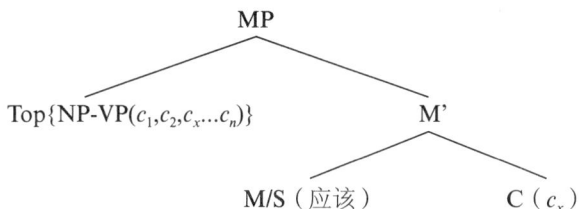

$$
\begin{array}{c}
\text{MP} \\
\diagup \quad \diagdown \\
\text{Top}\{\text{NP-VP}(c_1, c_2, c_x \cdots c_n)\} \qquad \text{M}' \\
\diagup \quad \diagdown \\
\text{M/S}(\text{应该}) \qquad \text{C}(c_x)
\end{array}
$$

　　在以上信息结构中,Top 部分自身即一个主谓结构形式的小句,该小句的某成分明确包含诸多变元,构成一个变元集(c_1, c_2, $c_x \cdots c_n$),"应该"的功能就是在这些变元中做出选择,选择的结果即焦点 c_x。变元集所包含的其他选项并不在本小句表层编码,但一定是明确蕴涵的,可在语境找回。上述信息结构句法现象上有明确的体现:"应该"句常构成"[NP+VP]—应该 VP'"的动词拷贝式,以主谓小句"NP+VP"为话题,明确提示诸多变元,下面4.3.4 再述。"应该"句焦点效应的形成原理就在于: 对话题部分"NP+VP"结构要素的具体关注点不同,所揭示的交替项也就不同,所以形成不同的量化结构,从而造成句子的歧义现象。这意味着所有"应该"句都是有歧义的,在实际语篇中,该歧义通过语境信息加以消解。

　　"应该"句的焦点可以落在各种句法成分身上。其中默认的情形则是以整个补足语 VP 为焦点,这是小句的自然焦点是尾焦点这一原理在"应该"句上的体现。在这种语境中,"应该"句的焦点特征不很显著,VP 也不怎么重读。乍一看,该句的 VP 似乎不提示什么交替项,实际总是提示正负对立,即

条件句与情态研究 ────────────────────────────────

在是否采取 VP 的做法上做出正面选择;该焦点现象的功能动因是"应该"天然带有[难得性]的语用特性。如:

（1）a. 企业**应该**多培育新增长点。　b. 小明**应该**保护秀丽。

两句的焦点是"多培育新增长点""保护秀丽",前者暗示企业往往并不重视该项工作,或一般难以做到;后者则暗示小明平时不怎么保护秀丽。可设想,如果一般企业就是把"多培育新增长点"作为常态行为,则这时就完全无须用"应该"表述;例（1）b 句也是如此。

除整个补足语 VP 外,句子的其他各种成分也都可作为焦点。不同的焦点设置,除了激活不同的交替项外,所引发的"应该"的情态根据也随之不同。仍以上述例（1）的两句为例,其焦点情形还可以是:

（2）a. 企业**应该多**培育新增长点。　b. **企业**应该多培育新增长点。

（3）a. 小明应该保护**秀丽**。　b. **小明**应该保护秀丽。

　　c. 小明应该**保护**秀丽。

例（2）b 预设"企业、政府、社会"等不同主体都可做多培育新增长点的工作,现在则提出企业做最合理,引发的情态根据是企业对该项工作利益最相关;相反,如果是"政府"做主语,则提示的情态根据是政府是管理者,最有资源。例（3）c"保护"激活"喜欢、尊重、讨厌、虐待"之类选项,现在指出相比其他选项,"保护"的理由更为充分,引发的情态根据是二人是亲属关系之类。其他各句原理相同,略。

"应该"句的一个常见焦点现象是以补足语的状语为焦点。在这种句子中,补足语的核心动词往往是羡余性的,缺乏信息价值,所以如果不用状语,句子就很难站住。信息结构上,该句是主语与补足语的核心动词构成话题,指预设信息,只有状语部分指新信息,即"[NP+VP]—应该 adv",如:

（4）a. 人**应该诗意地**生活。　b. 你**应该好好**与妻子相处。

例（4）a 如果不用状语,则"人应该生活"显著缺乏表达价值,难以成句。该句的信息价值关键就在于"诗意地",即"人生活应该采取诗意的方式","人生活"包含无限的可能性,现在用"应该"选出"诗意地"作为最佳项。例（4）b 若不用状语"好好",则"你应该与妻子相处"的焦点会落在"与妻子"上,提示"出轨"之类的对比项。但该句的表达意图并非如此,而是把"与妻子相处"整体作为一个信息单位,这时就只有"好好"指新信息,即"你与妻子相处应该好好的","你与妻子相处"整体是预设信息,构成话题,具有无数变元,现在选出"好好"作为最佳项,这即"应该"的功能所在。

要之,"应该"对所在小句信息结构的重构,具体是以[多中选优]的方式进行的。"多"指话题包含的诸多变元,"优"指所选择的变元中的最佳项。

"应该"句一种有特点的焦点现象是以"应该"本身为焦点。这时就构成断言焦点(verum focus),因为"应该"本身就是整个句子的断言语力之所在,现在则对该断言做进一步的加强。在这种句子中,"应该"前往往加"就、本来、是",句末带语气词"的、嘛",作用都是强调"应该"所指情态判断本身的理所当然性,所谓"天经地义"。实际上,各种"应该"句一般都能以"应该"本身为焦点,其余部分指预设信息。如前述例(1)可读为"企业**应该**多培育新增长点、小明**应该**保护秀丽",表示"企业多培育新增长点、小明保护秀丽"是理所当然的。

自身为焦点的"应该"句可分为两种情形。一是直接陈述一种一般事理,如例(5)、例(6);二是用一般事理解释当前现实态个别事件的合理性,如例(7)—例(10)。在这种句子中,如果补足语形式复杂,则常采取话题化的形式,并在"应该"后用"这样、这么做"回指,如例(7)、例(8)。

(5) 有情人**应该**终成眷属的。

(6) 男人就**应该**顾家嘛,这是男人的天职。

(7) 你用不好权就让我用,我用不好就让给贤者,就**应该**这样嘛。

(8) 你今天向莉莉表白就对了,男子汉就**应该**这么做的嘛!

(9) A:没发挥好,英语<u>不及格</u>。

　　B:正常!你平时没努力就**应该**<u>不及格</u>!

(10) A:冷啊!B:过年是**应该**<u>冷</u>的。

上述句子"NP+VP"所述都属人们日常公共认同的道理,所以整体属旧信息,所以这时就只有"应该"所指情态判断本身构成言语表达的动因,即"重申"对该事理的认同,并强调该事理适用于当前情形。很明显,"应该"加"本、就"等所提示的就是这种重申关系。

"应该"句的焦点现象也显示了语用-语义之间的接口现象,这是"应该"兼指情态和断言的双重特性造成的。焦点本身表示强调、新信息,这是语用性的,而在情态句中,焦点现象并非单纯体现为句子信息结构维度的特征,而总是进一步关注焦点成分所指语义内涵对情态根据的贡献。"应该"的语义核心是[合理性],但由于情态根据不同,事件的合理性也就会呈现为不同的形式,如前面的例(2)、例(3)。即"应该"句各种不同的信息结构表现,最终都可归结为对"应该"自身功能结构的不同解读,"应该"构成整个小句的句法及语义支点。一般陈述句的焦点成分就并非如此。如"小刘只带着小丽去看电影","只"的焦点可分别是"小刘、小丽、看电影",无论何者,句子都只单纯表示对该焦点成分的特别关注,并引发不同的量化关系,而并不另外提示该成分构成焦点的原因。

上述特征可从"应该"前加"更"的用例得到进一步的验证。"更"激活多个选项之间的比较关系,在"应该"句中,"更"则把其所指焦点成分相比其他选项所具物质属性的量度,转移到"应该"所指合理性的价值量度;句子所有成分所述语义内涵之间的关联,通过[合理性]的价值认定而贯穿起来。如:

(11) a. **面对新技术浪潮**,领导层更应该思考数字化转型之路。

　　　 b. 面对新技术浪潮,**领导层**更应该思考数字化转型之路。

　　　 c. 面对新技术浪潮,领导层更应该思考**数字化转型之路**。

例(11)a"更"指相比普通情况,"新技术浪潮"的量度更高,而这种客观的高量直接投射为"应该"所指合理性的强度。例(11)b"更"指向"领导层",句子强调的是"领导层"的本质属性决定了它发出补足语的动作才更合理。例(11)c"更"指向补足语的宾语"思考数字化转型之路",句子强调"数字化转型"的内涵决定了领导层用它应对技术浪潮才更合理。

4.3.1.2　特指问"应该"句的焦点现象值得专题讨论。"应该"句与特指问具有内在契合关系,从深层看,该句都是对一个特指问句"NP－WhVP才对/好/合适"的回答。原理是:该句蕴涵"NP－VP"在某结构要素上包含诸多变元,后者即疑问词的功能所在。如"黄镇长今年应该抓农田水利建设",单独看,该句无法获得确切的解读,因为它可分别是对"谁、什么时候、抓什么工作"的回答,即分别以"黄镇长、今年、农田水利建设"为焦点。这样该句自然也就激活了不同的交替项,并相应形成了不同的量化结构及合理性的根据。

当特指疑问词直接出现在"应该"句时,则由于疑问词天然带有焦点的属性,而该句仍可以其他成分为焦点,这样句子就在二者之间造成竞争关系。有两种情况,一是直接以特指疑问词为焦点,其余部分为预设信息,即形成[预设-焦点]的二分,这种情况容易理解,此不详述。另一种情况就有些特殊,即在疑问词之外另设一个凸显度更高的焦点,这样疑问词就降为[次焦点],占据次重音,另一个成分为[主焦点],占据主重音,即句子形成[话题—次焦点—主焦点]的三分格局。这种信息结构也直接决定了相关成分在范域上的涵盖关系:话题成分取最大域,次焦点居中,主焦点最小。

Vallduvi(1992)把句子的焦点结构分为两层:首先是"焦点—背景"(focus - ground),"背景"又分"链接—尾部"(link - tail),即预设信息可细分为两个要素。反之,带疑问词"应该"句则可在焦点上细分为两个要素。学者多认为疑问词短语在句中总是构成焦点(如 Culicover & Rochemont 1983;Rochemont 1986 等),Erteschik - Shir(1997)则认为并非如此。后者的观点更为可取,不过尚需细化:即便句中出现其他焦点成分,相比非焦点成分,疑问词仍表现为焦点的特征。如"谁给了玛丽一本书?""谁、给、书、玛丽、给了玛丽一本书"都可构成焦点,但焦点是"谁"之外的成分如"一本书"时,"谁"相比"玛丽"仍具有焦点属性。"应该"句的情况也是如此。焦点是句子进行信息传达过程中最活跃的形式因素,可通过重读而任意对句中实义成分做焦点化的处理,是焦点结构决定句子最终的解读方式,即焦点结构可改变句子通过常规结构关系做出的语义表达。如:

(12) a. **干部**应该到**哪里**去参加植树?(植树>哪里>干部)

    b. 干部应该到**哪里**去参加**植树**?(干部>哪里>植树)

例(12)a 关注的问题是"不同的人应安排到哪里去参加植树",句子读为"就植树而言,干部应去哪里?""植树"是话题,是首先确定的行为目标,范域最大;"哪里"是次焦点,范域居中;"干部"是主焦点,范域最小。这时句子的情态根据首先是"干部"的身份内涵,其次才是植树,即要考虑适合干部的植树环境。例(12)b 预设"有一些干部要参加植树、种菜、运土"等不同的劳动锻炼,现在则安排参加植树的干部所要去的地点;句子读为:"就干部而言,植树应该去哪里?""干部"是话题,是首先确定的关注对象,范域最大;"哪里"是次焦点,范域居中;"植树"范域最小。这时句子的情态根据首先是"植树"的行为特征,其次才是干部,即要考虑适合植树活动的干部。

在以上例(12)a、例(12)b 中,"干部、植树"都重读,信息强度超过疑问词"哪里";而在剩余的部分中,"哪里"的信息强度则又超过其余成分。所以"干部、植树"构成主焦点,"哪里"为次焦点。带疑问词"应该"句的结构成分可以很复杂,这样该句的信息结构就做不同的划分,造成多种歧义:

（13）a. **大陆**游客在台湾购物时,应该**怎样**防止受骗?

　　　b. 大陆**游客**在台湾购物时,应该**怎样**防止受骗?

　　　c. 大陆游客在**台湾**购物时,应该**怎样**防止受骗?

　　　d. 大陆游客在台湾**购物**时,应该**怎样**防止受骗?

　　　e. 大陆游客在台湾购物时,应该**怎样**防止**受骗**?

例(13)a 的话题是"旅客在台湾购物防止受骗",现在则特别关注"大陆"的具体特征,后者构成如何防止受骗才好的直接根据,如大陆的人可能不如美国人对诈骗熟知。而在主焦点"大陆"之外,"怎样"的焦点性仍明显超过其余成分,后者都构成话题信息,即除主焦点外的部分读为:"游客在台湾购物时要防止受骗,如何做才好?"其他各句原理相同,略。

4.3.2 "应该怎么 VP"句的变元构造

在所有情态词中,"应该"最常采取"应该怎么 VP"的特指问形式,如:"这时我究竟<u>应该</u>怎么办?"原因是:"应该"句的无标记焦点是补足语 VP,该 VP 一定是对一个"NP 怎(样/做)才好"问题的回答。如"索引<u>应该</u>简洁明了"是对"索引怎么样才好"的回答,"企业应该思考数字化转型"是对"企业怎么做才好"的回答。该句式一方面鲜明提示了"应该"的功能特征,另一方面,通过该句对认识疑问词的一般原理也可有所启发。

4.3.2.1 已有关于疑问词的逻辑模型似乎不大适合刻画"应该怎么"句的语义构造,所以讨论之前需先对疑问词的一般原理略做阐释。

Hamblin(1958)把特指问句(wh-questions)的语义处理为"答案命题集"(sets of answer-propositions)。Hintikka(1976)把问句的回答称为"意欲物"(desideratum),它们是问句的预设(presuppositions of the question)。Cooper(1983)认为疑问词(wh-word)是约束算子(binding operators),其指称及量化特征是"储存着"的(be stored)。

特指问的"答案命题集"理论可疑。疑问句的答案常常是唯一的,并无集合,如"你刚才去<u>哪里</u>了?"当然,集合可以只包含唯一成员,但问题并不限于此,如"想去<u>哪里</u>去<u>哪里</u>","哪里"指纯粹的变元,不指任何特定个体,无任何量化的特征。很多疑问句都根本不可能给出确切的答案集,如:"宇宙中有<u>多少</u>个原子?"答案集模型未免过于限制了疑问词的语义空间。另一方面,答案集以疑问词的基本功能就是进行提问为前提。实际上并非如此,如"改天咱们在<u>哪里</u>聚一下","哪里"不重读,指不确定的某地,并不提问。预设也只是一些语境的读法，并不构成疑问词自身的功能内涵。如："如果人类掉到中子星上会<u>怎么样</u>？"既不预设人类会掉到中子星，也不预设中子星对人会有特定的作用，而只是中性分析中子星与人体之间的能量关系。

本文认为，疑问词的功能并非对作用对象所含［变元］加以量化，而只是指出纯变元本身。疑问词的作用对象是共相范畴（包括名词、谓词），而不能是定指名词，如："你用的<u>什么</u>手机/＊华为？"共相范畴是强内涵性的，并不直接包含着变元，疑问词的功能就在于把共相语词所指内涵予以外延化。所以"疑问词＋类指语词"这个短语整体指的就是变元本身，这时尚未带有量化约束的内涵。"谁"表面上并不直接组合共相语词，深层仍指对共相范畴的操作。"谁"指的是"哪个人"或"什么样的人"，如："估计是<u>谁</u>向他告密了。""我们是谁？"

在［提问—回答］与［纯变元］之间，后者更具初始性：［提问—回答］以变元的存在为前提。［要求回答］是对疑问词添加了对话维度的功能要素，即希望受话对纯变元予以确定，但疑问词自身并不包含该环节。其实用［提问—回答］解释疑问词的语义在逻辑上就难以成立：回答以疑问词的具体概念结构及所处小句的事先完备存在为前提。既然疑问词在回答之前已具备自身确切的概念结构——否则无法组句，也就不可能再把外部的回答置入自己的语义内涵之中。任何形式逻辑的刻画都以对范畴自身本质的确切揭示为前提，否则总是可疑的。

一切量化操作都是围绕［共相—个别］的二极进行的，量化即完成从共相到个别的范畴转换（category-shift）的句法手段。日常对名词方面的共相特称为"类"，谓词方面则缺乏类似的称谓，这里通称为"共相"。［共相］范畴的特征是内涵性、无界性、非现实存在性，［个别］范畴反之，特征是外延性、有界性、现实存在性。从共相到现实存在的功能节点包含下面四步：

a. 内涵，b. 外延化，c. 殊指化，d. 限定化。

其中只有 d 才达到终端现实存在的状态，指特定的事物、事件。b、c 两步则都只能指出单纯的个体身份，所谓任意个体（arbitrary objects），而并未进行定位，所以都不具现实存在性。外延、变元在数量上总是表现为多数，并总是相对于特定的共相范畴，即所有变元都指同一共相范畴所可能形成的具体情形、个例（［可能性］是共相范畴的内在语义要素），记为"$P \supseteq p_1$，p_2，$p_3 \cdots$"。

　　不同疑问词对共相语词的外延化操作所处阶段有所区别：分处上述 b、c 两步。"谁、哪、多少、几"处于 b，直接指出个体。"什么、怎么"则处于 c，二者都是形容词，带有"样"的内涵，指具体的性质、方式，即把共相所指高度抽象的内涵加以殊指化，形成具体的样式。"谁、哪"常会携带较多的语境信息，所谓语境吸收，这就增加了限定性，即接近环节 d；但这种限定信息并未固化为它们的内在概念结构，如"白拿<u>谁</u>不拿、<u>哪</u>也不去"，所以仍然主要表现为环节 b。

　　对共相范畴的外延化、殊指化可有不同的层次。一种外延、变元相对于上级共相是外延性的，而其本身也仍然可以是内涵性的，可进一步加以外延化的操作；只有到终端现实存在才是纯外延性、非内涵性的。如"怎么走"，"怎么"的功能是指出共相动作"走"所可采取的具体进行方式，即对"走"加以殊指化、外延化。如对"怎么走"的一种回答是"快走"，"快走"相对"走"就殊指化，并构成"走"的一种外延、子集。但"怎么走、快走"自身仍是内涵性的，可进一步加以外延化，如"小李正在快速走来"。

　　疑问词短语仅指单纯的变元身份，是[基数性]的，并不具有特定的量化特征，而总是有待更高层面的算子对其加以量化约束，其具体量化特征自然也就取决于所处语境的量化情况。如"怎么做"本身涵盖无数变元，不具有任何具体的量化特征。但到小句层面，加上主语"这道题"，就只包含唯一一个变元。原因就在于：主语"这道题"取宽域，指唯一个体，"怎么做"处于其控制范围之内，自然也就只能根据其量化特征进行取值。同样，前述"你刚才去<u>哪</u>里了""想去<u>哪</u>里去<u>哪</u>里"中"哪里"量化特征的不同，原因显然也是其所处小句的量化特征使然。

　　疑问词与无定名词（indefinites）功能相通具有跨语言普遍性。（Haspelmath 1997；Bruening 2007；Tran 2009 等）在量化特征上，疑问词短语与无定短语"一量名"确实非常相似，而无定名词的基本功能也是指纯变元，具体取值取决于约束它的其他算子。如：

　　（14）a. 孩子们都喜欢<u>什么玩具</u>？　　b. <u>什么玩具</u>孩子们都喜欢？

　　（15）a. 孩子们都喜欢<u>一种玩具</u>。　　b. <u>一种玩具</u>孩子们都喜欢。

"玩具"是类名，强内涵性，"什么、一种"的功能都是把它外延化，指具体个体，但并不指特定的量，其量特征取决于约束它的成分。例（14）a"什么玩具"受话题位置量化短语"孩子们"的约束，表示分配关系，即不同孩子各喜欢不同的玩具；例(14)b 以"什么玩具"做话题，句法位置高，句中其他成分都不能约束它，而是在句外从言语情景定位，即预设性的，所以句子指同一种/某些玩具受到所有孩子的喜欢。例(15)"一种玩具"的量化特征与"什么玩具"相同：a 是分配式，不同的孩子各喜欢不同的玩具；b"一种玩具"带有特指义"有、某"，即同一种玩具受到所有孩子的喜欢。

　　[变元]的概念并不限于名词所指的个体事物，也适用于谓词所指的存在方式。现代形式逻辑学的变元及量化观念来自弗雷格，其关注对象主要是名词所指的事物个体。弗雷格对变元的一个基本认识就是变元相当于专名，看重变元指具体个体的特征。显然，谓词维度的变元相关现象也值得大力探讨。其实语法现象上，对事物个体进行量化操作的情形，并没有一般想象的那么多。例如，科学规律句很少对个体进行量化，实际上，规律句的基本结构要素是现象、性质，句法上都是谓词，压根儿不把事物个体作为结构要素，如 $F=ma$，$E=mc^2$。而规律句才真正反映外部世界的存在形式，因为只有谓词才能指出事物的存在方式，个体则无此功能。

　　邓思颖(2010：64)认为"所谓代谓词'怎么'，……都应该分析为限定词，跟指示代词'这、那'没有太大的区别"，这就是把疑问词放到了 d，为其赋予的功能内涵过多。这可从"怎么一个 N"的行为特征进行测试。句法上，"怎么一个 N"常做系动词"是"的宾语，传统语法专门名之为"表语"，该语境强调的是属性、特征，而非限定性。如"她是怎么一个女人？""怎么"是方式形容词，功能是把强抽象性的"女人"的特征加以殊指化，指具体样式、性质的女人，这里并无限定义。反之，限定短语做表语很不自然。如"＊她是这个女人"，光杆名词"女人"指普遍的类、内涵，"怎么一个女人"则指其中具有特定属性(即殊指化)的一部分，前者即构成后者的外延、子集。

　　Cheng(1994)提出疑问词是极性词项(polarity items)，着眼于它要受到约束的行为特征，但就其自身的功能内涵而言，首先还是指变元。约束是对疑问词所指变元的操作关系，这是疑问词的对外行为特征，不构成疑问词的定义特征，也并非疑问词都要受到约束。如："你跟谁去把车卸一下。"只有纯变元是疑问词自身的语义核心，其他功能要素都属临时性的语境信息，非其固有内涵。

　　4.3.2.2 "应该怎么 VP"句以 VP 包含众多选项为前提，并且话主是明确了解这一点的。当然，话主不一定对共相所包含的变元穷尽性地了解，但

条件句与情态研究 ————————————————————

一定是有很大程度的掌握。这就造成该句总是带有追问有的色彩,其前往往伴随"究竟、到底",如例(16)a 的语义构造刻画为例(16)b。这些选项有时会在语篇中加以明示,如例(17)、例(18):

(16) a. 人民公仆究竟<u>应该</u>怎么当才好?

     b. 我了解人民公仆的当法包括 c_1, c_2, c_n…,现在请告诉我:其中到底<u>何者最优</u>?

(17) 你的名字(究竟)<u>应该</u>怎么念,是张 bo 芝还是张 bai 芝?

(18) 我们离不开各式各样的会,但会议(到底)<u>应该</u>怎么开,却<u>大有讲究</u>。

例(16)b 的部分"其中何者"即"怎么"的功能所在,"最优"则是"应该"所负责编码的,"最优"的内涵也就是"才好/对/是/合理"。例(17)"你的名字"念法所包含的变元是封闭的,只有"bo、bai"两种,话主对此完全了解,现在要选出合适的。例(18)"大有讲究"提示话主已确知"开会"存在不同的做法,但对其具体数量显然无法穷尽获知;现在用"应该怎么"选出其中之一。"怎么"的功能是单纯刻画出"念、开"的变元,"应该"则指该变元须是最佳项。

    疑问词自身并不包含特定的量化特征,后者取决于所处语境,所以自然也允许指唯一变元。即便特定语境中某 VP 只有唯一的做法,话主个人也可能并不了解,所以需要提问。不难预测,只包含唯一变元的"怎么"句是排斥"应该"的,因为与"应该"指[多中选优]的功能原理相冲突。疑问词只指唯一变元的语句是很常见的,如:

(19) 某小学生问老师:这道题(*应该)怎么做(*才好)?

(20) 老人问营业员:这个手机(*应该)怎么开机?

(21) a. pandeng 的 pan 字(*应该)怎么写?

     b. "之乎者也"的"之"字*(<u>应该</u>)怎么写?

在例(19)中,低年级数学题一般没有多种解法,学生对一道题的做法完全不了解,且该题的做法也是唯一的,现在则请老师指出该做法,"怎么做"即指该具体做法。这种情况不允许添加"应该",但允许直接用"怎么"提问。例(20)老人对手机怎么打开一无所知,在他心目中手机只有一种特定的开法,这时直接用"怎么"才好;如添加"应该",则提示具有多种开法,并从中选出一个最佳项。例(21)a 话主对"攀"字的写法一无所知,该字也只有唯一一种写法,"怎么"问的就是该写法,所以句子排斥"应该"。另可比较,如果该人实际写了几次"攀"字但都被老师判为错,则该句又允准"应该",因为这时"攀"的写法就存在众多选项。例(21)b话主是一般文化人,他对"之"字的写法完全了解,现在问的是怎么从书法上写得更漂亮,这时"之"的写法就存在无数变元,所以该句要用"应该"才行,而不允许直接用"怎么"提问。

下面的句子用不用"应该"含义不同:

(22)这石壁这么高,咱们(应该)怎么上去呢?

不用"应该"时,该句单纯关注"上这石壁"的一种特定方法,不提示话主设想该行为可有多种不同的做法,只要有一种方法上去即可;用"应该"时,句子就明确提示一个试错的环节,即话主相信"上这石壁"是有多种不同做法的,但可能各有困难或危险,现在要从中选一个最佳项。

"应该怎么VP"中的VP常采取指称化形式,即"V法"。"法"是对V进行方式的指称化,相应地,"怎么"后需加量词"个"。这种句子具有很强的语用动因,有更强的多中选优、追根问底的色彩。例如,相对而言,"记者应该怎么当"还是中性关注当记者的方式,"怎么个当法"就更加强烈提示在诸多不同的当记者方式中,高低优劣上会存在很大分别。

上述功能特征即来自"法"对V的指称化操作。虽然"应该"预设补足语VP存在多种做法,但在词形上并未明确编码,而是蕴涵性的,这样在语用表达上的强度自然也就较低,即:语义刻画的精细度与语用表达的强化度是匹配的。而相比动词形式的VP,名词形式"法"和量词"个"都明确指出[个体、量]的特征,即语义刻画的精细度更高,这就从语用上强化了"应该"指多中选优的功能内涵。与"怎么VP"一样,"怎么个V法"也是纯外延、纯变元性的,不携带限定义。

(23)a. 记者应该怎么当?   b. 记者??(应该)怎么个当法?

(24)a. 这些奖金大家应该怎么分?

     b. 这些奖金大家??(应该)怎么个分法?

(25)"之乎者也"的"之"字(应该)怎么个写法?

(26)她坐在外面纺纱,他想不通她双眼上了绷带怎么个纺法。

例(23)a"应该怎么"是中性提问在"记者"的不同做法中,何者最佳;语义构造程序是:"记者"是类名,强内涵性,"怎么当"指对抽象记者内涵的具体执行方式,即殊指化、外延化、变元化,这些方式在量化特征上是无限性的,即纯变元,"应该"则指在这些无数变元中,只有一种是合适的。上述构造程序是"应该怎么"的常规功能,所以句子的语用表达上较为中性。例如,该句的合适语境是记者培训课上老师的提问。

例(23)b"怎么个当法"则更加强烈地追问记者的最合理的做法,例如,该问题的合适语境可以是领导对一个记者的追问。例(23)b 不用"应该"时,所指客观语义内容是完备的,但在语用表达上却不大完善,成句能力有所欠缺。因为该句式的表述性(expressive)天然很强,而句中却缺乏明确编码该表述性的句法手段。"应该"指主观态度,内在携带丰富的语力内涵,这就使句子的表述性获得支撑,所以更容易成句。

例(25)如果作为中性提问,如一个小孩确实不知道"之"字的写法而问妈妈,则不允许简单采取"怎么个写法"的形式。只有在书法的领域,一个人对"之"字总是写不好,才适合用"应该怎么个写法"的形式提问,并且这时强烈蕴含"到底、究竟"的追问义。

例(26)语境提示"她纺纱"的做法变元实际是空集,所以该句简单用"怎么个纺法"其实不大顺口。"怎么"前加上"到底"就很好,并且这时也会同时提示"应该"的含义,因为"到底"有激活交替项的强大功能,即句子提示:虽然她不能按照正常做法进行纺纱,但可在一般标准之下进行各种试错。

总之,"V 法"这个指称化的形式是对 V 所含变元的明示,"怎么个 V 法"则内在蕴涵[多中选优]义,并与"到底应该"具有天然的关联。

4.3.3 "应该怎么 VP"构成动词拷贝式

4.3.3.1 "应该"句本身带有显著的焦点效应,可把句中不同的成分设置为焦点,但这种焦点化操作对小句的表层结构是不做调整的。"应该"句添加"怎么"后却表现出"句首负重倾向":把旧信息全部提升至句首,"应该"后仅安排核心动词,这就造成头重脚轻现象。该现象的深层语义动因是:"应该"句补足语动词的作用对象具有预设性,预设性的事物对象在句法上即表现为话题性。如"应该怎么执行他的命令","他的命令"是预设存在的,然后才考虑以何种方式对其加以合适的执行。这里所采取的具体句法形式就是动词拷贝式,"NP – VP 应该怎么 V","应该"后的补足语形式上非常简单,功能单纯是引出焦点信息。比较,下面例(27)、例(28)的 a 都不如 b 自然:

(27) a. 我们应该怎么执行他的命令? b. 我们执行他的命令应该怎么执行?

(28) a. 我应该怎么跟李荆夫谈话? b. 我跟李荆夫谈话应该怎么谈?

例(27)、例(28)补足语中的"他的命令、跟李荆夫"都指旧信息,量化特征上取宽域,是主话题的性质,而句首主语"我们、我"却是次话题,受"他的命令、跟李荆夫"控制。这样二者就强烈倾向于移至句首。例如,对上述语义关系如果不采取动词拷贝式,而是普通主谓式,则会表述为:

(29)对他的命令,我们应该怎么执行? 跟李荆夫,我应该怎么谈话?

上述例(29)的量化约束关系与表层句法成分的次序是一致的,同时也符合旧信息在前新信息在后的自然焦点原则,即:主话题>次话题>焦点。这也是汉语小句量化约束关系的一般规律,即句子表层次序与成分之间的量化约束关系同构(同构律)。

另一方面,如果对上述例(27)、例(28)两句的主语做焦点化处理,则也无须采取动词拷贝式,如:

(30)**我们**应该怎么执行他的命令? **我**应该怎么跟李荆夫谈话?

另可比较,如果去掉"应该",普通"怎么"句也并无构成动词拷贝式的倾向:

(31)我们怎么执行他的命令? 我怎么跟李荆夫谈话?

上述句子都是自然的特指问句,并不需要调整为动词拷贝式。

"应该怎么"句采取动词拷贝式的深层动因就在于前面 4.3.1.1 所示"应该"句的语义构造,重引如下:

$$[\,\mathrm{Top}\{\mathrm{NP}-\mathrm{VP}(c_1,c_2,\cdots c_x\cdots c_n)\}\,],[\,\text{应该}-\mathrm{C}(c_x)\,]$$

话题部分"NP－VP"所含变元 c_x 与评述部分的 c_x 即为动词拷贝关系。

以前述例(27)为例。主语"我们执行他的命令"包含无数变元,但语义上是一般性、抽象性的,"怎么执行"的功能是对其加以殊指化,"应该"则表示对这些具体执行方式做出选择。这就造成同一个动词"执行"重复出现两次:先是作为言谈对象,然后再用"怎么执行"对其殊指化,以便作为"应该"的选择对象。因此,表面看补足语"怎么执行"中的"执行"是重复前面的话题,实际指的是焦点信息,即"应该"所选择的那个最佳项,话题部分中的"执行"则是预设性的,属于旧信息;后者在范域上涵盖前者。显然,这仍然符合前述量化约束操作的同构律。

焦点化具有对句子表层关系从信息结构加以随意重构的强大功能,所以无须另外采取其他任何句法手段。非"应该怎么"的普通动词拷贝式也是如此,如"他喝醉了酒",只要对"他、醉、酒"任意一个焦点化,则无须采取"他喝酒喝醉了"的拷贝式。动词拷贝式与焦点化其实出于同样的功能动因,一个动词本身就包含[话题-陈述]的双重构造,所以就在话题位置引出作为话题的动词,在评述部分再次引述作为陈述的动词,这样自然也就无须另外采取焦点化的操作。所以如果不用动词拷贝式,直接用焦点化的手段在句子表层进行[话题-陈述]的划分,效果是一样的。

4.3.3.2 "应该怎么"句的拷贝式话题可采取多种形式,显示其句法容纳能力很强。既可是光杆动词,也可以是简单或复杂的动宾短语,如例(32);还可以是主谓式,如例(33)。补足语中的动词一般与话题位置的动词同形,有时也可与句首动词不同形,而用泛义动词"做、办",功能内涵一致,如例(33)b:

（32）a. 旅<u>游</u>应该怎么<u>游</u>?　　　　b. 爱<u>国</u>应该怎么<u>爱</u>?

　　　c. 做他的妻<u>子</u>应该怎么<u>做</u>呢?

（33）a. 退休干<u>部</u>办企业应该怎么<u>办</u>?

　　　b. 贯彻《条例》,我们应该怎么<u>办/做</u>?

话题"爱国"语用上表示旧信息,语义上指出"爱国"的具体做法是无数的;"应该"后的"爱"语用上表示焦点信息,语义上则指在句首话题"爱国"所指的无数方式中,只有唯一一种"爱"的方式是最合适的。

进一步看,很多表面上并非动词拷贝结构的"应该怎么"句,从深层看也是该构式。这种句子的主语都是类名,其中的"NP－VP"部分实际是定义句,VP 是对话主所认为的 NP 应具本质属性的刻画。定指名词则无此能力。普通类名都可用"应该怎么"的动词拷贝式进行提问,表明人们对事物总是会做理想存在形式的探究。如:

（34）a. 人应该怎么<u>活着</u>?　　　　b. 人活<u>着</u>应该怎么<u>活</u>?

（35）a. （做）女<u>儿</u>应该怎么<u>做</u>呢?　　b. 女儿以<u>后</u>应该怎么<u>做</u>呢?

（36）（吃）松<u>子</u>应该怎么<u>吃</u>? （缴）车辆通行<u>费</u>应该怎么<u>缴</u>?

原理是:主语"人"是类名,包含无数的内涵及行为方式,现在则提出其中的"活着"作为言谈对象,所以就用"人活着"进行明示,并设为话题;而"人活着"仍包含无数的变元,所以需用"应该"对之加以多中选优的选择操作,这就需要在补足语中再次引出动词。例(35)a 是动词拷贝式,其"NP－VP"构成定义句。该句主语"女儿"是类指,补足语"做"的功能内涵相当于系动词,表示"女儿"这类事物的本质特征,即"怎么作为就算是好的女儿"。例(35)b 不是动词拷贝式,其"NP－VP"不构成定义句。该句主语"女儿"是定指,自称,相当于第一人称"我",主语前不能加"做",补足语"做"指某种具体行为。

　　类指和定指名词都是预设性的,二者天然表现为话题性,所以倾向采取动词拷贝式,后者的功能核心即话题化。反之,非预设性事物对象是非话题性,这种名词充当"应该"补足语动词的宾语时,句子不采取动词拷贝式。如"他应该买辆车",不说为"他买辆车应该怎么买","辆车"是非限定性、任指性的,"应该"指"他买辆车"这件事整体具有合理性,而不指"他买辆车"这个动作自身进一步分化为多种不同的做法,并从中选优,所以不采取动词拷贝式。

　　4.3.3.3　"应该怎么"容易构成动词拷贝构式,原因就在于它指[多中选优],对动词所包含的无数变元是一种加以限制的操作方式。比较,"能怎么"就很难构成动词拷贝式,因为"能"指全称量化,"怎么"自然也就随之如此。但这样的话,也就表示穷尽描述了主语事物的所有存在方式,这显然是不可能做到的,所以很难允许这么表述,而会读为反问句,构成修辞性的语用表达,是一种高度有标记的表述形式。如:

　　(37) 爱国能怎么爱?　　人活着能怎么活?

"怎么活"问"人活着"的一切可能性的活法,这显然是无法穷尽化的,所以该句也就无法回答,而会强烈倾向于读为反问句(内嵌语境除外)。

　　不但动词拷贝式,一般"能"句的补足语用"怎么"进行提问,即"能怎么VP"的形式也很受限。"能怎么"可构成"怎么"呼应式"能怎么VP就怎么VP",这时表示任指,如例(38),这是疑问词的普遍功能,与"能"关系不大。除此之外,"能怎么"就多用为反问句,表示否定、无奈,主体当时并无很多选项,甚至一切不可为,该语境的"能"前常加"又、还",如例(39)。

　　(38) 你们趁现在能怎么玩就怎么玩吧!

　　(39) 又绮就是不肯点个头啊,我又/还能怎么办?

例(39)"能怎么办"就自身而言指"办"的一切可能性,实际指没有任何办法。这里可以顺便一提的是,上面例(37)—例(39)的"能怎么"句也可显示:用答案集的逻辑模型刻画疑问词的语义是行不通的,例如,不可能对"人能怎么活"提供一个确切的答案集。

　　进一步看,不同于"应该"句,"能"句一般也不是对某特指问句的回答,而就是直接客观描述主语事物的动作能力。例如,不考虑特别对主语、宾语等其他成分的焦点化,无标记情况下,下面例(40)、例(41)的 a 并非对 b 的回答：

  （40）a. 会议室<u>能</u>上网。　　　　b. 会议室能怎么样？

  （41）a. 他们<u>能</u>完成这个任务。　b. 他们能做什么？

例（40）a 是客观描述主语事物所具有的一般功能，即会议室的条件达到"有上网能力"的水平，但并不特别强调"上网"相对其他行为的优越性。例如，该句的自然语境是领导介绍本单位的设施情况。

　　"能"句都多少带有"难能可贵"的意味儿，提示主语 NP 能够做到补足语 VP 的动作是不容易的。所以在"能"句中，"能"本身一般略有重读，特别是在补足语有较大难度时，"能"的焦点特征更为显著。如上述例（41）a "能"明显重读，因为"这个任务"内在蕴涵较大难度的语义。比较，把例（41）a 的"能"换为"应该"，句子的默认焦点就并非情态词"应该"，而是核心动词"完成"，并提示一个"怎么样"的疑问句，如：

  （42）a. 他们<u>应该</u>完成这个任务。b. 他们承担这个任务应该怎么样才对？

当然，该句也能以"应该"为焦点，但这就提示"他们完成这个任务"的事件已经实际存在，这并非句子的无标记读法。

　　另可比较，对"他们完成这个任务"这个事件采取话题化的形式，分别用情态词"应该、能"表述，则"应该"句的默认焦点是补足语"完成"，"能"句是"能"本身。如：

  （43）a. 他们承担这个任务<u>应该</u>**完成**。　　b. 他们承担这个任务能完成。

例（43）a 表示"他们承担这个任务"包含诸多变元，其中最佳项是"完成"，这个选择的结果自然会成为更加关注的信息，即焦点。例（43）b 指"他们"以自身物质条件而具有完成这个任务的能力，该能力本身才是需要特别关注的内容，所以会构成焦点。"应该"单纯关注一种事物所含诸多变元中的最佳项，"能"则关注主体对动作的执行关系。共同的是，二者的焦点化动因都出于其自身的语义构造情况，即，均为语义驱动的语用表达。

4.3.4　小结

　　"应该"句具有焦点效应，这来自"应该"指［多中选优］的概念结构。每个"应该"句都是对一个特指问的回答，而特指疑问词也可直接出现在"应该"句表层，这就构成主次焦点现象；疑问词常构成次焦点。疑问词自身指纯变元，并不带有量化特征因而也并非量化短语，往往需要受到高位算子的约束，并从后者获得量化特征。"应该"句中常用疑问词"怎么"，"NP 应该怎么 VP"指在"NP－VP"所包含的各种变元中,只有其中之一最合理。"应该怎么"句常构成话题拷贝式,话题部分包含诸多变元,评述部分指选出其中的最佳项。"能怎么 VP"句则指全称量化,是一种有标记、修辞性的用法,一般不进入动词拷贝式。

4.4 基于事件情状特征的"应该"句系统

文献往往对一个情态词分解出多种功能。其实一些具体"解读"是否可概括为一种稳固的"功能",并不容易确定,而容易陷入随文释义,所以找到控制情态词功能实质的基本线索就很重要。决定"应该"功能分化的根据就在于小句所述事件的情状特征。

4.4.1 "应该"句的分类根据

4.4.1.1 "应该"的功能分化存在两条线索。一是主线:所在小句(即"应该"之外的部分"NP+TP")情状特征的不同构成"应该"功能分化的最终语义根据。二是附线:"应该"指合理性断言的功能是先起的,推断功能则基于断言功能演化形成。必须先弄清"应该"肯定用法的具体类型及语义机制,然后才能了解其推断用法的原理。"应该"所指断言并非普通陈述句那样表示对客观事实存在情形的断定,而指对主语采取补足语的存在方式在合理性上的判断、规定,这在态度上是完全肯定的。推断是由于"应该"不表述事件的合理性,而关注其存在性,这就表现为认识情态。"应该"句情状特征分化系统概括如下:

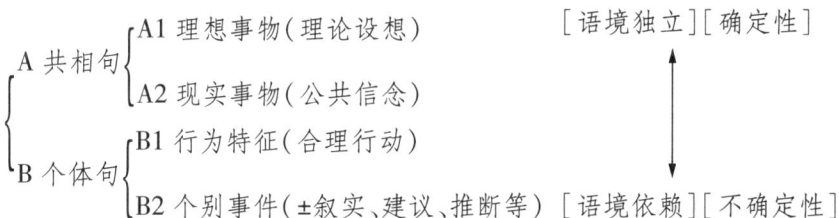

$$\left\{\begin{array}{l} \text{A 共相句} \left\{\begin{array}{l} \text{A1 理想事物(理论设想)} \\ \\ \text{A2 现实事物(公共信念)} \end{array}\right. \\ \\ \text{B 个体句} \left\{\begin{array}{l} \text{B1 行为特征(合理行动)} \\ \\ \text{B2 个别事件(±叙实、建议、推断等)} \end{array}\right. \end{array}\right.$$

〔语境独立〕〔确定性〕

↕

〔语境依赖〕〔不确定性〕

A 共相句,也可称内涵句。主语典型是共相语词,有时也可以是定指名词,语义特征是强内涵性,关注事物的本质特征;补足语的情状特征是静态性、抽象性、非时间性,不提示与现实存在的联系。整个小句指一种规律,语法意义可描述为"主语事物以其固有本性应该是什么样的"。在各种情态词中,只有道义情态的基本功能是表示共相范畴的本质特征,所谓〔应然、合理],其具体范畴载体就是共相、规律。共相和规律是日常所谓"知识、信念"的基本范畴形式,共相本身即是对规律的浓缩:所有对共相语词进行定义性描述的语句都是典型规律句。

A1 理想事物,主语指一种纯主观设想的事物,该事物及其行为在现实世界中是不存在的。这显示了人类认识对现实世界的高度超越,也是[应然性]的典型形式。A2 现实事物,主语是普通类名(包括动词短语),"应该"补足语指主语的定义及一般认同的行为模式,这构成特定社团的共同信念,不容置疑。一般所谓"合乎情理、天经地义"的"情理、经、义",主要就指这种情况。

B 个体句,主语是定指名词,指特定个体的行为特征。个体无法作为合理性的根据,该句的深层总是包含一个三段论的推理,指以先验规律为根据而规定个体的行为。B1 行为特征,表示主语所指个体属于某特定的类,所以应按该类事物的一般做法而采取补足语的动作方式。B2 事实判断,这是典型的外延句,指利用一般规律判断当前关注的个例具有合理性。在四个次类中,只有 B2 句"应该"的补足语带有时间义,其时体信息也非常丰富,显示了"应该 1/2"功能分化的边界。本节讨论上述情状系统的前三种,B2 的分化情形较为复杂,留待 4.5 专题讨论。

共同的是,"应该"的上述用法都可指各种事物领域的规律现象,而不限于人类行为,更不限于"义务、承诺";"应该"句的语言事实完全不支持所谓"道义情态"的概括。事物本来只是其自身,并直接采取某种存在方式,道义情态的功能就在于把某存在方式设定为一种标准、理想形式,然后用其规定个体事物的存在方式。通俗说,道义情态的功能也就是所谓用理论指导、解释特定事物个体的具体行为。

4.4.1.2 吕叔湘等(1999)认为"应该 1""表示情理上必须如此",所举实例如下(排列顺序按原书,序号则为笔者所加):

(1) a. <u>应该</u>清醒地看到,我们的任务还是相当艰巨的。

　　b. 学习<u>应该</u>认真。c. 遇事<u>应该</u>冷静。d. 太晚了,还<u>应该</u>早点儿。

　　e. 不拿群众一针一线,这是我们的纪律,<u>应该</u>这样。

　　f. 我们年纪轻,多干点儿<u>应该不应该</u>? <u>应该</u>。

　　g. 我是队长,出了问题<u>应该</u>我来负责。h. 大家的事情<u>应该</u>大家办。

按照本文所述"应该"的情状系统,上述例(1)b、例(1)c、例(1)h 是一类,属共相类的 A2 现实事物句。三句的主语都是抽象名词,指动作行为,整个句子表示人们对一类现象本质特征的认识,这构成人们日常行为的准则及一般信念,具有强确定性。该书未举到 A1 类的用例。例(1)a、例(1)e、例(1)f、例(1)g 是一类,属 B1 个体行为特征句,表示把一般规范用在特定个体"我、我们"身上,即所谓用规范指导个人的行为。这种句子都包含一个三段论的推理,如例(1)g 的推理关系是:

大前提:队长应负责本队出现的问题;小前提:我是队长,现在我们队出了问题;

结论:所以现在应由我负责。

大前提是三段论推理的最终根据,大前提只能是共相句,后者本身也需用"应该"做出情态判断。这就提示:共相句才是"应该"情态功能的初始形式。只有对共相范畴之间的内在关联做出情态认定,才能以之为根据而对具体事物的行为做出判断;单纯基于一个特定个体及其行为是无法做出任何情态判断的。

例(1)a 句的三段论推理似乎不显著,这是因为"看到"不指物理行为,实际原理是一致的。该句同样指根据一般原理及当前语境信息而形成"看到"的认识,是合理的。例(1)d 属 B2 个例句,指基于一般规律而对特定个例的合理性做出认定。"太晚了"指强个别性的现实事件,带有明确的时间义,在这种语境,"应该"指推断的功能特征就会增强。原理是:特定个例本身不具有情态原则,只有根据事先了解的一般规律及相关语境信息,才能对其做出情态判断,但由于语境信息的干扰,就造成该推理关系存在不确定性。

这里对吕叔湘等(1999)关于"应该1""表示情理上必须如此"的概括再稍做辨析。"必须如此"中的"如此"指"应该"所带的补足语,其实是羡余信息,所以该书实际是把"应该"等同于"必须"。这对"应该"情态强度的赋值显然过高。对"必须"须先区别主观必然、客观必然两种用法,前者如"你必须了解他的立场",后者如"要获得激光<u>必须</u>有能发出激光的物质"。前者与"应该"关系不大,而在客观必然上,除断言强度的高低外,"应该、必须"的分别还包括三点:变元选择空间、现实指向性、外部性。

变元上,"应该"句明确提示现在选择的补足语 VP 只是 NP 可具有的诸多变元之一,提示另外还可有较大的自由选择空间。"必须"句反之,表示 VP 是 NP 的唯一变元,不容选择,故而"必须"带有"只"的内涵,相当于"只能"或"只有……才行"。不同于"应该"句的"才好/对/是","必须"对应的句缀是"才行",强调补足语的唯一可选性。如:"山路过窄,她必须/只能/*应该左手开弓才顺手。"现实性上,"应该"句不限制主语 NP 实际采取 VP 的存在方式,而常表达话主对 NP 之合理存在方式的主观认定;"必须"则强调NP 一定实际采取 VP 的存在方式。现实指向性即操作性、祈使性,所以"必须"带有显著的祈使语力,"应该"则指单纯的合理性、应然性,不包含祈使语力。

[外部性]指处于"NP - VP"之外的制约因素。"应该"关注事物基于其自身物质属性而符合外部规范。"必须"则降低对事物自身物质属性的关注,而更强调外部条件对事物所采取存在方式的强制性,所以更加居于小句"NP - VP"所述物理事件之外。与此伴随的是,"必须"主观性也就更强,是典型的语气副词。如"欲入网者,每人必须/*应该购买九千元以上的首饰","必须"指补足语是特定组织对"入网"条件的随机规定,这与主语"每人"自身的属性及其类特征都没有很大关系,所以该句适合用"必须",而排斥"应该"。

4.4.2 理想事物句(A1)

一般概念都内在带有理想化的语义特征,理想化是人类认识行为的基本特征,也是共相范畴的基本语义机制,因为认识结果的载体即共相范畴。这里讨论的理想事物句则直接把事物的理想性作为句子的表述内容。理想事物是基于已知事物的特征加以完美化调整而虚构的事物,体现了人们对一类事物本质特征的主观设想,甚至幻想。补足语指对该理想事物特征的具体描述,属于定义句。主语名词往往明确带有"理想、完美、心目中、未来"之类的定语,名词核心语则带有元语性、引述性,书面上一般可加引号。这种元语性的根据就在于该事物是话主对已知事物特征的再加工。"理想的N"即"N 的概念",如"人们心目中的'绿色建材产品'""理想的'绿色建材产品'",指"'绿色建材产品'的概念"。理想事物"应该"句指纯粹的概念式认识,构成"应该"指[应然]及[所希望的事物的样子]的最典型形式。[应然]的天性就是超出直接存在的现实,即[超越性],理想事物则指最高量度的超越。超越性是人类认识的基本特征,道义情态即其语法手段之一。

所谓人是理论的动物,即人的行为总是由事先存在的规律指导,这种"应该"句就鲜明显示了理论设想先于实际存在的一般认识特征。规律的结构要素即共相语词,也就是一般所谓"概念"。"概念"并不构成一种语法范畴,其语法形式即共相语词,典型是词汇层面的名词(不包括代词)、动词、形容词。具体事物、事件是现实存在的,占据时空域,而关于事物的概念、规律则超出现实存在之外,不占据时空域,所以该句在情状特征上表现为[-可实现性],不考虑补足语 VP 所指行为方式在现实世界是否实际出现。

这种"应该"句的句首一般可加"理论上、从理论上说、原则上"的全句修饰语(参看张新华 2023a),明确表示句子指单纯的理论设想。形式上,该句的补足语往往连用多个动词短语,从多方面陈述心目中理想事物的行为特征,但都不带有时间及空间义。同时,连用多个 VP 造成补足语形式上很重,这时句末就不容易接受"才好",不过这纯粹是形式的问题,形式较轻时就很容易接受。具体看,该句更倾向于用"才好",而不是"才对、才是",义务"好"的主观设想性更强,与该句相契合。用"必须如此"刻画这种"应该"句是不大合适的。如"未来公民应该能跨学科思考"不能描述为"未来公民必须跨学科思考"。"未来公民"指纯主观设想的理想事物,话主并未要求"能跨学科思考"的动作必须如此。

认知主体上,这种"应该"句都指特定个人的认识,提示"我认为"的内涵,排斥"众所周知";该句接受质疑,允许用是非问句进行。该句对应的典型副词是"总是",它兼具规律和语气义,这与该句指定义的特征相契合。反之,该句排斥量化副词"通常",因为后者带有明确的时间义。如:

(2) 女人心目中的白马王子(总是/*通常)应该(*通常)英俊潇洒、坚强勇敢、正直善良、诚恳忠厚、博学深刻、冷静果断、豁达幽默、爽快干练等等,而事实上这样的男人是不存在的。
     白马王子应该英俊潇洒爽快干练才好/?? 才对/?? 才是。
     白马王子应该英俊潇洒爽快干练吗?

(3) 理想/完美的教育(总是/*通常)应该是这样的:3 岁前完成语言训练和基本家教,6 岁前完成识字训练和社会行为规范的养成……

(4) 理论上,未来公民(总是/*通常)应该(*通常)能够进行跨学科思考,进行情感、个人价值观和伦理反思,……并熟练地参与科学议题的讨论。
     未来公民应该能跨学科思考才好。未来公民应该能跨学科思考吗?

一些普通名词不加"理想、心目中、未来"等修饰语,实际也带有此内涵,如:

(5) 新中国的高等教育(总是/*通常)应该(*通常)以理论与实际一致的方法,培养具有高度文化水平的、掌握现代科学和技术成就的、全心全意为人民服务的、高级的国家建设人才。

(6) 春燕刚走上岗位时,还没人知道科技课(*通常)应该(*通常)是什么样的。

(7) 原则上,量子计算机应该能够处理指数级更大、更复杂的计算。

上述三句的主语"新中国的高等教育、科技课、量子计算机",指的是当时人们对该事物的理论设想。

理想事物句也常用在科技语篇,理想化是科学研究的基本方法。不过这种句子的句末排斥"才好/对/是",表明理想事物句同样具有强客观性。如:

(8) 理想气体应该是分子有质量,无体积,分子只与器壁发生碰撞等(*才对)。

(9) 人们曾设想光需要一种特殊介质即以太,在与其相对静止的参考系中光以速率 c 运动。如此,以太应该具有怎样的性质(*才好//对/是)呢? 须无质量,对运动物体无阻力。

对定指名词也可采取理想化的操作,所以同样可以构成理想事物句,如:

(10) 她心目中的楚大哥是个了不起的人,(*通常)应该(*通常)什么都知道。

(11) 未来的北溶(*通常)应该(*通常)是一座高洁优雅的科技城、文化城、信息城和旅游休闲城。

"楚大哥"是现实存在的,但他并非"什么都知道"这个内涵所对应的外延;"她"只是以实存的"楚大哥"为模型,对其内涵加以极大的自由推演,以此在意识中虚构一个实际不存在的纯理想事物。"北溶"是专名,所指事物现实存在,但"未来的北溶"并不现实存在,该句表示单纯从内涵上演绎该市的理想形式,至于是否得到实际体现,则并非句子自身的描述目标。理论先于现实存在,这是科学研究及日常认识的常见现象,其语义机制就在于纯内涵性。理想事物的语义核心即"应然",表现在道义情态则体现为[合理性],这与"义务、允许"之类没多大关系。

理想事物"应该"句的主语和补足语之间表现为等同关系,主语名词的内涵完全投射为"应该"的补足语,所以该句允许构成双向条件句(biconditionals),句子的语义关系是"A当且仅当B"。从判断类型说,该句属于分析判断,如:

> (12) 一个人是女人心目中的白马王子,当且仅当他英俊潇洒爽快干练。
>
> 　　　如果一个人英俊潇洒爽快干练,那么他就是女人心目中的白马王子。

其他"应该"句都没有上述特征。如下文的例(13)不能说为"如果一种事物是内收的弧形,那么它就是正常的颈椎"。理想事物指完全超出现实世界的纯虚构性的东西,这就需要充分刻画其语义内涵,即单纯"从概念上"构造出来,而这种语义刻画也只适用于该事物,所以双方也就表现为等同关系,构成分析判断。理想事物句的"NP - VP"所述事件是纯内涵而无外延的;纯内涵性正是该句完全超出现实存在而可指理想事物的直接根据。一般认为语词的内涵和外延在包含关系上是相反的表现:大名的内涵被包含于小名之中;反之,小名的外延被包含于大名之中。这种内涵—外延的关系在理想事物句并不存在:在该句中,主语的内涵全等于"应该"的补足语,而主语和补足语却都不对应于任何外延。现实存在的特征是外延性、有界性,理想事物句则是相反的表现。

只有内涵而无外延的语词是很普遍的,绝非特殊情况。如弗雷格举到"离地球最远的天体",又如"永动机、单体重量超过100吨的金块"等。基于已知概念内涵而对其量值做自由推演,这是人们进行理论设想的基本方式,理想事物句即用该构造而成的。

从变元的角度看,人们对理想事物句主语名词的内涵可有极大的自由想象空间,即该名词比普通名词包含更多的变元。但这些变元显然缺乏客观现实性,补足语则指特定话主对其中最佳项的一种选择,这就造成该句"应该"表现为强烈的主观性。但这种主观性仍基于话主对事物本质属性的理性认知,与主观必然用法的"必须"并不相同,后者单纯指主观强行规定,所以上述句子的"应该"都不允许换为"必须"。

理想事物句中"应该"的实义性最强,因为该句高度关注主语事物自身本质对补足语的决定作用。这时"应该"的功能类似系动词,如"理想的教育应该这样","应该"指对"理想的教育"与"这样"之间等同关系的断定。普通系动词指主语通过运行演绎的方式获得表语所指特征,这样也就以表语的方式存在;同样,"应该"指主语通过[合理性]的操作投射为补足语的特征,这样也就以补足语的方式具体存在。

从转换关系看,其他"应该1"句都容易转换为"NP－VP 是应该的",如"古树保护应该以科学理论为指导"可转换为"古树保护以科学理论为指导是应该的"。理想事物句则不大接受这种转换,如"白马王子应该英俊潇洒爽快干练"不能说为"白马王子英俊潇洒爽快干练是应该的"。相比,"NP 应该 VP","NP－VP 是应该的"所指应然义的客观性及断言强度都更高,但理想事物句并不强调这一点,而明确提示该句所述仅是一种主观设想。

理想事物"应该"句的特征包括:1)认知载体:理论设想;2)语义特征:定义性、非时间性、双向条件句;3)主语名词的定语:"心目中、理想",句子的代表性副词:"总是"。

4.4.3 现实事物句(A2)

该句的"NP－VP"即指所谓"事理、公理、规律、法律、常规、规范、制度、规定"之类,情状上具有[+可实现性]。"情理上必须如此"的描述即主要针对这种用法。"事理、规律"表示人们一般认同的事物的本质及行为特征,这即构成一定语言社团日常接受的共同信念,所谓"世界应该是什么样子的、天经地义、理所当然";然后以此为根据而解释、规定具体事物。该句主语名词带有"正常、标准"的语义内涵,整个句子则携带"通常、一般、总是、从本质上看"的内涵。

虽然现实事物句也指主语事物的本质属性,却并不像理想事物句那样指主语的定义,而仅表示主语在某方面的重要特征。如"讲点良心"并不构成"人"的定义,而只表示其在伦理方面的重要特征。形式上,相比理想事物句,现实事物句的补足语 VP 一般都比较简单,指人们对一类事物、现象常规存在方式的认识。

现实事物句"应该"的补足语也是静态性、抽象性的,但带有较明确的时间信息,这体现在其允准"通常、一般"这两个量化副词(adverbs of quantification)。二者的句法地位居于"总是"之下,频率副词"经常"之上。"总是、通常、一般"都指规律和语气,但"总是"的语气义更显著,所以接近语气副词。"通常、一般"所带的两个论元是[事件]和[场合],指对规律的量化;"经常"的两个论元则是[动作]和[时位],指对动作的量化;事件＝主语＋动作。"通常、一般"是两个典型用于规律句的量化副词。另外,"一般"有形容词和副词两种功能,所以它在"应该"句可采取下面三种说法,而句义基本无别:

（13）a. 一般颈椎应该是内收的弧形。　 b. 颈椎一般应该是内收的弧形。

　　　c. 颈椎应该一般是内收的弧形。

即,补足语行为的一般性提升为"应该"所指合理性的一般性,最终提升为主语事物自身内涵的一般性。

例（13）a"一般"有副词（饰句）、名词（饰名）两种解读,这里取后者。"一般"饰句时,往往采取"一般情况下"的形式,或"一般"后停顿。"一般"做定语时,指中心语所包含的最大众化的成员,如"一般人/医生"指最大众化的"人、医生"个体。最大众化的个体有时也提示"普通无奇、平庸"义,这其实只是语用层面的色彩义,并不体现"一般"的核心内涵。其核心内涵是[常规性],并提示[正常、标准]义,如"一般洗衣店三个月不来取就处理了,那是正常的",句子表示"三个月不来取就处理"是"洗衣店"的常规做法,所以也是合理的,无可指责。

并非各种情态动词都允许"一般"在上述三个位置上浮动。如"能"的补足语排斥"一般","想"的补足语和主语的定语两个位置都排斥"一般":

（14）a. 大象一般能活60岁。　　 b. 一般大象能活60岁。

　　　c. *大象能一般活60岁。

（15）a. 战士一般想争个输赢。　　 b. *一般战士想争个输赢。

　　　c. *战士想一般争个输赢。

例（15）b的主语"一般战士"会读为"战士"中较差的部分,而非"应该"句的主语"一般颈椎"那样表示普通正常的颈椎。

为什么"应该、能、想"对"一般"的接受会形成上述分别? 这是情态词自身的概念结构决定的。"应该"句指类名的行为特征,而类名的基本特征即内涵性,类范畴就是直接通过行为特征进行定义的。这样类名本身、其行为的合理性、其一般性的行为特征,三者之间自然也就表现为透义性。"能"在这方面与"应该"有较大的相似之处:类名的本质、其一般性的动作能力、其一般性的动作,三者之间也具有很大的相通性,一个事物能做什么直接构成该事物的功能,并直接决定了该事物是何种类型的事物。不同在于:相比

"应该"、"能"的补足语具有更强的动态性、时间性,这与"一般"的弱时间性存在冲突。"想"则与类名的本质没有任何联系,一个人想做什么不能决定他是什么样的人。

在现实事物句,"通常、一般"的直接作用对象实际是补足语 VP,但位置却在"应该"之前,"总是"则强烈倾向于用在"应该"之前,排斥用在 VP 之前。另一方面,该句排斥"经常"用在"应该"前,但允准它用在补足语 VP 前,显示"应该"自身缺乏时间义,但允许补足语带时间义。上述句法行为都是"应该"处于语义—语用接口地位的体现,即"应该"一方面具有一定的时间信息,同时也具有明显的断言语力。

允许补足语 VP 带时间义,意味着 VP 所指动作在现实世界可实际发生,这一点与理想事物句形成质的分别。如"<u>应该通常盛于塑料容器里</u>"指"盛"的动作在特定时空域确实是实际发生过的,而"<u>应该(*通常)英俊潇洒爽快干练</u>"就排斥"通常",因为"英俊潇洒爽快干练"从未实际存在。

从深层看,现实事物"应该"句总是对一个"NP 究竟应该怎么 VP"问句的回答。"究竟"指对 NP 事物本质的深究,"怎么 VP"指主语在诸多可能性的存在方式中所应选择的特定本质。现实事物"应该"句的基本功能就是表示"经验规律",具有[+可实现性],并且补足语所述行为在特定维度对主语具有唯一性,所以该句的"应该"容易换为"必须",如"文艺创作<u>应该/必须</u>从生活出发"。数学规律句则同时排斥"应该、必须",如"6 乘 6(*<u>应该/必须</u>)等于 36",因为数学规律的语义特征是[非时空性],并非"经验规律"。

认知主体上,与理想事物句相反,现实事物"应该"句指公共认识,是[非个人性]的。所以句首排斥"我认为",而接受"众所周知、大家知道"。相应地,该句不接受质疑,不允许用为是非问句。相同的是,该句句末也常用"才好/是/对"。从语篇层面看,该句一般可跟后续小句"否则该 NP 就不正常",理想事物句则排斥这种后续小句。

从主语的指称形式看,现实事物句区别于理想事物句的一个显著特征是:前者的主语不限于普通名词,而常由动词短语及抽象名词充当。因为经验规律句的陈述对象并不限于普通事物,而且也常指事件、抽象范畴,即人们对各种事物、现象都会采取[标准、常规]式的范畴化。

第一,主语是类名,带有"正常"义,补足语 VP 指主语在特定维度的行为特征,如:

（16）从本质上看,人（总是）应该（*总是）讲点良心（才对/才是/好）。否则就是不正常的人。

众所周知/#我认为,人应该讲点良心。| #人应该讲点良心吗?

（17）氢氟酸不能贮于玻璃容器中,（通常/一般/*经常）应该（通常/一般/经常）盛于塑料容器里（才对）。

（18）一个广谱疫苗（一般）应该（一般）是这样的:能诱导产生针对多种关键突变表位的中和抗体。

不符合标准的事物一定程度上就被视为"并非该类事物"。如"不正常的人、有问题的疫苗"被视为缺乏某些"人、疫苗"所应具的特征,这在一定程度上其实也就被视为"不是人、疫苗"。哲学界一般认为道义情态的重要功能就是指标准（norm, normativity）,标准显然不只存在于人类行为,所以道义情态绝不限于指道德、义务,其功能原理与后者无关。

"NP+VP"指规律构成"应该"的一个特定句式环境,这个概括可从补足语 VP 搭配关系的专门性上得到清晰的验证:陈述类名的动作并非都可陈述个体。平行于个体谓词与阶段谓词的分别（Carlson 1977）,也存在"类层面谓词"和"个体层面谓词"的分别,如:

（19）a. 人/*小刘应该是世界的主体。　b. 人/小刘应该爱护环境。

例（19）a"是世界的主体"只能陈述类名"人",不能陈述"小刘"这个特定个体,个人显然不具有是世界主体的能力。例（19）b"爱护环境"也可陈述"小刘",但明显具有预设,如"小刘"平时做过某些破坏环境的具体行为,现在用该句予以批评;主语是"人"时,该句就并无语境依赖性,直接陈述"人"的本质特征。类层面谓词又如:"海龟已在地球上生活了 2 亿年、雉鸡体重 880~1 650 克",不能说"*这只海龟已在地球上生活了 2 亿年、*这只雉鸡体重 880~1 650 克"。

第二,主语是动词短语。由于该句主语本身指的是动作,所以与之匹配的补足语 VP 的动态性、时间性相应也就更强。虽然该句表层不一定出现明确表示时间义的句法成分,但内在蕴含"通常、一般"义,指对 NP - VP 所述事件实际发生场合的全称量化,如:

（20）快速试剂检测（一般/通常）应该（一般/通常）15~20 分钟可以出初步结果。

（21）（一般）吃甜食时,（一般）应该（一般）用叉子（才对）。否则就不合适。

（22）佩戴隐形眼镜（一般）应该（一般）像在人体中置入人工关节一样。

（23）一次科学有效的健身，（通常）应该是不使生活习惯发生明显改变。

规律内在是复句性的，一定指两种（或多种）现象间的必然关联。动词短语直接关注一种动作自身，而并不关注该动作的参与者，特别是不关注该动作的特定执行者、主语，这正是［规律］范畴基本构造方式。如例（21）指"吃甜食"与"用叉子"间的内在关联，"应该"指对该联系合理性的认定，句子并不关注任何特定个体发出该动作。如果不用"应该"，"吃甜食用叉子"直接陈述一种客观规律，用"应该"就表示话主对其合理性的断定，即把一种情况处理为规范，所以这种句子很容易转换为"吃甜食用叉子，这是应该的"。"事物—动作/状态/性质"这样的主谓结构可认为是小句的基础性模型，但也远不能涵盖小句结构的各种情形。

从量化特征看，"吃甜食用叉子"内在携带"通常"义，且"应该"可在"通常"前后，显示"通常"与"应该"之间具有透义性，即"应该"带有量化副词的语义内涵。"透义"指结构中的两个成分在某个语义特征上形成共享现象。如兼语式"请NPVP"的"请"和VP在体貌特征上具有透义性，在"请他进来"，"请"和"进来"都指将来时，在"请他进来了"，虽然只有"进来"上用"了"，但"请"也是完成性的。构造顺序上，先有动作VP的量化，然后才有"应该"的量化，"应该"的量化特征是从补足语那里提取上来的。与"应该"对应的副词是"通常"，"能"对应的则是"经常"。"经常"带有明确的时间信息，所以"能"句带有强现实性。"通常"则不提示时间性，所以"应该"句表现为非现实性，相对而言具有纯量化的特征。"应该"兼具情态和量化两个维度的语义要素，刻画为：

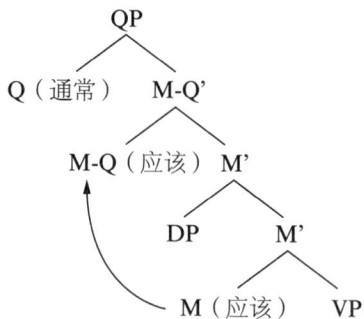

情态与物理事件既是两个具有质的分别的不同范畴领域,之间也具有内在关联。从广义上看,各种情态词的功能都指对物理事件加以量化操作,但又并不像普通量化词那样指纯量,而是携带实义内涵,后者即来自物理事件。这在历时维度有清晰的体现:情态词都由物理动词演化而来,这种演化过程的核心即去实义化。但相比英语,汉语情态动词的虚化程度显然要低得多。所以汉语情态动词是带有实义内涵的量化词。

"通常"和"经常"都指全称量化,但量化域、量化对象具有质的分别:前者的量化对象是事件发生的外部条件、场合,即"在合适的情况下""其他条件不变";后者是动作所占据的时间位置,即"很多时候、很多次"。高频动作与规律是两回事,如"孩子通常/一般/经常富有丰富的想象力",用"通常、一般"时,句子是对"孩子"作为类的本质属性的描述;用"经常"时,句子是对"一些孩子"日常行为的概括,后者并非真正的规律。又如:

(24) a. 老李经常/＊通常跑步。　　　　b. 通常老李晚上跑步。

　　　c. ＊经常老李跑步。

例(24)a 不接受"通常"的原因是缺乏场合;例(24)b 成立的原因是"晚上"为"通常"提供了场合;例(24)c 不成立的原因是"经常"直接修饰对象是谓语动词,所以倾向位于其前。句法地位上,"通常"居于"经常"之上,其辖域大于"经常",如可说"<u>通常</u>笔记本电脑<u>经常</u>被带到不同环境中使用",但反过来不行。"通常"指"笔记本被……使用"事件整体发生的外部场合,在这些场合中,"使用"的动作仍可多次发生。

"应该"是外部视角,时间性弱,对应的副词是"通常",疑问词是"为什么";"能"是内部视角,时间性强,对应的副词是"经常",疑问词是"怎么"(参看 4.6.2.1)。

第三,主语是抽象名词。抽象名词在语义内涵与动词短语具有相通之处,关系是:抽象名词都提示某种具体动作。当然,抽象名词并不指具体动作的实际存在,而是把它们压缩、抽象化为一种独立的概念,所以抽象名词与规律的关系最为密切:抽象名词的具体语义内涵即规律。与抽象名词相对的是事物名词,后者所提示的动作是宽泛模糊的,如"桌子"不提示具体动作;抽象名词则明确提示特定的动作,如"文艺创作"提示"观察生活、构造艺术形象"等。

在"应该"句中,抽象名词主语与补足语 VP 之间的语义关系也是定义性的,后者是对前者内涵的具体阐释,是典型的分析判断;该句"应该"的功能类似系动词。如例(26),去掉"应该","头部不向后仰超过 15 度"即"正确的洗头方法"的全部内涵;"应该"指 NP 采取 VP 的动作具有合理性。去掉"应该","文艺创作于其本质从生活出发""古树保护以科学方法为指导"都难以成句,加上"应该、是"就成句。"应该、是"是 NP - VP 之间语义联系的枢纽。抽象名词主语的功能特征与理想事物句有接近之处,显示了不同次类之间的过渡现象。因为抽象名词的本质性、非时间性强,不提示与现实存在的联系。量化特征上,抽象名词句也与理想事物句有相似之处:都排斥量化副词"通常、一般",如:

> (25) 文艺创作于其本质(*通常/一般)应该(*通常/一般)从生活出发(才好/对/是)。否则就不是文艺创作。
>
> (26) 正确的洗头方法(*通常)应该(*通常)是保持头部不向后仰超过 15 度。否则就有问题。
>
> (27) 古树保护活动(*通常)应该(*通常)以科学的理论和方法为指导(才好/对/是)。
>
> (28) 人的青春到底/究竟(*通常)应该(*通常)怎样度过?

与理想事物句不同的是,抽象名词主语句的情态词"应该"允许换为"必须",因为该句所述规律在现实世界是实际存在的。所谓规律在现实世界中存在,并非该规律本身直接占据时空域,而是通过[体现为]特定个例的方式存在,个例构成规律的证据,量化特征则表现为变元。如例(26)"洗头方法……15 度"本身并无时空义,不直接存在,该规律的存在体现为"某特定个体在实际洗头时未向后仰超过 15 度",即个体的行为按照一般规律进行。理想事物句则缺乏这个[体现为]的语义环节。

虽然上述(25)—例(28)的"应该"可换为"必须",但这只是一些局部的个例,并不意味着二者具有多大的相似性。这可以从其对否定词"不"的不同反映进行检验。"不应该 VP"表示全量否定,指 VP 整体完全不合理。如"洗头不应该后仰超过 15 度",指"洗头后仰超过 15 度"的做法完全不合理。"不必 VP"则指部分否定,VP 自身仍是合理的,只是由于当前环境存在某种客观限制,所以可暂时不强制执行,有"做不到 VP 也可理解、退而求其次"的意味儿。如"洗头不必后仰超过 15 度",表示"洗头后仰超过 15 度"本身还是好的,但当前个体可能存在具体困难,所以可采取较弱的方式。"不必"义近"不用"，功能是降低执行 VP 的必要性、紧迫性。"不应该"则既不提示执行关系，也不关注外部环境的限制，而直接取消 VP 本身的合理性。

"应该、必须"在对否定式补足语的表现上区别更为明显。"应该不 VP"与"不应该 VP"客观语义差别不大，如"雨衣应该不透水"≈"雨衣不应该透水"。而"不必 VP"和"必须不 VP"语义完全不同，如：

（29）雨衣必须不透水 ≠ 雨衣不必透水。

"必须不透水"指必须做到"不透水"，这构成"雨衣"的本质属性；"不必透水"则指"透水"这个行为本身是不需要的。"不必"是量的否定，"不"只降低"必须"自身的迫切性，而并不取消 VP 的合理性；"不应该"则是质的否定，表示 VP 整体在性质上是不合理的。

以上分别来自"必须、应该"概念结构的不同。"必须"指一种状态 q 的成立［高度取决于］另一种状态 p，其间是"只有 p 才 q"的关系。这种［需要］关系与［合理性］是相关的，即需要的内容对事物自身的存在有利，但合理性并不构成"必须"直接表达的对象，而强调需要的迫切性。"应该"的功能则是指出事物采取某种存在方式才是合理的，把［合理性］本身的客观构造情况作为表达目标，而并不关注现实需要。

现实事物"应该"句的特征概括为：1）认知行为：经验概括；2）语义特征：标准性、全称量化、时间性；3）主语名词的指称特征：类名、动词短语、抽象名词；4）句子的代表性副词："通常、一般"。

普通名词、动词短语、抽象名词的共同特征都是强内涵性，这一点与理想事物句相同。在现实事物句中，"应该"的基本功能特征表现为指［标准］。［标准］与［理想］是一致的，都指一类事物的典范形式，即"所希望的事物的存在方式"；区别在于：前者的关涉对象是日常存在的事物，即基本概念，后者所指事物则远远超出日常情形，即构造一个新概念。前者指已经现实存在的［应然］，是对现实存在的全称量化；后者指尚未存在的更高的［应然］，是定性认识，非量化性。

［标准、理想］的范畴载体都是共相，即日常所谓"概念"。共相范畴的语义核心是内涵，并被作为判断特定个体是否属于该类事物的［标准］。任何事物、现象都必属于特定的共相、概念，单独一个个体事物、个例是无所谓正常、标准的，所以共相句典型体现"应该"的功能原理。

共相句结构机制的核心就在于［内涵性］，不提示外延（包括事物个体和动作)。内涵与情态天然相关:情态即指共相范畴基于所指内涵而形成的必然联系。这种联系在"应该"句表现为[合理性],合理性是从更高层面对共相范畴构造情形的主观认定,所以实际情形也就是:一切共相范畴的内涵都是合理的。但通过把共相明确认定为合理性,就形成了一个更高的语义及句法的层面。如"文艺创作"的内涵本质就是"从生活出发",从合理性判断的角度表述则为"文艺创作从生活出发是应该/合理的"及"文艺创作应该从生活出发"。"NP - VP 是应该/合理的"是道义情态的分析式表达,"NP应该 VP"是道义情态的综合式表达,两种形式的客观语义是等同的。共相范畴是合理性的最终根据,个体行为的合理性只能通过归属于共相才能存在,具体即通过三段论的推理来完成。

4.4.4　个体行为特征句(B1)

4.4.4.1　定指名词包括专名和代词,前者携带丰富的语义内涵,后者则是纯外延性的,不指任何具体内涵。有如下规律:主语名词所指语义内涵越少,则句子的语境依赖性越强。专名所指内涵的强度取决于特定社团对专名所指个体的熟知度:熟知度越高,则专名的内涵越丰富。这个现象的实质即"专名概念化",如"雷锋、曹操"已高度概念化。具有概念化特征的专名构成的小句,补足语与主语之间表现为分析判断的特征,这样"应该"所指情态判断的确定性也就很强,比较:

(30)上海/#汪家屯应该有文化吸附力和包容性。

"上海"的熟知度很高,提示"大都市、海纳百川"等内涵,后者即蕴涵"文化吸附力和包容性"的特征。这样该句实际相当于分析判断,指一般认同的公理,例如其后可加"这是天经地义的"。主语事物所指内涵是该句构成三段论推理根据,即"大都市都应该有文化包容性,上海是大都市,所以也应如此"。相反,"汪家屯"的熟知度差,这样人们对其行为特征就无从形成合理期待,所以排斥"应该"。该句并非句法上不成立,而是语用上不适宜,而这并非"汪家屯"因为指小村庄,难以具备补足语的特征:可说"每个村庄都应该有文化吸附力和包容性"。"汪家屯"前加"我们"该句也成立:"我们汪家屯应该有文化吸附力和包容性","我们"明确提示了对"汪家屯"内涵的了解。

个体行为特征句表层往往明确指出主语事物与补足语相关的具体特征,它们构成"应该"所指情态判断的根据,这样就增强了情态判断的确定

性。其中一个常见手段是分层状语,另外就是复句,如:

（31）a. 作为一个世界性大国,我们应该尽快迈出向北极进军的步伐。

　　　b. 身处社会主义市场经济的新时代,我们应该忠实地遵守商品社
　　　　 会的法则。

　　　c. 你是个人,就应该像人样地去干!

情态根据直接投射为补足语所述具体行为,这样就构成演绎推理。单纯基于个体是无法进行合理性的情态判断的,个体只是共相性内涵的载体。例如,例（31）a、例（31）b 二句主语都是"我们",但补足语完全不同,例（31）a指根据"世界性"而推出"向北极进军",例（31）b 指根据"市场经济"而推出"遵守法则"。反之,如果不提出情态根据,则以上三句语义上都不自足。无法单纯根据代词主语"我们、你"而对其行为做出"应该"的断言。

　　个体行为特征句对主语内涵的要求还可从副词"尤其"得到验证。"尤其"用于主语之后,但语义指向同时包括主语和情态词"应该"。"尤其"也可直接加在主语身上,充当定语,这时"尤其"后一般加"是","应该"前则加"更",如:

（32）这些长期工作在偏远山区的教师们,尤其应该受到人们的尊敬。

　　　≈尤其是这些长期工作在偏远山区的教师们,更应该受到人们的
　　　　尊敬。

"尤其"指这些教师应该受到尊重的具体根据就是"长期工作在偏远山区",之间形成推理关系。"尤其"在非情态句并非总是前指主语,如"赵玉尤其重视发挥科技人员的作用","尤其"默认读为对发挥科技人员作用的重视,而非"赵玉"比别人更加重视发挥科技人员的作用,后一种读法只有对主语焦点化时才出现。"尤其"蕴涵交替项,指多中选强,这与"应该"的语义构造完全契合,所以二者在句子中会有相同的语义指向。

　　个体行为特征句"应该"的最终情态根据处于主语事物之外,主语自身的内涵只作为该事物确实符合一般标准的参数,即构成三段论中的小前提。这就造成相比共相句,个体行为特征句的"应该"在语义上具有更强的外位性,句法性质也就更靠近提升动词,形式上也更容易提至句首。同时,该句的"应该"前可加"就",以强调主语确实符合一般标准。"就应该"往往会省作"就该","就"读为主重音,主语读次重音。

　　从深层看,该主语实际是一种焦点话题,内在蕴含对比关系。原理是:

符合一般标准的事物是无数的,现在关注的主语事物只是其中之一。"就"的一个功能就是表示其前话题属于焦点话题[也称"对比话题",参张新华(2015)]。也就是,"就"的直接作用对象其实是话题,但其强调语力也同时落在"应该"身上,即:既然主语事物符合标准,则更须按该标准的规定采取谓语的存在方式,如:

（33）既然是国际化大都市,**上海就**该有文化的吸附力和包容性。

各方面条件那么好,**秀芬就**该学做护士。

（34）如果他们把另一次战争强加于人类,那(**就该**)他们(**就该**)倒霉。

例(34)"就该"可加于主语"他们"之前,这种形式更加强调主语自身所具特征对补足语动作的决定作用。"应该"之所以只是靠近而非真正地提升动词,原因就在于它仍关注主语事物自身的语义内涵,而并非完全处于整个主谓小句之外。比较,英语 seem 确实是典型提升动词,因为它完全不关注主语事物自身的内涵。"应该"的语义构造就是一方面关注主语事物之外的一般标准,另一方面也关注主语自身,功能就是在二者间建立起语义联系,所以总是表现为内外兼备的特征。可见在控制动词和提升动词之间还有一个中间性的地带。

可比较,共相句的"应该"就不允许上述用法。因为该句的情态根据主要就是来自主语事物自身,基本不考虑外部其他因素的作用。如:

（35）***就**该人讲点良心。   ***就**该白马王子英俊潇洒爽快干练。
上述句子明确提示"人"与其他事物的对比关系,即其他事物由于自身条件而无须"讲良心",只有对"人"才有此要求。但"人讲点良心"显然并不提示这方面的语义关系,而单纯关注主语属性与补足语动作的内在关联,所以排斥"就该"置于句首。

在共相句,"NP 应该 VP"的句式也可强调主语自身属性对补足语的决定作用,"应该"前可加"就"。这时并不表示对比关系,而仅单纯强调主语属性本身,读为"既然作为 NP,就该 VP"。这里的"就"并非话题焦点的标记,而是"既然……就……"中的连词。另一方面,这时指人名词与无生名词的句法行为形成分化:前者接受"就该"的强调式,后者不允许。这种现象显示"应该"确实具有[义务]的语义内涵,即强调人对补足语动作的责任。但这种用例缺乏普遍性,显然不足以得出"应该"的基本内涵就是指义务的概括。如:

（36）a. 人**就**该讲点良心。　　b. ＊正常的颈椎**就**该是内收的弧形。

例（36）a 不提示"人"与其他事物的对比关系，而单纯指"人"在其本性中包含"讲点良心"的要求，所以可改写为"既然是/作为人，就**该**讲点良心"。例（36）b 不允许改写为"既然作为正常的颈椎，就**该**是内收的弧形"。对无生名词行为合理性的判断是客观中性的，一般会用在科技语体，排斥主观强调。

其实绝对说，上述（36）b 也有成立的语境：用于争辩语篇，这时就为句子添加了论证强调的语义内涵。不过总体看，科技语篇是高度中性的，很少出现语力成分、焦点化等各种语用维度的语法现象，所以例（36）b 一般难以成立。

个体行为特征句相关的语境信息往往非常复杂，这时"应该"所指情态判断强度就很低。具体情形千差万别，此不缕举，下引二例以窥一斑：

（37）秀芬**应该**学做护士才好，简直再合适也没有了。

（38）你们**应该**在剧场门口贴一张告示，怀孕几个月后您最好别进场，万一笑岔气。

例（37）"秀芬学做护士"的合理性在于细心、兴趣、医学基础之类，这就构成三段论推理的根据：具有此种特征的人都适合做护士，秀芬即属此情形。但一个人实际从事何种职业显然是众多复杂偶然的因素决定的，所以该句"应该"只能指一种一般性的提议，不可能具有很高的断言强度。例（38）"你们在门口贴一张告示"指一种特殊事件，不具有充分的情态根据，这就决定了该句"应该"所指情态判断强度很低，只是一个玩笑。

个体行为总是受制于诸多外部因素的影响，这就造成在特定语境，往往可对情态根据和补足语间的具体投射关系做不同的处理，最终导致"应该"语义内涵的分化。规律是：如果关注主语事物所具某种特征对补足语的内在制约关系，则"应该"指道义情态，即补足语行为的合理性；反之，如果不强调其间的内在关联，而仅理解为一般性影响关系，则"应该"表示推断，形成认识情态的用法。例如：

（39）他参军四年多，**应该有了**相当的政治认识。

该句如果只是一般性分析"参军四年"对"获得政治认识"会有一定影响，不强调二者之间联系的必然性，这样"应该"就指认识情态。例如，该句可用于敌方情报人员对"他"现状的分析。如果特别强调"参军四年"对"获得政治认识"具有本质性的决定作用,即只有如此才是合理的,这样"应该"就指道义情态。例如,该句可用于政委对"他"学习成绩的要求。

4.4.4.2 个体行为特征句容易形成倒话题结构。结构形式是:共相短语占据主语位置,定指名词出现在小句的其他位置;但后者构成句子的主话题,句首的共相短语则构成次话题。这种话题构造是句中语义和语用两层语义关系妥协的结果:小句的表层次序按"施事—动词—受事"这样的常规事件结构形式来安排;而小句实际信息结构的划分则按照句法成分自身所具有的信息度,由后者决定小句的最终解读方式。定指名词基于语境直接定位,天然指旧信息,构成句子信息传达的起点,共相短语则相对指新信息,构成评述内容,所以当定指名词不出现在句首时,句子自然就会形成倒话题结构。(参看张新华 2020)

话题的功能包括两方面,一是指信息结构的起点,其所指事物的存在性在句子之外由话主事先确立;二是指包含关系的包含方,评述部分则是被包含方,其内涵被包含于话题。语义构造上,话题成分是全量性、潜在性的,具有无数可能性的存在方式,即变元,评述部分则指其中之一。无标记情况下,即除非加以特别的焦点化,只要句中出现一个定指名词,则无论它占据何种位置,都充当主话题,因为其所指事物的存在性天然是在句子之外事先确立的,指预设信息。包含关系上,定指名词所指事物一定取宽域,共相短语所指内涵是相对它而引出的,取窄域。信息结构不同,则"应该"句所指[合理性]构造的方式也随之不同:话题名词所指内涵是对评述部分所指行为构成合理性的根据,即根据话题成分所指的全部属性,其中之一与评述部分相契合。如:

(40)有一种手表应该引起<u>舅舅</u>的足够重视。

(41)李敖说:"<u>应该</u>四个字描写<u>我</u>,胆大心细。"

(42)任何部门和个人都<u>应该</u>自觉地服从和服务于<u>全市加快发展这个大局</u>。

(43)领导干部应该从<u>这篇故事</u>中吸取经验教训。

"主语—动词"紧密连接,整体构成一个信息单位,用来对出现在动词后面的话题提供评述。例(41)最典型,"应该"居于主语"四个字"之前,句子表示"四个字描写"整体对话题"我"构成陈述,而不是"描写我"对话题"四个字"构成陈述。

例(40)定指名词"舅舅"做宾语名词的定语，句法位置很深，但在信息结构上仍然构成句子的主话题，"有一种手表"是相对该话题而引出的。该句表述的是"舅舅"的行为特征，而不是"有一种手表"的行为特征，即该句实际读为下面的例(44)a，而非例(44)b：

(44) a. 对舅舅i而言，有一种手表应该引起(他i的)足够重视。

　　b. 对有一种手表而言，它应该引起舅舅的足够重视。

例(44)a指话主事先已了解"舅舅"的行为特征，现在看到"有一种手表"符合该特征，所以做出"舅舅"应该重视该手表的情态判断。这符合实际情况。例(44)b指的则是：该种手表事先就是针对"舅舅"而制作的，这显然不符合实际情形，所以该种读法不成立。

"有 N"内在是弱限定性的，所以天然难以充当话题。如"刚才有人找你"，话题是宾语位置上的"你"，而非主语"有人"。有两个测试手段可鉴定一个成分是否话题：省略、回指代词"他"。显然，在语篇中，只有话题成分可省略，或用回指代词，因为话题指已知信息；指焦点信息的成分是不可能省略的，这样整个句子就没有信息传达价值了。可以看到，宾语"你"可省略，主语"有人"不可省略："刚才有人找(你)""刚才*(有人)找你"。同样，上述例(44)a的"舅舅"可省略，或用代词"他"回指。

例(41)"四个字"做主语，其限定性明显弱于宾语位置的"我"，所以该句实际读为："对我而言，应该用胆大心细四个字描写。""胆大心细"的内涵被包含于话题"我"之中，这即构成述谓关系。例(42)话题是宾语"全市加快发展这个大局"，句首的主语"任何部门和个人"指焦点信息，是相对于宾语而引出的，其中定语"任何"的取值范围显然就是"全市"，而非全世界。该句读为："就全市加快发展这个大局而言，任何部门和个人都应该自觉地服从和服务于它。"例(43)"领导干部"默认会重读，指焦点信息，"这篇故事"指话题，不重读。该句读为："就这篇故事而言，领导干部尤其应该从中吸取经验教训。""这篇故事"包含丰富的价值属性，其中之一是适用于"领导干部"。

在语篇层面，形成语篇连续是话题的一个重要特征。与句首位置的普通话题成分一样，是句后位置的倒话题构成语篇连续；该话题成分同样允许省略，或用代词回指，如：

(45) 这是一个很重要的原则i，修水利应该实行(这个原则i)/它i，做别的工作也应该实行(这个原则i)/它i。

该句的陈述对象显然是宾语位置的"这个原则",指旧信息;主语位置的"修水利、做别的工作"都是相对该话题引出的新事物,指焦点信息,重读。句子所指语义关系是:"这个原则"包含无数的价值属性,其中一部分适用于"修水利",另外一部分则适用于"做别的工作"。可比较,如果以"修水利"为话题,"这个原则"为焦点,则句子读为:"修水利"这项工作需要诸多物质要素的支持,其中之一是"实行这个原则",其他还需要人力、资金等。这时,该句就并不关注"这个原则"本身是否还具有其他方面的行为特征。

任何事物、动作就其自身而言都是潜在性的,包含无数可能性的行为特征(即变元集),但只有当它被置于话题地位时,这些信息才作为关注对象,构成全称量化;在评述部分时则只提取其与话题直接相关的那部分内容,构成存在量化。"应该"天然是一种量化算子,所以同一语词作为话题还是焦点,对其所施加的量化操作方式就会不同。

亚里士多德讨论主谓结构时特别强调,个体事物只能充当主语,而不能做谓语以陈述其他事物。即在亚氏看来:1)个体事物的唯一功能就是充当话题;2)句子的基本格式是"个体事物+共相成分"。亚氏显然并未区别主语和话题,其所谓主语即话题,所以亚氏所述个体事物只能做主语,实际也就是定指名词天然是话题性的。莱布尼茨(1679/1970)则指出,从内涵维度看,主语位置个体事物的内涵包含着谓语位置的共相成分,即,所谓做出陈述,也就是断言个体事物拥有共相范畴的内涵;在外延维度则是相反的表现,主语位置的个体事物被包含于共相成分所指的全部外延之中。

上述论断对例(40)—例(43)的语义关系也是适用的。如例(43)指"这篇故事"具有无数的内涵,其中之一是"领导干部可从中吸取经验教训"。从外延角度看,"领导干部可从中吸取经验教训"的故事是无数的,"这篇故事"则只是其中之一。主语并非包含谓语所指内涵的全部,而只是相对于该主语的一部分。如"小李是好人","是好人"的内涵是非常丰富的,"小李"显然不可能全部拥有,而只占据其中一部分。

共相语词的基本特征是强内涵性、非外延性,所以不存在外延维度的包含关系,而只有内涵维度的投射、包含关系。这时仍是主语名词取宽域,全称量化;谓语部分取窄域,存在量化。这里的一个基本认识是:内涵本身也是有量的,对内涵也可加以全称或存在量化的操作。外延成分之间是机械加和的数量关系,内涵成分之间则是相互作用、投射的情态关系。内涵成之间以情态范畴的方式形成联系,情态词的直接作用对象只能是内涵成分;而情态词在此作用过程也就对内涵成分同时行使量化约束的功能。

语言事实上,一个句子可只陈述内涵而完全不指外延,反之则不行,如"领导干部应该坚持原则"不关涉任何特定个体。量化特征上,主语"领导干部"是全称量化,关注它的一切内涵,其中之一则是"坚持原则"。补足语"坚持原则"的取值则是存在量化,它的内涵只有一部分被包含于前者之中:"坚持原则"这个行为显然还可在"领导干部"之外的诸多场合起作用。

本小节最后补充一点:倒话题结构现象在汉语是非常普遍的,且形成一种专门的构式,"(是)NP……(是)……V 的 O"。如"是阿姨开的窗子""阿姨是昨天开的窗子",动宾短语"开窗子"整体构成话题,指预设信息,加"是"的成分指焦点信息。该句回答的问题是:"开窗子这件事,是由谁、什么时候做出的?"如果句子以"开窗子"为话题,则该动作整体是全量性、潜在性的,即在其事件结构的不同要素上包含无数可能性的变元,其中之一则是"阿姨、昨天"。如果以"阿姨"为话题,则该人是全量性、潜在性的,包含无数可能性的动作变元,其中之一是"开窗子"。显然,前一种读法才符合句子原义。

4.4.5 小结

情态词的功能特征最终体现在其所处小句的事件结构上。"应该"句"NP+VP"事件情状特征的差别是观察"应该"功能分化的线索。理想事物句(A1)显示了"应该"指应然义的典型用法,所指事物缺乏现实存在性,补足语指其理想性的行为特征,完全不带时间义;主语和补足语之间构成分析判断。在该语境中,"应该"的功能内涵接近系动词。[理想事物]与"应该"指[理想性、难得性、应然]的功能特征最为直接契合。

现实事物句(A2)是一般所谓"事理"的基本表述形式,指人们日常认同的事物的行为特征。[标准]的根据是共相范畴,所指内涵即构成判断特定个体属于该类事物的标准。该句主语不限于普通类名,还常用动词短语和抽象名词,三者的共同特征是内涵性。该句表层一般不带时间成分,但深层携带泛时义,可加量化副词"通常、一般"。"应该"只是单纯从概念上指出事物采取某种存在方式的合理性,不指向现实存在;"必须"相反,不强调合理性,而指事物采取某种存在方式的强制性。

在个体行为特征句(B1)中,"应该"表示特定个体的行为要符合该类事物的一般情形,该句深层包含一个三段论的推理。在该语境中,"应该"表现为提升动词和控制动词的居间状态,主语则提示对比关系,具有话题焦点的特征。该句常形成倒话题结构,定指名词出现在句子后部,但信息结构上是话题,对其余部分在内涵上构成包含关系。

4.5　个例"应该"句

个例即个别事件,一个事件的动态性、殊指性越强,其作为个例的特征就越典型。这是上一节所述"应该"句情状系统的 B2。单纯基于个体及个例自身无法做出[合理性]的情态判断,在各种语境中,"应该"所指情态判断的根据都是一个事先确立的普遍规律。所处小句的"NP+VP"指个例时,由于该事件总是具有很大的特殊性,包括规律无法完全控制的作用要素,这就导致"应该"的功能内涵形成分化。

4.5.1　"应该"的内涵在个例句发生分化

小句的基本功能是表达外部世界的存在,这具体表现为一个事件,[规律]与[个例]的分别是小句所述事件情状特征分化的基本线索。[个例]的语义特征是殊指性、动态性、时空性,这三个语义参数概括在一起的范畴义即直接性的现实存在;相对于规律,后者也指客观事实,但不具有直接存在的特征。

个例句的主语一定指特定个体,可采取定指名词和无定名词(即无定主语句)两种形式;类名不可能占据特定的时空域。根据时间特征分为两组:过去时、现在时是一组,将来时是另一组;前二者都是现实态,后者是非现实态。"应该"在这些语境都同时具有合理性断言(道义情态)、存在性推断(认识情态)两种用法,但具体解读形成较大差别。"NP+VP"指现实事件时,"应该"除指一般道义情态外,还形成一种类似违实表达的用法;"NP+VP"采取非现实态时,"应该"的道义情态功能表现为[建议],认识情态功能表现为[预测]。但这些解读都是语境使然,不足以构成一种独立的功能。

现实态事件可使用不同的时体成分,这对了解道义情态对补足语 VP 在殊指性、当下性上的接受度具有明确的检验作用。该现象的实质是道义情态可对多大程度的个例加以超越及量化操作。考察发现,限定性及一般时体成分都不足以区别"应该"的道义、认识两种情态功能,只有"动态动词—

了1"构成二者的边界。该现象的背景是:道义情态是"应该"的强势解读,所以只有"NP+VP"表现为强当下性时,"应该"才只能表示识情态,否则都可两解。

本小节先考察"应该"在个例句的一般功能分化情况,然后专题探讨"应该1"对补足语VP接受时体成分的空间。

4.5.1.1 "应该"的"NP+VP"部分可采取现实态。相对于下面4.5.1.2的违实,这种解读可称叙实。"应该"仍指道义情态,表示对该现实事件存在合理性的断言。这种句子的深层都包含一个三段论的推理,即当前具体情形符合一般规律,所以是合理的。

该句的特殊之处表现在信息结构上:"NP+VP"整体都指旧信息,是预设性的,只有"应该"本身指新信息,重读。这表明[合理性]确实构成一种高阶述谓,"NP+VP"所述事件则被处理为话题。形式上,该句一般可转换为"NP+VP,这是应该的",或不用"这"回指,直接采取主谓结构"NP+VP 是应该的"。习语"这是我应该做的"即典型表示上述语义关系:"这"直指语境中的某现实事件,"应该"指合理性断言。

语篇上,该句的"NP+VP"带有事后概括、评价的特征。即已了解到"NP+VP"的具体情形是实际存在的,现在则对该现象的合理性做出认定。语义上,该语境的"应该"仍关注主语事物自身属性对补足语VP的决定关系。这在指人名词的意志属性维度就体现为[责任/义务]的属性——一般所谓道义情态的语义参数,但在无生名词及指人名词的非意志维度上,仍指一般性的本质联系。这意味着该语境的"应该"仍以主语为论元,表现为控制动词的特征——"应该"的认识情态则为提升动词,不关注主语事物自身的属性。

上述现象的深层语义机制是"应该"关注个体对其具体存在方式的汇聚作用,即把外延现象加以概括化、内涵化地处理。"概括化"的实质即全称量化,而不关注一个特定的现实事件;"内涵化"则是把实际存在的个例提炼为事物的一种抽象属性。如:

(1) a. 别客气,你为我们受累,我们**应该**照顾你的!

　　 b. ……我们照顾你是应该的。

(2) 过去小林吊儿郎当时,大家认为他**应该**吊儿郎当;现在他积极工作,久而久之,大家认为他干这些也是应该的。

（3）在凤翔这样一个山清水秀的地方，本来就<u>应该</u>是环评严谨到位的一个地方。

（4）三十岁的女人嘛，我还是<u>应该丰满些</u>。

例（1）语篇前文指出"你为我们受累"，由此可判断"我们"发出"照顾你"的动作具有合理性。该断言的根据是"受到帮助要回报"这个一般事理，即蕴涵一个三段论推理。道义情态的基本原理就在于在一般事理和特定个体之间建立联系，所以构成解释关系：存在同类一般情形，所以当前个体如此行为是可理解的，所谓"有例可循"。用一般事理约束人的意志行为，就构成[责任/义务]的语义要素；其语义构造是："按照一般道理，某人要如此作为"，如"按照知恩图报的行为规范，我们要照顾你"。

[责任]是[属性]范畴的弱形式，提示具体行为，内涵化程度较低。例（1）中"应该"对"我们照顾你"进行全称量化，提示物理事件的多次发生。实际上，"照顾你"的动作内在就携带全称量化的语义操作：它包含"提供物资、服务"等的诸多具体作为。典型的[属性]则完全不提示具体行为，内涵化程度更高，如"人应该有精神"，"有精神"来自主语"人"的本质属性，不指向具体动作。概括的普遍程度越高，则内涵化、属性化的典型性就越强，后者的"应该"即表现为分析判断。

例（2）补足语"吊儿郎当"回指前文，明显指旧信息，功能性质是话题。例（3）补足语中的核心动词是系动词"是"，但所指具体动作其实是"环评严谨到位"，后者则并不指一次特定的动作，而概括了无数具体的作为。例（4）指"三十岁的女人丰满些"是人们一般认同的标准，话主本人现在则实际属于这种情况。

在"NP+VP 是应该的"这样的分析式表述形式中，"NP+VP"这个主谓小句整体一定程度上是指称化的，并且更加显著带有[现实性]的内涵。一般而言，主语位置的名词都内在预设[现存存在]的语义特征，即：既然对一个事物加以表述，就预设该事物是实际存在的。这在"应该"句主语是"NP+VP"时更为显著，因为"应该"明确表示对现实存在的量化操作。

"应该"对补足语 VP 的概括化操作还明显表现在：该 VP 自身并不带有"正在、了、着"等时体成分。后者的功能实质都在于对一般性的动作加以有界化、殊指化、个别化。从一般到个别构成句法操作的两端，道义情态的补足语则偏向一般一端，而排斥个别。对 VP 进行个别化操作的句法手段有两种,一是添加时体成分,二是添加方式状语。二者的核心都对动作的进行方式做加细刻画,即所谓细节描写,这样也就指出一个现实存在的最小单元。比较:

(5) a. 大功告成了嘛,小林**应该**笑的。

　　　b1. ……*小林**应该**笑了几声的。

　　　b2. ……?? 小林**应该**洋洋得意地哈哈大笑的。

"小林笑"单独不成句,在该语境中却指近期反复出现的事件,是现实态,这显然是由"应该"的评价、概括功能带来的。但"应该"并不关注实际发生的一次小林笑的特定事件,而一般性表示该事件在特定时期内的存在具有合理性。"了、几声"的功能是对"笑"有界化,指特定一次实际发生的事件,与"应该"的概括化特征相对立。"洋洋得意地、哈哈、大"则对"笑"加以强殊指性化的刻画,这就造成强内部视角,所以排斥"应该"。所用方式状语越多,动作的殊指化程度越高,越为"应该"所排斥;反之则容易接受,如"小林**应该**洋洋得意地笑"。

叙实用法还可采取否定式"不应该",其前可加程度副词,其后则加助词"地"。"不应该地"整体是形容词性的,表示对补足语动作之价值属性的描写。形式上,"很不应该地"整体可用于句首,如:

(6) a. 小李很不应该地像小孩子那样大哭起来。

　　　b. 很不应该地,小李像小孩子那样大哭起来。

(7) 当我们还在忧心恐韩症时,却极不应该地忽略了一个更强大对手的出现。

"小李……哭起来""我们忽略了……出现"都是现实存在的。

但根本上,"应该"自身对"NP＋VP"的现实性并无限制,所以常会发生歧义,如:

(8) 小玉确实是聪明美貌又善良的女子,她**应该**有好的生活。

(9) 却原来小女儿与萧家无缘,**应该**配令郎周日清。(清《乾隆南巡记》)

例(8)"她有好的生活"可指已实际存在的情况,这时"应该"重读;也可指她现在生活很差,而应生活好些,这时"好的"重读。例(9)可指"小女配令郎周日清"的事件已实际发生,现在认为这是合理的,这时"应该"重读;也可指该事件尚未发生,现在决定如此做,这时"应该"不重读,"令郎周日清"重读。

另外可观察"应该"前带"早、早就"的用例。其中"早"是虚指性的,强

调"NP+VP"事件发生的迫切性。它们对事件的现实性同样没有限制,如:

（10）樊某被依法逮捕,众人一致说:"<u>早该</u>办他!"

（11）李玮锋的伤势十分严重,按道理<u>早就应该</u>去做手术了,但他硬扛。

（12）祝卫思一家长期住着两间半平房,他<u>早该</u>为自己扩建几间新房了。

例(10)"办他"已实际发生,现在用"应该"表示该事件是合理的;例(11)"去做手术"未发生,"应该"指它实际发生才是合理的;例(12)"扩建几间新房"现实、非现实两种读法都成立。析言之,"早该办他"的语义构造实际有两层:深层是"他"一般性地具备"早该被办"的功能属性;表层则是"现在实际办了他",这符合深层所述一般性的功能属性,因而是合理的。可见"NP+VP"事件的现实性不构成"应该"自身的功能内涵,"应该"只表示对所述事件从[合理性]上做出认定。

形态上,现实态句中的"应该1"会默认重读,且句末倾向于带语气词"的",表明此用法是有标记的。但语义上,"应该1"并不关注一个特定的个例自身,而是强理论性的,所以即便在"NP+VP"是现实态时,也会对VP采取概括化的操作方式。

4.5.1.2 "应该"句的"NP+VP"指过去事件时有一种类似违实的用法,这显示"应该"之道义情态功能对个例在殊指性上的进一步分化。林若望(2016)认为道义情态"应该 φ 的"是个多义句式,可指三种违实义:与过去事实相反、与现在事实相反、与未来可能性相反。朱庆祥(2019)提出质疑,认为"'应该 φ 的'句式的使用受到[恒常性][须履行性]两个重要语义语用特征影响","'的'不宜定位为'指称一个非未来的时段'"。并附带指出:前述文献都把"应该 φ 的"的"φ"理解为所谓"命题",实际是"NP+VP"所述事件。

本文则认为,首先,道义情态"应该 φ 的"并不构成一种"句式"。理由有二:一方面,即便在"应该1"(即道义情态)的违实读法上,句末"的"也并非强制性的,如下面的例(13)—例(15);另一方面,加"的"也并不能保证该句指违实义,叙实用法也可加"的",如前面的例(1)、例(5)"我们<u>应该</u>照顾你的""小林<u>应该</u>笑的"。"的"的功能无非强调断言态度的肯定性,对小句所述事件的现实性似乎并无内在关联。其次,根本上,"应该"的违实义只是一些语境中的临时读法,远未固化为一种特定的功能。"应该"对补足语的[现实性]并不敏感,即[±现实性]不构成控制"应该"句法特征的一个语义参数。控制"应该1"句法行为的核心特征只有两个:强殊指性、强当下性,除此之外的动词短语皆可充当"应该"的补足语。朱文所述[恒常性]对"应该"确实是重要的,其实质即概括化、全称量化,不过"应该"并未携带[须履行性]的语义特征。

一个句法成分往往会在具体语境形成不同的解读,所以只要从中提取某种语义参数,总可找到相应的句法行为,这些可称"语境性的行为特征",简称"语境行为";但在何种范畴层面提取构成某成分本质特征的语义参数及其所决定的句法行为,则更为重要,这些可称"本质性的行为特征",简称"本质行为"。这个现象在情态词身上尤为显著,所以就需要从更深层次上提炼情态词的语义参数。就"应该"而言,只有[合理性断言]和[存在性推断]才具有本质行为的意义,其他都属语境行为,不构成一种功能。从深层看,动力、道义情态所指"能力、潜能、义务、规范"之类仍属表象,其功能核心都在于对[现实存在]加以量化操作:能力指一束行为的集合,规范则指规律化、合理化的行为。因此,决定它们功能分化的关键也就在于对现实存在所含个别性、殊指性之语义参数上的允准度。

下面观察"应该"的违实用法。在一些语境中,"应该"确实存在很像违实的解读。其原理也与违实条件句近似,即针对过去实际存在的某特定事件,而虚构一种相反的情形,如:

(13) 瞧我那傻样,我应该笑笑才好。

(14) 我觉得我当时应该再谢谢三位男演员。

(15) 你应该更轻缓一些合上离合器。

"笑笑""再谢谢三位男演员"的事件当时未实际发生,现在认为这样做才更合适。

但这种句子的违实解读固化程度很差,功能非常受限。表现在两方面,一是语境依赖,如"我应该笑笑"自身不能明确表示"我笑笑"的事件实际未发生,"再谢谢、更轻缓"则明确针对语境中的相关选项。二是要求所述事件具有[强个别性/殊指性]的特征,原理是:动作的殊指性越强,语境信息越特殊,则所激活的不同选项就越明确,进而对其间何者更具合理性的判断也就越显著。如"更轻缓一些"清晰提示实际所做是"合离合器的行为很粗暴",相比之下,前者更为合理。反之,笼统抽象的事件很难造成违实解读,因为这种事件很难引发确切的其他选项,即应该具体如何作为。如:

（16）从工业文明开始,人类社会就**应该**进入科学民主的时代。

该句所述"从……进入……时代"的事件没有现实发生,但该句并不做违实解读,"应该"只是客观表述该事件的合理性。"应该"的补足语既可指高度抽象的共相事件,也可指高度特殊的个例,但功能都只是表示该事件的合理性,违实、叙实的解读并不构成一个功能节点。

另一方面,"应该"的违实解读也与违实条件句相去甚远。表现为:该句一般采取肯定形式,否定式却受限。违实表达的典型句式即违实句条件句,所以可参考后者认识"应该"的违实用法。违实句条件句的基本特征是:肯定式对应过去时的否定事件,否定式对应过去的肯定式事件(英语等语言也存在将来违实,这在汉语很难解读,此略)。并且,违实条件句的肯定、否定式都很自由,所以确实构成一种完备的违实功能。特别是,对违实功能而言,否定式要比肯定式更加典型,因为否定式具有强预设性,更加明确地针对一种相反的实际情形。但"应该"引出否定式的用法恰恰表现为显著的弱势,这就决定了它难以形成完备的违实功能。比较:

（17）a. 要是当初我不把楚长城宣传开去,人们不来旅游,这些事就不
　　　　会出了吧?

　　　b. ?? 当初我<u>应该</u>不把楚长城宣传开去。

反之,如果"应该"本身采取否定形式,则直接表示对过去事件合理性的普通否定,也不做违实解。如"当初<u>不应该</u>让他们去当船员""当初让他们去当船员"已经实际发生,现在是认为该做法不合适。而在条件句中,"要不是"形成稳定的违实功能,如"当初<u>要不是</u>让他们去当船员,他们也没有今天","当初让他们去当船员"本身已实际发生,现在是设想在其不存在的情况下,后件也无法发生。

进一步看,"要不是"欢迎强动态性的事件,但排斥泛时性、共相性的事件,这也显示它的违实功能非常典型,因为前者才是现实态事件的典型形式;"应该"在此则恰恰表现为相反的特征。如:

（18）a. 要不是我以前服过一粒紫雪丹,伤势哪会好得这般快。

　　　b. ?? 要不是人类社会进入科学民主的时代,我们就不会有今天
　　　　幸福生活。

（19）瞧我那傻样,* 我<u>应该</u>以前服过一粒紫雪丹。

"我以前服过一粒紫雪丹"指强动态性的个例,这是现实存在的典型形式,是

"要不是"欢迎的,却为"应该"所排斥。相反,"人类社会进入科学民主的时代"指泛时事件,是现实存在的非典型形式,是"要不是"排斥的,却为"应该"所欢迎。

当然,例(17)去掉"过"句子就会成立,但这正是"应该"句问题的关键。即:"我以前服一粒紫雪丹"的量化特征是泛时性、全称量化性,可在"以前"的任意时点执行"服一粒紫雪丹"的动作;而"我以前服过一粒紫雪丹"则指存在于"以前"时间范围之内唯一特定时点的特定事件,后者才是现实存在的基本形式。由此足见,"应该"是排斥所在小句的"NP+VP"指强个别性、殊指性的现实态事件的,详看4.6.3。

确实存在一些"应该"句的"NP+VP"可读为现实态的用例,但由此就认为"应该"形成一种"违实"的功能,则尚需斟酌。原因是:1) 这更多是一种语境信息;2) 还要对"NP+VP"的具体语义构造情形加以深入分析。

最后简略观察一下"应该"补足语 VP 是将来时的情形。情状特征上,将来时事件也是个别性的。表现在两方面:动词上,该句的谓语动词具有强动态性,静态、抽象动词难以构成将来时;时间上,该句带有明确的时间位置,且典型指近将来。"应该"在将来时语境会形成"愿望、要求、建议、责任、义务"之类读法,但与前述叙实、违实一样,它们都远未固化,不构成"应该"的一个独立的功能。朱庆祥(2019)认为"应该"具有[须履行性]的语义参数,这在"建议、要求"的读法上是比较显著的,但这只是个别语境的情形,不构成"应该"的固有内涵。如例(24)"应该"的补足语是"能"字短语,"应该"直接表述动力情态"能"的状态的合理性,而不关注"刺激并支持"动作的须履行性。但在将来时,[推断]确实构成"应该"的一个专门功能,如例(25)。

(20) 我应该唤起更多的人为祖国的富强奋斗。

(21) 你应该赶快把洞口堵死,敌人发现了说不定会放毒瓦斯。

(22) 当局应该马上对苏花公路进行改建。

(23) 未来10年的合作发展应该能刺激并支持非洲的经济政治改革。

(24) 现在下单,明天上午应该到不了。

上述例(20)—例(22)的"应该"指道义情态,断言主语事物采取补足语的动作才是合理的。至于在该句会具体读为"建议"之类,则只是根据该特殊语境而理解的特殊内涵,与"应该"自身的语义构造关系甚远。这里存在一个延伸推理的语用环节:既然在当前情景中某动作是好的、合理的,那么就即刻去做。这个环节不属于"应该"的概念结构。如例(21)直接读为"你赶快把洞口堵死才好"就已经完整传达了"应该1"的语义内涵,并不需要添加[去做]的语义参数。

句法成分一切用法的最终根据只能是其所指特定的概念结构,所以问题就在于找到最深层起作用的关键语义参数;"建议、义务"之类则只能属于"应该"的语境行为。

4.5.2 动力、道义情态允准补足语采取限定形式的原理

4.5.2.1 "应该"句"NP+VP"事件的个别性、特殊性越强,则规律之外的干扰信息就越复杂,"应该"所指情态判断的可靠性就越低。这就导致"应该"由指对主语采取补足语动作之合理性的断言,转而表示事件存在之不确定性的推断。推断用法即认识情态功能。合理性断言的立足点单纯是理论层面,不考虑该存在是否具有现实性;推断的立足点则是现实存在,不强调一种存在方式是否合理,而关注一件事是否确实存在。

推断用法语义机制的核心就在于不能用事先了解的规律完全控制当前关注的具体情形,从推理角度看则是无法构造一个有效的三段论推理。相反,在实际情景中,即便当前关注的事件确实存在众多不可控因素,但只要话主仅单纯关注先验规则对具体情形的涵盖关系,而无视当前存在的特殊因素,则"应该"仍可读为合理性判断。如:

(25)她听到一扇门被打开了,应该是王洪生出现在门口。

(26)从鳃囊宽度看,这种鱼应该跟大东方鱼一样,拥有多达45对鳃囊。

例(25)"应该"倾向指推断,因为该语篇所指情形非常特殊,存在诸多不可控要素,很难由先验规则推出。但该句"应该"也仍可指断言,如在以下语境:公司规定该时段由"王洪生"值班,这样当时"王洪生出现在门口"才是合理的。这种读法的原因就是不考虑其他任何干扰因素,而完全由先验规则推出。所以当时即便实际出现的是别人,也仍可如此表述:"你回去,现在应该是王洪生出现在门口。"例(26)补足语缺乏时体信息,但"应该"明确指推断。这一方面是前文"从……看"的提示,另一方面也来自补足语所述事件自身的复杂性:很难根据已有理论确定无疑地推出一种鱼有45对鳃囊。

"应该"确实形成了稳定的推断功能,其区别于"应该1"的形态标记包括:1)不能采取"应不应该"的疑问形式;2)不能转换为"NP+VP是应该的"及"V得应该";3)不接受"早、就、本、更、明明"等副词的修饰;4)"应

该"后容易加"是"。前三者都显示"应该2"的虚化程度更高。另外,一些同现的主观类成分也可明确提示该句的"应该"指推断而非断言,如"大概、可能、会、吧、我看"等。

"应该1"和"应该2"在语义构造上形成重要分别。"应该1"聚焦主语NP自身特征对补足语的决定作用,主语名词带有"作为NP"的功能内涵。"应该2"则只关注规律及外部证据对当前情形的推理作用,并不强调主语自身特征对补足语的决定作用。所以总体看,"应该1"是控制动词,以主语和补足语为论元;"应该2"属提升动词,以"NP+VP"整体为论元。上述分别可从以下句子的歧义现象得到验证:

（27）小康村应该有全县第一流的村级班子。

读为"应该1"时,该句特别聚焦主语"小康村"自身特征与补足语"有一流班子"之间的内在关联。这时"小康村"读为类指,带有"既然作为"的内涵。"应该"可采取"应不应该"的疑问式,"应该"前可加"就、本",其后不可加"是"。形式上,"应该"不允许移至全句之首。读为"应该2"时,该句不强调"小康村"自身的特征,而是表示根据一些听闻,猜测"小康村有……班子"这件事可能存在。这时"小康村"读为专名,指一个特定的村庄。"应该"不可采取"应不应该"的疑问式,"应该"前不可加"就、本",其后则可加"是"。形式上,"应该"可以移至全句之首。

"应该1/2"对主语"有人"的具体指称情形也造成重要影响。"有人"类似纯变元,自身的指称能力很差,而需要从所处小句的其他量化成分获得具体的指称义。在"应该2"句,"有人"对"应该"取宽域,这时句子预设存在"有人","应该"表示推断该人可能发出了谓语动作,如例（28）a。"应该1"句反之,是"应该"对"有人"取宽域,这样该句就构成"有人"的晦暗语境,不蕴涵"有人"具有存在义,而是表示希望存在某人,"应该"该人发出补足语的动作才合理,如例（28）b。

（28）a. 应该有人在暗处把箱子转移了。　b. 应该有人为此事负责。

在例（28）a中,话主确切知道肯定存在着一个特定的个体,只是不能准确定位;在例（28）b中,话主完全不知道是否存在一个特定个体,只是希望存在这样一个可以负责的人。

更大范围比较,"应该2"与认识情态副词如"大概、也许"等也存在较大距离。关键就在于:"应该2"仍是根据一般规律来推理当前情形的存在性,并一定程度关注主语对规律的符合关系,所以形式上,"应该2"还是倾向用在主语之后,在主语前并不自由。"大概、也许"则完全不关注主语自身属性对动作的决定关系,而径直表述一个事件的存在是不确定的,所以很容易用在主语前。"应该2"的上述特征显然是它虚化不彻底的表现。"应该2"是从"应该1"演化而来,所以仍带有合理性断言的内涵。如"这时她应该是已经到家了",话主事先了解"她"的行为特征及所乘交通工具的一般运行速度,然后才得出"这时她已经到家了"的推断。所以该句同样可解读为:"按一般规律,这时她已经到家了才对。"只有合理性断言的解读彻底被抑制,单纯关注事件本身存在的可能性,才形成彻底的认识情态功能。

4.5.2.2　以上只述及"应该2"的外部行为特征,内部行为则是补足语VP所携带的时体特征。这方面句法行为的实质即道义情态对现实态事件之个别性、殊指性的接受度,这构成"应该"之认识、道义两种情态功能分别的边界,即:道义情态不能对强特殊事件进行操作,这时"应该"就只能表示认识情态。实际现象是:"应该"句往往两种情态都可接受,而道义情态往往占上风,所以问题的关键就在于厘清强烈倾向及只能指认识情态的句法参数。

但从时体成分上明确指出"应该2"补足语区别于"应该1"的行为特征,并不容易。首先一个困难是汉语小句的意合性、语篇性,如上文例(25)、例(26)"应该"句表层并无任何时、体成分,却指推断。暂时撇开这些用例,就确实使用时体成分的"应该"句而言,"应该1"所接受的时体成分的具体范围是什么,则构成一个原则性的理论问题。

彭利贞(2019)、贾泽林(2020)等指出,"应该1"对时体成分接受很受限,"应该2"句的时、体成分则很丰富。这些概括偏重个案描述,理论系统性稍显薄弱,且具体案例的分析也有可以商榷之处。如贾泽林(2020)认为如果补足语带时间副词"已经、曾经、刚、正在、在"等,则该句的"应该"指认识情态。但我们也发现这些成分都可用于"应该1"句,如下文的例(39)—例(43)。Lin(2012)则从理论上统一概括为:动力、道义情态动词("应该1")的补足语是非限定小句(nonfinite clause),认识情态("应该2")是限定小句(finite clause)。

本小节则拟证明:理论上,时体成分及限定性并不构成"应该1"(道义情态)和"应该2"(认识情态)分别的根据。换言之,"应该1"和"应该2"的补足语在对时体成分、限定性的选择上，并不存在系统性的分别；"应该1"的补足语也能接受各种时体成分，允准限定小句。时、体、限定性的实质都是对一般性的事件加以殊指化、存在量化，但这些句法参数的设定仍过于粗线条化，不足以准确控制"应该1"与"应该2"的分别。

学界对汉语小句是否存在限定、非限定的分别尚有争议，本文则持肯定说。Klein 等（2000）认为汉语动词的限定性主要由"体助词"（aspectual particles）表达；Crystal（2008）认为限定小句的基本功能是可独立成句，所包含的主要句法特征是"时制"和"语气"（tense and mood）。前者关注的句法层面更低，后者则把语气考虑在内，句法层面过高。小句的基本功能在于表述外部世界的存在，其基本范畴形式则是一个现实态的事件，亦即所谓客观事实。就此表达目标而言，体助词和时制成分对动词都起到有界化、限定化的作用，但基本范畴层面还是时制短语，而 TP、体貌短语 AspP 则被包含于时制短语之下。TP 的实质即根据坐标原点对事件加以定位，该句法操作的结果即刻画一个有界、现实态的事件。

反之，非限定小句所述事件的特征则是一般性、潜在性、非现实性，不处于特定的时空域。Jakobson（1957：142）认为"非限定小句携带最少的语法信息，既不陈述动作的参与者，也不表述该动作与其他被述事件及言语行为的关系"。其中"不表述该动作与言语行为的关系"实际就是不做言语情景定位（grounded）。Bolinger（1968）认为不定式指"未实现的可能性"（unrealized possibilities），语义特征是"假设或潜在性"（hypothesis or potentiality）。从语言事实看，无论动力还是道义情态，其补足语都绝不限于上述学者描述的非限定小句，即不限于指"不从言语情景定位""假设或潜在性"的动作或事件。

显然，一种语言不会不对小句所述事件的［±现实存在性］做出分别，区别只在于语法化的程度。汉语是形态不发达的语言，不过二者之间的原则性分别还是明确的。典型指限定性的时制成分有三种：1）时间名词，如"现在、昨天"；2）时制副词，如"已经、正在、刚刚、还、仍然、没"；3）动态助词，如"过、来着、呢、了₂"等。上述三者的功能核心都是把共相范畴加以殊指化，即为一般性的事件划定一个确切的时间位置，实质即存在量化，其结果都在于刻画出一个特定的现实态个例。频率副词则并非典型时制成分，原因是：它们默认是从说话时间定位，这种情况下体现出时制功能，如"小刘经常爬山";但也很容易表示类指,这时就不具有时制功能,如"<u>经常</u>爬山有益健康"。

另一方面,对限定小句单从时制范畴上考察还不够,因为事件的现实性在程度上可以形成很大的差别。这来自谓词的情状特征:谓词的动态性、殊指性越强,则时间信息越确切,所构事件指现实存在的特征也就越典型;反之,静态、笼统、抽象谓词的时间信息模糊,指现实存在的典型性就很差。(张新华 2020)如"小李喜欢运动"的现实性显然弱于"小李正在游泳",前者是高阶事实,后者是低阶事实。低阶事实构成世界现实存在的终端形式,也是限定小句的典型形式。一个事件的核心动词所刻画的物质片段越小、越具体,所占据的时空域越确切,该事件的个别性、现实性就越强,作为现实事件的特征也就越典型。

逻辑学界提出"原子命题"的概念,其初衷即找到描述世界现实存在的最小语义单位,然后据此加以逻辑运算,以推演出全部世界的存在。但相关文献却并未关注命题(即"小句")中动词在具体情状特征上的差异,所以"原子命题"的概念实际是空洞无效的,无法构成推演世界存在的合适工具。如"世界是存在的、人是高级动物、小李是运动员、小李一脚把球踢开"都是原子命题、限定小句,但所指客观存在的具体情形相距甚远。不难理解,如果一种逻辑系统以"世界是存在的"为推演世界存在的原子命题,那么可从中获取的信息是相当贫乏的。从语法上看是很清晰的:世界存在的基本载体是动词,并且还需进一步对动词从情状及时体上加以存在量化,这样才能找到世界存在的最小单元。

根据以上认识,动力、道义情态动词的补足语都一定会接受限定小句。原因就在于情态范畴的基本功能就是表示对现实事件的操作关系。情态词不是事件自身的结构要素,而是对现实事件加以超越,从更高的范畴层面控制现实存在。从根本上看,各种情态词的功能实质都是量化,原理是:一方面,情态词的语义机制内在植根于共相范畴,如"海浪<u>能</u>发电","能"的根据就在于"海浪"自身的本质特征;另一方面,情态词也表示共相范畴与个例范畴之间的内在关联,如"<u>能</u>发电"涵盖海浪实际发电的一切场合。

不同情态词功能分别的根据就在于:1)与现实存在联系的密切度有别;2)对现实事件所做量化操作的具体方式不同。至于不同情态词在具体情态义上的分别,则并非问题的关键。动力情态与现实存在的关系非常密切,即超越性很弱,所以既可表述一种强概括性的高阶事实,也可直接表述一个强动态性、当下性的低阶事实。道义情态对现实存在的超越性则很强,即从更高层面刻画一种更合理的现实存在。情态词补足语对现实态事件的选择可概括为如下两条规律:

A. 情态词容易接受弱个别性的事件,难以接受强个别性的事件;

B. 动力情态比道义情态更容易接受强个别性的事件;凡是后者接受的时间成分,前者也接受。

动力情态与现实存在密切的根据就是它更加直接关注事物自身的物质内涵,这样对现实存在的超越性自然很差。道义情态则明确表示外位立场,基于事物之外的标准对事件进行评价,所以与事件的语义关系疏远,超越性强。具体而言,"能"的补足语排斥"刚刚、正在",但接受"还、曾经、已经、过、了"等。原因是:"刚刚、正在"明确聚焦特定的时间位置,当下性特别强,这样就难以对其施加超越性的操作,所以连"能"也无法接受它们。如:

（29）现在袁琛能常/*正/*刚吃到家乡的口味。

（30）现在大家能常/*正/*刚加班卸车,非常感谢!

"能常吃到"指长时性的动作能力,不关注特定的时间位置,这就表现为超越关系,所以"常"很容易进入"能"的补足语中。"正/刚吃到"特别聚焦确切的时位,这与情态范畴的超越性形成直接对立,所以难以兼容。"现在大家能常加班卸车"的"现在"指一段较长的时段,超越当下性特定时位。

其实单纯从语义上看,在"现在大家能加班卸车"当中,"现在"指说话的当下,补足语"加班卸车"的动作也就是[当下进行着]的,即:该句补足语实际就是进行体。虽然语义上如此,但该句还是不允许补足语中加"正",这表明"能"并不特别聚焦确切的当下时位,而是有所超越,即对"加班卸车"的动作加以概括化的处理。这在句法上有明确的体现:该补足语可以话题化,如:"现在加班卸车,这件事大家能做到,我很高兴",话题化意味着指称化、概括化。

"还、曾经"等的现实性很强,但并不像"正在"那样特别聚焦特定的时位,这就内在具有一定的超越性,所以它们与"能"的兼容性更强。不过由于它们具有强现实性,所以构成"能"补足语的能力还是有所限制,一般需要添加某些辅助手段,主要有三种:1）采取反问形式,如例（31）—例（34）;2）随后带一个表示评价的小句,如例（35）;3）对句中某成分加以焦点化,如例

(36)。3)的支持力度比1)、2)略弱。三者的功能都是为情态句在客观物理事件之上增设一层外位立场,这实际也就是把"能"提升到语力短语CP的层面。这就造成超越性,与情态范畴的功能原理相契合,即情态词并不直接刻画一个实际存在的特定个例自身。

(31) a. 录像带是马俊拿回家的,他<u>能</u>没看<u>过</u>!

   b. 人活着怎么<u>能没</u>生<u>过</u>病呢?

(32) a. 韩太太竟<u>能</u>使这火苗又闪了几闪。

   b. 我们怎么<u>能</u>把小安东给忘记<u>了</u>呢!

(33) a. 我怎么<u>能</u>手上拿着钥匙却<u>还在</u>翻箱倒柜找钥匙。

   b. 你怎么<u>能现在都还</u>是单身呢!

(34) 他们声称受到袭击,那样的话他们<u>能现在</u>就<u>已经</u>在这里了吗?

(35) 俺一个民女,<u>能</u>与你<u>曾经</u>有<u>过</u>那样一段死去活来的情,知足了。

(36) *你<u>能现在</u>还躺着睡。

   a. <u>就/只有</u>你能现在还躺着睡。

   b. 你<u>能现在</u>还躺着睡!

直接说"他<u>能</u>没看<u>过</u>"不成立,用为反问就很好,反问明显为句子增加了一层外位评价立场。另一方面,从语义构造看,"反问、评价"这两种句法操作实际也为事件添加了一层[困难]的参数,即该动作是一般人、一般情况不容易做到的,但当前关注的个体却做到了,所以体现出超常的能力。这种[难得性]就为该动词可充当"能"的补足语提供了直接根据。

不仅是"能、应该",通过反问、评价达到外位立场也是其他情态词引出现实态小句的重要手段。"会"也是如此:

(37) 他*(怎么/竟然)<u>会</u>几个月<u>没有</u>到岛上去。

(38) 刚要依着老程的劝告,去找曹先生,曹先生<u>会</u>走<u>了</u>。

例(37)"他几个月没有到岛上去"所指事件实际存在,直接加"会",该句不成立;添加"怎么"构成反问句,实际意思还是肯定,句子就很好。例(38)表面看"曹先生会走了"单独成句,实际该句描述祥子的心理活动,蕴含"没想到"的潜台词。去掉前文,单独说"曹先生会走了"就不成立,加上"没想到、怎么、竟然"之一即可。

"应该"是强理论性、强超越性的,所以相比"能",其补足语除了接受"已经"等外,还接受"正在"。并且,这些成分用在"应该"的补足语时,也无须像"能"那样使用反问、评价的辅助手段,因为"应该"内在即指断言、评价关系。时制有绝对、相对两种形式,前者从说话时间进行定位,后者指事件之间的时间顺序,二者都可用于"应该"的补足语。汉语的各种时、体成分都常常并不从说话时间定位,这个特点是值得重视的。如:

（39）拘留措施的对象<u>应该</u><u>正在</u>实施罪该逮捕的犯罪行为。 （相对时制）

（40）他<u>应该</u><u>正在</u>跟数年来持续追踪的火雾战士交战才对。 （绝对时制）

（41）收供暖费就不合理,<u>应该</u><u>已经</u>包含在电费里<u>了</u>。 （相对时制）

（42）茧厂不见半个人,照往年说,此时<u>应该</u><u>早已</u>摆开了柜台。（绝对时制）

例(39)"<u>正在</u>实施"的"正在"从"拘留措施"动作的发生时间进行定位。例(40)"<u>正在</u>交战"的"正在"定位于说话时间。例(41)"<u>已经</u>包含供暖费"的"已经"定位于"电费"自身的概念内涵,即:"电费"这个事物只要存在,就内在预设"包含供暖费"的语义要素。例(42)"<u>早已</u>摆开了柜台"的"已"定位于说话的"此时"。

语料库中未查到"应该"补足语带"刚刚"的实例,不过语义上完全可以接受。如例(42)的"早已"可换为"刚刚":

（43）照往年说,此时<u>应该</u><u>刚刚</u>摆开柜台。

"应该"指"此时<u>刚刚</u>摆开柜台"才是合理的。例(43)的补足语既可指现实态也可指非现实态。前者读为:按照往年经验,"此时<u>刚刚</u>摆开柜台"是对的,并且我们现在也正是这样做的,"应该"前可加"本来就";后者解为:"此时<u>刚刚</u>摆开柜台"才对,但我们却未如此作为。

可以看到,补足语使用时制成分并不构成"应该"表示推断(即认识情态)的条件。彭利贞(2019)讨论的"你<u>应该</u>看过她的诗"确实倾向表推断,但也可指道义情态。如以下语境:"你"是一个文学专业的学生,"她"是老师所开阅读书目里的诗人,这时"应该"指"你看过她的诗"才是合理的。又如"这次招收的民工<u>应该</u>受过义务教育"。

总之,动力、道义情态动词的补足语都接受限定小句;补足语的限定性不构成区别"应该"道义、认识两种情态的根据。

4.5.3 "应该1/2"的边界是"了1"

4.5.3.1 希望简单根据限定性、时体成分对道义、认识两种情态做出区分,是不可行的,而须从更精细的句法参数上探讨。要了解"应该"在两种情态上的分别,问题不仅在于梳理可解作"应该2"的边界之上的句法现象,更

条件句与情态研究 ——————————————————————————————

重要还在于找到只能读为"应该2"而为"应该1"所排斥的最低边界。具体看,这个问题的关键是找到"应该1"的最严限制条件,因为"应该1"是优势解读。这里的一个不言而喻的技术要求显然是:该句要尽可能简单,以便排除其他要素的干扰。

"应该1"的功能原理是用先验规律规定当前情形,越特殊个别的情形自然越难以这样规定。所以问题的核心就是:具体情形的特殊性、个别性达到什么程度,就是"应该1"所指合理性断言无法起作用的? 考察发现,明确构成二者分别界线的句法参数只有两个:一是"动态动词+了1";二是"程度副词+形容词"。前者的功能是对动作加以个别化;后者则对属性及状态加以有界化,如"这孩子应该很乖"。二者的共同功能都是把共相性的动作属性加以确切的量化约束,这样就指一种特定的现实存在。后者涉及的具体现象相对较少,且典型性要比前者差;本文重点考察前者。

"动态动词+了1"中的动词要求是动态性的。因为动词是事件结构的核心,小句所述事件之现实性、殊指性的最终根据都在于核心动词的情状特征。动态动词所具[动态性]语义特征的根据就在于它指出了确切的物质片段。如动态动词"走、洗"包含清晰的内部片段,所以可说"一步一步地走、翻来覆去地洗",指其内部进程;静态动词"等于、标志"就缺乏内部片段,不能说"一步步地等于/标志"。[殊指性]关注动作所指物质片段的精细度,如"拍、搓、蹒跚"的殊指性强于"洗、走"。

体助词方面,相比明显指现实态的时间副词"正在、已经"等,"应该1"的补足语更排斥的是词尾"了1"。这一点似乎有些意外,因为"了1"仅作用于动词,与小句整体所述事件的现实性似乎关系不大。并非如此。总体上,体助词的功能都在于对动词所指一般性的动作加以殊指化及量化约束。而在各种体助词中,只有"了1"的殊指性、当下性最强,即聚焦动作所占据的一个最小、最确切的时间位置。时间来自动作,只有其前动词自身包含的动作片段非常清晰,"了1"所指时位才能确切。所以只有"动态动词+了1"才能刻画出世界现实存在的最小单元,构成最典型的个例。

"过"指以前的经历,所以内在具有超越性的特征,不关注动作自身的当下存在。如"他刚喝过酒",一上来就指"喝"的动作已不存在,却不描述"喝"自身的实际进行情形,所以是典型的外部视角——这与"应该1"直接契合。"着"虽是内部视角,但具有连续性、泛时性、笼统性,不聚焦动作的一个特定片段,这样在时间上也就表现为[非当下性]。如"他津津有味地喝<u>着</u>酒","着"只笼统指"喝酒"的动作是持续存在的,却无法精准定位"喝"自身的一个明确片段:"喝<u>着</u>酒"所指"喝"的动作既可只存在几分钟,也可一直持续半天,如"天都黑了,他还在那里津津有味地喝<u>着</u>酒"。"着"还可用于极长时的动词,如"太行山巍峨耸立<u>着</u>",不具有任何当下性的特征。这种句子显然不构成客观事实的典型形式,所以与"应该1"相容。

相比之下可以发现,只有"了1"直接聚焦动作自身实际存在的当前、刹那。如"他喝<u>了</u>一口酒"指"喝一口酒"的动作就在当前实际发生。当然,"了1"也带有一定外部视角的特征,指动作已结束,但特别的是,"了1"的精细化程度极高,高度聚焦动作结束的瞬间。并且,"了1"并不简单指动作已结束,而还总是提示后续绵延。如"他喝<u>了</u>一口酒",并不指"喝"的动作完全成为过去——"过"即如此,而还提示"酒"尚在他嘴里存在或刚咽下去。这种强当下性是"着、过"都不具备的。强当下性与"应该1"直接对立,所以为其所排斥,如"他<u>应该</u>喝<u>了</u>一口酒"中"应该"只能读为推断,不能读为合理性断言。

学界对"了1"的语法意义有"完成、实现、完整、结束、现而在"等多种观点(刘勋宁 1988;陈前瑞 2008;沈家煊 2016;范晓蕾 2020 等),从"应该"补足语的语境看,"了1"的核心特征其实是[现实性、当下性]。"实现、完成"的着眼点是动作自身的实际执行,[现实性、当下性]的关注点则是"主语+动作"一起所述事件作为当下现实存在的情状特征。即,主语 NP 既然对动作V 加以实际执行,则"NP+V 了(O)"的事件整体也就成为现实存在。并且,词尾"了1"的现实性比句末"了2"还要强。无标记情况下,"了1"更加聚焦动作自身在特定时空域中的实际执行,是强当下性的;"了2"则常指动作完成后所处的一般状态,是泛时性的。下面的对比可以验证:

(44) a. 小李开<u>了</u>奔驰。　　　　　b. 小李开奔驰<u>了</u>。

(45) a. 我们家吃<u>了</u>花生油。　　　　b. 我们家吃花生油<u>了</u>。

(46) a. 小李一下子买<u>了</u>三台电脑。

　　　　b1. 小李今年买三台电脑<u>了</u>。　　b2. *小李一下子买三台电脑<u>了</u>。

例(44)、例(45)a 的默认解读是指"开、吃"的动作发生于特定时空域,如"那天中午"。例(44)b、例(45)b 的默认解读是指"小李开奔驰、我们家吃花生油"事件整体是泛时性、惯常性的,即主语一般性地开始并处于该生活状态,并明确提示从非 P 到 P 的转变;但"开、吃"的动作自身实际可以很少发生,如一周实际只"开、吃"两三次。句法上,例(44)b、例(45)b 动词前可加时间状语"现在",明确指出从"以前未开奔驰"到"现在进入开奔驰的状态"的改变;例(44)a、例(45)a 则排斥添加"现在"。有学者直接把该"了"概括为一种的独立的用法,即"状态/惯常"义(stative/habitual,如 Soh 2009 等)。Smith(1997)认为汉语"了"是起始体(inchoative),该解读在句末"了"是比较常见的,对词尾"了"则是强有标记的解读。例(46)a"买了三台电脑"指一个单一的动作,占据单一的时位;例(46)b1"买三台电脑了"指"买电脑"的动作是分别发生的,每次买一台;b2"买三台电脑了"本来指一个时期内多次发生的动作,但又加上"一下子"表示是单一的动作,这就造成自相矛盾,所以该句不成立。

在有标记的情况下,例(44)b、例(45)b 也可解读为当下发生的事件,这时需要明确指出"刚才、那天中午"之类的时间状语。反过来,例(44)、例(45)的a 读为 b 那样的泛时性状态就较为困难,一种语境是介词宾语,如"自从小李开了奔驰,精神状态也变了"。本文只关注最简单的主谓小句,所以把"动态动词+了1"作为考察"应该1/2"功能分别的语境,是个较为合适的选择。

进一步看,"了1"的[实现]义是一种关系结构,即 V 所指动作的实现总是相对于某特定的时位。后者不限于说话时间,而是一种独立的[话题时间](topic time,Klein 1994)。"了1"的话题时间选择具有"句内优先"原则:

如果句内带指"了1"所相对的时位的成分,则其话题时间从该成分解读;否则从说话时间解读。

后者情况下,"了1"就会读为过去时。如"他走了一整天的路","走了"的完成默认指相对于说话时间的"当前"。但只要在句内添加一个指时位的成分,"了1"的话题时间就不会选择说话时间,所以不宜认为"了1"具有时制功能。如:

(47)那段时间,我们常常是白天走了一整天的路,晚上还要工作。"走了"的话题时间是"晚上",与说话时间无关。实际上,"了1"的话题时间常用句内时间,而非说话时间。其中很常见的一种句式即连动结构,如"这里他说了算","说了"的话题时间是"算",而非说话时间,即在动作"说"实现的时刻,"算"的动作是成立的;而该"说了"在说话人所处的现实世界可以从未实际发生。

在表层无其他可提示时间义的成分的句子,"V 了(O)"的话题时间 tt

会选择说话时间的当下 st,这时该句就指一个存在于现实世界中的现实态事件。这时"NP+V 了(O)"会对宾语的语义特征有所要求,包括两方面:1)量化特征上,宾语事物是完全被 V 作用的;2)信息性质上,宾语事物具有较强的显著性。前者是"V 了"的内在结果,后者则是"NP+V 了(O)"作为一个独立小句在信息传达上的要求。

上述要求的根据在于小句的自然焦点是尾焦点的规律:宾语本身处于句末,默认指焦点信息,如果它自身就缺乏信息价值,就使尾焦点原则落空,句子自然难以成立。如"小刘洗了衣服"指一个现实态的事件,但宾语"衣服"信息价值很小,这就导致整个句子缺乏信息传达价值,所以难以独立成句。有两种补救手段。一是指出宾语的数量特征,如"小刘洗了几件衣服"。二是提高宾语的焦点性,如"小刘洗了**衣服**"。前者可视为后者的一个特例:数量词天然具有焦点性。

4.5.3.2 情状上,"NP+V 了(O)"整体指一个特定唯一的现实态个别事件,且 V 的动态性、殊指性越强,则"NP+V 了(O)"所指现实性、当下性的特征就越典型,占据特定确切的时空域。该特征与"应该 1"的超越化、量化操作形成直接的对立,所以"V 了(O)"难以充当"应该 1"的补足语,这样该句的"应该"就只能指认识情态,如例(48)。该句的"V 了(O)"占据一个确切的时点,可用"当时、那时"之类指明;宾语事物是有界的,具有明确的量化特征。反之,静态动词"V 了(O)"句的"应该"则指道义情态,而非认识情态,如例(49)。二者的"了"在话题时间构造上也不同:例(48)"了"的话题时间是句外某时间,例(49)则是主语事物自身的属性。

(48) a. 小李**应该**唱了半天歌。

b. 院子里**应该**开始了露天烧烤餐会。

c. 他**应该**带来了家康的信件。

d. 外植自成骨细胞**应该**参与了这一过程。

e. 班长**应该**敲了一下门。

f. 小李**应该**惊呆了。

g. 老师**应该**表扬了每个同学。

h. ?? 小李**应该**说了话。

(49) a. 喜剧的笑点**应该**融入了对人内心世界的关注和对社会的思考。

b. 这些零部件中**应该**包含了 6C 所列的大部分知识产权。

    c. 这次竞赛<u>应该标志了</u>/<u>增进了</u>和平民主国家人民间的团结和友谊。

    d. 30 岁的球员<u>应该完全成熟了</u>。

以例(48)a 为例,该句不能表示主语"小李"只有发出补足语"唱了半天歌"的动作,才具有合理性;而只能表示"小李唱了半天歌"这件事整体可能已实际发生,但话主不能完全确定,而只是一种猜测。例(48)g 主语"老师"是光杆名词,实际表示定指,即所关注的某特定个体,同样,宾语"每个学生"也指特定论域的所有个体。可比较,如果该句去掉"了",说为"老师<u>应该表扬</u>每个同学",则"老师、每个学生"都表类指,不指任何特定个体。这样该句"应该"就是"应该1",指合理性断言。例(48)h 显示"应该2"对小句所述事件具有强现实性的要求。该句难以成立的原因是宾语"话"信息量太少,除非在某特殊情景,"说话"的动作本身即有很强的信息价值,如当时任何人不可出声,或把"话"理解为某种具体意见。

    时间构造上,例(48)"了"的话题时间是句外某确切的时段/时点,与主语自身无关。如 a"了"的实际时间结构:"那次排练(那天同学聚会……),小李<u>应该唱了</u>半天歌","唱了半天歌"之动作"唱"的实现及其所持续的时间"半天",都存在于"那次排练"的时间范围之内。例(48)其他几句也是如此,都提示一个明确的时间范围,"了"的话题时间从该时间范围定位。动作的实现在现实世界中占据特定的时空域,这是动态个别事件的典型语义构造情形。

    例(49)各句"应该"指道义情态,强调主语自身属性对补足语的决定关系。如例(49)a 指"喜剧的笑点"只有采取补足语"<u>融入了</u>……思考",才是合理的。例(49)c 主语"这次竞赛"指特定个体,且具有时间性,但动词"标志"的动态性很差,所以该句"应该"还是强烈倾向于表示合理性断言,而很难解读为推断。"增进"的动态性很强,这时"应该"就明显表示存在性推断,而很难解读为合理性断言。例(49)d"成熟"的动态性、时间性要比"标志"强,所以该句"应该"解读为推断的可能性也大一些,不过仍然很难。推断的语境是对"30 岁的球员完全成熟了"这样的论断存在质疑,即可能是成熟了,也可能未成熟,但主语"30 岁的球员"指一类事物,不涉及任何个体,对此就很难分析存在可能性的问题。

    时间构造上,例(49)各句"了"的话题时间不指向句子之外,而就是主语自身的属性。如"融入了"中"了"的话题时间就存在于"喜剧的笑点"的概念本身,即:只有内在实际包含了"对……思考"的特征,"喜剧的笑点"这个概念才成立。同样,例(49)d"成熟了"中"了"的话题时间是主语短语"30岁",即"球员"在"30岁"的时候,已实际处于成熟了的状态上才是合理的。动作的时间完全超出现实世界,这是高阶事实的典型特征。例(48)各句内在蕴含一个"那次排练、周一班会上"之类的时间状语,并可显性添加;例(49)各句就并非如此,其时间构造是自足的。

　　主语的指称特征对补足语动词"V 了 O"的动态性解读也造成影响。一个自身动态性不强的动词,主语是类名时,"V 了 O"会解为静态性、抽象性、非时间性;反之,主语是定指名词时,"V 了 O"会解为动态性、具体性、时间性。原理是:定指名词默认会从言语情景的时空域进行定位,类名则内在是超现实性的。相应的,"应该"的功能内涵也会随之不同:在前者,"应该"指道义情态,后者则指认识情态。同样,"了"的话题时间在类指主语句会定位于主语事物自身,在定指主语句则定位于现实世界的言语情景。以"占有"为例:

（50）a. 一个英雄,不仅可以迎接任何挑战,还<u>应该</u><u>占有了</u>人性的所有本质。

　　　　b. 这位诗人在全国诗坛里<u>应该</u><u>占有了</u>一个比较突出的位置。

例(50)a 主语"一个英雄"是类指,这样"占有"就是静态性、抽象性的,"占有了"指"一个英雄"的本质属性,"了"的话题时间存在于"英雄"的内涵自身;"应该"指道义情态,表示英雄如此作为才合理。例(50)b 主语"这位诗人"是定指,这样"占有了"就是动态性、时间性的,"了"的话题时间在句子之外,即现实世界的某特定时刻;"应该"指认识情态,表示对"NP－VP"整体所述事件实存性的推断。

　　之所以强调自身动态性不强的动词,是因为强动态动词天然倾向于陈述定指名词,并带有时间信息,构成现实事件。如"唱、敲、射击、挥舞"等动词很难以带词尾"了"的形式陈述"一个英雄"这样的类名。绝对说,也可形成"一个英雄应该<u>射击了</u>一千多枚炮弹"这样的组合,"应该"指道义情态,表示"射击了一千多枚炮弹"构成"一个英雄"的定义特征。但这种句子在现实生活中显然很难出现。总体而言,动态性指向殊指性、瞬时性、现实性,是"应该"的认识情态的作用范围;道义情态则处于相反的范畴领域。

　　强动态"V 了(O)"并非在语义上不能用"应该"进行合理性断言,它也

可采取"NP+V 了(O),这是应该的"这样的分析式表述手段,如:

　　(51) 小李<u>唱</u>了半天歌,这是完全<u>应该</u>的。

把"应该"整体放在"NP+V 了(O)"的小句之外,就专门设有一种明确的外部视角,所以容易组合。这表明"NP 应该 V 了(O)"位置的"应该1"范畴化程度更高,在句中构成一种专门的道义判断功能。

　　"动态动词+了(O)"指强当下性的现实存在,构成各种情态词量化操作的边界:它不但不能充当"应该1"的补足语,也为"能"所排斥。如:

　　(52) 小李<u>能</u><u>唱</u>([*]了)半天歌。　　[*]小李<u>能</u>吃([*]了)一个苹果。

不加"了","小李<u>能</u><u>唱</u>半天歌"是成立的,而从客观语义上看,其所指"能"的动作能力还是要最终实际体现在某次特定的"小李<u>唱</u>了半天歌"这样的个例,但句法上,"<u>唱</u>了半天歌"的组合却不能直接充当"能"的补足语。原因就在于"动态动词+了(O)"具有强直接当下性,与情态词的外位操作发生冲突。也就是,虽然相比"应该","能"与现实存在的语义关系更为切近,但它也并非对一切强动态性、殊指性的个例都可接受。情态范畴总是对现实存在进行超越化的操作。即便添加反问、评价的辅助手段,"动态动词+了(O)"也难以充当"能"的补足语,而"着、过"就容易接受,如:

　　(53) a. [*]小李现在<u>能</u><u>唱</u>着歌。　　　　[*]小李<u>能</u><u>唱</u>过那么多歌。

　　　　 b. 小李现在竟然<u>能</u><u>唱</u>着歌!　　　 小李现在<u>能</u><u>唱</u>着歌,让人欣慰。

　　　　 c. 小李竟然<u>能</u>过那么多歌!　　　 小李<u>能</u><u>唱</u>过那么多歌,我很意外。

　　　　 d. ??小李竟然<u>能</u><u>唱</u>了半天歌。　 [*]小李<u>能</u><u>唱</u>了半天歌,我很意外。

　　有一种动态动词"V 了(O)"构成的"应该"句可指道义情态,其中的"了"并非词尾"了1",而带有实义内涵,接近完结补语"掉",所以并不构成本小节所做概括的例外。这个"了"对动词有较大的选择关系:动词一般带有处置义,指对宾语事物做某种物质性的处理。情状上,该句的"V 了(O)"指将来完成,而非现在完成。并且该句所指将来完成还有两种情况,一是绝对的将来,"了"的话题时间在说话时间之后,这时"应该"后可加"立刻"之类时间副词;二是过去的将来,"了"的话题时间在过去某时间参照点之后,这时"应该"前可加语气副词"本"。这就导致该句总是有歧义。在上述两种读法,V 前都可加指将来时的虚义动词"去",如:

　　(54) 打你是客气,<u>应该</u>宰了你!

　　　　 a. 真后悔,那时<u>本应该</u>(去)宰了你。

b. 现在<u>应该</u>立刻(<u>去</u>)宰了你。

(55) 这只碗<u>应该</u>给人送了回去。

a. 那时,这只碗<u>应该</u>(<u>去</u>)给人送了回去。

b. 现在<u>应该</u>赶快(<u>去</u>)把这只碗给人送了回去。

比较,指现在完成的"V了(O)"句就不存在上述歧义。仍以例(48)a为例,下面两种读法都不成立:

(56) a. ＊那时,小李<u>本应该</u>(<u>去</u>)唱了半天歌。

b. ＊现在,小李<u>应该</u>马上(<u>去</u>)唱了半天歌。

只有去掉"了"上述两句才成立,并指将来时。另一方面,如果把例(54)中的"了"硬解为"掉",则例(54)a、例(54)b二句也可成立,这时宾语"半天歌"会指完成规定的作业。如例(54)a可读为"那时,小李<u>本应该</u>(<u>去</u>)把半天的歌唱了"。

蔡维天(2010)关注到道义情态词对体助词的排斥,举例是"阿Q应该<u>去</u>了县城",句中"应该"只能表示认识情态,而不能表示道义情态。该文的解释是:认识情态词的句法位置高于时制词组,道义情态词则低于时制词组,所以当体助词要移至时制词组中心时,遭到道义情态动词的阻挡。这个解释的理论背景是:把认识情态短语、道义情态短语、时制短语、体貌短语做系统化的统一排列。这种把不同语法现象纳入统一逻辑系统的理论意图固然值得称道,但处理的前提是这些范畴是否具有统一的本质。本文对此持保留态度:根本上,情态与时制、体貌范畴的功能原理存在质的分别,所以它们并不处于同一逻辑层面,之间也就不会存在简单明确的排序关系。

说到底,TP、AspP、VP等只是对语法范畴的粗线条梳理,实际语言现象则并没有那么整齐划一。就体助词"了"而言,其所构成的"V了(O)"(即体貌短语AspP)也并非都为道义情态所排斥,而是还对动词的动态性存在密切的选择关系。蔡文结论所依据的实例只是一个动词"去",它是强动态性,所以其所构"V了(O)"不能充当"应该1"的补足语。但该文却未进一步关注,道义情态对"V了(O)"在V的动态性上还有更精细的选择:本文上述例(49)诸句都带体助词"了",却为"应该1"所接受。体助词移至时制词组中心语位置要被道义情态阻挡,这显然是一条重要句法规则。那为什么该规则会受到体助词组合对象之动态性的干扰? 道义情态阻挡体助词移位时,会根据不同的动词而分别对待吗? 并且,为什么它只阻挡"了"的一部分,却不阻挡"着、过"呢？若是这样厚此薄彼,该阻挡行为是否构成一条句法规则,不免让人生疑。

情态对物理事件的操作方式与体貌、时制没有多少可比性：后者直接构成物理事件本身的结构要素,描述事物所呈现的实际存在方式;前者则绝不属于事件自身的结构要素,而一定是处于物理事件之外的,这里的基本特征就是超越性。因此,情态范畴对作用对象的选择就会从动作的[±殊指性、当下性]参数上形成更为精细的分化,这并非粗线条的 TP、AspP 两个功能节点所能概括的。不少文献指出,与时制成分不同,体助词与动词的语义关系更密切,所以也会形成更为细致的选择关系(Smith 1997;Bybee *et al.* 1994 等)。那么,由于体貌短语"V 了(O)"自身动态性的不同,其与情态词之间也会形成更细致的选择关系,这也就不难理解了。

4.5.3.3 "V 了(O)"的否定形式是"没 V(O)","没"(这里不区别"没"与"没有")是对动作现实发生性的否定,并且"没"对动词的动态性还有较强的选择：它欢迎动态动词,排斥静态、抽象动词。如"他去了香港"可否定为"他没去香港",而"喜剧的笑点融入了……思考"说为"喜剧的笑点没融入……思考"就不好。显然,"没"对动词之动态性的选择与"应该、能"对补足语的要求正相契合。所以不难推断,"应该"的补足语也会排斥"没 V(O)"。"应该没 V(O)"中的"应该"不能读为"应该1",指合理性断言;而只能读为"应该2",指推断,甚至主语指话主本人"我"时也是如此,如例(56)d。

另一方面,"没 V(O)"的 V 后加"过"时,"应该"却可有道义、认识情态两种读法,如例(57)。原因是："没 V(O)"对应于"V 了(O)",其中"了"对 V(O)的操作是存在量化,指特定的一次动作,如"她还没走"指"她在某特定的时刻没有走"。而在"没 V 过(O)","过"对 V(O)的操作方式是全称量化,指所有的动作,如"他没谈过恋爱"指他没谈过任何一次恋爱。前者所量化的动作是强当下性的,与道义情态不相容;后者所量化的动作是通指性的,与道义情态兼容。

(57) a. 番茄应该还没长红。　　b. 你应该还没起床。

　　　c. 她应该还没走。　　　　d. 我应该没受伤。

(58) 我的男朋友应该没谈过恋爱。

例(57)b 的主语是受话"你",该句明显提示话主和受话空间上不在一起,而是通过电话、微信等间接方式进行对话,表示对"你当时还没起床"这件事现实存在性的猜测。例(57)d 的主语是话主本人,"应该"表示话主对其自己当时是否"受伤"的情况无法获得确切了解。例(58)"应该"指道义情态时,"我的男朋友"是定指,指确定的个体,句子表示对该个体没谈过恋爱这件事存在性的推断;指道义情态时,"我的男朋友"是类指,指希望寻找的个体,句子表示对该个体行为特征的规定。

实际上,类似例(57)d,"应该2"已形成一种修辞性的用法,对本来确知的事件加以弱化的表述。如:

(59)我方才应该已经拒绝了。

(60)容我大胆地说一句,我们应该已经过了任性的年龄。

话主实际对"我们已经过了任性的年龄"持非常肯定的态度,但为了礼貌而故意采取推断这样的弱化表述。

进一步看,不仅"没 V(O)","没 N-VP"也难以充当"应该1"的补足语。后者的"应该"会强烈倾向解为"应该2",指推断,而很难指合理性断言。"应该1"表示对"没 N-VP"的合理性加以断言时,更倾向表述为"不应该有 N-VP",如例(61)b。即补足语所述事件的否定义,倾向于向上提升为从高位对情态词"应该"加以根本性的否定。"应该没 N-VP"语义上则相当于"应该 N-没 VP",如例(62)b。即在物理事件中,否定式事物发出肯定性的动作,与肯定式事物发出否定式的动作,语义上是等同的。

(61)a. 应该没有人满足于现状。 b. 不应该有人满足于现状。

(62)a. 咱们公司应该没人去过冰岛。b. 咱们公司应该各位都没去过冰岛。

严格来说,例(61)a 的"应该"也可解读为对"没有人满足于现状"之合理性的断言,但这个内涵显然还是更会采取例(61)b 的表述形式,例(61)a 则倾向表示对该情况之现实存在性的推断,即"可能不会有人满足于现状"。

4.5.3.4 "应该"句的句末带"了"时,"应该"可有存在性推断和合理性断言两种解读模式。二者分别对应于"应该"对"了"取宽域和"了"对"应该"取宽域这两种情况。而第二种情况只有在补足语动词本身(不包括"了"的部分)可解为非完成性时才会发生。

这时句子就会发生歧义:既可解为"应该"对"了"取宽域,即"了"指补足语动作的完成性,这时"应该"指存在性推断;也可相反,"了"对"应该"取宽域,即"了"指"应该"本身的完成性,这时"应该"指合理性断言,如例

(63)。相反,如果补足语动词本身就已经明确是完成性、现实性的,则该句的"应该"不会发生歧义,总是"应该"对"了 2"取宽域,指推断,如例(64)。

(63) a. 屋墙<u>应该</u>重新粉刷<u>了</u>。　　c. 我的腰<u>应该</u>瘀血<u>了</u>。

　　　b. 他们<u>应该</u>走进这条小巷子<u>了</u>。d. 她<u>应该</u>疯<u>了</u>。

(64) a. 我们<u>应该</u>过<u>了</u>兰州<u>了</u>。　　c. 他们<u>应该早</u>就得手<u>了</u>。

　　　b. 斑马<u>应该已经</u>被残杀<u>了</u>。　　d. 你的手指<u>应该太/很</u>短<u>了</u>。

例(63)a"应该"指推断时,句末"了"的作用对象是"应该",即情态词"应该"本身是带有时间义的,句子当解读为:"现在到了应该重新粉刷屋墙的时候了";"应该"指推断时,"了"的作用对象是补足语"重新粉刷",句子解为"屋墙被重新粉刷了"这件事可能存在。例(64)c—例(64)d 两句的"应该"初看倾向指推断,似乎很难指合理性断言,其实也存在后者的语境:根据以前的经验,"我的腰"总是在某时刻规律性地出现瘀血的情况,"她"总是在某时刻规律性地发疯。即例(64)b 解作:"现在到了我的腰又开始瘀血的时候了。"

　　例(64)a—例 64(c)三句的补足语明确带有时间成分"了 1、已经、早",这样句末的"了 2"也会跟随它们一起表示补足语动词本身的现实性,无法指向"应该"。所以该句的"应该"就只能表示对补足语之现实存在性的推断。例(64)d"你的手指太/很短了"内在是强殊指性、现实性的,这种事态排斥施加任何根情态的量化操作,如"我想/要鼻子小些/*太/*很小了"。

　　可比较,如果把例(64)c 的"早就"放到"应该"前面,说为"他们<u>早就应该</u>得手了",则该句"应该"明确指合理性断言,句末"了"的作用对象也明确是"应该"。

　　4.5.3.5　在静态动词句,"着"与"了 1"的体貌功能都大为弱化,不指动作发生的时间进程。这样二者在语义上很大程度就发生中和,而都主要表现为修辞性,目的是增强句子动态性、现实性的色彩。"了 1"指动作有一个开始环节,然后就进入持续存在的状态,"着"不关注开始环节而直接指状态的持续存在。但在静态动词句,该动作自身就不存在具体的起点及清晰的内部进程,这就造成"着、了 1"的功能内涵都无从实现,所以句法维度的功能发生退化,转而进入语用表达领域。如:

(65) 喜剧的笑点<u>应该</u>融入(着/了)对人内心世界的关注和对社会的思考。

"融入了"之后就处于"融入着"的状态,但"融入"本身也并未实际开始过,而就是天然一直处于"融入着"的状态,所以"了"与"着"的分别中和化。"融入"表面上是动结式,带有动态性,实际是状态性、泛时性的,义近"具备、含有"。并且,无论加不加"着、了",也与零体标记形式的"融入"所指状态并无实质分别。

而组合对象是动态动词时,"着"与"了1"的差别就较为显著。"着"所指时间当下性很差,这样"V着O"所述事件的现实性相应也就很弱,所以该动词短语容易充当"应该1"的补足语。并且由于"V着O"是纯体貌性的,不携带时制信息,所以该句可处于不同的时间位置,这就使"应该"形成歧义。如"小李应该唱着歌"有下面四种解读模式:

（66）a. 在过去或现在,小李实际在唱歌,他这样做是对的。（道义情态）

　　　b. 在过去某时刻,小李没唱歌,他那时实际唱着才好。（道义情态）

　　　c. 现在小李即刻去唱起歌来,这样才好。　　　　　（道义情态）

　　　d. 不知现在小李是否在唱歌,有这个可能。　　　　（认识情态）

在例（66）a 的解读里,"小李应该唱着歌"的"应该"重读,且这时其前倾向加"就"。

补足语带尝试义时,"应该"总是指合理性断言,如例（67）。表面看,尝试是带有执行性的,但该特征并非道义情态的关键,关键是[尝试]内在表现为非现实性、超越性,这与道义情态的外位评价立场相契合。反之,加"是"有强化"应该"指存在性推断的作用,因为"是"强调动词短语处于静态、完成性的状态上,如例（68）。

（67）a. 你应该多多留意孩子了。

　　　b. 痛苦的回忆也应该使我们头脑清醒了。

（68）a. 屋墙应该是重新粉刷了。　　b. 她应该是疯了。

例（67）二句的"应该"只能表示合理性断言,如例（67）a 只能表示"你多多留意孩子"才是好的,不能表示"你多多留意孩子"这件事是可能存在的。相反,例（68）二句的"应该"只能表示存在性推断,如例（68）a 只表示"屋墙被重新粉刷了"这件事是可能存在的,不能表示现在对屋墙加以重新粉刷才是合理的。

道义情态的作用对象是主语采取补足语所述存在方式的合理性,"应该"就是直接编码这种[合理性]本身,所以实义性更强。[合理性]记为 g（即 good）,则道义情态句的语义结构是"NP -应该 g - VP"。普通主谓句表示主语 NP 直接采取谓语 VP 的存在方式,直接呈现为现实存在;道义情态则在中间增加一个过渡、选择的环节 g,只有 VP 对 NP 自身是"好 g"的,NP 才进入 VP 的存在方式。所以道义情态动词就是典型的控制动词。从另一个角度看,道义情态词的功能也就是把主语自身的内涵,以[合理 g]的原则,投射、转换为补足语。显然,这两种解读方式是完全一致的。

道义情态的语义核心是"好、对",所以对补足语的选择不会存在[非限定性]的限制。强当下直接存在的动态动词"V 了(O)"当然可以是好的,但缺乏可选择性,同样的情形是"程度副词+形容词",只有此二者构成道义情态功能的边界。

认识情态的作用对象则是事件所具有的[现实存在性]。"是"的功能即把该[现实存在]本身作为一个范畴、功能节点提取出来,"应该"直接与"是"组合,以"是"概括事件。所以"应该"指认识情态时,其后总是蕴含着"是"的内涵。这个"是"是虚化、词缀化的,与系动词"是 NP"中的"是"是两回事。如前述例(58)"应该"有歧义,但其后加"是"歧义即消除,只能指认识情态,如"我的男朋友应该是没谈过恋爱"只表示对事件存在性的猜测。"是"在语义上本来是与补足语组合,后来却提升到"应该"身上,显示"应该"对[现实存在]的作用已经范畴化、固化。[现实存在]记为 e,认识情态的语义构造概括为"NP – 应该 e – eTP",刻画如下:

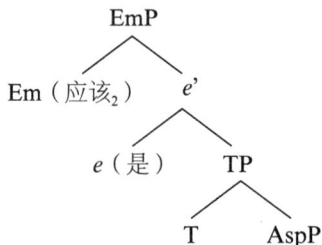

```
              EmP
             /    \
    Em(应该₂)    e'
                 /  \
            e(是)   TP
                    /  \
                   T   AspP
```

4.5.4　小结

"应该"句的"NP+VP"可有很强的现实性、时间性,这时"应该"的释读会形成较大分化。较显著的有两种,一是叙实,"NP+VP"指现实态的个别事件,这时整个句子只有"应该"指新信息,重读;二是违实,"NP+VP"指非现实态,该句要求补足语具有强殊指性,激活具体的交替项。但"应该"的违实用法非常受限,远未形成一种固化的功能。"应该"的补足语也可指将来时,这时"应该"就会读为"愿望、建议"之类,这些都是语境行为,"应该"自身仍指合理性断言。

道义情态既是"应该"的初始功能,也是其强势解读,只有"NP+VP"具有强殊指性、当下性时,"应该"才只能解读为认识情态。时体成分、限定小句的概括尚嫌粗线条化,不足以区分"应该1/2"的分别。"应该1"及"能"的补足语都接受各种时体成分,特别是借助反问、评价等句法手段时,二者对时体成分的接受能力大为增强。"应该1/2"补足语的分界线是动态动词"V了(O)"。

4.6 "应该"与"能"的分别

"应该"和"能"在具体语义内容上的区别很明显,无须讨论,值得探讨的是它们在构造方式、功能原理上的差异。相关认识有两方面,一是认为道义情态的句法地位在动力情态之上,二是"应该"蕴含着"能"。前者符合语法事实,但其语义机制尚待具体阐述;后者则难以成立,"应该"和"能"的关注点相差很大,并不属于同一范畴领域的情态现象。动力情态的基本特征是现实性,道义情态则是理论性。

4.6.1 动力情态是内部立场,道义情态是外部立场

4.6.1.1 "能"补足语 VP 的语义特征包括:[使成性、难成性、积极性、大量性]。这些特征都来自"能"自身的语义构造,即它关注主语 NP 自身物质内涵向补足语 VP 的投射关系。

对主语,"能"聚焦事物基于自身物质要素而形成补足语动作的具体根据,即主语名词具有特定的内涵,而非单纯的个体。这就造成:句法上,"能"的主语实际是一个隐藏的小句,整个"能"句则是一个复句。如"他能中标"指"由于他具备相应资质,所以能中标","中标"是"相应资质"的投射,单纯基于外延性的代词"他"自身是无法得出"能中标"的判断的。又如"水能解渴","解渴"无非指"水"在人身上的具体存在形式,这是"水"自身所具物理特征带来的,该物理特征在句法上即表现为述谓性,故该句的深层语义关系是:"水由于其特性,所以能解渴"。这正是把"能"分析为一种控制动词的根据,也就是,在事物 NP 发出物理动作 VP 的过程中,增加一个中间性的控制环节(关于汉语控制动词参看张新华 2015);一般主谓句则指主语直接呈现为谓语所指行为。如"老赵决定买一辆车","决定"指"老赵"发出

"买一辆车"动作之前的控制环节。"决定"聚焦"老赵"自身的意识状态,这与"能"聚焦主语事物的物质属性是平行的。

事物只能基于自身物质属性才能向外展现为某种具体存在方式,这个语义关系是"能"功能特征的实义基础。一般文献往往关注由定指名词充当主语构成的主谓句,典型是专名和代词,这种名词表现为强外延性,非内涵性。其实类名主语更能清晰提示"能"的功能机制,类名是强内涵性的,该内涵直接投射为补足语的存在方式。动力情态句的语义构造类似一个函数式,"能"相当于函数式的对应法则,指主语(定义域)投射为补足语(值域)的转换方式。如例(1)、例(2)主语"艾滋病毒、基因"以自身的物质构造而发出补足语的动作。定指名词主语则必须通过语境提示某种物质条件,才能解释它形成补足语动作的根据,如例(4)、例(5):

(1)艾滋病毒<u>能</u>使人体免疫系统的 T 细胞数目急剧减少。

(2)基因被破坏的老鼠<u>能</u>多吃一成左右。

(3)一车草<u>能</u>比一小块金重。

(4)该电视剧<u>故事温婉柔美</u>,<u>能</u>与《闯关东》相媲美。

(5)大家<u>努力一下</u>就<u>能</u>一切都好了。

对补足语,"能"指该动作具有[使成]的语义环节。"能"并非如一般文献所认为那样,单纯指主语事物具有发出补足语动作的潜能,而是表示事物已实际做到了对该动作的执行。在[实际做到]的特征上,"能"在补足语 VP 与情态词"能"之间表现为透义性,即补足语所指行为的实际存在直接渗透为情态范畴"能"的实际能力。所以准确说,"能"的内涵是指主语事物具有[真实客观的动作能力]。"具有动作能力"与"把动作实际执行出来"貌似分别指一种动作的潜在性和现实性,具有质的分别,实际是内在一致的。原理是:只有把动作实际执行出来,才可称其为具有动作能力;所有的动作能力都指在常规条件下,所能的动作是可以实际执行出来的。例如下面的对话:"A:你现在能借我五百块钱吗? B:能。A:多谢,给我。"在这时,B 只能实际把五百块钱交付 A,而不能回答"抱歉,我现在没有",否则"B 现在能借 A 五百块钱"的表述就不成立。从量的特征看,"能 VP"就是对"实际VP"的全称量化,如"这蘑菇能吃"指在常规条件下任何人实际吃下该蘑菇都是没问题的。

以上是"能"的基本概念结构,由此还形成两个派生性的特征。一是难成性,提示主语形成补足语的存在方式是具有一定难度的,并非容易实现;二是大量性,表示补足语 VP 所指动作具有较大的量幅,而非单纯从质上具备。综合以上特征,"能"的含义表现为[积极性],指主语事物调动自身物质要素而能动、积极地发起或处于补足语所指的具体存在方式之中。[积极性]与褒义、正向义是两回事,后者限于事物的存在方式对人有利,"能"则不存在这个限制,而指一切事物对其存在方式的能动执行关系,如例(1)—例(4)。

4.6.1.2　广义看,"能"补足语 VP 的[使成]义也属完成体,但与普通完成体如词尾"了1"也有所区别。"了1"指实际发生的特定一次动作,占据唯一的时位,"使成"则是泛时性、静态性的。可以说,"能"的实际内涵就是"做到(了)",这个概括可从下面的改写关系得到验证:

(6) a.　　多数区县做到了造地用地基本平衡。

　　≈b.　多数区县能造地用地基本平衡。

(7) a.　　初中生做到了边听课边记笔记。

　　≈b.　初中生逐步能边听课边记笔记。

"做到"与"能"的平行性还表现在:在中性语境,二者的补足语动词都排斥词尾"了1"。如"全县学校都做到了/能免收(*了)杂费","免收杂费"的行为语义上就是已经实际发生了的,但动词"免收"后还是排斥带"了"。"做到"的宾语常采取惯常体,且"能"与"做到"可互为先后,如:

(8) 这些农机站对农业机械做到了随到随修。(对农业机械能随到随修。)

(9) 一年多来,她第一次(能)做到(能)经常地每天完成生产计划。

"能"补足语 VP 的使成性可分为动态、静态两种情形。静态动词表示主语在本体构造上一劳永逸地具有"做到、使成"的内涵,动态动词则指主语在特定情景中临时性地发出补足语的动作。后者的时间性强,对动作的执行需要施加明显的物理力,句子明确提示"通过努力而做到 VP"的内涵,如上面的例(8)、例(9)。前者则是恒久性的,不包含物理力的语义要素,表示主语天然处于补足语的状态上。这种句子"实际做到"的内涵较弱,但仍明确提示由于主语自身具有特定的物质构造,才使其可采取补足语的存在方式。从时间特征看,该句补足语 VP 表现为恒久性,与"能"的时间信息更加显著地表现为直接渗透的特征,如:

(10) 北斗七星斗柄的指向能指示季节。

（北斗七星斗柄的指向<u>做到了</u>指示季节，当前实际就是在指示着
季节。）

（11）这个沙坑里的沙子松软，所以<u>能</u>保持一定的湿度。

（这个沙坑里的沙子松软，所以<u>做到了</u>保持一定的湿度，当前实际
就是湿的。）

由于"北斗七星"具有特定的物质构造，才使得其斗柄具有"指示季节"的能
力。"指示"带有一定的时间性，如其前可加"总是"，其后允许加"着"。在
时间特征上，补足语"指示季节"是恒久性的现实存在着的，该时间特征也就
直接表现为"能"的时间特征。

进一步看，"能"的补足语排斥抽象谓词，因为后者缺乏［做到、使成］的
语义参数。反之，"应该"就不要求补足语具有［使成性］，所以接受抽象谓
词。文献对情态动词多关注补足语是动词的情形，进而描述其体貌特征，其
实"应该"的补足语也欢迎形容词，且同时接受性质、状态形容词，这里并无
体貌要素。总体上，"能"对性质、状态形容词都排斥，如：

（12）a. 咖啡<u>应该</u>/ * <u>能</u>是深褐色的色调。　　c. 孩子<u>应该</u>/ * <u>能</u>胖嘟嘟的。

　　　b. 桌面<u>应该</u>/ * <u>能</u>平。　　　　　　　d. 考试<u>应该</u>/ * <u>能</u>难。　　·

例（12）a"应该"直接指"咖啡是深褐色的色调"才合理，并不关注如何做到
这样；"能"则指"咖啡"通过调动自身物质要素而由内向外地做到补足语的
状态，但"是深褐色的色调"不存在这种语义环节，所以无法充当"能"的补足
语。例（12）c"应该"指话主所希望的"孩子"的存在方式，即："在我心目中，
孩子是胖嘟嘟的，这才合理。""能"则指创造条件把"胖嘟嘟"的状态具体执
行出来，这是无法做到的，所以不允许组合。

文献讨论的"体貌动词"（aspectual verbs）一般是如英语"begin、
continue、stop、finish"之类。一般认为体貌动词是一种功能核心（functional
heads），编码补足语动作的体貌信息。（Travis 1991；Fukuda 2012 等）"做
到"也指补足语的体貌信息，不过其体貌特征是惯常性、泛时性，一般体貌动
词则指动作的特定阶段。在体貌特征上，"能"与"做到"是高度契合的。其
平行性还表现在："能"句都可转换为"VP，NP 能做到"的形式。即补足语
VP 话题化，在"能"后另外添加泛义动词"做到"，补足语在句法上充当"做
到"的宾语。"做到"明确提示了话题位置补足语 VP 的现实存在性。这表
明从深层看，普通"能 VP"的 VP 前都内在携带［使成］义，如：

(13) a. 我们<u>能</u>让各村都看到演出。　　b. 让各村都看到演出,我们<u>能</u>做到。

(14) a. 这台榨汁机<u>能</u>榨苹果。　　　　b. 榨苹果,这台榨汁机<u>能</u>做到。

(15) a. 艾滋病毒<u>能</u>使 T 细胞数目减少。

　　　 b. 使 T 细胞数目减少,艾滋病毒<u>能</u>做到。

以上转换关系一方面显示"能"的补足语确实具有现实存在性,另一方面也显示补足语内在带有预设性。二者是相通的:通过对补足语动作实际存在情形的观察,才可确定主语确实具有发出该动作的客观能力。

"能"补足语带有[使成]义的一个明显形态标志是:动词后常带"到、上"之类表完成性的结果补语,如例(16)、例(17)。即便一些补足语并无体貌标记,甚至是光杆动词,实际语义上也是完成性,如例(18)、例(19)。

(16) 力争让 10 户以上的村庄都<u>能</u>看<u>到</u>演出,接受服务。

(17) 他把厂内的荒地都种上菜,生活改善了,厂家也<u>能</u>赚<u>上</u>钱。

(18) 现在我在四方,<u>能</u>不<u>能</u>买点牛肉干?

(19) 该公司<u>实现了</u>干部<u>能</u>上<u>能</u>下的管理机制。

例(16)"看<u>到</u>演出"的"到"指村民[实际做到了]"常看演出"的行为,而非只是理论上具有该能力却从未实际执行。同样,"赚<u>上</u>钱"的"上"指厂家对"赚钱"行为已经实际做到了。例(18)补足语"买点牛肉干"的"买"后实际带有"到、上"的内涵。表面上,"能买"单纯指"买"的能力,但这种能力只有得到实际展现,才被视为真实客观的能力,"能"总是指这种得到实际展现的真实动作能力。例(19)"能"的补足语"上、下"是光杆动词,但该句并不指一般性的动作本身,而指这些动作都可以经常实际做到。

[能力/功能]与[动作]的范畴在[使成]义上是内在渗透的。能力只能通过实际动作才能显示出来,反之,任何动作之上也都带有能力的内涵;既没有不能实际发生的动作能力,也没有不体现为能力的动作。人们认识一种事物,并不是去逐一描述、归纳其所发出的具体动作行为,而是把这些动作从更高的范畴层面抽象为一种"能力、功能、性能",后者即动力情态的实质内涵,如上述例(14)a 可改写为:"这台榨汁机<u>具有</u>榨苹果汁的<u>功能</u>。"

总之,"能"的补足语并非词库层面的抽象动作 VP,而明确带有[使成]义。[使成]也属完成体,即其中包含惯常义且实义性较强的一个次类。由此,"能+补足语"的语义构造可刻画如下:

```
              MP'
             /    \
          DP       M'
                 /    \
            M（能）    PerfP
                     /     \
                  PerfP     VP
```

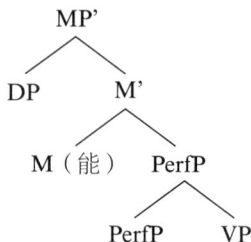

上述语义构造主要是关注"能"所带补足语自身体貌特征，属于补足语VP所带隐藏性的体貌信息，并直接进入"能"自身的概念结构，双方之间表现为透义性。即[使成性]构成"能"的词汇体(lexical aspect)，类似普通谓词所具备的情状特征(aktionsart)。而从更大范围看，"能+补足语"的组合还带有更多外显的时间信息(参看4.6.3)。

值得指出的是，道义情态的补足语有时也携带[使成]义，但这实际并非道义情态自身的语义内涵，而是它居于动力情态之上因而继承了后者的特征造成的。如"我们<u>应该</u>让各村都看到演出"，补足语"看到"带有使成义。但"应该"并不总是蕴涵"能"，这时其补足语就并无使成义。如"清明节就<u>应该</u>下雨"，"应该"直接表述"按常理，清明节下雨才对"，不能读为"清明节就应该做到下雨"。又如"我们<u>应该</u>现在就调查"，补足语"现在就调查"指将来计划，不带有[做到]的内涵。动力情态的"使成、做到"义所关注的是，主语调动自身物质内涵而能动性地把补足语所指动作[实际执行出来]，这些内涵并非道义情态的关注点。

4.6.1.3 "能"补足语的难成性是该存在方式总须具体物质条件促成的自然推论。一种动作的实际发出，一方面需要事物自身物质条件的充分，另一方面也需要外部条件的适宜。难成性是从语用维度对补足语所需物质条件充分性的主观评价，如：

（20）大家都希望这4个文件(<u>能</u>)得到认真贯彻。

（21）我很高兴不久前(<u>能</u>)应邀参加霍华德总理欢迎江主席的国宴。

（22）她实在太渴了，巴不得马上(<u>能</u>)大口喝到茶水。

（23）(<u>能</u>)养好身体，就是赚钱。

（24）只要(<u>能</u>)把船整个翻转过来，那些损坏的地方就容易修理了。

上面的句子用不用"能"客观语义差别不大，用"能"的目的都在于强调补足语动作是不容易出现的，提示"难能可贵"的意味儿。另外，这些句子也显示

"能"对补足语的现实性并不敏感:补足语既可指现实态事件也可指非现实态事件。例(21)"不久前参加……国宴"是现实态,指唯一一次的事件,"能"明显强调"参加……国宴"是非常难得的。例(24)"能"句用在条件句的前件,后者本来就是设想一件事的现实存在,与"能"的功能内涵是重合的,所以该句也可去掉"只要"而用"能"引出前件。

很多语法现象存在"大量原则",即默认把句法成分所指对象向大处、积极的量级方向解读。典型是动词"有",如"老李有钱"实际指"有很多钱",而非只要有一点钱就在概念上称为"有钱";"他有三部车"的"三部车"默认读为指最大值。又如:"老李有很多/*很少钱。""能"的补足语在大量原则上与"有"高度平行,如"老刘能喝",只有在有标记语境才是质的用法,即相对于完全不能饮酒,只要可喝很少一点酒即称"能喝";默认解读则指"老刘可以喝大量的酒",并明确提示"很大程度上超出一般人"的内涵。"这孩子长大了能成事"指"成就一番超出常人的大事业",而非单纯从质上定义的任何事情的"事"。又如"老李能吃两斤肉","两斤肉"默认指能吃的最大量。光杆动词做"能"补足语一般都是如此,如"能说、能吃、能走、能写"等。又如:"老李能喝很多/*很少酒。"下面是自然语境中的用法:

(25) <u>鱼能</u>活,草<u>能</u>生,这样河道才能避免相互污染。

(26) 民众有训练,军队<u>能</u>作战,李宗仁就凭借这一资本……

(27) 石板前<u>能</u>摆放六个人的鞋。

"<u>鱼能</u>活"实际指"很多鱼健壮地活着",而非只要有少量鱼没死就行。"草<u>能</u>生"指"很多草丰茂地生长着","军队<u>能</u>作战"指"该军队的作战能力很强",并且不但指实际作战,还进一步提示"获胜"的语义内涵。例(27)"六个人的鞋"指所能放鞋的最大量。

光杆动词补足语也提示现实性、大量性,这足以证明"能"指[真实客观动作能力]的特征非常显著:一个事物的动作能力是通过动作行为的最大值实实在在地体现出来的。

4.6.1.4　"能VP"的积极性可从"能"带否定形式补足语的句法行为上得到验证。"能不VP"的组合是高度有标记的,一般只用于问句及内嵌语境。不同于"不应该VP"与"应该不VP"之间的转换关系,"不能VP"的"不"并非从"能不VP"提升上来,二者是各自独立的结构体。如:

(27) a. 她问我:"<u>能不</u>去吗?"　　　≠b. <u>不能</u>去吗?

a. 此事<u>能</u><u>不</u>令人可叹吗？　　≠b. 此事<u>不能</u>令人可叹吗？

a. <u>能</u><u>不</u>转发的文件一律不转发。≠b. <u>不能</u>转发的文件一律不转发。

（28）a. 半数工人<u>不能</u>上班。　　　b. ??半数工人<u>能</u><u>不</u>上班。

a. 法制<u>不能</u>脱离社会发展实际。b. ??法制<u>能</u><u>不</u>脱离社会发展实际。

"能不 VP"之所以是有标记性的，原因就在于："能"指事物由内向外积极调动自身物质要素而发出某种动作的能力、功能；反之，否定的动作"不VP"只需完全静止无为即可，并不需要积极努力。语义构造上，"能不 VP"是一种强预设性的结构：首先预设可能存在一种 VP 的动作，然后希望得到它的否定形式。在这种环境下，需要的条件是某种外部力量允许"可以不VP"，而非执行者个人努力"做到[不 VP]"。如"能不去"首先预设可能存在"去"的动作，现在则希望得到其否定形式"不去"。这时，问题就不是具备"做到[不去]"的能力，而是得到"允许[不去]"的外部许可。

由此可知，像"能不去"这样的语义关系，更合适的情态词是用"可以"，因为后者的关注点就在于外部制约因素。如"工人<u>可以</u>不上班"指"允许[不上班]"，即外部因素为工人"不上班"提供了许可。

由"能"的积极性还可预测：如果"VP"所指动作本身就对主语构成强烈的消极作用，那么"做到[不 VP]"就需要主语方面的积极努力，这时就允许用"能"，如：

（29）只有小李<u>能</u>[不受恶劣环境的干扰]。

要求 VP 具有强消极义，这本身就构成"能"之语法功能的一种有标记性。所以该句主语总是内在带有焦点性，提示对比关系，即一般人不容易做到。例如，去掉主语身上的"只有"，则该句就不大自然。

哲学界不少文献认为"应该"蕴含着"能"（"ought" implies "can"），"义务"范畴预设实现的可能（obligation presupposes a possibility of fulfilling it）。这两种观点都不成立，它们实际都是以道义情态就是指伦理领域的动作为根据提出的，即只有一事物具有发出某动作的能力，才能对其提出道义的要求。道义情态的语义构造并非如此：它只是径直从理论上提出事物的合理存在方式，并不关注事物对该存在方式的实际执行能力。"应该"既不蕴含"能"，也不以"能"为前提。

总体看，道义情态与动力情态的着眼点差别很大，之间并不具有内在关联。"能"是积极性、执行性的，补足语具有现实可能性；"应该"则是理论性、设想性的,既不提示对补足语的执行关系,也不考虑补足语的现实可能性。[现实可能性]的语义机制是:一个事件成立所需各方面的条件都已实际具备,这不属于道义情态的语义要素。语言事实上,并非"应该"的补足语都可加"能",该补足语可指根本做不到的行为,如例(30)、例(31);另一方面,一些动作即便可以实际做到,加不加"能"语义表达也并不相同,如例(32):

> (30) 完美的男人<u>应该</u>([*]<u>能</u>)儒雅、智慧、坚强……

> (31) 理想气体<u>应该</u>分子([*]<u>能</u>)有质量,无体积。

> (32) 你今天<u>应该</u>(#<u>能</u>)去西湖写生。

例(32)"你今天<u>应该</u>去西湖写生"直接从理论上表述"你今天去西湖写生"的合理性,如那里景色很好之类,"应该"前还可加"真",强调该合理性本身是确实存在的,但并不考虑你是否实际具备去西湖的条件。"应该"前加"真"时,补足语前严格排斥加"能",因为这时更加强调补足语的合理性本身。不加"真"时则可加"能",但这时"应该"会读为认识情态,表示对"你今天<u>能</u>去西湖写生"这件事实际存在性的推断。这时"能"仍表现为现实可能性,即"能去"所需的物质条件是实际具备的。

4.6.2 "能、应该"所指内部、外部视角的分别

4.6.2.1 这可从二者所对应的不同疑问句进行测试。从信息传达角度看,每个陈述句都可视为对某个特指问句的回答。对一般陈述句,所回答的特指疑问词可显示该句内的焦点信息;对情态句,所回答的特指疑问词则可提示情态词自身的概念结构。"能"句是对一个"怎么"问句的回答,"应该"句则是对"为什么"问句的回答。"怎么"是内部视角,关注主语发出 VP 动作的进行机制,句法地位低;"为什么"是外部视角,关注"NP+VP"所述事件整体成立的原因,句法地位高。如"军队能作战"回答的是"军队是<u>怎么</u>作战的"问题,"军队应该作战"则回答"军队<u>为什么</u>作战"的问题。

并且,对"NP <u>为什么</u>能 VP"问题的回答,实际仍是对"NP <u>怎么</u> VP"的回答。比如,对"军队<u>为什么</u>能作战"的回答,也就是回答"军队<u>怎么</u>作战"的问题,即"军队"发出"作战"行为的操作方式、所具备具体物质条件。原理是:"NP 能 VP"的深层包含一种因果句的语义关系,"由于主语 NP 具备特定的物质属性(p),所以能发出 VP 的动作(q)"。因此,"NP 为什么能 VP"实际问的就是上述原因分句 p。这对"NP+VP"所述事件而言,也就表现为 NP 是怎么具体地调动相关物质要素而把 VP 执行出来的。定指名词主语也是如

条件句与情态研究 ─────────────────────────────

此,如对"小刘<u>为什么能</u>操纵一架 F169"的回答实际就是"小刘是<u>怎么操纵</u>一架 F169 的",具体内容则是大脑指令及身体活动等。

去掉"能",对普通陈述句用"为什么"提问就与"怎么"完全不同。如对"军队为什么作战"的回答是"因为有外敌入侵、为了保护祖国"之类。对"军队怎么作战"的回答则是"作战"的具体战术。

对"NP <u>为什么应该</u> VP"问题的回答就并非"NP 是<u>怎么 VP</u> 的",而是"为什么 NP+VP 才好/对/合适";其中"为什么"的关注点是"NP+VP"之所以[合适]的根据,而非"NP+VP"自身的具体构造情况。对"合适"的根据需要从更大范围上指出 VP 所述 NP 本质的内外制约因素是什么。如对"人<u>为什么应该</u>有精神"的回答并非"人是<u>怎么</u>有精神的",而是"<u>为什么</u>人有精神<u>才对</u>";回答则是"有精神"对"人"的本质是重要的,并进一步关联"人的理性能力、在社会环境中的发展"等诸多因素。定指主语句"为什么应该"的回答就更为复杂,如对"李同志<u>为什么应该</u>为此担负责任"的回答一方面需从情境中梳理诸多具体因素,另一方面需判断这些因素分别对应的具体责任是什么。

4.6.2.2 "能"从内部关注事物 NP 自身发出 VP 动作的物质能力,所以是语义性、客观性的;"应该"则根据外部标准,主语采取补足语动作的合理性加以认定,所以是语力性、断言性的。这个区别表现在其句法行为的各个方面,下面从它们对语气副词"本、就"的不同反应进行个案观察。

"本、就"饰"能"时的作用对象是"能"所占据的具体时间或量化特征,属语义构造维度;饰"应该"时的作用对象是"应该"所指情态判断,属语用表达维度。如:

(33) a. 老人<u>本/就</u>应该多运动。　　b. 水田<u>本/就</u>能插秋山芋。

例(33)a"本"指"根本性、本质上",无时间义,指对"老人多运动"所具合理性的强调,即用"多运动"描述"老人"的行为特征,这是非常合理的;例(33)b"本"指时间义,即以前能现在不能了。同样,"就"饰"应该"单纯表示增强其所指情态断言的力度。"就"饰"能"则有歧义:功能向后,表示"只能",是对"能"的量化,即"插秋山芋"是"水田"的唯一功能;功能向前,表示"水田"是焦点话题,"水田"重读,即,不需要去考虑其他土地,当前关注的"水田"即有"插秋山芋"的功能。共同的是,"就"都聚焦主语自身属性对补足语的执行关系。

句法上,"只应该"的"只"实际同时在情态词"应该"和补足语 VP 两个层面上起作用。该句的语义关系实际是:"[只应该]-[只 VP]","只 VP"中的"只"表示 VP 与相关动作交替项构成对比关系,这是"应该"句 VP 的一般语义构造情形;"只应该"中的"只"则具有强语气性,构成断言焦点(verum focus),强调"应该"所指合理性判断确实成立。来源上,"只应该"的"只"其实是从"只 VP"的"只"提示而来,即句法成分从 VP 层向语力层的提升。反之,如果对 NP 采取 VP 之合理性的判断已得到普遍接受,则无须对"应该"加以强调,所以这时句子就排斥"只",如:

（34）a. 原子能(只)应该(只)被允许用于和平的目的。

b. ?? 索引(只)应该(只)简洁明了。

两句的 VP 都是正负相对:"和平目的"相对于"战争","简洁明了"相对于"繁琐难懂",但前者才允许用"只"。原因是:例(34)a"原子能用于战争"的情况仍然现实存在,所以主观上特别强调"和平目的"就具有实际的表达价值;例(34)b 则指人们普遍接受的道理,无特别强调的价值。"只"本来就是量化算子,强调纯量,用于"应该"前却获得很强的语气义,显示"应该"指断言的内涵是非常突出的。

"只能 VP"与"能只 VP"之间就不存在"应该"句那样的转换关系。"只能"单纯表示对主语所具动作能力的客观量化,补足语 VP 是主语唯一可做的动作,即该句的语义关系是"[只能]—[VP]",而非"应该"句那样的"[只应该]—[只 VP]"。实际上,单独"能只 VP"的组合是不成立的,不能直接说主语"能只做什么",因为"能"并不提示补足语 VP 与其他动作选项的对比关系。"能只 VP"的"VP"部分只能采取复句形式,即"能[只 VP$_1$—VP$_2$]",如:

（35）a. 口述史[只能][解决某些问题]。

b. *口述史能[只解决某些问题]。

（36）a. 他能[[只用一柄金刀][胜上官奇]]。

≠b. 他[只能][用一柄金刀胜上官奇]。

（37）a. *他能[只打碎瓶子]。

b. 他能[[只打碎瓶子][而不损坏插花]]。

总之,"NP 能 VP"聚焦主语事物实实在在地具有"做出 VP"的能力,这主要在于事物自身的物质构造,所以是内部视角、强客观性。"应该"则指根据先验规范而对主语采取补足语的合理性做出断言,所以是外部视角、强语力性。

4.6.3 "NP 能 VP"句的现实性

前面 4.6.1.2 考察了"能"所引补足语自身带有[使成性]的体貌义,这成为"能"概念结构的一部分。本小节则探讨"能"句"NP+VP"所述事件整体的现实性,即该事件直接发生于现实时空域。

4.6.3.1 一般规律是:除非内嵌于其他特殊语境,在中性语境,一个独立成句的简单"NP+能+VP"句,其"NP+VP"部分都默认指在现实世界实际发生的事件。形式标记是:"能"句之前可加"我亲眼看到/亲身经历、调查/研究发现"等叙实动词构成的主句。

从时间特征看,"能"的补足语 VP 可采取各种体貌形式:1) 惯常体,VP 在现实世界中泛时性存在,如例(38)、例(39);2) 完成体,VP 当前已经实际完成,如例(41)、例(42);3) 进行体、延续体,VP 在当前实际发生着,如例(42)、例(43)。指称特征上,主语既可是定指名词,如例(38);也可是类名,如例(39)。科学规律句用"能"表示事物的功能特征,其"NP−VP"部分所述事件显然指经验事实,是现实性的,如例(39)。

(38)(我亲眼看到,)小李一小时<u>能</u>跑 15 公里。

(39)(研究发现,)周期表氢前面的金属<u>能</u>与弱氧化性强酸反应。

(40)看到十来岁的孩子<u>能</u>写出这么好的儿歌,我打心眼儿里感到高兴。

(41)看着炉子又<u>能</u>继续炼钢了,老周的脸上充满了胜利的喜悦。

(42)我眼下什么也不明白,只<u>能</u>嘟哝着说:"没什么……"

(43)《东山寓声乐府》变化虽不大,却<u>能</u>保存着一韵到底的气势。

"能跑 15 公里"指小李对"跑 15 公里"的动作可以反复实际执行,"能"是对"跑 15 公里"的全称量化。"只能嘟哝着说"指现在实际所做的就是"嘟哝着说","<u>能</u>保存着"直接指"保存着"的状态就是当前实际延续着的;句中"能"其实更多表现为修辞功能,强调补足语所述状态的实际存在具有难成性,而并不提示潜在性、非现实性的内涵。

"能"前接受时制副词"已经、还、刚"等的修饰,表明"能"自身带有明确的时间信息,即动作能力存在于特定的时间位置。每种[动作]都直接同时表现为[能力],能力的时间信息与动作的时间位置完全重合。例如:

(44)a. 他已<u>经</u><u>能</u>从楼房的裂缝里看见火苗了。(当下)

　　　b. 女工们已<u>能</u>熟练地操纵这种机器。(泛时)

(45) a. 那条鱼起初<u>还能</u>直着身体挣扎着游动。(当下)

　　 b. 我的健康大有恢复,有时<u>还能</u>出去散散步了。(泛时)

(46) a. 这时,肉眼<u>刚能</u>分辨出哪儿是河岸哪儿是河水。(当下)

　　 b. 老三养了一个月,<u>刚能</u>趿拉着鞋溜溜。(泛时)

例(44)a"能"句"NP+VP"部分,"他从楼房的裂缝里看见火苗了"指当下实际发生的一次特定的事件。从最初构造过程看,"能"前的时制副词"已经"实际是从补足语身上提升上来的,即"已经"的作用对象实际是"看见火苗了",指该动作处于完成的状态。由于动作与能力的透义性原理,动作实际完成也就意味着主语实际具备执行该动作的能力,所以"已经"就提升到"能"身上。例(45)a"有时还"也是如此,其实际作用对象是补足语的动作"出去散散步",然后才提示到"能"身上,即先有"有时还出去散散步",后有"有时还能出去散散步"。能力来自对实际动作的概括,先有实际发生的动作,后有动作的实际能力。

从语义机制看,上述透义性的根据就在于补足语的[使成性]内化为"能"自身的情状结构。句法层面的现实性是对"能"内在所具[使成性]进一步添加现实世界的时间信息,即使成性在现实世界中实际落实。如例(46)a"<u>刚能分辨出</u>"指主语对"分辨出"的动作"刚实际做到",而既然是"刚实际做到",也就是"刚分辨出了"。上述例(46)a的补足语具有强当下性,显示了"能"可指典型的现实态动态个别事件。

4.6.3.2　相比"能","应该"的时间义就要弱得多,原因在于"应该"与现实存在的距离更远,外位立场更为显著。这在"应该"与"能"对"已经、还、刚"的不同反应上有明确的体现。三者中,"应该"对"已经"的接受程度最高,其次是"还",对"刚"则完全排斥。而在"已经、还"的语境,"应该"句的语义构造也与"能"句形成分化。"已经应该"指"应该"所指[合理性]本身处于现实存在的状态上,但并不一定表示补足语VP的动作是现实存在的,即"已经应该"不具有"已经能"那样在情态词和补足语之间的透义性。如下面例(47)的"已经"指"好好休息一阵子"的合理性是现实存在的,至于"好好休息一阵子"的动作是否已经实际存在,则是不确定的,默认读法则是未实际发生。

(47) 老李<u>已经应该</u>好好休息一阵子了。

"<u>还应该</u>"则有两种解读方式。优势解读是非时间性的,指"应该"的复加关系,即已经了解到存在一种合理动作,现在则继续提出新的一种,如例(48)a—例(48)b。"还应该"的时间义是劣势解读,指"应该"所指合理性本身的持续存在,如例(48)c。

(48) a. 他不知道还应该说什么。(他不知道应该还说什么。)

b. 饮茶还应该看对象,有些人就不适宜饮茶。(*饮茶应该还看对象。)

c. 按他情况,起码还应该休息一年。(起码应该还休息一年。)

例(48)c的"还应该"也可读为复加关系,如可指"他"除了应该吃药检查等之外,"休息一年"也是应该的。绝对看,例(48)a"还应该说什么"也可从时间上读为"继续说下去",但这种读法显然是困难的。例(48)b"还应该"只能表示复加关系,即"饮茶"除了应该注意不同的茶叶品种外,也应该考虑不同的人群。这时"还"要求用在"应该"之前,而很难用在补足语身上。也就是,该"还应该"的组合是原位发生的(in situ),而非从补足语身上提升上来。

"刚能"的组合是很自然的,"刚应该"就完全不成立,如:

(49) 老三养了一个月了,*刚应该跶拉着鞋溜溜。

绝对从事理性质看,"刚应该"的组合也应该是允许的,即:既然老三已经养了一个月了,那么按理身体也就有很大的恢复,所以这时他发出"跶拉着鞋溜溜"的动作就是完全合理的。但上述例(49)"刚应该"句显然不成立,表明"应该"具有很强的超越性,排斥强当下性的时间关系。

另一方面,虽然"应该"跟"能"一样接受"已经"的限定,但二者对"没"的反应还是存在差别:"能"接受"没"的否定,"应该"则排斥,而只接受否定词"不"。"没"同时关联"了1、了2",兼具时制和体貌的特征,所以"没 VP"具有强现实性、时间性,"不"则反之。因此,"能、应该"与"没、不"的不同选择,显示"能"具有明确的时间信息,"应该"则缺乏。如:

(50) a. 赵红的动作没能逃过何龙的眼睛。

b. 赵红的动作不/*没应该逃过何龙的眼睛。

(51) a. 这个老人好几年没能下地干活了。

b. 孩子还小,还不/*没应该下地干活。

"没能逃过、没能下地干活"最终实际还是指"逃过、下地干活"的动作没有发生,缺乏动作能力自然就导致动作无法执行。

与"已经能 VP"与"能已经 VP"的关系相似,"没能 VP"与"能没 VP"之间也只是语义构造上具有内在关联,而并非句法上前者是通过对后者施加移位的操作而形成:"能已经看见火苗、能没逃过何龙眼睛"的组合都是不成立的。即在"已经能 VP、没能 VP","已经、没"的直接作用对象就是"能"自身。这与"不应该 VP"与"应该不 VP"的关系形成对立,后二者之间就存在移位关系,根据也在于"不、应该"的时间义很弱。

值得注意的是,上述"应该"对"已经、没、还、刚"的不同反应也明确提示:简单从时制或体貌短语的句法层面刻画情态动词的语法特征,尚属粗线条的大略描述,对精准揭示其范畴本质还很不充分。故此,尚需从更细化的时间特征上认识情态动词的功能特征。

4.6.3.3 只有在特别指明是非现实性的语境,所谓晦暗语境(opaque context),"能"句中的"NP+VP"才是[非现实性]的。这些语境包括"能不能、希望、要、应该"的宾语/补足语、条件句等,如:

(52)水田究竟能不能插秋山芋?

(53)a. 我们希望培养出来的孩子能领略到传统文化的魅力。

　　b. 干部要能上能下。

　　c. 国际合作应该能为世界经济的振兴提供良好的基础。

(54)a. 要是能上门服务,就可以节省客户往返跑路的时间。

　　b. 这个点能下班去拍照就好了。

　　c. 挑选口罩有几个标准可作参考:能与人脸紧密贴合⋯⋯

在上述语境,补足语本身仍具有[现实性]的内涵。如例(52)"能不能"指"水田"对"插秋山芋"的动作是否可以实际做到,"插秋山芋"本身仍指一种希望实际存在的状态。同样,例(54)b 指希望实际处于"这个点下班去拍照"的状态上。

"能"与补足语本身是携带[现实性、使成性]的语义因子的,并且一般情况下也会默认从外部世界的时空域进行定位,即全句读为现实态;只有从句法形式上对这种定位关系加以明确地删除,"能"句的"NP+VP"才会读为非现实态。显然,前者才是"能"的无标记读法,后者则是有标记性的。中性语境的道义情态动词句的"NP+VP"是不具有现实性的,该句之前也排斥"我亲眼看到/亲身经历、调查/研究发现"之类的主句。如:

(55)(*我亲眼看到/亲身经历,)小李应该爱护弟弟。

(56)(*调查发现,)每个伙食单位都应该养猪、养鸡。

（57）（<u>*研究发现</u>,）人<u>应该</u>自力更生。

总之,"能"是经验性、归纳性、客观性的,指事物真实具备处于补足语动作方式的能力、性能;"应该"则是理论性、演绎性、主观性,指事物具有一种事先确立的合理存在方式。

自亚里士多德以来,一般文献都会把根情态范畴的语义特征概括为潜在性、非现实性,这里却描述为现实性,不免让人有些意外。如 Lyons(1977)明确指出,情态指句中的非事实性成分,表示与现实存在有距离的事件。其实从逻辑上看,所谓"与现实有距离",也就是情态范畴对现实存在表现为超越关系,而既然是"距离、超越性",自然也会形成不同程度的分化,动力情态动词"能"对现实的超越性是最低的,所以它可接受强现实性的事件也就并不存在理论困难。实际上,动力情态具有[现实性]的特征是普遍现象,如Helgeveld(2004)直接把动力情态称为"现实性情态"(facultative modality)。

鲁晓琨(2004)把"能"所在句子分为"已然句"和"未然句"。不过"已然"所针对的具体语法现象到底是什么,该书的分析似乎有些模糊。有时指"把 NP 具备实现 VP 的条件作为一种客观事实传达出去",有时又指"句中所叙事情已经发生或已经存在"。显然,后者才显示"能"的现实性,不过该书对此也只是列举实例,未具体阐述"句中所叙事情已经发生或已经存在"的行为特征及其句法地位到底如何。另外,作者又认为"能"用于已然句时一般是"非情态表现",只有在推测其原因(即认识情态)时"能"才出现"情态表现"用法。这些分析显示作者对"能"的现实性已经有明确的认识,但对其范畴性质尚缺乏清晰的理论阐述。

4.6.4 "能"指对补足语动作的全称量化

4.6.4.1 现实存在性刻画补足语动作的实际存在状态,但"能"也并非直接刻画该存在状态自身,而总是从更高的范畴层面加以控制,这种处理所采取的具体方式就是量化操作。从情状特征看,"能"的补足语动作既可是当下性的,只唯一发生一次,也可是泛时性的,可重复发生,这些都可概括为全称量化: 前者是后者的一种特例。

"能"指对补足语的全称量化操作的深层语义机制是: 事物的动作能力来自其自身物质属性的转换,这种转换本质上是内涵性的,普遍适用于一切合适的场合。一切变元的最终根据都是内涵、共相: 变元是对内涵、共相的个体化、外延化。文献关注的变元主要限于事物领域,其实动作、时间领域也都存在变元的现象,即对共相动作加以殊指化、限定化。体助词、时制成分的功能都在于对共相动作加以外延化、变元化,并加以量化约束。时体成分直接刻画动作、事件的存在方式,成为它们的构造要素。情态词则并不充当事件的结构要素,而是居于时体算子之上,是对它们所量化事件的再次量化,所以属于高阶算子。这也意味着不能把情态与时体成分置于同一范畴序列。

"能"所指全称量化操作具体特征与频率副词"经常"最为接近,情状上类似惯常体。惯常体并非单纯的体貌(aspect)范畴,与进行体、完成体不处于同一层面,而是兼具时制(tense)的特征,提示事件在现实时空域中的存在。另一方面,惯常体所指时间位置也并不是特定性,而表现为泛时性,从量的角度看即全称量化。这个特征与"能"表示对现实存在的量化操作颇为契合。

形式上,"经常"可在 VP 和"能"间自由升降,即 VP 的存在量化特征可提升到"能"身上,双方在存在量化的特征上是直接渗透的;"应该"句则不允许如此。在动力情态句中,[动作]与[动作能力]这两个范畴是内在相合且在量上直接一一对应的:"动作能力"准确体现在"动作"的每一次实际发生上。事物只要实际发出任何一个动作,也就同时被视为具备执行该动作的能力;[能力]是对[动作]直接加以高位范畴化的提升。语义机制就在于:"能"与现实存在的语义关系最为切近,可准确关注补足语所述动作的直接存在形式。相比之下,道义情态对现实存在的超越性就强得多,所以在"应该"句中,[现实存在]与[应然]是明确分开的两个范畴层面。"能+经常VP"指现实事件,"应该+经常VP"指非现实事件。如:

(58) a.(我亲眼看到,)老王能经常锻炼身体。

　　=b. 老王经常能锻炼身体。

(59) 她(能)经常(能)保持愉快,这就是她的乐观主义。

(60) 现在,各站都(能)经常(能)供应新鲜蔬菜和肉食。

(61) a.(*我亲眼看到,)老年人应该经常锻炼身体。

　　b. ?老年人经常应该锻炼身体。

例(58)a 补足语"经常锻炼身体"在现实世界中实际高频发生,"能"指主语[实际做到了]这一点;例(58)b"经常"指对"能"本身加以量化,而该[能力]的每次实际落实,也就直接体现在"锻炼"动作的实际执行上。析言之,"经常能锻炼"与"能经常锻炼"的量化操作方式也有所差别：前者是内部视角，属次第扫描方式(sequential scanning)，直接关注锻炼动作本身所需物质条件的充分具备性，即每次执行锻炼动作时，所需物质条件都是实际具备的；后者则是外部视角，属总括扫描方式(summary scanning)，不关注每次锻炼的具体情境及其条件，而直接从整体上把多次发生的锻炼概括为一种一般性的能力。

例(61)a"应该"所引补足语"老年人经常锻炼身体"并未发生，而仅指一种理想情形，即多锻炼身体是好的，但并不提示该动作是实际存在的。例(61)b难以成立，因为"经常"指对"应该"本身的量化，这在语义上就是具体指出造成"应然"的情景、条件，而"应该"所指这种语义关系是理论性的，自然非常曲折复杂，难以解读，这就导致句子不自然。

也允许"经常应该VP"的组合，表示VP所具[应然性]本身的高频发生，这在强理论性的现象上更容易成立。在强理论性的动作身上，[时间]的语义参数自然会减弱，所以这时"经常"的时间义实际发生了很大的磨损，如：

（62）紧缩编制是国家机关经常应该注意的一项工作。

"应该"指"国家机关注意紧缩编制"具有[应然性]，"经常"则指该应然性会在一些情景中高频发生。"国家机关紧缩编制"的行为具有强理论性，反过来看也就是[弱时间性]，所以"经常"的时间义其实很弱。

补足语指抽象行为时，"经常"更倾向于用在"能"之前。抽象谓词内在缺乏时间信息，自然不欢迎"经常"，但抽象行为同样表现为一种能力，而[能力]范畴本身就具有明确的时间信息，所以"能"反而比补足语更容易接受"经常"。比喻地说，这是补足语的现实存在性、高频发生性完全交由"能"代管，因为能力范畴具有自己独立的现实性、时间性。这个现象完全符合情态范畴的功能原理：情态就是表示从高位立场对现实存在加以量化操作，这样就可以不去直接刻画物理事件自身的存在情形，而是径直在高阶范畴的层面上表述为一种情态现象。

（63）孩子（经常）能（??经常）从大人对待动物的态度上判断一个人的善恶。

补足语"从大人的态度判断善恶"指抽象行为，缺乏清晰的时空信息，所以其前不欢迎明确指动作发生频率的"经常"。"经常能……判断"则指实际一般性地具备判断的行为能力,这种行为的高频发生也就代表了判断动作的实际发生。

另可观察"总是"与"能 VP"的组合情况。不同于"经常"的时间性、频率性,"总是"兼具时间和语气的内涵,并且"总是"的时间义要模糊得多,不准确关注动作发生的实际次数。这就使"总是"更倾向于出现在"能"前,而非 VP 前,如例(64);当补足语是抽象谓词时,该倾向就更为显著,如例(65)。这表明:补足语的量化特征完全由情态词"能"承担,即"能"更典型地对补足语行使全称量化的功能。

(64) a. 她总是能保持镇定。　b. ?? 她能总是保持镇定。

(65) a. 一间大办公室总是能给人权威的印象。

　　　b. *一间大办公室能总是给人权威的印象。

另一方面,如果采取"不能"的否定式,则它就更容易接受"总是 VP",即"总是 VP"表现为负极性的特征。如:

(66) a. 主席,不能总是摆龙门阵哟,我想法子找个剧社来。

　　　b. 你不能总是坐着想自己的事,你得看看人。

负极性显然是一种强标记性,同时增加了情态词的外位立场,所以"不能"带有很强的断言语力。这样其对补足语的允准能力就会大为增强。

"应该"也有量化功能,但并不像"能"那样直接对补足语加以量化,而是表示多中选优(参看 4.3.1)。"总是应该 VP"与"应该总是 VP"是各自独立的组合,之间并无什么关联:前者的"总是"主要表现为语气性,强调"应该"的重要性,时间义很弱,如例(67);后者则是"应该"表示"总是 VP"所指动作的合理性,其中"总是"主要表现为频率性,而该组合也不存在负极性的特征,如例(68):

(67) a. 防火规范,咱们总是[应该遵守]的。

　　　b. 人总是[应该有个信仰]。

(68) a. 我们心中应该[总是充满阳光]。

　　　b. 你不应该[总是这样生活]呀!

总之,在"能"句中,补足语的量化特征与"能"是直接渗透的;而"应该"完全不表示对补足语的量化操作。

4.6.4.2　"能"对补足语的全称量化并非直接在补足语上添加"经常、总是"之类的时间副词,而是天然表现为一种三分结构。

这具体是通过"能"所蕴含的条件项形成的。原理是：主语之所以能够发出补足语的动作，总是需要内外多方面物质条件的支持；只有这些条件都实际具备时，主语才能发出补足语 VP 所指的动作。补足语 VP 所指动作即其所需全部条件项总和的投射，这个投射过程是内涵性的，有待加以量化约束。从量化约束的角度看，补足语所需的具体物质条件、内外环境等——概称为"场合"，就构成量化算子的限制域（Restrictor），补足语则表现为核心域（Nuclear Scope）。这样，"能"对补足语 VP 的量化就并非时间副词那样的直接修饰关系，而是通过[场合]这个中间环节实现的。场合处于"NP+VP"所述事件整体之外，构成其限制域。由此，"能"句的量化结构就是：

在任何合适的场合 S，NP+VP。

语义上，场合属于"能"句的预设信息，不构成"能"自身的概念结构，但对其量化特征则是必要的，VP 总是发生在特定的场合。从情状特征看，"能"所指全称量化与惯常体最为相近：兼具时、体的内涵。对极大范围内动作的发生情况加以量化，一方面仍然带有现实性的基本特征，但另一方面也总是会表现为模糊性。"能"的着眼点一般是属于事物自身的物质要素，场合信息则被视为默认会常规具备，即"其他条件不变"（ceteris paribus）。例如，下面例（69）a 的量化结构实际是例（69）b：

（69）a. 小李能说俄语。

　　　b. 在任何合适场合，小李都会实际发出说俄语的行为。

一个有趣的现象是：古汉语直接用动词短语表述的事物行为特征，现代汉语会用"能"构成的情态短语。这显示在现代汉语中，"能"表示现实存在及全称量化的功能更为显著，即情态取代物理动作而成为刻画事物存在方式的基本范畴手段，事物的具体存在被概括为"能力、性能、功能"。如：

（70）a. 霍王子羡臣于景公，以重驾。（《晏子春秋·谏上》）

　　　b. 霍王的儿子羡靠能用十六匹马驾车，当了景公的臣子。

（71）众口铄金：众人的话能熔化黄金。

古汉语的"重驾"是普通动词短语，指一种高度抽象的行为特征，完全不提示时间义；现代汉语则表述为"能驾车"，现实性反而比单纯的动词短语更强，因为它提示了具体场合的内涵。同样，"铄金"是普通动词短语，用现代汉语表述时会采取"能熔化黄金"的情态形式，提示"铄金"的发生场合及全称量化关系。

"能"的另一个常用语境是定义句。定义句的基本特征是纯内涵性、超时空性,而用"能"表述时,该句所述事件就显示为强现实性、全称量化性。从量化特征看,在定义句中,"能"所指量化操作的限制域最为宽泛。原理是:"能+补足语"描述主语事物的本质特征、普遍行为规律,这时就不考虑任何特定的制约环境。来源上,定义也就是通过对一类事物在各种环境中所发出的某典型行为的全称量化,这时就完全抑制了对动作所处特定场合的关注,而视为具有高度的普遍性。最强的普遍性即不受任何特定场合的限制,量化域最大,如:

(72)病菌:<u>能</u>使人或其他生物生病的细菌。

根本上,名词都是对事物一组惯常行为的全称量化,"病菌"的实质即可发出"使人或其他生物生病"的行为。普通动词短语直接描述一般性的本质特征,并不提示量化域。"能"则提示动作在具体情境中的实际发生,这时就总是受制于多方面的具体条件,所以"能"句就提示量化域,即:"在任何合适情景中,病菌使人或其他生物生病的行为都会实际发生。"

唯一发生一次的补足语也是全称量化的结构,且明确带有[场合]的语义要素,如前面的例(44)a;重引为下面的例(73):

(73) a. 他已经<u>能</u>从楼房的裂缝里看见火苗了。

　　　b. 在当前场合中,他已实际从楼房的裂缝里看见了火苗。

除了上述蕴涵式的笼统场合,场合也常指一种具体事件,且在语篇表层显性编码,如:

(74) a. 理了头发,你就更<u>能</u>精神焕发了。

　　　b. 在所有理了头发的场合,你是更精神焕发的。

严格意义上说,"你更精神焕发"所需条件是无限性的,但现在把它们都视为默认信息,所特别关注的只是"理了头发"这一个制约因素,后者就构成"你更精神焕发"的量化域。

综上,"能 VP"是一种居于一般 TP 之下、AspP 之上的居间地位的 TP'。"能"并非普通时制范畴,而同时且更主要是携带量化义,所以可记为 Q。"能 VP"之所以带有时制的内涵,是因为它指动作的现实存在,总是提示某种限制域。"能"的"能力"义只是表象,真正的功能实质是对补足语动作加以全称量化。"能"的功能原理是:首先指对补足语 VP 加以量化操作;然后,补足语的量化特征提升到"能"身上,这时,若句中未用"已经"类普通时制成分,则"能 VP"默认基于说话时间定位,"能"即直接表现为普通时制成分的功能;反之,若句中出现"已经"类时制成分,则"能"表现为降级性的时制成分,由前者负责主要限定功能。总体而言,"能"是一种限定化功能弱于普通时制副词的定指成分。以上句法程序刻画为:

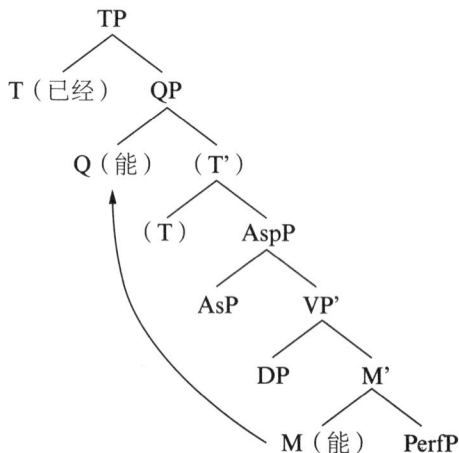

例如"我们公司现在已经能每天出车八十多辆",在 M',"能"指主语利用自身物质要素而发出补足语的能力,这时"能"具有使成性,是一种词汇体。指能力是"能"在物质内容维度的功能特征,即特定的物质内涵转换为具体的动作行为。"能"同时还具有全称量化功能,指主语的物质内涵在一切合适场合都会实际转换为补足语的动作。"能"的补足语并非词库层面一般性的动作,而是实际存在着的动作,在有标记语境中,该补足语也可带时制的信息,不过总体看还是主要表现为体貌性。AspP 指动作的实际执行,只有实际动作才表现为真正的能力。"能"与补足语在[现实性]的语义参数是互相渗透的,事物通过实际发出动作而形成对该动作的一般能力。"能+VP"的时间特征接近惯常态,是一种兼具时体及量化特征的情状现象。

4.6.4.3 根情态动词直接刻画动作自身的存在方式,所以同时具有体貌范畴的特征,这是具有跨语言普遍性的。如 Durbin(2006)研究对象是德语,认为情态动词直接就是一种体貌现象(modal verbs as an aspectual phenomenon)。句法上,情态词处于轻动词短语 vP 之下,刻画事件自身的复杂结构(complex event structure);情状特征就相当于一种状态谓词(stative)。作者称之为"情态—体貌模型"(Mod - Asp Model),且以体貌为主,所以径直把它记为 Asp'，结构式为（这里有缩略）：

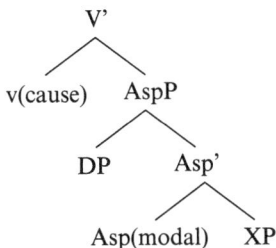

```
              V'
           /     \
      v(cause)   AspP
               /      \
             DP       Asp'
                     /    \
             Asp(modal)   XP
```

Zagona（2008）则认为根情态处于时制（tense）的位置，具体为轻动词之上，语力之下。例如该文认为例（75）a 的句法结构是例（75）b：

（75）a. Fred <u>may</u> eat the last cookie. 弗雷德<u>可以</u>吃最后一块饼干。

b. C $\left[\left[_{T}may\right]\left[v*P\ Fred\ v*\ eat\ the\ last\ cookie\right]\right]$

本文则认为根情态与体、时具有根本性的分别。体范畴是低阶量化成分，直接构成动作本身的时间进程；根情态则是高阶量化成分，并非动作本身的结构要素，而是对体貌范畴所刻画的动作存在方式加以再次量化，所以情态总是居于体貌之上。例（76）可证明这一点：

（76）小李总<u>能</u>保持<u>着</u>高涨的热情。

体助词"着"是对"保持"的存在量化，作用是把一般性的抽象动作刻画为处于具体时间进程中的现实性的动作；"能"则居于体貌短语"保持<u>着</u>"之前，对其加以再次量化。且"能"前可加量化副词"总"，"总能"内在是限定性的，量化域是"保持<u>着</u>"实际发生的场合，所以"总能"指在现实世界实际存在的"保持<u>着</u>"的动作能力。要之，情态范畴的基本功能就是超越性，即处于物理事件之外，从高位对其加以量化操作。

时制的基本特征是限定性、指示性，即参照坐标原点对小句所述事件进行定位。（张新华 2007）这与根情态的语义特征具有质的分别：后者并非定位性的。时范畴的作用范围是整个句子，所以 Prior（1967）、Montague（1974）等都把时制处理为"句子算子"（sentential operators）；根情态则总是关注主语事物自身的物质属性。特别是，时制的典型形式是指出事件占据特定唯一的时间位置，而根情态则恰恰相反，其典型形式是泛时性，对补足语的操作方式是全称量化。

4.6.5 小结

"能"的基本特征并非传统所认识的[潜在性、非现实性]，而是[现实性、量化性〕。情态指对现实存在的操作关系,具有超越性,超越存在程度差异,"能"与现实存在的语义关系最为切近。"能"首先指〔能力〕,具有使成性、积极性、大量性等特征。其次,能力天然带有量化的功能内涵,指主语物质内涵向补足语的投射普遍发生于一切合适场合。"能"句事件涵盖了从当下唯一性到泛时惯常性的全部空间。与"能"句相匹配的典型时间副词是"经常",它在"能"和补足语间可自由升降,表现为透义性。"能"自身也携带间信息,可取代物理事件而直接表述事物的存在。

"能"关注主语以自身物质属性为根据而采取补足语动作的构造方式,是内部视角;"应该"指以先验规范为标准而认定事物采取补足语的动作才是合理的,是外部视角。这种立场分别是"能"句法地位在"应该"之下的根据。"应该"既不以"能"为前提,也不蕴含"能"。

4.7　结　论

"道义"不构成一个语法范畴。"道义情态"不限于指"义务、责任、承诺"之类,它们既不构成该情态的概念结构,也不反映其功能原理。"道、义"二字均应理解为"道理、规律"。道义情态指从一个高位立场对规律加以合理性的判断。对个体行为是无法进行合理性评断的,只有根据其所属规律才能进行,这通过三段论推理完成。当规律不能完全涵盖当前关注的具体情形时,道义情态就表示推断,即改变为认识情态。道义情态具有语义—语用接口的特征,一方面关注事物自身属性作为采取补足语动作合理性的根据,另一方面也指外位评价立场。"应该"常与句末"才好/对/是"构成框式结构,共同表示 NP+VP 事件的合理性。道义情态包含两种量化操作,一是对主语存在方式的多中选优,二是一般性的全称量化,前者指补足语是主语众多可能性存在方式中的最佳项,后者指补足语普遍发生于多种场合。"应该"句具有焦点效应,这来自"应该"指多中选优的量化操作,其中一个典型句式是"应该怎么",常构成话题拷贝式。

NP+VP 的情状特征构成"应该"功能分化的根据,分为四种:理想事物句、现实事物句、个体行为特征句、个例句。道义情态典型表现在共相句,这是一种强内涵句。个体事物存在方式合理的根据是符合一般规律,通过三段论推理实现。"应该"句的 NP+VP 可有强时间性,这造成"应该"的释读形成分化，包括叙实、违实、愿望、建议之类，这些都是语境行为，不构成"应该"的专门功能。时体成分及限定性的概括难以充分刻画"应该 1/2"的分别。"应该 1"及"能"的补足语都接受各种时体成分，只有强动态动词"V 了(O)"构成"应该 1/2"的界线。"能"的特征并非[潜在性、非现实性]，而是[现实性、量化性]。"能"具有使成性、积极性、大量性等特征，"能"句 NP＋VP 涵盖了从当下唯一性到泛时惯常性的全部空间。"应该"既不以"能"为前提，也不蕴含"能"。"应该"是外部视角，根据先验标准对补足语的合理性做出判断；"能"是内部视角，聚焦主语自身内涵对补足语的决定关系。

　　本书对情态范畴的一般本质可提供一定启发。文献多认为情态不是命题或事件的结构要素，而指话主对命题真值或事件现实性的主观态度；对情态词则多描述其具体情态义、对时体成分的允准及句法层面的区别等现象。本书的研究则显示，情态的本质是对现实存在的超越关系，它不指直接存在的低阶事实，而是从高位立场对其加以某种操作，其中一个重要方面是量化。情态的基本内涵是指不同事件间的投射关系，后者总是存在适用范围的问题，这就造成量化现象。具体情态义的来源是特定情态词所关注的发生投射关系的具体事件，这属表层现象。量化操作决定投射关系所构成的实际发生情景，这才是情态句所述事件的最终存在形式。情态词量化操作的具体对象是动作、性质作为共相所分化的个例。

参考文献

白梅丽 1987 现代汉语中"就"和"才"的语义分析,《中国语文》(5)。

蔡淑美,张新华 2015 类型学视野下的中动范畴和汉语中动句式群,《世界汉语教学》(2)。

蔡维天 2010 谈汉语模态词的分布与诠释之对应关系,《中国语文》(3)。

曹黎明 2009 时间指示词和汉语违实条件句,《南阳师范学院学报》(10)。

曹黎明 2010 从认知语义基础看英语违实条件句教学,《语文学刊》(2)。

陈国华 1988 英汉假设条件句比较,《外语教学与研究》(1)。

陈 丽,马贝加 2009 假设连词"使"的语法化动因,《温州大学学报》(4)。

陈 丽,马贝加 2011 汉语假设连词研究的回顾与展望,《中南大学学报》(1)。

陈前瑞 2008 《汉语体貌研究的类型学视野》,北京:商务印书馆。

陈小荷 1994 主观量问题初探,《世界汉语教学》(4)。

陈振宁 2014 现代汉语条件标记语法化和条件关系研究,2014 上海复旦大学语言的描写
    与解释学术研讨会论文。

陈振宇 2016 《汉语的小句与句子》,上海:复旦大学出版社。

陈振宇 2017 《汉语的指称与命题》,上海:上海人民出版社。

陈振宇,杜克华 2015 意外范畴,《当代修辞学》(5)。

陈振宇,姜毅宁 2018 事实性与叙实性,载复旦大学汉语言文字学科《语言研究集刊》编
    委会编,《语言研究集刊》第六辑,上海:上海辞书出版社。

陈振宇,刘承峰 2006 "不是……就/便是"与"语用数",《世界汉语教学》(4)。

陈振宇,刘承峰 2008 语用数,载中国语文杂志社编,《语法研究和探索》(十四),北京:
    商务印书馆。

陈振宇,刘承峰 2009 "数"范畴的修辞视角,《修辞学习》(4)。

陈振宇,刘承峰 2012 谓词前后不对称与"都"字句,载中国语文杂志社编,《语法研究和
    探索》(十六),北京:商务印书馆。

陈振宇,刘承峰 2015 再谈总括副词"都",载上海师范大学《对外汉语研究》编委会编,
    《对外汉语研究》第十三期,北京:商务印书馆。

陈振宇,张 耕 2020 概述主观量范畴的语用规律,第二十一次现代汉语语法学术讨

　　论会。

陈振宇,张新华主编 2020 《叙实性与事实性》,上海:上海教育出版社。

程璐璐,尚晓明 2017 儿童语用发展取效行为的语力探讨,《学术交流》(5)。

邓　欢 2008 语用与修辞视角下的 If-非真实条件句,《成都理工大学学报》(1)。

邓　景 2015 英语反事实虚拟语气语用功能的实证研究,《南京理工大学学报》(2)。

邓思颖 2010 《形式汉语句法学》,上海:上海教育出版社。

董秀英 2014 汉语无标记反事实假设句及其话语功能,《南昌大学学报》(2)。

范晓蕾 2020 《普通话"了1""了2"的语法异质性》,北京:北京大学出版社。

方　梅 2002 指示词"这"和"那"在北京话中的语法化,《中国语文》(4)。

方　梅 2022 《汉语语用标记功能浮现的互动机制研究》,北京:中国社会科学出版社。

方清明 2021 《现代汉语抽象名词研究》,北京:商务印书馆。

龚　波 2010 假设句的语义特征,《重庆三峡学院学报》(1)。

古川裕 2006 关于"要"类词的认知解释,《世界汉语教学》(1)。

谷　峰 2008 古汉语副词"方"的多义性及其语义演变,《语言科学》(6)。

谷　峰 2011 上古汉语"诚"、"果"语气副词用法的形成与发展,《中国语文》(3)。

郭　光 2022 从"否定—存在循环"视角看"不"和"没"的中和,《中国语文》(3)。

郭昭军 2019 《能愿动词、情态和主观表达研究》,北京:语文出版社。

韩陈其 1986 古汉语单音假设连词之间的音韵关系,《中国语文》(5)。

韩　蕾 2020 《基于语料库的现代汉语指人名词研究》,北京:中央编译出版社。

何锋兵 2005 《中古汉语假设复句及假设连词专题研究》,南京师范大学硕士学位论文。

何自然主编 2006 《认知语用学》,上海:上海外语教育出版社。

胡建锋 2021 从"事实"出发研究汉语的叙实谓词,载复旦大学汉语言文字学科《语言研
　　　　究集刊》编委会编,《语言研究集刊》第二十八辑,上海:上海辞书出版社。

胡珉琦 2019 当科研标本遇上"未来科学家",《中国科学报》11(15)。

胡裕树主编 1995 《现代汉语》重订本,上海:上海教育出版社。

黄伯荣,廖序东 1991 《现代汉语》下,北京:高等教育出版社。

黄伯荣主编 1996 《汉语方言语法类编》,青岛:青岛出版社。

黄敬轩 2007 从语法化历程看"就"和"才",上海师范大学硕士学位论文。

黄瓒辉 2016 "总"从量化个体到量化事件的历时演变,《中国语文》(3)。

贾泽林 2020 情态动词"应该"的多义性及其解释成分,《齐齐哈尔大学学报》(3)。

江蓝生 2002 时间词"时"和"后"的语法化,《中国语文》(4)。

江蓝生 2004 跨层非短语结构"的话"的词汇化,《中国语文》(5)。

江　天 1989 谈比拟,《辽宁大学学报》(1)。

蒋冀骋,吴福祥 1997 《近代汉语纲要》,长沙:湖南教育出版社。

条件句与情态研究 ————————————————————————

蒋静忠,魏红华 2010 焦点敏感算子"才"和"就"后指的语义差异,《语言研究》(4)。

蒋静忠 2018 《现代汉语表主观量副词研究》,北京:科学出版社。

蒋 严 2000 汉语条件句的违实解读,载中国语文杂志社编,《语法研究和探索》(十),北京:商务印书馆。

蒋 严,潘海华 2005 《形式语义学引论》修订版,北京:中国社会科学出版社。

匡鹏飞 2008 《时间词语在复句中的配对共现研究》,武汉:华中师范大学出版社。

邝 岚 2004 论"如果"和"如果说",《暨南大学华文学院学报》(4)。

乐 耀 2020 《功能语言学视野下的现代汉语传信范畴》,北京:北京大学出版社。

黎锦熙 1924/1992 《新著国语文法》,北京:商务印书馆。

李冬梅 2012 时间副词"刚"的语义演变,《学术交流》(1)。

李晋霞 2010 反事实"如果"句,《语文研究》(1)。

李胜梅 1997 喻体的假设性,《修辞学习》(4)。

李 湘 2011 从实现机制和及物类型看汉语的"借用动量词",《中国语文》(4)。

李小五 2003 《条件句逻辑》,北京:人民出版社。

李宇凤 2023 从祈愿到反事实,载复旦大学汉语言文字学科《语言研究集刊》编委会编,《语言研究集刊》第三十一辑,上海:上海辞书出版社。

李宇明 2000 《汉语量范畴研究》,武汉:华中师范大学出版社。

李宗江 1999 汉语"才"类副词的演变,载李宗江,《汉语常用词演变研究》,上海:汉语大辞典出版社。

林华勇 2007 廉江方言说义动词"讲"的语法化,《中国语文》(2)。

林若望 2016 "的"字结构、模态与违实推理,《中国语文》(2)。

林裕文 1987 《偏正复句》,上海:上海教育出版社。

刘大为 2001 《比喻近喻与自喻》,上海:上海教育出版社。

刘丹青 2002 汉语中的框式介词,《当代语言学》(4)。

刘丹青 2004 话题标记从何而来,载沈家煊,吴福祥,马贝加主编,《语法化与语法研究》(二),北京:商务印书馆。

刘海燕 2006 修辞性条件句的多视角研究,《山东外语教学》(1)。

刘红妮 2019 从假设否定到选择再到建议,载复旦大学汉语言文字学科《语言研究集刊》编委会编,《语言研究集刊》第二十三辑,上海:上海辞书出版社。

刘 林 2013 《现代汉语焦点标记词研究》,复旦大学博士学位论文。

刘 林,陈振宇 2015 从与"了2"的共现关系谈汉语副词的意义类型,《语言教学与研究》(5)。

刘森林 2010 语用力动力场理论探讨,《外语教学》(5)。

刘祥柏 2014 "要"为"若"解,《方言》(1)。

刘勋宁 1988 现代汉语词尾"了"的语法意义,《中国语文》(5)。

柳士镇 1992 《魏晋南北朝历史语法》,南京:南京大学出版社。

鲁晓琨 2004 《现代汉语基本助动词语义研究》,北京:中国社会科学出版社。

陆绍尊 1986 《错那门巴语简志》,北京:民族出版社。

罗荣华 2007 "万一"的语法化,《宜春学院学报》(1)。

罗荣华 2012 《古代汉语主观量表达研究》,北京:中国社会科学出版社。

吕叔湘 1942/1982 《中国文法要略》,北京:商务印书馆。

吕叔湘 1980/1999/2003 《现代汉语八百词》,北京:商务印书馆。

吕正春,徐景茂 1983 "只有……才"句式表达何种假言判断,《齐齐哈尔师范学院学报》
   (4)。

马贝加 1997 介词"就"的产生及其意义,《语文研究》(3)。

马贝加 2002 "要"的语法化,《语言研究》(4)。

马家珍 1985 "只有 A 才 B"不能表达假言判断吗?《绍兴文理学院学报》(4)。

马建忠 1898/2010 《马氏文通》,北京:商务印书馆。

梅祖麟 1984 从语言史看几本元杂剧宾白的写作时期,载北京大学汉语语言研究中心
   《语言学论丛》编委会编,《语言学论丛》第十三辑,北京:商务印书馆。

莫启扬,段　芸 2012 言语行为语力的认知语言学研究,《外语研究》(3)。

潘海华 2006 焦点、三分结构与汉语"都"的语义解释,载中国语文杂志社编,《语法研究
   和探索》(十三),北京:商务印书馆。

彭利贞 2019 "不能不"和"不得不"情态的主观客观差异,载上海师范大学《对外汉语研
   究》编委会编《对外汉语研究》第二十期,北京:商务印书馆。

钱钟书 1986 《管锥编》第二版,北京:中华书局。

沈家煊 2003 复句三域"行、知、言",《中国语文》(3)。

沈家煊 2016 《名词和动词》,北京:商务印书馆。

沈　敏,范开泰 2008 多功能副词"才"表短时义的相关问题考察,《语言科学》(4)。

施春宏 2008 《汉语动结式的句法语义研究》,北京:北京语言大学出版社。

石毓智 1992 《肯定和否定的对称与不对称》,台北:台湾学生书局。

石毓智 2005 判断词"是"构成连词的概念基础,《汉语学习》(5)。

史金生 1993 时间副词"就""再""才"的语义、语法分析,《绥化师专学报》(5)。

史锡尧 1991 副词"才"与"都"、"就"语义的对立和配合,《世界汉语教学》(1)。

斯坦哈特 2009 《隐喻的逻辑:可能世界中的类比》,杭州:浙江大学出版社,2009:53。

宋文辉 2018 《主语和话题》,北京:学林出版社。

宋作艳 2018 《生成词库理论与汉语研究》,北京:商务印书馆。

塔尔斯基 1946/1963 《逻辑与演绎科学方法论导》,周礼全,吴允曾,晏成书译,北京:商

务印书馆。

太田辰夫 1987《中国语历史文法》,蒋绍愚,徐昌华译,北京:北京大学出版社。

谭永祥 1982《修辞例谈》,合肥:安徽人民出版社。

完 权 2018《"的"的性质与功能》,北京:商务印书馆。

完 权 2022 语用整体论视域中条件强化的语义不确定性,《世界汉语教学》(3)。

王春辉 2011 条件句中的"条件",《首都师范大学学报》(4)。

王春辉 2016 汉语条件句违实义的可及因素,《汉语学习》(1)。

王登峰,张伯源主编 1992《大学生心理卫生与咨询》,北京:北京大学出版社。

王冬梅 2018《汉语词类问题》,北京:学林出版社。

王维贤,张学成,卢曼云,等 1994《现代汉语复句新解》,上海:华东师范大学出版社。

王文斌 2007《隐喻的认知构建与解读》,上海:上海外语教育出版社。

王宇婴 2013《汉语违实成分研究》,北京:中国社会科学出版社。

吴春生 2008 "当"的语法化,《和田师范专科学校学报》(2)。

邢福义 1979《逻辑知识及其应用》,武汉:湖北人民出版社。

邢福义 1985《复句与关系词语》,哈尔滨:黑龙江人民出版社。

邢福义主编 1993《现代汉语》,北京:高等教育出版社。

邢福义 2001《汉语复句研究》,北京:商务印书馆。

徐烈炯,刘丹青 1998《话题的结构与功能》,上海:上海教育出版社。

亚里士多德 1986《范畴篇解释篇》,方书春译,北京:商务印书馆。

颜红菊 2006 话语标记的主观性和语法化,《湖南科技大学学报》(6)。

杨荣祥 2005《近代汉语副词研究》,北京:商务印书馆。

姚双云 2012 汉语条件句的会话功能,《汉语学习》(3)。

易正中 2009 副词"就"的基本义及语法化,《长春理工大学学报》(6)。

雍 茜 2014 违实条件句的类型学研究,《外国语》(3)。

雍 茜 2015 违实句的形态类型及汉语违实句,《外国语》(1)。

雍 茜 2016 A Corpus-based Study of Counterfactuals in Mandarin. *Language and Linguistics* (7)。

雍 茜 2017 违实标记与违实义的生成,《外语教学与研究》(2)。

于 蓉 2014 浅析日语反事实条件句的语用教学意义,《安徽文学》(6)。

于潇清 2020 金正恩未发表新年贺词引关注,专家:目的达到了,《澎湃新闻》(3)。

余小强 2017《违实条件句》,北京:中国社会科学出版社。

袁毓林 2015 汉语反事实表达及其思维特点,《中国社会科学》(8)。

袁毓林 2020 叙实性和事实性:语言推理的两种导航机制,《语文研究》(1)。

曾庆福 2008 论反事实条件句,《昆明学院学报》(3)。

张斌主编 2001 《现代汉语虚词词典》,北京:商务印书馆。

张伯江 2022 《汉语句法的语用属性》,北京:商务印书馆。

张寒冰 2017 论现代汉语人称与情态的同现限制,《语文研究》(2)。

张和友 2012 《"是"字结构的句法语义研究》,北京:北京大学出版社。

张 欢,徐正考 2022 上古汉语违实条件句违实因素及句法论析,《语言研究》(2)。

张丽丽 2006 从役使到条件,《台大文史哲学报》(65)。

张文熊 1964 几种表示条件判断的复句,《西北师大学报》(3)。

张新华 2007 《汉语语篇句的指示结构研究》,上海:学林出版社。

张新华 2015 汉语控制动词的认知研究,载复旦大学汉语言文字学科《语言研究集刊》编
委会编,《语言研究集刊》第十五辑,上海:上海辞书出版社。

张新华 2018 "至少""最多"在多句法层面的功能发展,载复旦大学汉语言文字学科《语
言研究集刊》编委会编,《语言研究集刊》第二十二辑,上海:上海辞书出版社。

张新华 2020 《汉语叙实谓词研究》,上海:复旦大学出版社。

张新华 2023a 论"理论上"的高阶述谓功能,《语言教学与研究》(5)。

张新华 2023b 论"如果说"的认知假设功能,《当代语言学》(6)。

张雪平 2008 现代汉语假设句研究,南开大学博士学位论文。

张雪平 2010 假设兼话题标记"X 说"的形成探析,《汉语学习》(4)。

张雪平 2011 "假定"的语法化,《汉语言文学研究》(4)。

张谊生 1994 现代汉语副词"才"的语法意义,载邵敬敏《语法研究和语法应用》,北京:
北京语言大学出版社。

张谊生 1996 现代汉语副词"才"与句式的搭配,《汉语学习》(3)。

张谊生 1999 现代汉语副词"才"的共时比较,《上海师范大学学报》(3)。

张 莹,陈振宇 2020 汉语的反事实条件句与非事实条件句,《汉语学报》(3)。

章 敏 2016 "要不是"反事实条件句的情态问题研究,《中南大学学报)》(2)。

赵春利 2019 《现代汉语句末助词研究》,北京:商务印书馆。

赵国良,张锦高 1994 反弹琵琶 喻体虚化,载复旦大学语言文学研究所编,《语法修辞
论》,杭州:浙江教育出版社。

周明强 1993 "超假设"修辞,《当代修辞学》(4)。

周小兵 1987 "刚+V+M"和"刚才+V+M",《中国语文》(1)。

朱庆祥 2019 也论"应该 φ 的"句式违实性及相关问题,《中国语文》(1)。

宗守云 2020 《语法修辞例话》,上海:上海教育出版社。

佐藤信夫 2013 《修辞认识》,肖书文译,重庆:重庆大学出版社。

Adams E M. 1975 *The Logic of Conditionals*, Dordrecht:Reidel.

Akatsuka N. 1985 Conditionals and Epistemic Scale,*Language* 61:625-639.

Anderson A, Nuel B. 1975 *Entailment*, Princeton: Princeton University Press.

Armstrong D M. 1983 *What is a Law of Nature?* Cambridge, UK: Cambridge UP.

Athanasiadou A, Dirven R. 1995 Typology of If-clauses, In Casad E. (ed.) *Cognitive Linguistics in the Redwoods*, Berlin: Mouton de Gruyter: 609-654.

Austin J L. 1961/1979 Ifs and Cans. In Austin J L, Urmson J O, Warnock G J. (ed.) *Philosophical Papers*, Oxford: Oxford University Press: 153-180.

Bett R. 2018 *Sextus Empiricus*, Oxford: Oxford University Press.

Bhat D N S. 1999 *The Prominence of Tense*, *Aspect and Mood*, Amsterdam/Philadelphia: John Benjamins Publishing Company.

Biq Y‐O. 1984 *The Semantics and Pragmatics of "Cai" and "Jiu" in Mandarin Chinese*. Ph. D. dissertation, Cornell University.

Bloom A H. 1981 *The Linguistic Shaping of Thought*, New Jersey: Lawrence Erlbaum.

Bolinger D. 1968 *Aspects of Language*, New York: Harcourt, Brace&World, Inc.

Breul C. 2004 *Focus Structure in Generative Grammar*, Amsterdam /The Netherlands: John Benjamins Publishing Company.

Broomhall A G, Wendy J, Phillips D W, *et al*. 2017 Upward Counterfactual Thinking and Depression, *Clinical Psychology Review* 55: 56-73.

Bruening B. 2007 Wh-in-Situ Does Not Correlate with Wh‐Indefinites or Question Particles, *Linguistic Inquiry* 38: 139-166.

Bybee J, Perkins R, Pagliuca W. 1994 *The Evolution of Grammar*, Chicago and London: University of Chicago Press.

Cantwell J. 2008 Indicative Conditionals, *Studia Logica* 1: 157-194.

Carlson G N, Pelletier. (eds.) 1995 *The Generic Book*, Chicago: The University of Chicago Press.

Carlson G N. 1977 *Reference to Kinds in English*. Ph. D. dissertation, University of Massachusetts.

Chafe W. 1995 The Realis-irrealis Distinction in Caddo. In Bybee J, Fleischman S. (eds.) *Modality in Grammar and Discourse*, Amsterdam: John Benjamins Publishing Company.

Chao Y R. (赵元任) 1968/1980 *A Grammar of Spoken Chinese*, Berkeley and Los Angeles: University of California Press./《中国话的文法》,丁邦新译,香港:香港中文大学出版社。

Chellas B. 1980 *Modal Logic*, New York: Cambridge University Press.

Cheng L‐S. 1994 Wh‐Words as Polarity Items. In L‐K(ed.) *Chinese Languages and Linguistics II*, Taipei: Academica Sinica: 614-640.

Chisholm R. 1946 The Contrary－To－Fact Conditiona, *Mind* 55: 289-307.

Comrie B. 1986 Conditionals. In Traugott E, Meulen A T, Snitzer－Reilly J, *et al.* (eds.) *On Conditionals*, Cambridge: Cambridge University Press: 77-99.

Cooper R. 1983 *Quantification and Syntactic Theory*, Dordrecht,Boston: D. Reidel Pub. Co.

Copi I M,Cohen C. 1990 *Introduction to Logic*, New York: Macmillan Publishing Company.

Croft W. 1991 *Syntactic Categories and Grammatical Relations*, Chicago& London: University of Chicago Press.

Crystal D. 1980/2008 *A Dictionary of Linguistics and Phonetics*, Malden: Blackwell Publishing.

Culicover P W, Rochemont M S. 1983 Stress and focus in English, *Language* 59: 23-65.

Dancygier B. 1998 *Conditionals and Prediction*, Cambridge: Cambridge University Press.

Dancygier B. 2003 *Conditionals and Prediction*, New York: Cambridge University Press.

Dancygier B, Sweetser E. 2005 *Mental Spaces in Grammar*, Cambridge: Cambridge University Press.

Dancygier B, Sweetser E. 2014 *Figurative Languag*, Cambridge: Cambridge University Press.

Declerck R, Reed S. 2001 *Conditionals*. Berlin, New York: Mouton de Gruyter.

Dudman V H. 1984 Conditional Interpretations of If-sentences, *Australian Journal of Linguistics* 4: 143-204.

Durbin J R. 2006 *Modal Verbs and Aspect*. Ph. D. dissertation, Indiana University.

Erteschik－Shir N. 1997 *The Dynamics of Focus Structure*, Cambridge: Cambridge University Press.

Evans J St B T. , Over D E. 2004 *If*, Oxford: Oxford University Press.

Sweetser E. 1990 *From Etymology to Pragmatics*, Cambridge: Cambridge University Press.

Fauconnier G. 1985 *Mental Spaces*, Cambridge: Cambridge University Press.

Ferguson C A, Reilly J S, Meulen A T, *et al.* 1986 Overview. In Traugott E, Meulen A T, Snitzer－Reilly J, *et al.* (eds.) *On Conditionals*, Cambridge: Cambridge University Press: 3-20.

Fillmore C. 1990 Epistemic Stance and Grammatical form in English Conditional Sentences. In Ziolkowski M, Noske M, Deaton K. (eds.) *Papers from the 26th Regional Meeting of the Chicago Linguistic Society*, Chicago: Chicago Linguistic Society: 137-162.

Foot P. 2001 *Natural Goodness*, Oxford: Oxford University Press.

Fukuda S－I. 2012 Aspectual Verbs as Functional Heads, *Natural Language & Linguistic Theory*: 965-1026.

Furbee N L. 1973 Subordinate Clauses in Tojolabal – Maya. In Corum C, *et al.* (eds.) *You Take the High Node and I'll Take the Low Node*, Chicago: Chicago Linguistic Society, 9-22.

Geach P T. 1976 *Reason and Argument*, Berkeley and Los Angeles: University of California Press.

Geis M L. 1970 Adverbial Subordinate Clauses in English. Ph. D. dissertation, Cambridge, MA: MIT.

Geis M L, Zwicky A. 1971 On Invited Inferences, *Linguistic Inquiry* 2: 561-566.

Ginés A S, Frápolli M J. 2017 Stop Beating the Donkey!, *Theoria* 1: 7-24.

Givón T. 1990 *Syntax. Vol. I*, Amsterdam: John Bejamins Publishing Company.

Goatly A. 1997 *The Language of Metaphors*, London: Routledge.

Goodman N. 1947 The Problem of Counterfactual Conditionals, *The Journal of Philosophy* 44: 113-138.

Goodman N. 1983 *Fact, Fiction, and Forecast*, Cambridge, MA: Harvard University Press.

Hacking J F. 1998 *Coding the Hypothetical*, Amsterdam/Philadelphia: John Benjamins Publishing Company.

Hacquard V. 2006 *Aspects of Modality*. Ph. D. dissertation, University of California.

Haiman J. 1978 Conditionals are Topics, *Language* 54: 564-589.

Hall B. 1964 *Adverbial Subordinate Clauses*. Working Paper W – 07241, Bedford, Massachusetts: the MITRE Corporation.

Halliday M A K. 1970 *A Course in Spoken English*, Oxford: Oxford University Press.

Hamblin C. 1958 Questions, *Australasian Journal of Philosophy* 36: 159-168.

Hampshire S. 1948 Subjunctive Conditionals, *Analysis* 1: 9-14.

Harris A C, Campbell L. 1995 *Historical Syntax in Cross-linguistic Perspective*, Cambridge: Cambridge University Press.

Hartshorne C, Weiss P. (ed.) 1994 *The Collected Papers of Charles Sanders Peirce*, Cambridge: Harvard University Press.

Haspelmath M. 1997 *Indefinite Pronouns*. Oxford: Clarendon.

Heine B, Kuteva T. 2012 *World Lexicon of Grammaticalization*(《语法化的世界词库》), 龙海平,谷峰,肖小平评,北京: 世界图书出版公司。

Helgeveld K. 2004 Illocution, Mood and Modality. In Booij G, Lehmann C, Mugdan J. (eds.) *Morphology: An International Handbook on Inflection and Word – Formation Vol. 2*, Berlin: Mouton de Gruyter: 1190-1201.

Hintikka J. 1976 *The Semantics of Questions and the Questions of Semantics*, Amsterdam:

North - Holland.

Hopper P J, Traugott E C. 1993 *Grammaticalization*, Cambridge: Cambeidge University Press.

Hutchison J P. 1976 *Aspects of Kanuri Syntax*. Ph. D. dissertation, Indiana University.

Iatridou S. 2000 Grammatical Ingredients of Counterfactuality, *Linguistic Inquiry* 2: 231-270.

Ippolito M. 2003 Presuppositions and Implicatures in Counterfactuals, *Natural Language Semantics* 11: 145-186.

Jackendoff R, Aaron D. 1991 Review of Lakoff & Turner's "More than Cool Reason: A Field Guide to Poetic Metaphor. ", *Language* 67: 320-339.

Jakobson R. 1957 Shifters, Verbal Categories, and the Russian Verb, *Russian Language Project*, *Department of Slavic Languages and Literatures* 10: 130-147.

James D. 1982 Past Tense and the Hypothetical. *Studies in Language* 6: 3, 375-403.

Jesperson O. 1924/1965 *The Philosophy of Grammar*, New York: Norton.

Katis D. 1997 The Emergence of Conditionals in Child Language. In Athanasiadou A, Dirven R (eds.) *On Conditionals Again*, Amsterdam: John Benjamins Publishing Company: 355-85.

Klein W. 1994 *Time in Language*, London: Routledge.

Klein W, Li Ping, Hendricks H. 2000 Aspect and Assertion in Mandarin Chinese, *Natural Language and Linguistic Theory* 18: 723-770.

Krazter A. 2012 *Modals and Conditionals*, New York: Oxford University Press.

Lai H L. 1999 Rejected Expectations, *Linguistics* 4: 625-661

Lakoff G, Johnson M. 1980 *Metaphors We Live By*. Chicago: University of Chicago Press.

Lakoff G, Johnson M. 1999 *Philosophy in the Flesh*. New York: Basic Books.

Lakoff G, Turner M. 1989 *More Than Cool Reason*. Chicago: The University of Chicago Press.

Lange M. 1999 Laws, Counterfactuals, Stability, and Degrees of Lawhood, *Philosophy of Science* 66: 243-267.

Lehmann C. 1974 A Universal about Conditional Sentences. In Romporti, *et al.* (ed.) *Linguistic Generalia 1: Studies in Linguist Typology*, Prague: Charles University: 231-241.

Leibniz G W. 1970 Philosophical Papers and Letters. Loemker L E. (ed.) *Dordrecht: D. Reidel, 2nd/ed*, London: kluwer Academic Publishers.

Leslie S - J. 2008 Generics. *Philosophical Review* 1: 1-47.

Lewis D. 1973 *Counterfactuals*, Cambridge: Harward University Press.

Lewis D. 1979 Attitudes de Dicto and de se, *The Philosophical Review*: 88.

Liebesman D. 2011 Simple Generics, *Nous* 3: 409-442.

Lin T - H J. 2012 Multiple-modal Constructions in Mandarin Chinese and Their Finiteness Properties, *Journal of Linguistics* 48: 151-186.

Badanl L, Shen Cheng L L. 2015 Exclamatives in Mandarin Chinese, *East Asian Linguist* 24: 383-413.

Lord C D. 1989 *Syntactic Reanalysis in the Historical Development of Serial Verb Constructions in Language of West Africa*. Ph. D. dissertation, University of California, Los Angeles.

Lyons J. 1977 *Semantics (V. 2)*, Cambridge: Cambridge University Press.

McArthur T. 1992 *The Oxford Companion to the English Language*, Oxford: Oxford University Press.

Montague R. 1974 Formal Philosophy. In Thomason R H. (ed.) *Selected Papers by Richard Montague*, New York: Yale University Press.

Palmer F R. 2001 *Mood and Modality*, Cambridge: Cambridge University Press.

Pears D. 1950 Hypotheticals, *Analysis* 3: 49-63.

Peirce C S. 1925(1931—1935/1958) *Collected Papers*, Cambridge, MA: Harvard University Press.

Pinker S. 2007 *The Stuff of Thought*, London: Penguin Books, Limited (UK).

Preus A. 2007 *Historical Dictionary of Ancient Greek Philosophy*, Plymouth: The Scarecrow Press, Inc.

Prior A. 1967 *Past, Present and Future*, Oxford: Oxford University Press.

Quine W V O. 1953 Two Dogmas of Empiricism, *From a Logical Point of View*, Cambridge: Harvard University Presss.

Quine W V O. 1960 *Word and Object*, Cambridge, MA: MIT Press.

Quirk R, Greenbaum S, Leech G, *et al.* 1985 *Comprehensive Grammar of the English Language*, London: Longman.

Ramsey F P, Mellor D H. (eds.) 1929/1928. *Foundations*, London: RKP.

Read S. 1994 *Thinking about Logic*, Oxford: Oxford University Press.

Rieger A. 2006 A Simple Theory of Conditionals, *Analysis* 3: 233-240.

Rochemont M S. 1986 *Focus in Generative Grammar*, Amsterdam: John Benjamins Publishing Company.

Rooth M. 1992 A Theory of Focus Interpretation, *Natural Language Semantics* 1: 75-116.

Rosen K H. 2012 *Discrete Mathematics and Its Applications*, New York: The McGraw - Hill Companies.

Ross J R. 1970 On Declarative Sentences. In Jacobs R, Rosenbaum P. (eds.) *Readings in English Transformational Grammar*, Waltham, Mass. : Ginn: 222-272.

Ryle G. 1949 *The Concept of Mind*, New York: Routledge.

Sandra A, Robert E L, Hwang Shin J A J. 2007 Adverbial Clauses. In Shopen T. (ed.) *Language Typology and Syntactic Description (2nd edition) Volume Ⅱ : Complex Constructions*, Cambridge: Cambridge University Press: 237-300.

Schlenker P. 2004 Conditionals as Definite Descriptions, *Reseach on Language and Computation* 2(3): 417-462.

Schuh R G. 1972 *Aspects of Ngizim syntax*. Ph. D. dissertation, University of California.

Searle J R. 1964 How to Derive Ought from Is, *Philosophical Review* 73: 43-58.

Smith C S. 1997 *The Parameter of Aspect*, Dordrecht; Boston: Kluwer Academic Publishers.

Soh H L. 2009 Speaker Presupposition and Mandarin Chinese Sentence Final le, *Natural Language & Linguistic Theory* 27(3): 623-657.

Sperber D, Wilson D. 1995 *Relevance*. London: Blackwell.

Stalnaker R. 1968 A Theory of Conditionals, Studies in Logical Theory, *American Philosophical Quarterly*, Monograph 2: 98-112.

Starr W B. 2014 A Uniform Theory of Conditionals, *Philos Logic* 43: 1019-1064.

Starr W B. 2019 Counterfactuals. In Zalta E N. (ed.), *The Stanford Encyclopedia of Philosophy*: 1-123.

Sweester E. 1990 *From Etymology to Pragmatics*, Cambridge: Cambridge University Press.

Talmy L. 1988 Force Dynamics in Language and Cognition. *Cognitive Science* 12: 49-100.

Thompson S A, Longacre R E, Hwang Shin J A J. 2007 Adverbial Clauses. In Shopen T. (eds.) *Language Typology and Syntactic Description*. Cambridge: Cambridge University Press: 237-300.

Tormey A. 1983 Metaphors and Counterfactuals. In Fisher J. (eds.) 1983 *Essays on Aesthetics*. Beardsley, Philadelphia: Temple University Press: 235-246.

Tran T. 2009 *Wh - Quantification in Vietnamese*. Ph. D. disstation, University of Delaware.

Trask R L. 1996 *A Dictionary of Grammatical Terms in Linguistics*. London: Routledge.

Travis L M. 1991. Derived Object, Inner Aspect, and Structure of VP, *NELS* 22.

Vallduvi E. 1992 *The Informational Component*, New York: Garland.

van Benthem J. 1984 Foundations of Conditional Logic, *Journal of Philosophical Logic* 13, (3): 303-349.

van den Berg H. 1995 Existential Graphs and Dynamic Predicate Logic, *Conceptual Structures*: 338-352.

von Wright G H. 1951 *An Essay in Modal Logic*, Amsterdam: North - Holland Publishing Company.

Wang Yu ying 2012 *The Ingredients of Counterfactuality in Mandarin Chinese*, Hong Kong: The Hong Kong Polytechnic University.

Welmers W E. 1973 *African Language Structures*, Berkeley: University of California Press.

Werth P, Athanasiadou A, Dirven R. (eds.) 1997 Conditionality as Cognitive Distance In Athanasiadou A, Dirven R. *On Conditionals Again*. Amsterdam: John Benjamins Company: 15-60.

Wierzbicka A. 1997 Conditionals and Counterfactuals. In Athanasiadou A, Dirven R. (eds.) *On Conditionals Again*. Amsterdam: John Benjamins Company: 243-272.

Wu H - F C. 1993 If Triangles Were Circles. Ph. D. dissertation, Harvard University.

Xrakovskij V S. 2005 *Typology of Conditional Constructions*, Muenchen: Lincom GmbH.

Zagona K. 2008 Phasing in Modals. In Guéron J, Lecarme J. (eds.) *Time and Modality*, London: Springer Science+Business Media, B. V.

Zanuttini R, Portner P. 2003 Exclamative Clauses, *Language* 79: 39-81.

Ziegeler D. 2000 *Hypothetical Modality*, Philadelphia: John Benjamins Publishing Company.